城市地理国情监测

邹 滨 翟 亮 等 著

科学出版社

北 京

内 容 简 介

本书共分 9 章,第 1 章为城市化与地理国情监测概述,围绕背景、定义、发展历程等方面介绍城市化与地理国情监测,阐述城市地理国情监测的内容与框架;第 2 章从数据需求与获取、多源数据集成、时空数据库模型与建设三个方面介绍城市地理国情监测的数据基础;第 3 章~第 8 章分别介绍城市空间扩张边界监测与分析、城市土地利用结构变化监测与分析、城市土地利用生态效应分析、城市土地利用热岛效应分析、城市土地利用空气污染效应分析、城市未来情景土地利用模拟的基本原理与方法,并以长株潭主城区为例,介绍开展以上典型城市地理国情监测的技术流程与成果分析的具体内容;第 9 章介绍自然资源监测背景下的地理国情监测发展趋势与展望。

本书可作为城市地理学等相关专业的科研工作者和工程实践人员开展地理国情监测研究工程的参考用书与培训资料,也可作为高校科研院所地理专业及测绘工程专业参考用书。

审图号:湘 S(2022)030 号

图书在版编目(CIP)数据

城市地理国情监测 / 邹滨等著 . —北京:科学出版社,2022.4
ISBN 978-7-03-063160-2

Ⅰ.①城… Ⅱ.①邹… Ⅲ.①城市地理–监测–研究–中国
Ⅳ.①K92

中国版本图书馆 CIP 数据核字(2019)第 244007 号

责任编辑:杨逢渤 / 责任校对:樊雅琼
责任印制:吴兆东 / 封面设计:无极书装

科学出版社 出版
北京东黄城根北街 16 号
邮政编码:100717
http://www.sciencep.com

北京建宏印刷有限公司 印刷
科学出版社发行 各地新华书店经销

*

2022 年 4 月第 一 版 开本:787×1092 1/16
2022 年 4 月第一次印刷 印张:19
字数:450 000

定价:228.00 元
(如有印装质量问题,我社负责调换)

《城市地理国情监测》撰写委员会

主　笔：邹　滨

副主笔：翟　亮

成　员：许　珊　　汤玉奇

　　　　陶　超　　邹峥嵘

目　　录

|第1章| 城市化与地理国情监测概述

1.1 城 市 化

1.1.1 城市化定义

"城市化"一词源于拉丁文"Urbanization",1867 年西班牙工程师 Serda 在其著作《城市化基本理论》中首次提及这一概念,用以描述乡村向城市演变的过程。1979 年,吴友仁发表《关于中国社会主义城市化问题》,首次将"Urbanization"一词引入中国学术界,开启了中国的城市化理论研究。城市化涵盖人口、经济、社会和土地四个方面:人口城市化是农村人口和劳动力向城镇转移的过程;经济城市化指第二、第三产业向城镇聚集发展的过程;社会城市化是包括城市文明、城市意识在内的城市生活方式的扩散和传播;土地城市化是地域性质和景观转化的过程。城市化是伴随工业化发展的自然历史过程,是人类社会发展的客观趋势。一般学者认为,城市化水平在 20%~30% 的阶段是城市化初期,这一阶段变化相对缓慢;30%~70% 为城市化加速期,这一阶段奠定了城乡结构与产业结构的基本轮廓与格调;超过 70% 则进入城市化后期,变化速度相对缓慢,这一阶段的实质是对加速期飞速发展的城乡结构进行优化与调整,使其进入高级城市化阶段。

1.1.2 城市化发展进程

1. 世界城市化发展进程

世界城市化大致经历了工业革命前、工业社会时期和当代世界的城市化三个阶段。工业革命前因生产力水平不高,满足城市居民需要的农副产品数量有限,城市发展受到限制,城市数目少、规模小,城市人口比例低。这个阶段城市人口增长缓慢,直到 1800 年,世界城镇人口仅占总人口的 3.2% (焦秀琦,1987)。工业社会时期从 18 世纪中叶开始,在工业革命的浪潮中,城市发展快、变化大。欧美国家城市数量剧增,城市规模快速增长。同时,随着亚非国家城市化的兴起,一元结构的封建城市体系逐步向封建城市与近代城市并存的二元结构转化。到 1950 年,城市化水平上升至28.2% (焦秀琦,1987)。当代世界的城市化从第二次世界大战后开始,这个阶段世界城市化发展区域差异显著。截至

2020 年，城市化水平为 56.2%①。

2. 中国城市化发展进程

我国是世界上最早出现城市的四大文明古国之一，从公元前约 2070 年夏朝建立开始，至今已有 4000 多年的城市发展史。在长达 2000 多年的封建社会里，由于国家强盛以及经济发展，中国城市数量增多，规模不断扩大，城市化水平一度处于世界先列。在以鸦片战争为重要节点的中国近代，帝国主义入侵和掠夺致使经济发展受损，生产力布局畸形演化，城市发展缓慢，城市化水平极低。到 1949 年前后，全国仅有 132 个城市，且多集中在沿海地区，城市功能残缺不全，多以消费型城市为主，许多历史名城逐步衰落，城市规模结构极不合理，少数大城市畸形膨胀，小城市萎缩，城市破烂不堪，街道狭窄，交通不便，污水横流，河湖失修。中华人民共和国成立以后，我国城市化推进经历了曲折的过程，大致分为四个阶段（方创琳，2009）。

第一阶段为 1949~1957 年，是城市化稳步推进阶段。全国城市开展了大规模的清理整顿工作，发展城市经济，加强城市基础设施建设，改善城市人居环境，初步改变了全国城市环境面貌。到 1957 年，全国城市数量增至 176 个，城市化水平由 1949 年的 10.6% 增长到 1957 年的 15.4%。

第二阶段为 1958~1965 年，是城市化推进波动阶段。此阶段是全国城市化推进大起大落阶段，波动起伏较大。1958~1961 年，城市数量由 176 个增至 208 个，"大跃进"和人民公社化运动在全国范围内开展，一方面加快了不少城市的基础设施和住房建设；另一方面一些大城市不顾实际，规划和建设了卫星城，其决策不尽合理，也为后继乏力埋下了隐患。1961~1963 年，我国处于"经济最困难的时刻"，为此，中央对国民经济进行了全面调整，压缩了基本建设规模，停建缓建了大批建设项目，到 1963 年底，城市由 1961 年的 208 个减少到 169 个。1963 年起，国民经济得到恢复，城市建设和维护资金相应增加，城市化水平缓慢提高。

第三阶段为 1966~1977 年，是城市化推进停滞阶段。1966 年，部分城市发展受到严重冲击；1971 年，城市管理与规划工作开始逐步恢复，但由于多年建设投资少，管理与维护停滞，城市基础设施严重滞后状况难以扭转。

第四阶段为 1978 年至今，是城市化推进加速阶段。1978 年，党的十一届三中全会在北京举行，中国进入以改革开放和社会主义现代化建设为主要任务的历史新时期，全国的城市化推进工作开始加速。首先，城市数量不断增长，小城镇迅速增加，大批县、镇改市；其次，城市基础设施建设日臻完善，城市规模与结构规划逐步科学、城市布局与功能设计日趋完备，城市中心作用得到加强；同时，城市在国家经济、社会、文化发展中的地位越来越突出。在此过程中，1978~1985 年属于启动阶段，农村经济体制改革推动城市化发展；1986~1994 年城市的发展伴随着工业化生产进行，城市化进程落后于工业化；1995~2002 年分税制与房地产制度的改革促使中国城市进入快速增长、持续发展的时期；

① 数据来源于联合国人居署的《2020 年世界城市报告——可持续城市化的价值》。

2003～2007年在推进新型工业化政策与东部沿海地区产业转型和升级的综合作用下，城市化开始由东部沿海地区快速地向内陆地区蔓延；2008年至今，中国逐步进入新型城镇化道路实践，即推动以城乡统筹、城乡一体、产业互动、节约集约、生态宜居、和谐发展为基本特征的城市化过程，截至2019年末，中国城市数量达到684个，常住人口城镇化率已经达到60.60%[①]。

1.1.3 城市化发展存在的问题

城市化的发展，一方面推动了国家与地区社会经济的快速发展，另一方面人口过度集聚、资源需求激增、城市规划不合理等引发了资源紧缺、生态脆弱、城市灾害、环境污染等一系列城市问题，严重影响了人类生活与城市的可持续发展。由于起步晚、发展快，目前处于城市化加速期的中国面临着发达国家近百年中出现的城市问题的集中爆发。

城市空间规模的快速扩张导致大量自然与农业用地向建设用地流转，城市植被覆盖率和耕地面积降低。城市建设与生产生活过程导致土地资源、水资源紧缺。1981年全国城市建成区面积约0.74万km²，截至2019年末约6.03万km²，年均扩展速度达到18.8%，1981～2019年城市建成区面积增长了7.1倍[②]。全国耕地面积则从2000年的185万km²减少至2017年的134.9万km²[①]。其中，建成区占用耕地面积占耕地减少总面积比例从2000～2005年的47.29%增加到2010～2015年的77.46%（Wang et al.，2019）。此外，全国600多个城市中，缺水城市有400多个，其中严重缺水城市114个（邱国玉和张晓楠，2019）。

城市空间扩张的过程还会破坏地表景观格局，使得区域景观破碎程度增加，连通性降低，多样性减小，生态服务功能下降，进而影响区域生态系统的整体功能和适应性（Dobbs et al.，2017）。与此同时，城市化对生态环境产生的各种效应通过连锁反应使城市中的某种要素水平超过其临界阈值而引发城市内涝、城市热岛等灾变性事件（吕永龙等，2018）。中国是世界上城市内涝最严重的国家之一，2006～2018年进水受淹或发生内涝的城市个数达83～243个，除2018年外均超过百个[③]。此外，由于城市化的发展，大量自然渗水地表被不透水人工表面代替，城郊地表产生显著差异，加之城市生产生活热源排放增多导致市区温度高于周边郊区，产生热岛效应，不仅影响城市的水文与热量循环，还影响市区及周边地区的气候（Gartland，2008）。

城市工业与交通活动的增加使得资源消耗加剧，排入环境的污染增多，温室效应显著，大气环境恶化，水土污染严重，环境质量岌岌可危。历史上，在城市化高速发展过程中只重视工业与经济的发展而忽视了环境的可承载能力导致了一系列环境污染事件。例如，1943年与1952年分别发生在美国洛杉矶与英国伦敦的烟雾事件，其根源就是城市化发展过程中的大量汽车尾气与煤炭消耗；20世纪50～60年代，由于含有大量汞与金属铬

---

① 数据来源于国家统计局《中国统计年鉴2020》。
② 数据来源于住房和城乡建设部《2019年城市建设统计年鉴》。
③ 数据来源于水利部《中国水旱灾害公报》（2006～2018年）。

| 3 |

的工业废水与含 SO_2 的气体和粉尘被随意排入环境，日本的水俣镇、神东川和四日市分别爆发了水俣病、骨痛病和大量呼吸系统疾病。在中国，环境污染事件也频频发生，无论是 2005 年的松花江水污染事件、2007 年的太湖蓝藻污染事件，还是广东北江、湖南浏阳与广西龙江的镉污染事件，都是城市化和工业化进程中"血的代价"。

城市化发展过程中出现的这些问题提醒我们，城市化是一个复杂的过程，只有保持科学的态度，在切实把握城市的地理环境与社会经济发展特征的基础上，统筹人口布局、资源配置、产业发展、社会与环境各个方面，建立新型城市化理念，才能实现和谐的人地关系，可持续的城市发展，真正做到城市让生活更美好（吴冕，2011）。

1.2 地理国情监测

1.2.1 地理国情监测的背景

早在春秋战国时期，人们就开始了对赖以生存和繁衍的地球及其环境的认识、探索和研究。区域地理著作《尚书·禹贡》与先秦古籍《山海经》被认为是中国地理学的发端，《周易·系辞》中："仰以观于天文，俯以察于地理"首次出现"地理"二字，东汉王充在《论衡·自纪篇》中提到："天有日月星辰谓之文，地有山川陵谷谓之理"丰富了地理的内涵，探究与跟踪山、川、陵、谷等地形、地貌这一影响人类生活和发展的地球环境变化，对人类在漫长的社会生产实践过程中认识、利用和改造自然具有极为重要的意义（侯仁之，1959；袁珂，1980；黄晖，1990；李健超，1995；金景芳，1998；顾朝林，2009）。20世纪以来，随着计算机、电磁波、航空航天等技术的发展，人类逐渐能够脱离地球从太空开展观测。当前的多源遥感技术、全球卫星导航定位技术、地理空间信息网格技术、多维时空数据挖掘技术、空间信息云计算技术等使得全方位、多角度实现地理国情信息的挖掘分析和发布交互成为可能（李德仁等，2012）。

许多国家已经在本土、区域甚至全球尺度下开展了地理国情监测的相关项目或工程，以便更好地服务于本国或地区的资源、环境、能源、社会等领域（翟亮，2012）。例如，美国国家生态观测站网络（National Ecological Observatory Network，NEON）（National Research Council，2004）、地理信息分析和动态监测计划（Geographic Analysis and Monitoring Program，GAM）（USGS，2003）、欧洲环境信息与观测网络（European Environment Information and Observation Network，EIONET）（EEA，2012a）、全球环境与安全监测计划（Global Monitoring for Environment and Security，GMES）[现已更名为哥白尼计划（EEA，2012b）]、亚太地区环境革新战略项目（Asia-Pacific Environmental Innovation Strategy Project，APEIS）（Masataka et al.，2010）、澳大利亚地球科学署发布的《2010-2012战略规划》（STRATEGICPLAN 2010-2012）（Geoscience Australia，2011）等。此外，一系列聚焦专题领域的监测项目也在世界各地迅速展开。例如，英国的全球干旱监测网络、欧盟委员会联合研究中心、联合国粮农组织和美国饥饿早期预警系统网络的粮食安全监测系统、澳大利亚温室气体办公室全国碳计量系统地表覆盖变化项目、农业地表覆盖变化监测工程等（乔朝飞，2011）。

中国地域辽阔、地形复杂、地表覆盖与生态景观特征丰富、人口数量众多、经济社会发展迅速，且正处于城市化高速发展和经济转型时期，资源短缺、生态退化、环境污染、区域发展不协调等问题日益凸显，人与自然的矛盾日渐突出，全面协调可持续的发展不断遭遇新的挑战。对此，党的十八大报告明确提出"大力推进生态文明建设"和建设"美丽中国"的执政理念，迫切需要通过地理国情普查和监测深入揭示地理国情要素的时空分异规律，加强对资源环境、生态状况的调查、监测、评估与预测，提供权威、可靠、及时的国情国力数据，从而服务于地缘政治分析与重大国际问题应对、自然资源开发利用与生态环境保护、城乡统筹与区域协调发展、产业布局与空间优化、重大战略与重大工程实施、突发事件与应急处置、国民地理国情教育等，为制定在全球变化趋势下的中国可持续发展对策提供重要的科学依据（蔡运龙等，2004；李德仁等，2012）。

为了适应经济社会发展、国防建设和科学管理需要，反映我国各类地理环境要素的分布，查清我国地表自然和人文地理信息，进一步深化地理信息的发展，党和国家领导人从战略高度审时度势，对地理国情监测工作做出了一系列重要指示。2010 年底，李克强在对测绘工作做出的重要批示中，首次要求国家测绘局"加强基础测绘和地理国情监测"。2011 年 5 月 23 日，李克强在视察中国测绘创新基地重要讲话中强调指出："地理国情是重要的基本国情，是搞好宏观调控、促进可持续发展的重要的决策依据，也是建设责任政府、服务政府的重要支撑。我国正处在工业化、城镇化快速发展时期，也是地表自然和人文自然地理信息快速变化的时期。如何科学布局工业化、城镇化，如何统筹规划、合理利用国土发展空间，如何有效推进重大工程建设，地理国情监测至关重要。"2011 年 12 月，李克强对进一步做好地理国情监测工作作出了"加强数字中国、天地图、监测地理国情三大平台建设，大力促进地理信息产业发展，全力推动测绘地理信息事业再上新台阶"的重要批示。

在上述背景下，国家测绘地理信息局组织开展了测绘发展战略研究工作，提出了"构建数字中国、监测地理国情、发展壮大产业、建设测绘强国"这一测绘总体发展战略。《测绘地理信息发展"十二五"总体规划纲要》提出"充分发挥测绘技术、资源和人才的优势，对事关国民经济发展的重要自然和人文地理要素变化情况进行持续监测、统计和分析研究，并及时发布地理国情监测报告，服务政府科学管理和决策，推进测绘实现由静态向动态、由时间点向时间段、由测绘地表形态向监测地表变化、由提供测绘成果向报告监测信息的转变。"2011 年 7 月陕西省地理国（省）情监测试点项目正式启动，吹响了全国地理国情监测的号角。试点项目完成后，2012 年 5 月，国家测绘地理信息局宣布全国地理国情监测工作全面启动。2013 年 2 月，国务院印发《国务院关于开展第一次全国地理国情普查工作的通知》。2014 年 2 月，国务院第一次全国地理国情普查领导小组办公室印发了《关于在开展地理国情普查的同时做好普查成果应用及地理国情监测工作的通知》，同年 4 月，印发了《关于印发〈地理国情监测内容指南〉的通知》，对普查之后开展地理国情监测提出了具体要求。2015 年 5 月，国务院批复同意《全国基础测绘中长期规划纲要

（2015—2030 年）》，提出到 2030 年，基本形成以新型基础测绘、地理国情监测、应急测绘为核心的完整的测绘地理信息服务体系，具备为经济社会发展提供多层次、全方位服务的能力。2017 年 4 月通过了《中华人民共和国测绘法》修订，明确了县级以上人民政府测绘地理信息部门开展地理国情监测的任务。

1.2.2 地理国情监测的定义

据《现代汉语词典》（商务印书馆，第 7 版），"国情"是指："一个国家的社会性质、政治、经济、文化等方面的基本情况和特点，也特指一个国家某一时期的基本情况和特点"。具体来说，国情是指一个国家的社会经济发展状况、自然地理环境、文化历史传统以及国际关系等各个方面情况的总和，是国家制定发展战略和发展政策的依据，也是执行发展战略和发展政策的客观基础。

地理国情是重要的基本国情，是从地理的角度分析、研究和描述国情，即以地球表层自然、生物和人文现象的空间变化和它们之间的相互关系、特征等为基本内容，对构成国家物质基础的各种条件因素做出宏观性、整体性、综合性的描述，包括自然地理国情、人文地理国情和社会经济国情，涵盖了国土疆域概况、地理区域特征、地形地貌特征、道路交通网络、江河湖海分布、地表覆盖、城市布局和城镇化扩张、环境与生态状况、生产力空间布局等。其中，自然地理国情反映自然要素的空间分布和生态环境状况，有助于揭示自然环境的时空演变规律；人文地理国情反映人文信息的空间格局，有助于揭示人文地理国情信息与资源环境变化、经济社会发展的关系；社会经济国情反映社会经济的空间布局和变化规律，有助于揭示经济社会发展与自然、人文要素之间的联系（李德仁等，2016）。

总体而言，地理国情具有以下特点：①地理国情描述与空间特征相关的自然和人文地理现象，有特定的空间范围，覆盖面广，宏观反映人地关系的协调程度，具有宏观性特征；②地理国情信息在同一位置上会有多个专题和属性信息，具有多维结构特征，是一定区域内各种地理信息整合的结果，具有整体性特征；③地理国情信息包含各种自然和人文地理要素，内容多种多样，综合反映生态和环境发展状况，具有综合性特征；④地理国情有相对稳定的客观情况，但更多是不断变化的动态信息，往往随时间推移而变化，有明显时序特征，具有动态性（刘耀林和何建华，2011；兀伟等，2012）。

地理国情监测，就是综合利用全球导航卫星系统（Global Navigation Satellite System，GNSS）、遥感（Remote Sensing，RS）技术、地理信息系统（Geographic Information System，GIS）技术等现代测绘地理信息技术，利用各时期测绘成果档案，对自然、人文等地理要素进行动态和定量化、空间化监测，并统计分析其变化量、变化频率、分布特征、地域差异、变化趋势等，形成反映各类资源、环境、生态、经济要素的空间分布及其发展变化规律的监测数据、图件和研究报告等，从地理空间的角度客观、综合展示国情国力，从而向政府部门、社会、公众等提供科学、权威、准确的地理国情信息服务，为国家战略规划、政府管理决策、生态环境保护、突发事件应对、社会公众服务等提供科学支撑和有力保障（李德仁等，2014）。

1.2.3　地理国情监测信息

地理国情监测信息内容多样、覆盖面广，是一定区域内各种地理信息的整合。从区域范围、变化频率、信息类型等不同的视角可以将地理国情监测信息划分为不同类别（刘耀林和何建华，2011；兀伟等，2012）。

1. 区域范围

针对我国地域辽阔、地理差异明显等特点，地理国情监测信息从区域范围上可以划分为三个层级，分别用一、二、三级表示。一级地理国情信息即国家地理国情，包括影响多个省（自治区、直辖市）的大型河流湖泊、全国范围内的大型基础设施，如高速铁路、高速公路、长输油（气）工程、大型水利工程、森林覆盖面积、水土流失与沙漠化区域、耕地分布状况、矿产资源分布，以及与此相关联的社会经济因素等；二级地理国情信息又称为地理省情，包括省（自治区、直辖市）范围内的铁路公路、港口、机场等主要交通设施、河流湖泊水库的形态、主要城市（设区市）扩展建设情况、重点区域的耕地保护状态、森林和矿产资源的分布及开发利用状况等，同时也涉及与此相关的社会经济情况；三级地理国情信息是指地理市情，主要涵盖县乡镇交通网络、农田水利设施、城镇建成区建设、农村居民点变化、基本农田保护，以及与此相关的社会经济状况（刘耀林和何建华，2011；吕长广，2012）。

2. 变化频率角度

针对地理国情信息综合性与动态性等基本特征，地理国情监测信息从变化频率的视角，可划分为初始测绘、常态化监测和应急监测三种基本类型。初始测绘是对监测区域进行的全范围、全要素的地理国情要素测绘，主要包括地表形态、地表覆盖和重要地理国情要素三个方面，涵盖地貌、水系、居民地、交通等 12 个一级类、58 个二级类、135 个三级类，是监测的本底基础；常态化监测主要针对随时间发展变化明显的地理国情信息，通常根据其发展演变的趋势按照一定的时间采样间隔进行监测或是采用日常监测的方式；应急监测则是针对诸如地震、洪涝、泥石流、森林火灾、重大传染疾病传播等重大事件，为辅助应急救援、防灾减灾等开展的实时监测（陈伟等，2015）。

3. 信息类型角度

根据地理学内容，地理国情监测内容从信息类型的角度，可划分为两个方面：基础地理国情监测和专题地理国情监测。基础地理国情监测针对基础地球表面覆盖现象，研究最真实的客观存在，反映地表信息，建立空间位置关系以及监测的时序关系。基础地理国情监测包含自然地理国情监测和人文地理国情监测。专题地理国情监测针对地表专题应用以及重大工程项目应用等方面，进行专题信息监测，包括国土空间开发监测、资源节约利用与生态环境保护监测、城镇化发展监测等内容（张继贤和翟亮，2016）。

1.3　城市地理国情监测

城市化是经济发展的推动器，也是社会现代化的自然历史过程，是地理国情普查与监测应用实践的重要切入点。城市化发展具有显著的区域地理特征，利用地理国情普查监测手段分析城市空间、自然环境、社会经济等方面特征，揭示城市自然与人文要素的空间分布格局与时间演化规律，进而对城市化发展的未来趋势做出预判，科学合理有效的引导，对于促进人与自然和谐相处、推动社会可持续发展具有重要意义。随着我国经济社会的快速发展，城市化建设不断深入，城市地理国情已成为我国基本国情中不可缺少的一部分，推动与发展常态化城市地理国情监测十分必要。

1.3.1　城市地理国情监测内容

城市地理国情监测就是在完成普查的基础上持续性开展城市自然和人文地理要素基础性监测，实现市情市力的动态变化更新，并结合经济社会和生态环境相关信息，围绕城市发展主题，开展城市空间、土地利用、交通、经济、公共服务、生态资源、环境等方面的变化监测、综合统计与专题性分析，准确掌握城市资源环境的承载能力和发展前景，为宏观政策与发展战略的研究和制定、城市空间与资源的规划和管理等提供科学基础，服务于政府部门决策以及社会大众的需求（肖建华等，2017；罗名海，2017）。

城市地理国情监测是普查工作的延续和深化，其主要内容包括基础性监测与专题性监测。基础性监测指对普查成果进行核准与更新，同时开展对比分析，反映自然和人文地理要素的空间分布及变化情况。专题性监测中，城市空间扩展监测包括对城区范围、面积、扩展方向与强度，以及扩展模式与驱动因素的监测与分析；城市土地利用变化监测指土地利用类型面积与结构的变化；城市交通设施覆盖及服务能力监测涉及交通网络覆盖、交通发展水平、交通设施服务能力；经济发展空间格局监测包括社会经济区位、经济增长格局、产业空间结构等；公共服务监测包括重大基础设施与医疗、文教、卫生等服务设施空间分布及均等化水平；生态资源监测包括城市水域、山体、植被覆盖现状与变化信息，以及生态景观格局与生态服务功能等；城市环境监测包括对地表沉降、空气污染源、城市热环境等的空间分布与时间变化规律的监测与分析。

1.3.2　城市地理国情监测框架

城市地理国情监测通过构建空天地立体多元观测体系，动态获取城市地理要素信息，构建地理国情信息时空数据库，开展时空分析与数据挖掘，实现城市地理国情的统计分析与综合评价，通过建立监测成果的生产业务化与发布制度化标准，实现城市地理国情产品的生产发布与综合服务，其总体框架如图1-1所示。

空天地立体多元观测体系包含基础测绘、多源遥感、历史数据再现、地面采样与验

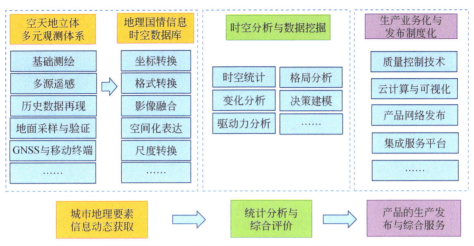

图 1-1　城市地理国情监测总体框架

证、GNSS 与移动终端等多种观测方式。针对获取的海量、多源、异构地理要素信息，通过坐标变化、格式转换、影像融合、空间化表达、尺度转换等多源数据融合手段，依据统一的规范和标准，集成、存储和管理数据，构建包括城市基础地理国情数据与城市专题地理国情数据的地理国情信息时空数据库。

以地理信息数据库为基础，结合社会经济与生态环境等数据，紧扣政府关心、社会关注的热点难点问题，基于不同统计单元，开展城市自然与人文地理监测要素的时空统计、格局分析与变化分析。同时，基于模式识别、异常检测、时空聚类、时空推理、深度学习等时空数据挖掘手段挖掘隐含信息，揭示城市地理国情要素数量与质量统计特征、时空格局、时空关联模式、发展趋势与演变规律，进而通过决策建模、驱动力分析等技术探索其复杂的物理与地理机制，实现未来情景预判，为战略规划与管理决策的实施与制定提供科学支持。

对于城市基础性与专题性地理国情监测统计、分析成果，通过建立业务化生产与发布的统一标准和制度，严格质量控制，借助云计算与可视化技术，构建以天地图、智慧城市等为载体的地理国情监测成果智慧管理与集成服务平台，实现地理国情信息的在线制图、用户定制分析和网络发布，一方面提高地理国情信息在各级政府、各行业、各部门的集成共享水平和更新效率，拓展地理国情信息在城市规划、交通、环保等领域的应用；另一方面提高地理国情信息对市场主体与社会公众的服务能力，推动地理信息产业化发展与社会化应用。

参 考 文 献

蔡运龙，陆大道，周一星，等 . 2004. 中国地理科学的国家需求与发展战略 ［J］. 地理学报，59（6）：811-819.

陈伟，王宇龙，杜珂磊 . 2015. 地理国情在灾害应急中的专题监测研究 ［J］. 测绘与空间地理信息，38（10）：82-84.

方创琳 . 2009. 改革开放 30 年来中国的城市化与城镇发展 ［J］. 经济地理，29（1）：19-25.

顾朝林 . 2009. 转型中的中国人文地理学 ［J］. 地理学报，64（10）：1175-1183.

侯仁之 . 1959. 中国古代地理名著选读·禹页（全文注释）［M］. 北京：科学出版社 .

黄晖 . 1990. 论衡校释［M］. 北京：中华书局 .

焦秀琦 . 1987. 世界城市化发展的 S 型曲线［J］. 城市规划，2：34-38.

金景芳 . 1998.《周易·系辞传》新编详解［M］. 辽宁：辽海出版社 .

李德仁，丁霖，邵振峰 . 2016. 关于地理国情监测若干问题的思考［J］. 武汉大学学报（信息科学版），41（2）：143-147.

李德仁，邵振峰，丁霖 . 2014. 地理国情信息的多级网格化表达［J］. 地理空间信息，12（1）：1-5.

李德仁，眭海刚，单杰 . 2012. 论地理国情监测的技术支撑［J］. 武汉大学学报（信息科学版），37（5）：505-512.

李健超 . 1995. 中国近代地理学的发展［J］. 中国历史地理论丛，2：225-240.

刘耀林，何建华 . 2011. 地理国情监测框架体系构想［N］. 中国测绘报，201：4-19.

吕长广 . 2012. 地理国情监测体系建设研究［J］. 测绘通报，S1：544-546.

吕永龙，王尘辰，曹祥会 . 2018. 城市化的生态风险及其管理［J］. 生态学报，38（2）：359-370.

罗名海 . 2015. 从地理国情普查到监测转变的谋划［J］. 地理空间信息，13（6）：1-4.

罗名海 . 2017. 武汉市地理国情监测的总体任务与有关思考［J］. 地理空间信息，15（2）：6-14.

乔朝飞 . 2011. 国外地理国情监测概况与启示［J］. 测绘通报，（11）：81-83.

邱国玉，张晓楠 . 2019. 21 世纪中国的城市化特点及其生态环境挑战［J］. 地球科学进展，34（6）：640-649.

吴冕 . 2011. 大城市：拿什么拯救你？——问诊中国"大城市病"（下篇）［J］. 生态经济，6：18-23.

兀伟，邓国庆，张静，等 . 2012. 地理国情监测内容与分类体系探讨［J］. 测绘标准化，4：10-12.

肖建华，甄云鹏，罗名海 . 2017. 城市地理国情普查监测的实践与思考［J］. 城市勘测，6（3）：5-12.

许丽丽，李宝林，袁烨城，等 . 2015. 2000-2010 年中国耕地变化与耕地占补平衡政策效果分析［J］. 资源科学，37（8）：1543-1551.

袁珂 . 1980. 山海经校注［M］. 上海：上海古籍出版社 .

翟亮 . 2012. 国外地理国情监测概况［J］. 中国测绘，4：30-33.

张继贤，翟亮 . 2016. 关于常态化地理国情监测的思考［J］. 地理空间信息，14（4）：1-6.

渡边正孝，王勤学，林诚二，等 . 2010. 亚太地区环境综合监测的研究方法- APEIS 项目研究综述［J］. 地理学报，59（1）：3-12.

Dobbs C，Nitschke C，Kendal D. 2017. Assessing the drivers shaping global patterns of urban vegetation landscape structure［J］. Science of the Total Environment，592：171-177.

EEA. 2012a. Eionet connects- sharing environmental information in Europe［EB/OL］. http：//www. eea. europa. eu/ publications/eionet-connects［2019-03-11］.

EEA. 2012b. GMES briefing［EB/OL］. http：//www. eea. europa. eu/about-us/what/seis-initiatives/gmesbriefing［2019-03-11］.

Gartland L. 2008. Heat islands：understanding and mitigating heat in urban areas［M］. New York：Taylor & Francis.

National Research Council. 2004. Neon：addressing the nation's environmental challenges［M］. Washington D. C. ：The National Academies Press.

USGS. 2003. Geographic Analysis and Monitoring Program［EB/OL］. http：//pubs. usgs. gov/fs/2003/ 0049/ fs04903. pdf［2019-03-11］.

Wang C，Sun X，Wang M，et al. 2019. Chinese cropland quality and its temporal and spatial changes due to urbanization in 2000-2015［J］. Journal of Resources and Ecology，10（2）：174-183.

|第 2 章| 城市地理国情监测数据基础

城市地理国情监测以地理国情普查成果为本底，通过空天地立体多元观测体系对城市地表覆盖和地理国情要素进行变化更新、综合统计分析。此过程涉及基础地理测绘、多源遥感、地面传感网络、行业专题、社交网络等多种数据来源。这些数据通常具有模态多、体量广、动态变化等特点，因此开展多源数据集成与时空建模，形成可共享、易管理、可动态交换的综合信息，使之有效地服务于地理国情信息的获取与应用是持续推动常态化城市地理国情监测的重要内容。

2.1 数据需求与获取

城市地理国情监测包括城市基础地理国情监测和城市专题地理国情监测。为了满足城市基础地理国情监测对自然地表覆盖与人文地理要素的监测需求，需要获取基础地理信息数据、遥感观测数据、大地测量与遥感影像解译样本等地面观测数据。针对城市专题地理国情监测对城市空间开发、资源节约利用、生态环境保护、战略发展规划、地质灾害等地表专题应用的监测需求，还需要补充气象、水文、交通、林业等地面观测数据、社会经济统计数据、行业普查与调查数据、众源地理空间数据等（张继贤等，2016；罗名海，2018；刘纪平等，2019）。下面将对各类代表性数据的基本特征以及主要获取方式加以介绍。

2.1.1 基础地理信息数据

城市基础地理信息数据是指城市最基本的地理信息，通用性强、用途广泛、共享需求大，与地理信息相关的行业几乎都会采用。基础地理信息数据主要包括数字线划图（Digital Line Graphic，DLG）、数字高程模型（Digital Elevation Model，DEM）、数字栅格地图（Digital Raster Graphic，DRG）、数字正射影像图（Digital Orthophoto Map，DOM）、地名数据和土地覆盖数据等（张继贤等，2016）。

1. 数字线划图

数字线划图是数字测图最为常见的成果之一，是以点、线、面形式或地图特定符号形式表达地形要素的地理信息矢量数据集。数字线划图的地理内容、分幅、投影、精度、坐标系统与同比例尺地形图一致，其数据量小，便于分层，能够方便进行放大、漫游、查询、量测、叠加等各种形式的空间分析。

数字线划图的主要获取方式包括：借助全站仪、全球定位系统（Global Positioning System，GPS）接收机与实时动态（Real-time Kinematic，RTK）载波相位差分技术等外业测绘；利用解析测图仪或模拟器对高分辨率遥感影像和航片进行立体测图；直接对现有地形图进行扫描、人机交互矢量化等。现有常用数字线划图一般由测绘地理信息部门结合多种方法按照测绘行业标准生产而得。

2. 数字高程模型

数字高程模型（DEM）是用一组有序数值阵列形式表示地面高程的一种实体地面模型，是数字地形模型的一个分支，其他各种地形特征值如坡度、坡向、坡度变化率等因子均可由此派生。

数字高程模型的主要获取方式包括：利用全站仪、GPS 等直接从地面测量；根据航空航天影像，通过立体坐标仪观测、空三加密法等摄影测量；采用格网读点法、数字化仪手扶跟踪以及扫描仪从现有地图半自动采集然后通过内插生成。现有常用的 DEM 数据主要来源于航天飞机雷达地形测绘任务（Shuttle Radar Topography Mission，SRTM）与先进星载热发射和反射辐射仪全球数字高程模型（Advanced Spaceborne Thermal Emission and Reflection Radiometer Global Digital Elevation Model，ASTER GDEM）。

SRTM 由美国国家航空航天局（National Aeronautics and Space Administration，NASA）和国防部国家测绘局（National Imagery and Mapping Agency，NIMA）以及德国与意大利航天机构共同合作完成联合测量。本次测量以搭载于美国"奋进"号航天飞机上的 SRTM 系统为基础，从 2000 年 2 月 11 日开始至 22 日结束，获取了总面积超过 1.19 亿 km^2 的雷达影像数据。SRTM DEM 的空间分辨率为 30m，覆盖范围为 60°N ~ 60°S，达到了地球陆地表面 80% 以上。SRTM 产品从 2003 年开始公开发布，经过多次修订，初始版本为 SRTM v1，目前已经发布到 SRTM v4.1 版本。

ASTER GDEM 由 NASA 喷气推进实验室（Jet Propulsion Lab，JPL）和日本经济、贸易和工业部（Ministry of Economy，Trade，and Industry，METI）的科学团队根据 NASA 对地观测卫星 Terra 的观测结果制作完成。ASTER GDEM 的空间分辨率为 30m，覆盖范围为 83°N ~ 83°S，覆盖地球 99% 的陆地表面。目前，ASTER GDEM 已发布两版，分别发布于 2009 年和 2011 年。

3. 数字栅格地图

数字栅格地图是现有纸质、胶片等地形图经计算机处理后形成的在内容、几何精度和色彩上与地形图保持一致的栅格数据集。

数字栅格地图的获取主要包括以下步骤：①通过扫描仪 CCD 线阵感器对底图进行分割，生成二维阵列系统，在此基础上，分别量化各系统灰度，然后进行二值化处理；②将栅格图幅由扫描仪坐标变换为高斯投影平面直角坐标，实现图幅定向；③对栅格图像的畸变进行纠正，实现几何校正；④对单色图按要素人工设色，对彩色图做色彩校正，使色彩统一，最终形成一幅数字栅格地图。我国于 2002 年已经建成覆盖全国陆地范围的数字栅格地图数据库（1∶5 万、1∶10 万）。随着地图制图技术的进步，目前该产品已被地形图制图数据替代。

4. 数字正射影像图

数字正射影像图是利用 DEM 对数字化的航摄相片或遥感影像（单色/彩色）进行辐射改正、微分纠正和镶嵌，按地形图范围裁剪成的影像数据。因此，数字正射影像图不仅具有色彩、纹理等影像特征，还具有地形图的几何精度，其内容丰富、直观逼真且精度较高，可直接提取自然信息和人文信息，并派生出新的信息和产品，也可作为辅助用于其他数据可靠性与完整性的评价。

数字正射影像图的制作方法多样，主要包括：全数字摄影测量，即通过对数字影像进行定向形成 DEM 后，按反解法进行单元数字微分纠正，将单片正射影像镶嵌，按图廓线裁切得到一幅数字正射影像图；单片数字微分纠正，即直接基于已有 DEM 数据或航摄相片控制成果对扫描定向后的航摄负片进行数字微分纠正，其余后续过程与上述方法相同；正射影像图扫描，即直接对已有的光学投影制作的正射影像图进行影像扫描数字化，再经几何纠正获取。

5. 地名数据

地名数据是人们赋予特定地理实体的专有名称及其相关属性的集合，是公众最常使用的空间地理信息。地名数据具有定位性、次生性和唯一性的特点，其信息量大、类型结构复杂、空间性强、动态变化大。

1979～1986 年，中国对全国地名进行第一次全面系统的调查核实，包括对行政区划、驻地名称、城市街巷、山峰、岛屿、江河湖海等名称的来源、含义、历史变迁和地理位置等信息的获取，对地名中存在的问题进行标准化处理，建立地名档案，以及编纂出版相关地名图书。2009～2012 年，中国开展了第二次全国地名普查试点。2014～2018 年，第二次全国地名普查完成，运用科技手段，进一步查清了地名及相关属性信息，对不规范的地名进行了标准化处理，对重要的地理实体设置地名标志，并建立了地名信息数据库。

6. 土地覆盖数据

土地覆盖是覆盖地表的自然和人工营造物的综合体，主要包括地表植被、土壤、湖泊、沼泽湿地及各种建筑物（如道路等）。土地覆盖数据具有特定的时空特征，通常由遥感影像解译结合实地调研生产得到。

目前全球常用的土地覆盖数据产品包括：①国际地圈-生物圈计划数据与信息系统的全球土地覆盖数据（International Geosphere-Biosphere Programme, Data and Information System, global land cover, IGBP-DISCover）。该数据基于改进型甚高分辨率辐射计（Advanced Very High Resolution Radiometer, AVHRR）遥感数据，采取 IGBP 分类体系生成。数据时相为 1992 年，空间分辨率为 1km。②美国马里兰大学的全球土地覆盖数据（UMD Land Cover Classification）。该数据基于 AVHRR 遥感数据分类得到，数据时相为

1981~1994 年，共三个空间类型，分别为 1°、8km 和 1km 像素分辨率。③欧盟委员会联合研究中心全球土地覆盖数据（GLC2000）。该数据基于 SPOT4 遥感数据获取，数据时相为 2000 年，空间分辨率为 1km。④欧洲航天局全球土地覆盖数据（European Space Agency GlobCover，ESA GlobCover）。该数据基于搭载在 ENVISAT 卫星的 MERIS 遥感影像获得，数据时相为 2005 年与 2009 年，空间分辨率为 300m；⑤中分辨率成像光谱仪（MODerate Resolution Imaging Spectroradiometer，MODIS）全球土地覆盖数据（MOD12Q1）。该数据基于 Terra 与 Aqua 遥感数据，采取 IGBP 分类体系生成。数据时相为 2001 年，共三个空间类型，分别为 1°、0.5°和 0.25°像素分辨率。

针对以往全球土地覆盖信息产品普遍存在分辨率粗（0.3~1km）、在中国地区不确定性较高、时效性差的缺陷，国家基础地理信息中心牵头多家单位研制了世界上首套 30m 分辨率、两期（2000 年与 2010 年）全球地表覆盖数据产品 GlobeLand30。2014 年 9 月 22 日，中国政府将其赠送给联合国使用，这是中国向联合国提供的首个全球性地理信息公共产品。2013 年，清华大学首次向公众发布了 2010 年 30m 分辨率精细全球土地覆盖观测与监测数据（Finer Resolution Observation and Monitoring of Global Land Cover，FROM-GLC）。2017 年、2018 年，在第 14、第 15 届地球观测组织（Group on Earth Observations，GEO）会议上，科技部先后发布了国际首套 2015 年、2017 年全球 30m 土地覆盖数据集。

2.1.2 遥感观测数据

遥感泛指为遥远的感知，是在不直接接触的情况下，运用传感器对目标或自然现象的电磁波辐射、反射特征进行远距离探测的一种技术。遥感具有观测范围大、综合性好、宏观性强、信息丰富、获取手段多样、更新周期短、受地形条件影响较少等优点。随着新型传感器的涌现、航空和航天平台技术的发展、遥感影像处理技术的深化，以及数据通信技术的突破，现代遥感已经能够为地理国情监测提供空天地一体化的对地观测体系与动态、准确的多源观测数据，成为地理国情监测的主要手段。

按照对地观测平台及高度差异，遥感对地观测可分为观测高度超 100km 的航天卫星遥感、1~30km 的平流层航空遥感与机载航空遥感、1km 以下的低空无人遥感与地面遥感，以及水下遥感等，其高度、精度和主要适用范围如表 2-1 所示。

表 2-1　遥感的分类

遥感类型	遥感平台	高度/km	精度/m	主要适用范围
航天卫星遥感	静止卫星、圆轨道卫星、小卫星、航天飞机	>100	1	国土资源和城市土地监测、灾害监测、农作物遥感、环境监测、气象监测
平流层航空遥感	天线探空仪、高高度喷气式飞机、飞艇	1~30	1	国土资源调查、气象监测、农作物光谱遥感、海洋监测
机载航空遥感	中低高度飞机、直升机	1~5	0.1	城乡规划、公路勘测、铁路勘测、电力勘测及巡线

续表

遥感类型	遥感平台	高度/km	精度/m	主要适用范围
低空无人遥感	固定翼型无人机、无人驾驶直升机、无人飞艇	<1	0.1	灾害应急监测、小范围选址、大遗址动态监测
地面遥感	吊车、遥感塔、地面测量车、三脚架、船只	<0.3	0.05	灾害应急监测、重大工程动态和监测、公路铁路运营管理
水下遥感	半潜船、无人船、潜艇、潜水器	-0.2	0.1	海洋测绘、港口测量、河道测量、湖泊测量、水库测量

1. 航天卫星遥感

航天卫星遥感利用装载在航天器上的各种类型的探测器收集地物目标辐射或反射的电磁波，以获取并判认大气、陆地或海洋环境信息。航天卫星遥感数据主要来源于系列陆地卫星、高空间分辨率陆地卫星、高光谱类卫星、合成孔径雷达（Synthetic Aperture Radar, SAR）与小卫星等（孙家抦，2009）。

（1）系列陆地卫星

Landsat 系列卫星。1972 年美国设计并发射了第一颗地球资源技术卫星 ERTS-1，后改名为 Landsat-1。2013 年，第八颗卫星 Landsat-8 成功发射，为历经数十年辉煌的 Landsat 计划注入了新的能量。Landsat 系列卫星每 16 天可以实现一次全球覆盖，获取的数据以景为单位，成像幅宽为 185km。其中，Landsat-4～7 搭载主题成像仪/增强型主题成像仪（TM/ETM+），共有 7 个波段，分辨率为 30m。ETM+在前者基础上增加了一个 15m 分辨率的微米全色波段。Landsat-8 搭载陆地成像仪（Operational Land Imager, OLI）和热红外传感器（Thermal Infrared Sensor, TIRS），共有 11 个波段，除全色波段 8 空间分辨率为 15m 外，其余波段空间分辨率均为 30m。美国国家航空航天局与美国地质调查局已经宣布开启 Landsat-9 研制工作，计划将于 2021 年发射，接替 Landsat-8，延续近半个世纪的对地观测计划。

SPOT 系列卫星。法国空间研究中心（Centre National d'Etudes Spatiales, CNES）研制的一种地球观测卫星系统，1986 年至今已发射 SPOT 卫星 1～7 号。其中，SPOT-6 与 SPOT-7 分别于 2012 年与 2014 年发射。SPOT-6/7 搭载了两台新型星载光学模块化传感器（New AstroSat Optical Modular Instrument, NAOMI）的空间相机。两台成像仪的总幅宽为 60km，共有 5 个波段，其中 4 个多光谱波段的空间分辨率为 6m，1 个全色波段的分辨率为 1.5m。SPOT-6/7 能在一天之内实现全球任意位置重访。相较于 Landsat 系列，不仅分辨率显著提高，还可以实现立体像对拍摄，在绘制基本地形图和专题图方面具有更为广泛的应用，成为地理国情监测最佳数据源之一。

IRS 系列卫星。印度空间研究组织（Indian Space Research Organisation, ISRO）研制的地球观测卫星系统。自 1988 年起，IRS 系列卫星陆续发射。目前，IRS 已发射包括 IRS-1C、IRS-1D、IRS-2A、IRS-2B、IRS-2C、IRS-P3、IRS-P4、IRS-P6、IRS-P5 等 10 余颗卫星，已成为世界上最大的遥感卫星星座之一。IRS-P6（RESOURCESAT-1）卫星于 2003 年

10 月 17 日在印度空间发射中心发射升空。IRS-P6 与 Landsat-5 轨道特征相似，具有典型光学遥感卫星的特点，星上搭载高级广角传感器（Advanced Wide-Field Sensor，AWiFS）与多光谱传感器 LISS-3 和 LISS-4，接收空间分辨率为 5.8m 的全色图像信息和空间分辨率为 23.5m 和 56m 的多光谱信息。卫星重返周期为 5~24 天，扫描幅宽为 23~740km。

中巴资源卫星系列。中国与巴西合作于 1990 年发射中巴地球资源卫星 01 星（CBERS-01），随后 CBERS-02、CBERS-02B、CBERS-04 相继发射，目前仅 CBERS-04 有效工作。CBERS-04 于 2014 年发射，搭载全色 PAN、多光谱 MUX、红外 IRS、宽视场相机 WFI 多台传感器，其中全色波段空间分辨率最小达到 5m，多光谱波段分辨率为 10m。卫星重返周期为 5~52 天，扫描幅宽为 60~866km。

（2）高空间分辨率陆地卫星

IKONOS 卫星。IKONOS 是世界上第一颗可提供高分辨率遥感影像的商业卫星，发射于 1999 年 9 月 24 日。IKONOS 可采集 1m 分辨率全色和 4m 分辨率多光谱影像，其重访周期为 1~3 天，扫描幅宽为 11.3km，并且可从卫星直接向全球 12 个地面站地传输数据。2015 年 3 月 31 日，IKONOS 卫星在超额服务 15 年后退役。IKONOS 首次将民用领域星载传感器的空间分辨率提升至 1m 以内，打破了传统较大比例尺地形图测绘只能依赖航空遥感的局面。

QuickBird 卫星。QuickBird 是目前世界上最先提供亚米级分辨率的商业卫星，于 2001 年 10 月 18 日在美国成功发射。QuickBird 共 5 个波段，其中，4 个多光谱波段的空间分辨率为 2.44~2.88m，全色波段的空间分辨率为 0.61~0.72m。QuickBird 的重访周期为 1~6 天，成像幅宽为 16.5km。QuickBird 卫星具有引领行业的地理定位精度，海量星上存储，单景影像比同时期其他的商业高分辨率卫星高出 2~10 倍。

GeoEye-1。GeoEye-1 卫星于 2008 年 9 月 6 日发射成功，其全色影像分辨率为 0.41m，多光谱影像分辨率为 1.65m，重访周期为 3 天，成像幅宽为 15.2km。每天能够采集近 70 万 km² 的全色影像数据或近 35 万 km² 的全色融合影像数据，可广泛应用于地理国情监测大面积大比例成图、细微地物的解译与判读、土地利用覆盖监测等。

WorldView 卫星。WorldView 系列卫星最早发射于 2007 年，2014 年 8 月 13 日与 2016 年 11 月 12 日分别发射的 WorldView-3 与 WorldView-4 卫星全色影像分辨率为 0.31m，多光谱影像分辨率为 1.24m，重访周期为 1 天，成像幅宽为 13.1km。与 WorldView-3 相比，WorldView-4 能够存储更多数据且移动更快，但由于控制力矩陀螺仪故障，该卫星已于 2019 年被宣布失效。WorldView 卫星较高的地理定位能力与迅速响应特征能够快速锁定拍摄目标，同时高效开展同轨立体成像，其多样性的谱段为地理国情监测提供精确变化监测和高精度制图能力。

Pleiades 卫星。Pleiades 是法国空间研究中心的军民两用地球观测卫星，用于满足欧洲军事及民用宽范围的应用需求。Pleiades 由 2 颗完全相同的卫星 Pleiades 1A 和 Pleiades 1B 组成，Pleiades 1A 于 2011 年 12 月 17 日成功发射进入太空，Pleiade1B 于 2012 年 12 月 1 日发射；其全色影像分辨率为 0.5m，多光谱影像分辨率为 2m，重访周期为 1 天，成像幅宽为 20km。同处一个轨道平面的 Pleiades 1A 和 Pleiade 1B 与 SPOT-6 和 SPOT-7 组成相隔

90°的四星星座。该星座可实现每日两次重访，其中 SPOT 卫星负责提供多光谱 4m、全色 1.5m 的大幅宽全域图像，Pleiades 则针对指定目标区域提供 0.5m 的详细图像。

资源系列卫星。资源一号 02C 卫星（ZY-1 02C）于 2011 年 12 月 22 日发射，是一颗填补中国国内高分辨率遥感数据空白的卫星。卫星搭载两台 HR 相机，空间分辨率为 2.36m，两台拼接的幅宽达到 54km。搭载的全色和多光谱相机分辨率分别为 5m 和 10m，幅宽为 60km。资源三号 01 卫星（ZY-3 01）是我国首颗民用高分辨率遥感卫星，发射于 2012 年 1 月 9 日。ZY-3 01 配置了前视、正视、后视和多光谱相机，针对同一地区可获取三个观测角度的立体像对，提供的三维几何信息十分丰富。资源三号 02 卫星（ZY-3 02）于 2016 年 5 月 30 日发射成功，搭载有三台三线阵相机、一台多光谱相机和一台激光测距仪。与 ZY-01 卫星相比，ZY-3 02 实现了更高分辨率、更优异影像融合能力、更高图像高程测量精度，可连续、稳定、快速获取高分辨率立体影像和多光谱数据。资源三号卫星空间分辨率为 2.1～5.8m，成像幅宽为 51～52km，重访周期为 3～5 天。其中，02 星前后视立体影像分辨率由 01 星的 3.5m 提升至此 2.5m，幅宽由 52km 变为 51km。

高分系列卫星。高分一号卫星（GF-1）发射于 2013 年 4 月 26 日，作为国家高分辨率对地观测系统的首颗卫星，其对于我国突破高空间分辨率遥感技术，推动卫星工程水平提升具有划时代的意义。GF-1 搭载两台 2m 分辨率全色/8m 分辨率多光谱相机，四台 16m 分辨率多光谱宽幅相机。两台多光谱相机组合幅宽为 70km，重访周期为 4 天，四台多光谱宽幅相机组合幅宽达 800km。高分二号卫星（GF-2）发射于 2014 年 8 月 19 日，首次实现了我国自主研制民用光学遥感卫星空间分辨率优于 1m。GF-2 搭载全色、多光谱传感器两台，其中，多光谱波段空间分辨率为 4m，全色波段为 1m，成像幅宽为 45km，重访周期小于 5 天。GF-2 的发射标志着我国遥感卫星进入亚米级的"高分时代"。

（3）高光谱类卫星

高光谱类卫星采用光谱分辨率为 5～10nm 的高分辨率成像光谱仪，其波段数为 36～256 个，空间分辨率普遍不高，介于 30～1000m。目前，这类卫星大多由军方发射，民用高光谱类卫星较少，主要可用于大气、海洋和陆地探测。目前常用的高光谱类卫星包括：EOS 卫星系列、地球观测卫星-1（EO-1）、中国的"环境一号"A 星（HJ-1A）。

EOS 卫星系列。EOS 卫星表示美国地球观测系统计划系列卫星。1999 年 12 月 18 日，EOS-AM1（Terra）成功发射。Terra 卫星搭载云与地球辐射能量系统（Clouds and the Earth's Radiant Energy System，CERES）、中分辨率成像光谱仪（MODIS）、多角度成像光谱仪（Multi-Angle Imaging Spectro-Radiometer，MISR）、先进星载热发射和反射辐射仪（ASTER）以及对流层污染测量仪（Measurements of Pollution in the Troposphere，MOPITT）五种传感器，可同步采集地球大气、陆地、海洋与辐射等信息。Terra 与太阳同步，从北向南每天上午 10:30 飞经赤道上空，因此也被称为上午星。2002 年 5 月 4 日，美国发射了 EOS 计划中的下午星 EOS-PM1（Aqua）。Aqua 卫星保留了 Terra 卫星上已有的 CERES 和 MODIS 传感器，增加了大气红外探测器（Atmospheric Infrared Sounder，AIRS），并在数据采集时间上与 Terra 形成补充，其过境时间为下午 1:30，二者的重访周期为 16 天。MODIS 是 EOS 系列卫星的主要探测器，其光谱范围为 0.4～14.5μm，共有 36 个波段，波段 1～2

空间分辨率为 250m，波段 3 ~ 7 空间分辨率为 500m，波段 8 ~ 36 空间分辨率为 1000m。AIRS 共有 4 个可见光/近红外波段，2378 个红外波段，多少谱宽幅相机光谱范围为 0.4 ~ 1.0μm，星下点空间分辨率为 13.5km；红外波段光谱范围为 3.74 ~ 15.4μm，星下点空间分辨率为 2.3km。

地球观测卫星-1（EO-1）。EO-1 是 NASA 新千年计划（New Millennium Program，NMP）的第一颗新型地球观测卫星，其主要目的是在空间飞行过程中对先进仪器、航天器系统与任务概念进行检验。EO-1 于 2000 年 11 月 21 日成功发射，出于比较目的，其与 Landsat-7 成像区域相同。EO-1 上搭载了 220 波段高光谱成像光谱仪（Hyperion）、高级陆地成像仪（Advanced Land Imager，ALI）与大气校正仪（Atmospheric Corrector，AC）。三台探测都能够观测到 Landsat-7 一景影像的全部或部分，通过对比这些影像能够为未来的探测器与航天器提出改进建议，从而保证未来陆地成像数据的连续性。其中，Hyperion 共有 242 个波段，光谱范围为 0.40 ~ 2.50μm，光谱分辨率达到 10nm，地面分辨率为 30m，幅宽为 7.7km。

中国的"环境一号"A 星（HJ-1A）。HJ-1A 于 2008 年发射，其上装载有一台超光谱成像仪，其空间分辨率为 100m，共有 110 ~ 128 个波段，光谱范围为 0.45 ~ 0.95μm，成像幅宽为 50km。2018 年发射的高分五号卫星是世界上第一颗同时对陆地和大气进行综合观测的卫星，其上搭载了短波红外高光谱相机、全谱段光谱成像仪、大气主要温室气体监测仪、大气环境红外高光谱分辨率探测仪、大气气溶胶多角度偏振探测仪和大气痕量气体差分吸收光谱仪 6 个荷载。可见短波红外高光谱相机是国际上首台同时兼顾宽覆盖和宽谱段的高光谱相机，在 60km 幅宽和 30m 空间分辨率下，可以获取从可见光至短波红外（0.40 ~ 2.50μm）光谱颜色范围里，330 个光谱颜色通道，颜色范围比一般相机宽了近 9 倍，颜色通道数目比一般相机多了近百倍，其可见光谱段光谱分辨率为 5nm，几乎相当于一张纸厚度的万分之一，因此对地面物质成分的探测十分精确。

（4）合成孔径雷达

合成孔径雷达（SAR）是一种高分辨率微波二维成像雷达，能够实现全天候、全天时的主动式对地观测。SAR 利用目标与雷达相对运动的小孔径天线，把在不同位置接收的回波进行相干处理，从而获得较高的方位分辨率，再利用脉冲压缩技术获得很高的距离分辨率。SAR 具有探测范围广、提供信息快、目标图像清晰、地表穿透能力较强等优点，能够从地面杂波中分辨出固定目标与运动目标、发现掩蔽物体，可安装在飞机、卫星等不同飞行平台上。因此，SAR 系统能够有效地应用到地理国情监测的灾害监测、环境监测、海洋监测、资源勘查等方面。目前常用的 SAR 类卫星如下所述。

Radarsat 系列卫星。加拿大于 1995 年发射的 Radarsat-1 是世界上第一个商业化的 SAR 运行系统。Radarsat-1 装载的 SAR 传感器使用 C 波段进行对地观测，具有 7 种成像模式（精细模式、标准模式、宽模式、宽幅扫描、窄幅扫描、超高入射角、超低入射角），25 种不同的波束，这些不同的波束模式具有不同入射角，因而具有多种空间分辨率（10 ~ 100m）和不同幅宽（50 ~ 500km）。Radarsat-2 发射于 2007 年，在 Radarsat-1 的基础上，增加了超分辨率精细模式和全极化成像模式，二者分辨率分别为 3m 和 8m。Radarsat 系列卫星的重返周期为 24 天。

欧洲航天局雷达卫星系列。欧洲航天局发射的对地观测雷达卫星包括 ERS-1、ERS-2 和 ENVISAT-1。其中，ERS-1 卫星于 1991 年 7 月 17 日最早发射，卫星高度介于 782~785km。4 年后，ERS-2 卫星成功发射，其与 ERS-1 几乎完全相同。ERS-1/2 卫星的空间分辨率为 30m，成像幅宽为 80~100km，重返周期为 35 天。ENVISAT-1 卫星发射于 2002 年 3 月 1 日，相较于 ERS-1/2 搭载的 SAR，ENVISAT-1 搭载的先进合成孔径雷达 （Advanced Synthetic Aperture Radar，ASAR）可以实现 400km 侧视成像和双极化对地观测，成像宽幅提升（5~400km）。尽管 ENVISAT-1 卫星参考轨道的周期是 35 天，但是可为多数传感器提供 3~5 天完全覆盖全球的能力。哨兵 1 号（Sentinel-1）卫星是欧洲航天局哥白尼计划（Copernicus Initiative）中的地球观测卫星，由两颗搭载了 C 波段 SAR 传感器的卫星（Sentinel-1A、Sentinel-1B）组成。

Sentinel 系列卫星。Sentinel 系列卫星是已退役的 ERS 与 ENVISAT 的延续，用于全球环境监测。Sentinel-1A 发射于 2014 年 4 月 3 日，Sentinel-1B 发射于 2016 年 4 月 25 日。Sentinel-1 SAR 共有 4 种工作模式：条带模式（Strip Map Mode，SM）、超宽幅模式（Extra Wide Swath，EW）、干涉宽幅模式（Interferometric Wide Swath，IW）和波模式（Wave Mode，WV）。Sentinel-1A SAR 是新一代 SAR，延续了 C 波段卫星雷达观测，不仅具有 ASAR 的多极化、多入射角、大幅宽等特征，而且具有高分辨率（25m×40m）超宽模式（400km）以及高分辨率（5m×20m）宽幅干涉（250km）模式。Sentinel-1A 每 12 天覆盖全球一次，与 Sentinel-1B 卫星结合可实现每 6 天覆盖全球一次。

ALOS 卫星。ALOS 卫星是日本宇宙航空研究开发机构（Japan Aerospace Exploration Agency，JAXA）研发的对地观测卫星，发射于 2006 年 1 月 24 日。ALOS 搭载了全色遥感立体测绘仪（Panchromatic Remotesensing Instrument for Stereo Mapping，PRISM）、先进可见光与近红外辐射计-2（Advanced Visible and Near Infrared Radiometer type 2，AVNIR-2）与相控阵型 L 波段合成孔径雷达（Phased Array type L-band Synthetic Aperture Radar，PALSAR）三个传感器。PALSAR 具有高分辨率、扫描式 SAR、极化三种观测模式，具有高分辨率模式（幅度 10m）和广域模式（幅度 250~350km），这使之能获取比普通 SAR 更宽的地面幅宽。ALOS 的重返周期为 46 天。2014 年，ALOS-2 成功发射。ALOS-2 是第一个利用 L 波段频率的高分辨率星载 SAR，具有聚束、超精细、高敏感、精细、标称扫描等多种成像模式，其空间分辨率为 1~60m，成像幅宽为 25~490km，重返周期为 14 天。

TerraSAR-X 雷达卫星。TerraSAR-X 雷达卫星由德国政府和工业界于 2007 年共同研制发射，具有聚束成像（SpotLight）、带状成像（StripMap）和扫描成像（ScanSAR）三种模式。三种模式的空间分辨率分别为 1~2m、3m 和 16m，幅宽则为 10km、30km 和 100km。

COSMO-SkyMed 卫星星座。COSMO-SkyMed 卫星星座是意大利研制的高分辨率雷达卫星，由四颗 X 波段 SAR 卫星组成。2007 年 6 月 8 日，COSMO-SkyMed 1 发射成功。2010 年 11 月完成了全部卫星的发射。与 TerraSAR-X 相同，COSMO-SkyMed 也包含聚束成像、带状成像和扫描成像三种基本模式，其空间分辨率为 1~100m，扫描宽幅为 10~200km，重返周期为 16 天。

SAOCOM 卫星星座。SAOCOM 是阿根廷国家空间活动委员会主持发射的对地观测卫星星座,由装备了 L 波段 SAR 的 SAOCOM 1A 和 SAOCOM 1B 两颗卫星组成。SAOCOM 1A 发射于 2018 年 10 月 7 日,其空间分辨率范围为 7 ~ 100m,成像幅宽为 50 ~ 400km。SAOCOM 1B 发射于 2020 年 8 月 30 日。SAOCOM 卫星星座与 X 波段的意大利的 COSMO-SkyMed 星座联合可以实现全球每天两次覆盖。

"环境一号" C 星(HJ-1C)。HJ-1C 于 2012 年 11 月 19 日成功发射。HJ-1C 是中国第一颗民用 SAR 卫星,搭载了 S 波段 SAR,能够实现条带和扫描两种工作模式,二者成像带宽度分别为 40km 和 100km。单视模式下 HJ-1C 的 SAR 空间分辨率为 5m,距离向四视时为 20m。

高分三号卫星。高分三号卫星发射于 2016 年 8 月 10 日,是我国首颗实现 C 频段多极化 SAR 1m 分辨率成像的卫星。高分三号卫星具有条带模式、扫描模式、波模式、全球观测模式等共 12 种工作模式,是世界上工作模式最多的 SAR 卫星。卫星成像幅宽大(10 ~ 650km)与高空间分辨率(1 ~ 500m)优势相结合,能同时实现大范围普查和特定区域的详查。

(5)小卫星

早在 20 世纪 80 年代初,美国军方就提出"现代小卫星"概念。目前,美国、俄罗斯、日本、法国、英国、意大利都发展了小卫星平台或星座。中国也研制和发射了数颗小卫星,如实践四号卫星、"海洋一号"系列中国海洋水色观测卫星、中国地球环境观测小卫星群、实践五号卫星、"航天清华一号"微小卫星等。小卫星具有空间分辨率高、成像范围大、覆盖率高、价格低廉等特点。它可以提供时间周期短、分辨率高的遥感影像,这为地理国情监测提供了一条便捷途径。

2. 航空遥感

航空遥感是指以飞机、飞艇、气球等为平台搭载传感器运载获取目标信息的遥感技术,主要包括平流层航空遥感和机载航空遥感。航空遥感具有技术成熟、成像比例尺大、地面分辨率高、适于大面积地形测绘和小面积详查以及不需要复杂的地面处理设备等优点,其缺点是飞行高度、续航能力、姿态控制、全天候作业能力以及大范围的动态监测能力较差。

(1)航空摄影

航空摄影的主要目的是要利用摄取的航空影像采用摄影测量的方法测制地形图、生成 DEM 和制作正射影像。按传感器与成像方式的不同,航摄系统可以分为两类:一类是框幅式航空摄影测量系统;另一类是推扫式航空摄影测量系统(王树根,2009)。

框幅式航空摄影测量系统也称为面阵航空摄影测量系统。使用传统框幅式光学相机进行航空摄影时,将航摄像机安装在航摄飞机上,从空中一定的高度对地面物体进行摄影,在飞行航线上,按照航摄计划安排每隔一定的距离或时间开启一次相机快门,使相机竖直对地面成像,取得航摄像片。其代表产品主要有 DMC(Digital Mapping Camera)、UCD

（UltraCAM-D）、SWDC（Si Wei Digital Camera）等。DMC 由 4 台黑白影像的全色相机和 4 台多光谱相机组成，影像尺寸为 7680 像素×13 824 像素，像元大小为 12μm。摄影时，相机同时曝光，生成的影像间重叠 1%，在此基础上对影像进行辐射与几何校正后拼接，最后提供给用户。UCD 由 8 个独立的相机构成，类同 DMC 包括 4 台黑白影像的全色相机和 4 台多光谱相机，影像尺寸为 11 500 像素×7500 像素，像元大小为 9μm，不同的是 UCD 在摄影过程中按先后顺序进行曝光。SWDC 是我国自主知识产权的科研产品，其主体由四个高档民用相机（单机像素数为 3900 万，像元大小 6.8μm）经外视场拼接而成，系统中集成了 GPS 和自动控制等关键技术。

推扫式航空摄影测量系统也称线阵航空摄影测量系统。线阵航空摄影测量系统的核心是由电荷耦合器件（Charge Coupled Device，CCD）构成的线性阵列传感器，其具有稳定、轻巧、功耗低及多谱带等优点。按照系统搭载相机的 CCD 数量，线阵航空摄影可以分为单线阵、双线阵与三线阵，目前常用的为三线阵航空摄影测量。三线阵相机将三条 CCD 线阵平行放置在光学透镜后的焦平面并垂直于航向。当航摄飞机飞行时，三条 CCD 线阵同时向前、下、后推扫成像，形成二维连续影像。三线阵航空摄影测量系统的代表是瑞士 Leica 公司的 ADS40、ADS80 以及 ADS100。ADS40 线阵相机由全色、红、绿、蓝和红外五种传感器组成。其中，全色传感器前、下、后视 3 个波段影像，可以提供三维几何信息，多光谱波段可获得彩色多光谱影像。ADS40 集成了 POS 系统，［GPS 和惯性测量装置（Inertial Measurement Unit，IMU）］大大减少了外业大量像控测量工作。ADS80 是 ADS40 的升级版，相较于前者，ADS80 降低了数据压缩率，扩展了近红外波段接收范围，提升了 POS 系统（GNSS 和 IMU，GNSS 包含除 GPS 外其他卫星导航系统，如 GLONASS）。ADS100 取消了 ADS80 的全色波段，前、下、后视角均采集红、绿、蓝和红外 4 个波段。通过提高前视与底点角度、后视与底点角度以及前视与后视夹角提升了数据采集精度。同时，相较于 ADS80 的 CCD 像素（12 000），ADS100 的 CCD 像素为 20 000，成像幅宽达到前者的 1.67 倍。

（2）机载激光雷达

激光雷达（Light Detection and Ranging，LiDAR）是一种新兴的主动遥感技术。1998 年，加拿大卡尔加里大学形成了全球第一台机载激光扫描系统。随后，伴随着硬件的飞速发展与市场需求的不断加大，许多成熟的 LiDAR 系统先后被研发出来并投入使用。目前，国际上应用较多的 LiDAR 系统主要有瑞士 Leica 公司 ALS40/50/60/70 以及 2016 年最新发布的 ALS80 系统、加拿大 Optech 公司 ALTM 泰坦、银河、双子座等系列、德国 IGI 公司的 LiteMapper2400/5600/6800 系列等。LiDAR 集成了激光扫描测距系统、GPS 和惯性导航系统（Inertial Navigation System，INS）三种技术，通过记录激光脉冲从发射到返回的时间差来计算目标和传感器之间的距离，能够精确、快速地获取地表三维信息（李清泉和李必军，2000）。具体来说，三种技术具有以下特征。

1）激光扫描测距系统主要包括激光测距系统和光电扫描系统两部分。其中，激光测距系统主要通过相位测距和脉冲测距两种方法实现，前者精度高但实现难度较大，常用于地面 LiDAR；后者在机载 LiDAR 中应用较多；光电扫描系统通常提供激光的多种扫描方式，如钟摆式、正弦波、圆形扫描等。

2）GPS 是利用一组卫星的伪距、星历、卫星发射时间等观测量以及用户钟差实现地球表面或近地空间的任何地点导航、定位和定时的空基无线电导航定位系统，它能够为用户提供全天候的三维坐标、速度以及时间信息。在机载 LiDAR 系统中，GPS 可用于确定激光扫描系统精确的三维空间坐标，消除并参与修正陀螺系统漂移，提供飞行导航显示器导航信息。

3）惯性导航系统是 21 世纪初发展起来的一种自主式导航系统，其基本原理是根据牛顿力学定律测量目标相对惯性空间运动参数，即利用陀螺、加速度计等惯性元件来感测飞行器的运动加速度，然后对时间进行积分运算，求出导航参数以确定飞行器的瞬时速度与位置。在机载 LiDAR 系统中，惯性导航系统可用于确定飞行器的俯仰、侧滚和航向三个姿态角。

3. 低空无人遥感

低空无人遥感是 20 世纪 90 年代发展起来的遥感技术，其获取的影像分辨率高、角度多、不受阴云天气影响、系统成本及影像数据处理费用较低。低空无人遥感主要由无人驾驶飞行平台、飞行控制系统、遥感传感器及其控制系统、无线电遥测遥控系统和无人飞行器测控信息系统组成（林宗坚，2011）。

（1）无人驾驶飞行平台

无人驾驶飞行平台指利用无线电遥控设备或计算机操作的不载人飞行器。按照飞行器结构可分为无人飞艇、无人机等，其中，无人机主要分为固定翼无人机和无人驾驶直升机两类。

无人飞艇是一种轻于空气的航空器，它与热气球最大的区别在于具有推进和控制飞行状态的装置。飞艇由巨大的流线型艇体、位于艇体下面的吊舱、起稳定控制作用的尾面和推进装置组成。艇体的气囊内充以密度比空气小的浮升气体（有氢气或氦气），借此产生浮力使飞艇升空。吊舱装载遥感传感器及其控制系统。尾面用来控制和保持航向与俯仰的稳定。

固定翼无人机是指机翼位置、后掠角等参数不发生改变的无人机。固定翼无人机类型丰富，能搭载多种遥感器，具有速度快、机动性高等优势，但受天气影响较大且起降场地要求较高。固定翼无人机的起降飞方式多样，可利用弹射、手抛、滑行等方法起飞，也可采用伞降、滑跑、装网等方法回收。

无人驾驶直升机是指由无线电地面遥控飞行的垂直起降无人机。相较于固定翼无人机，无人驾驶直升机可以定点起降，因此对起飞着陆场地要求小且无须配备发射回收系统，与此同时，还具有可空中悬停、飞行方向任意等技术优势。但无人驾驶直升机种类较少，结构更加复杂，不易实现精准操控，主要应用于突发事件的调查，如单体滑坡勘查、火山环境的监测。

（2）飞行控制系统

飞行控制系统是实现飞行器起飞回收、空中飞行等过程的核心系统，即无人机的"驾驶员"。无人机飞行控制系统一般包括传感器、飞控计算机、伺服动作设备三部分。传感器包含确定三维运动姿态参数的姿态陀螺，利用气压变化测量飞行高度的气压高度表，以及确定飞行器纵轴地平面投影与磁子午线夹角的磁航向传感器等。飞控计算机是飞行控制系统的核心，用于同其他设备通信，实现数据的采集与处理，精确控制飞行器的姿态、航向、速度等。伺服动作设备是飞控计算机的执行机构，其接受飞控计算机的控制指令驱动飞机舵面偏转，进而完成对飞机飞行姿态和轨迹的控制。

（3）遥感传感器及其控制系统

遥感传感器及其控制系统是实现低空无人遥感过程的基础设备，包含根据遥感任务需求搭载的不同类型遥感传感器、用于稳定遥感传感器和修正偏流角的机载稳定平台，以及用于控制遥感设备及遥感任务的计算机系统。根据地形图测绘、环境监测、农林遥感等不同任务，系统可搭载面阵数码相机、光学胶片相机、摄录机、辐射度/光度计、高光谱/多角度/红外成像光谱仪等；稳定平台主要有单轴和三轴两类，单轴稳定平台的基本组成为平台、电机和控制电路，三轴稳定平台在此基础上增加了陀螺仪、水平传感器和舵机，使得其在修正偏流角的同时还可以保持遥感传感器的水平稳定；任务设备控制计算机系统用于同其他设备通信，实现遥感数据的采集与处理，以及精确控制遥感传感器的运行等。

（4）无线电遥测遥控系统

无线电遥测遥控系统是指无线电遥测和遥控一体化系统，主要由指令编码器、调制器、发射机、接收机、天线、微型计算机、显示器、电源等组成。无线电遥测遥控系统的主要功能包括传输、实时显示、存储无人驾驶飞行平台和遥感传感器的状态参数及相关信息。例如，飞行姿态、航向、速度等，遥感器感测数据，以及机上电源容量等；传输地面操作人员指令，实现无人驾驶飞行平台和遥感传感器的精确控制等。

（5）无人飞行器测控信息系统

无人飞行器测控信息系统主要用于无人飞行器飞行航线的布设与管理、航迹显示与监控、导航数据的记录与回放，以及影像数据的管理。无人飞行器测控信息系统主要由嵌入式计算机、软件系统、液晶显示屏、数传电台、导航接收机、发射机、天线等组成。嵌入式计算机通过接口串口实时接收遥测数据位置、方向、高度、姿态等；软件系统将采集的数据进行分析处理，实时地显示无人飞行器的航迹、速度及姿态，用于无人飞行器工作状态的监控。

4. 地面和水下遥感

（1）地面遥感

地面遥感主要指通过安装在高塔、车、索道、三脚架、船舶等地面平台上的地物波谱仪或传感器进行地物波谱测量的遥感技术。地面遥感从本质上讲属于近地表观测，不仅包含对目标地物电磁波信息的光谱信息观测，还包含对目标地物物理、化学等其他属性的获取，常用于植被、土壤资源调查与监测。目前，应用最为广泛的地面遥感方式是地面车载移动测量技术。

车载移动测量是在机动车上装配 GPS、视频系统、惯性导航系统或航位推算系统等先进传感器和设备，在车辆高速运动的同时采集道路及两旁地物的空间位置与属性数据。近年来，车载移动测量已经成为道路测量、街景地图数据获取、城市三维建模等领域的主要技术手段之一，是对大比例尺测图、航空摄影测量和卫星摄影测量的有力补充（李德仁，2006）。

目前，国内外主流的车载移动测量主要有：IGI StreetMapper、Topcon IP-S2、Leica Pegasus One、Trimble MX8、Riegl VMX-450、Optech LYNX、Leador MMS、LD2000、GEO-VISION SSW、HiTarget iScan 等。IGI StreetMapper 是第一台真正意义上的车载激光扫描系统，该系统由英国 3DLaser Mapping 公司和德国 IGI 公司联合研制，由 GPS/INS 组合导航系统、2 个 CCD、2 台激光扫描仪组成，相对精度为 2.5cm，绝对精度为 5.0cm。李德仁团队研制的集成 GPS、DR、CCD 的 LD2000 系统达到了厘米级相对精度和米级绝对精度，能够用于城市三维建模及中低精度的普查类项目。刘先林领导研制的 GEO-VISION SSW 车载激光建模测量系统，集成了 POS 系统、国产 RA360 扫描仪、里程计、数字相化，系统绝对精度达到厘米级。

国家地理信息应急监测车是车载移动测量重要代表之一。国家地理信息应急监测车以越野车为平台，通过搭载多种无人机遥感影像获取系统、应急遥感影像快速处理系统、数据远程传输系统等，集成轨迹实时监控、遥感影像获取与处理、成果输出与分析、监测成果远程传输等功能，实现高效快速的灾后影像连续立体模型构建、灾情判读与解译，服务于灾情应急辅助决策。

（2）水下遥感

水下遥感利用声波可以在海洋中远距离传播的特征，借助声呐、LiDAR 等实现水下遥感遥测，对探测水下地形、厘清水下资源具有重要作用。

声呐是借助水中声波对水下目标物体进行跟踪、定位和通信的电子设备，其利用声波在水中传播的特殊性质，通过声电的转换与信息处理实现水下探测和通讯（陈克棠和胡嘉忠，1981）。目前，声呐是水下监测的主要技术，按其工作原理可分为主动声呐与被动声呐两类。主动声呐利用水声发射换能器发出声波，声波在水中传播时遇见水下物体后反射进而被水听器接收，在此基础上对信号进行处理分析实现目标定位；被动声呐仅通过接收、处理和分析水下物体辐射出的噪声信息获取目标信息。

采用 LiDAR 探测水下声信号实质上就是对水表面细小振动的激光测量，即测振（陈世哲等，2016）。目前，测振常用光学方法，主要包括干涉测量与非相干测量。干涉测量将同一个激光光源发出的光束分成两部分，一部分引向被测区，另一部分保留作为参考光束。经目标反射的光束与参考光束在光电探测器上发生相干叠加就可以获得测量光束所携带的被测物理环境的相关信息。常见的干涉测量方法主要包括激光多普勒测量技术、全息干涉法、激光散斑干涉法和莫尔干涉法。其中，水下遥感应用较多的是激光多普勒测量技术，即把相干激光照射到被水下声源扰动的水面上，从水表面返回的散射光会发生多普勒效应，产生多普勒频移。该频移受到振动面相对观察者的运动速度的影响，通过对光电接收器接收的光信息分析得到频移大小，进而获得速度和振幅等相关参量。

非相干测量是指无须提取和利用接收信号相位信息而进行检测的技术。非相干探测水下声信号的办法主要有光通量变化法和光线分析法。光通量变化法就是把激光照射到液体表面，由于水下声信号的扰动，水表面会有微波产生，与此同时，用光接收器接收被液体表面反射的激光，接收到的光通量会随微波波动而改变，对这些变化进行检测并转化为电信号就可以实现对振动液面微波的光电检测；光线分析法的主要原理是：某时刻的反射光束中，光线在液体表面微波的作用下散射，在微波上下波动时，各点的反射光线会随时间发生摆动。反射光线在变化过程中，部分光线进入接收光阑覆盖区域，其能量被接收。因为光的能量正比于光线的数量，所以依据接收到的光的能量随时间改变的规律，也即进入接收光阑的光线数量随时间的改变规律，就能够获得可接收到的光线的摆动角度的变化范围，从而获得水面微波的相关信息，进而得到水下声信号的信息。

2.1.3 地面观测数据

地面观测通过建立地面基站，结合有线与无线传感网络，对陆地表面与近地面大气的不同要素开展持续监测，其数据具有观测频率高、数据类型多、数据体量大、数据精度与可比性高的特点，是分析规律、建立模型、验证模型、预测预报的重要数据源。

地面观测数据主要包括：用于支撑与验证遥感观测数据的大地测量数据、遥感解译样本，以及气象、水文、地震、交通、林业、农业、海洋、地质与矿产等专题在线监测数据。

1. 大地测量数据

大地测量数据可分为水平控制网数据、高程控制网数据和重力控制网数据等（孔祥元和郭际明，2005）。

（1）水平控制网数据

水平控制网用三角测量和导线测量建立，配合天文测量、重力测量、高程测量，并归算到参考椭球面上，以推算出各大地点的大地坐标，作为平面位置的基本控制。我国国家水平控制网分为四个等级，一等三角锁精度高但分布较为稀疏，二、三、四等水平控制网是根据实际需要在不同地区分期分批布设的。

各国处理大地测量数据时采用的参考椭球面并不一致，国际上统一采用的参考椭球面是 WGS-84，我国常用的参考椭球面有 1954 年北京坐标系（BJ54）的克拉索夫斯基（Krassovsky）椭球体、1980 年西安坐标系（Xi'an80）的 IUGG-1975 和当前最新的 2000 年国家大地坐标系（CGCS2000）。WGS-84 以地球质心为坐标原点，其地心空间直角坐标系的 Z 轴指向国际时间局（Bureau International de'Heure，BIH）1984.0 定义的协议地球极（CTP）方向，X 轴指向 BIH1984.0 的零子午面和 CTP 赤道的交点，Y 轴与 Z 轴、X 轴垂直构成右手坐标系。BJ54 为参心大地坐标系，采用 Krassovsky 椭球参数并与苏联 1942 年坐标系联测计算建立，其大地原点不在北京而是在苏联的普尔科沃。Xi'an80 也是参心大地坐标系，其采用 1975 年第 16 届国际大地测量及地球物理联合会 IUGG/IAG 推荐的新的椭球体参数（IUGG-1975），大地原点设在我国中部的陕西省泾阳县永乐镇，位于西安市西北方向约 60km；CGCS 2000 的原点为包括海洋和大气的整个地球的质量中心，CGCS2000 的 Z 轴由原点指向历元 2000.0 的地球参考极的方向，该历元的指向由国际时间局给定的历元为 1984.0 的初始指向推算，定向的时间演化保证相对于地壳不产生残余的全球旋转，

X 轴由原点指向本初子午线与地球赤道面（历元 2000.0）的交点，*Y* 轴与 *Z* 轴、*X* 轴构成右手正交坐标系。

现代大地测量中，水平控制网一般由 GPS 方法建立。我国的"2000 国家 GPS 大地控制网"由原国家测绘局（现国家测绘地理信息局）、中国人民解放军总参测绘导航局、中国地震局、中国科学院等单位联合布设，通过联合平差将高精度 GPS A、B 级网，GPS 一、二级网，以及中国地壳运动观测网三个部分归于统一坐标框架内。其中，GPS A、B 级网分别由 30 个、802 个控制点构成，提供了分米级绝对精度的三维空间大地控制坐标系统，GPS 一、二级网分别包含 44 个点、509 个点，中国地壳运动观测网包括基准网、基本网、区域网共 1222 个点（陈俊勇等，2007）。

（2）高程控制网数据

高程控制网通过测定一个国家或一个地区范围内一系列统一而精确的地面点高程为地形测绘与工程建设等提供精确的高程控制基础。国家高程控制网的布设方案一般采用从大到小、从整体到局部的原则，按控制次序和施测精度分为一、二、三、四等水准测量。

我国高程控制网的布设分为三个阶段：第一阶段为 1976 年以前，以 1956 年黄海高程基准布设一等水准 20 000km，二等水准 130 000km。第二阶段为 1976~1990 年，以 1985 年国家高程基准布设一等水准 93 360km，二等水准 136 368km。这一阶段布设水准是我国高程控制网的基础。第三阶段为 1991 年以后，其实质是上一阶段水准的复测，计划复测 94 000km，截至 1998 年实际完成一等水准复测 88 452km。目前，我国采用的是正常高系统，高程基准为 1985 国家高程基准。按照 1985 国家高程基准起算，青岛国家水准原点高程为 72.260m。正在开展设计的国家第三期一等水准测量的布设与实施方案计划和国家大地基准、重力基准密切结合，并以观测成果为基础精化我国厘米级似大地水准面。

在国家一、二等高程控制网数据的基础上开展的三、四等精密水准测量是监测我国板块、地震断裂带垂直变化、城市因地下水开采及各种大型工程建设而导致的区域沉降的有效手段；也是服务于防震减灾措施制定的重要基础，对于地理国情监测中的灾害应急监测等领域具有重要意义。

（3）重力控制网数据

重力控制网数据对于处理天文大地控制网数据中的高程异常和垂线偏差具有重要作用。1949 年前共测了 200 多个重力点，没有建立重力基本网。1949 年后，重力基本网的建立共经历三个主要阶段：第一阶段为 1957 国家重力基本网，该阶段以北京西郊机场重力点为重力原点，这也是我国第一个重力原点，其重力属于波茨坦重力系统；第二阶段为 1985 国家重力基本网，包含国家基准点 6 个、基本点 46 个及引点 5 个，境外基准点和基本点 23 个；第三阶段为 2000 国家重力基本网，包含国家基准点 21 个，基本点 126 个及引点 112 个。作为第三代国家重力基本网，2000 国家重力基本网精度高、覆盖范围大、点数多，点位顾及了我国实际情况，额度适宜，分布基本均匀，是我国国家基础建设、国防建设和防震减灾等方面的重要支撑。

2. 遥感解译样本

在开展遥感影像解译前，需要对地理环境进行正确认知，遥感影像解译样本就是具有对照关系的地面照片和遥感影像等样本数据的合集，是建立正确认知的基础，能够为解译结果质量控制提供支持，为长期监测积累实地参考资料（李井春等，2014）。

地面照片利用常规数码相机实地拍摄，具有能全面清晰反映目标属性的特征。为了用于地理国情监测任务，地面照片应该记录相机姿态参数、拍摄距离、35mm 等效焦距、拍摄时间、拍摄者等信息。姿态参数包含经纬度、高程、方位角、横滚角、俯仰角。此外，还需要尽可能记录影响获得这些姿态参数精度水平的属性，包括定位方法，采用卫星定位时观测到的卫星数量、平面定位精度，以及方位角的测量精度范围等。同时，应该说明照片主题内容所属的地理国情信息类型，并尽可能对地面照片反映的内容提供文字说明（《遥感影像解译样本数据技术规定》，GDPJ 06—2013）。

遥感影像示例数据则是从经过正射处理的影响数据源截取的与地面照片拍摄范围和内容一致的航空航天遥感影像。拍摄地面照片时，照相瞬间相机的空间位置称为样点，也称拍摄点，每一张照片代表一个样点。被拍摄对象相同的一组地面照片代表的样点组合则称为样点组。拍摄地面照片时，照相瞬间相机的空间位置与地面直角坐标系相对的旋转姿态参数为相机姿态参数。遥感影像实例包含数据源类型、分辨率、波段数、拍摄时间等属性。同时，为方便后期查询检索，还需要记录遥感影像实例四个交点的经纬度坐标。

地面照片与遥感影像示例数据从不同侧面反映地物分布与覆盖，相互印证，具有一对一、一对多、多对一和多对多关系。一对一关系下，一张地面照片只对应一幅遥感影像实例，这种情况下可用的遥感影像数据源比较单一。一对多关系下，一张地面照片对应多张不同类型或时相的遥感影像实例。多对一关系下，多张地面照片对应一张遥感影像实例。这种情况一般针对比较复杂的地面环境，即难以通过一张地面照片全面地反映其特征，需要从不同位置和角度对同一地点的地物拍摄多张地面照片，但针对拍摄对象所在区域只有一种可供采集的遥感影像实例数据源。多对多关系下，多张地面照片对应多幅遥感影像实例，这种情况综合了一对多和多对一两种情况。

3. 专题在线监测数据

(1) 气象监测数据

大气中不断出现增热与冷却、水分蒸发与凝结等物理过程，伴随这些过程出现风、云、雨等物理现象，大气中的这些自然现象简称为"气象"。气象条件与宏观生态环境以及自然资源息息相关，是城市地理国情监测中的限制区、生态功能区、生态脆弱区等专题监测，以及城市扩张的环境效应监测等的重要数据支撑。

地面气象监测数据主要包括温度（气温、海水温度、土壤温度）、相对湿度、气压、云（云状、云量、云高）、风（风速、风向、阵风）、降水、太阳辐射量（总辐射 Q、净辐射 N、散射辐射 D、直接辐射 S 和反射辐射 R）、能见度、蒸发、波浪（浪高、周期与波向）。同时，气象监测数据包括为气候分析研究积累资料开展的观测，其观测时次和项目由各国自定，中国气象部门规定：时次和基本天气观测一致，项目和天气观测类似，另增加日照时数、各层土壤温度、蒸发量和积雪等。此外，气象监测数据还有基于环境监测站的 SO_2、NO_x、CO、O_3、PM_{10}、$PM_{2.5}$ 等空气质量观测数据和苯、甲苯、二甲苯、非甲烷烃、硫化氢、氨、氯气等有毒有害气体的持续观测数据。我国目前共有 2422 个国家级地面气象观测站，空间分辨率为 71km；区域气象观测站有 57 435 个，为各地局地性气象灾害监测提供重要参考。2017 年，中国气象局公布的《国家地面天气站布局优化方案》显示，将从近 6 万个区域气象观测站和行业部门观测站中遴选出 8174 个站点，补充进国家地面天气站队伍。这意味着，国家地面天气站总数达 10 596 个，我国境内平均 30km 就有一个站点。

（2）水文监测数据

水文监测是按照一定条件在江河湖海的一定地点或断面上布设水文观测站，对各种水文要素进行长期观测。其中，江河湖泊水文要素主要有水深、水位、流向、流速、流量、水温、冰情、含沙量、降水量、蒸发量、水色、透明度、水的化学组成等；海洋水文要素有潮汐、潮流、波浪、海流、海水温度、盐度、海上气温、气压、风向、风速、浮游生物等。各种水文监测数据不仅是各种水文预报的依据，而且是研究海床、河床、河岸变迁、海流、径流规律和进行各种水利工程、海岸工程设计计算以及编写航路指南等的重要资料。此外，河流、水系的水质等级、湖泊水库的营养状态分级以及水体中的化学需氧量、总磷、高锰酸盐指数、溶解氧和五日生化需氧量、氨氮、氟化物、石油类、挥发酚等污染指标含量与变化情况也是重要的水文监测数据。

（3）地震监测数据

地震监测主要指基于专业的地震台站和群测点，在地震发生前后，利用水位仪、地震仪、电磁波测量仪等监测地震微观前兆信息，如水文地球化学、地壳形变、应力应变等。

目前，我国已经建立了地震监测预报、震灾防治和紧急救援三大工作体系，并实现了地震观测技术由模拟向数字化的转变。2000 年，以 GPS 观测技术为主，辅以卫星激光测距（Satellite Laser Ranging，SLR）和甚长基线干涉测量（Very Long Baseline Interferometry，VLBI）等空间定位技术，结合精密重力和精密水准测量建成了大范围、高精度、高时空分辨率的中国地壳运动观测网络（Crustal Movement Observation Network of China，CMONOC）。该网络由基准网、基本网、区域网，以及一个数据中心和三个数据共享子系统组成的数据传输与分析处理系统四大部分组成。其中，基准网包含 25 个 GPS 连续观测站，观测数据实时传送至数据中心。基本网由 56 个定期复测的 GPS 站组成，作为基准网的补充，其主要用于一级块体本身及块体间的地壳变动的监测。区域网由 1000 个不定期复测的 GPS 站组成，用于监测主要地块的运动，并兼顾大地测量和国防建设的需要（牛之俊等，2002）。

（4）交通监测数据

根据数据采集方式的不同，交通监测数据可以分为交通流量监测数据、交通浮动车数据、交通监控视频数据等。交通流量监测数据是指交通管理部门在道路上预埋或预设的车联网传感器实时收集的车流量信息和客流量信息。车联网传感器主要包括地感线圈检测器、超声波检测器、磁性检测器、红外线检测器、微波检测器等。浮动车指安装有定位和无线通信装置的车辆，如出租车、公交车、警车等。浮动车在道路上行驶时，按一定的采样周期自动上传的车辆的位置、速度、行驶时间及道路条件等信息就称为交通浮动车数据。交通监控视频数据主要通过覆盖高速公路、城市主要干道及路口的数字网络，以及相应配备的图像监视设备和软件构成的交通视频监控系统实时采集。交通监控视频数据体量巨大，通过对数据进行车辆特征提取、车辆信息匹配和车辆位置预测，可以很好地辅助交通流量监测数据和交通浮动车数据，为智能交通系统提供有利的辅助手段。

（5）其他地面监测数据

林业监测数据。林业监测是林业资源调查的重要基础，主要通过地面仪器测量方法控制和量算森林面积、编绘森林分布图，用带状标准地每木检尺法推算森林蓄积。20 世纪70 年代末，国家以省为单位进行了林业资源连续清查，简称"连清"。采用机械布点的抽样调查方法，以省为总体进行布点。由于各省的样地间距有差异，各总体的抽样精度需达到相应省份的具体要求。到 2001 年，地面样地已覆盖包括全国（除港澳台）31 个省（自治区、直辖市），复查的间隔期定为 5 年。林业资源连续清查主要侧重于森林面积和蓄积数据，近年来随着对森林健康和生态环境情况的重视程度的提高，也增加了如森林健康等级、湿地类型、荒漠化类型、森林群落结构、自然度等方面的内容。

农业监测数据。农业监测是指综合运用物理、生物等方法，合理使用农业环境监测仪等监测工具，对农业生物赖以生存的大气、水、土地、光、热等要素开展长时间观测。农业监测数据主要包括日照、太阳辐射、环境温度、环境湿度、土壤温度、土壤湿度、土壤蒸发、土壤质地、土壤有机碳、土壤 pH、土壤盐分、土壤碱度、土壤质地、农田蒸发、CO_2、降水、风、水温等。目前，对于较大范围农业区域的环境信息采集，我国主要采用两种方式：人工现场采集与小范围总线环境信息采集系统。人工农业环境信息现场采集主要通过工作人员手持监测设备对特定位置的农业信息进行监测；小范围总线环境信息采集系统主要是通过有线方式进行数据传输。随着物联网与无线通信技术的发展，我国已经逐步开始基于无线传感网络实现对农业环境的实时监控。

海洋监测数据。海洋监测是指基于海洋平台、浮标、观测船等对海洋环境（海水温度、海水流向、海上风向、海水波浪高度、盐度、深度、压强、长短波辐射、降雨等）、海洋资源（氯、钠、镁、硫、碘、铀、金、镍等化学资源；鱼类、藻类等海洋生物水产资源；潮汐能、波浪能、海流能及海水盐差能等海洋动力资源）开展的监测。其中，海洋平台通常指为海上开采能源提供生产和生活设施的大型海洋结构。浮标是指固定在目标区域，利用搭载的观测仪器实现连续海洋环境监测的小型平台。观测船是指专门用于运送监测人员与仪器设备至目标海域开展海洋科学研究的船只。

地质与矿产监测数据。地质与矿产监测是依据先进的地质科学理论，采用地质测量、钻探、物化探等方法和手段，获取如地层岩性特征、大地构造单元及断裂构造特征、工程地质特征、地震烈度、人类活动对地质环境的影响、矿产位置、矿产面积、矿产储量、矿石质量、采选冶加工条件和矿床技术经济评价等可靠地质矿产信息资料的活动。

2.1.4 其他数据

社会经济统计数据指以行政区划为单元的人口、社会、经济、城市建设等方面的统计数据，是反映国民经济和社会现象以及人地关系是否协调、社会发展是否和谐的重要指标，具有准确、及时、可比、可衔接、相关性高等特点。人口统计数据包括人口数量及构成、出生率、死亡率、自然增长率、人口年龄结构、婚姻状况与受教育程度等。社会经济统计数据不仅包括生产总值与产业结构、消费支出及构成、投入与产出等国民经济核算数据，还包括就业与工资，生活与消费水平，能源产出与消耗，投资与贸易，以及农、工、建筑、运输、邮电等行业统计数据。城市发展数据包括城市供水、燃气、供热、公共交通、绿地与园林、市容环境卫生、设施水平等情况。

行业普查与调查数据指根据具体行业特点与需求，对相关领域进行不定期调查、考察取得的数据资料，具有较强的行业特征和管理属性，是地理国情监测研究的基础数据资料，是对研究结果进行验证的最直接、最有效的数据源。同时，由于调查考察是不定期的，数据通常具有不可重复获得以及历史性等特性。行业普查与调查数据，如全国性的土壤普查数据、水利普查数据、林业普查数据、污染源普查数据、经济普查数据、地名普查数据、交通设施普查数据、营业状况调查数据、土地利用现状调查数据等；区域性科学考察，如青藏高原综合科学考察、中国南北过渡地带综合科学考察、大香格里拉地区综合科学考察等；还有区域性或城市范围的公众参与问卷调查、交通量调查、旧城和文化古迹调查、乡村地理调查等。

众源地理空间数据是移动导航与定位、无线传输、云计算等新兴技术蓬勃发展背景下的时代产物，指通过网络工具、GPS 终端、带 GPS 智能终端（如笔记本电脑与智能手机等）、便携式导航设备（Portable Navigation Device，PND）以及各种定位传感器、射频识别技术（Radio Frequency Identification，RFID）得到的地理空间数据。众源地理空间数据获取容易、数据量大、时序性高、成本低，具有不确定性、高现势性、社会性、开放性等典型特征，为地理国情监测提供了一种新的数据获取模式。众源地理空间数据主要包括：非专业人员利用智能手机、GPS 终端以及各种定位传感器获取、标注和上传的地理空间数据、图像和视频等多媒体数据，如开源兴趣点数据、公开地图（Open Street Map，OSM）；基于博客、微博、微信、维基、社交网站、点评社区、论坛等社交媒体带地理标记的空间数据；由移动 GPS 设备记录的用户活动的原始时空轨迹数据，如手机信令、百度热力、公交刷卡、浮动车、共享单车、刷卡消费等；新浪、搜狐网的浏览信息，百度、谷歌等搜索关键词，以及房地产挂牌销售和二手房交易信息等互联网大数据。

2.2　多源数据集成

地理国情监测的数据体量大、类型多样、数据结构复杂，在对相关数据与资料进行信息提取与汇交归档之前必然需要采取一系列手段使其满足相应的实际需求与技术规定。针对多源、多时相的基础地理信息数据与遥感影像坐标系统及地图投影方式不一致等问题，需要对数据开展坐标系统变换与地图投影统一；针对地理国情数据在处理与分析过程中数据模型和结构定义差异造成的不兼容问题，需要借助适当的数据转换方式使之统一；针对获取的数据存在时空断续、信息单一、质量不高等问题，需要利用图像匹配、空间化表达、尺度转换等方式开展多源数据融合，派生出更高质量的数据，获取更多信息，最终形成统一存储管理、可共享和动态交换的综合城市地理国情信息资源。

2.2.1 数学基础转换

地理国情普查与监测数据的获取统一采用 CGCS2000 与 1985 国家高程基准，利用高斯–克吕格投影按 6°分带，投影带的中央经线与赤道的交点向西平移 500km 后的点为坐标原点。然而，历史基础地理信息数据往往以 BJ54 或 Xi'an80 为数学基础，而卫星遥感影像往往以国际统一的 WGS-84 为基础。此外，不同区域地形图、大比例尺地形图与小比例尺的投影与分带方式也往往有所差异。为了能够分析并利用这些数据，需要对其进行数学基础转换，也就是坐标转换。常用的坐标转换方式主要分为三类：一是大地坐标转换为空间直角/平面坐标，后者即投影分带；二是大地坐标系之间的转换，即 WGS-84、BJ54 与 Xi'an80 转换为 CGCS2000；三是任意两空间坐标系之间的转换。

1. 大地坐标转换为空间直角/平面坐标

已知椭球面上某点的大地坐标经纬度 (L, B, H) 与空间直角坐标 (X, Y, Z) 的转换关系如下：

$$\begin{pmatrix} X \\ Y \\ Z \end{pmatrix} = \begin{pmatrix} (N+H)\cos B\cos L \\ (N+H)\cos B\sin L \\ (N(1-e^2)+H)\sin B \end{pmatrix} \tag{2-1}$$

对式（2-1）微分得到

$$\begin{pmatrix} \mathrm{d}X \\ \mathrm{d}Y \\ \mathrm{d}Z \end{pmatrix} = \begin{pmatrix} -(N+H)\sin B\cos L & -(N+H)\cos B\sin L & \cos B\cos L \\ -(N+H)\sin B\sin L & (N+H)\cos B\cos L & \cos B\sin L \\ (N+H)\cos B & 0 & \sin B \end{pmatrix} \begin{pmatrix} \mathrm{d}B \\ \mathrm{d}L \\ \mathrm{d}H \end{pmatrix} \tag{2-2}$$

令
$$A = \begin{pmatrix} -\sin B\cos L & -\sin L & \cos B\cos L \\ -\sin B\sin L & \cos B & \cos B\sin L \\ \cos B & 0 & \sin B \end{pmatrix} J = \begin{pmatrix} (N+H) & 0 & 0 \\ 0 & (N+H)\cos B & 0 \\ 0 & 0 & 1 \end{pmatrix}$$

则有

$$\begin{pmatrix} \mathrm{d}X \\ \mathrm{d}Y \\ \mathrm{d}Z \end{pmatrix} = AJ \begin{pmatrix} \mathrm{d}B \\ \mathrm{d}L \\ \mathrm{d}H \end{pmatrix} \tag{2-3}$$

顾及椭球元素的变化，式（2-3）可表示为

$$\begin{pmatrix} \mathrm{d}X \\ \mathrm{d}Y \\ \mathrm{d}Z \end{pmatrix} = AJ \begin{pmatrix} \mathrm{d}B \\ \mathrm{d}L \\ \mathrm{d}H \end{pmatrix} + B \begin{pmatrix} \mathrm{d}a \\ \mathrm{d}e^2 \end{pmatrix} \tag{2-4}$$

式中，$B = \begin{pmatrix} N\cos B\cos L/a & N\sin^2 B\cos B\cos L/2\omega^2 \\ N\cos B\sin L/a & N\sin^2 B\cos B\sin L/2\omega^2 \\ N(1-e^2)\sin B/a & -N(\cos^2 B+\omega^2)\cos L/2\omega^2 \end{pmatrix}$；$a$ 为椭球长半轴；e 为第一偏心率，

$e^2 = (a^2-b^2)/a^2$；ω 为自转角速度；$N = a/\sqrt{1-e^2\sin^2 B}$ 为卯酉圈曲率半径。

在高斯投影中，约 $0.001\,\text{m}$ 精度下某点大地坐标经纬度 (L, B) 与平面直角坐标 (x, y) 的转换关系如下：

$$x = X_0 + \frac{N}{2}\sin B\cos Bl^2 + \frac{N}{24}\sin B\cos^3 B(5-t^2+9\eta^2+4\eta^4)l^4 \tag{2-5}$$
$$+ \frac{N}{720}\sin B\cos^5 B(61-58\,t^2+t^4)l^6$$

$$y = N\cos Bl + \frac{N}{6}\cos^3 B(1-t^2+\eta^2)l^3 \tag{2-6}$$
$$+ \frac{N}{120}\cos^5 B(5-18\,t^2+t^4+14\,\eta^2-58\,\eta^2 t^2)l^5$$

式中，X_0 为子午线弧度，m；$l = L-L_0$ 为该点大地经度 L 与投影带中央子午线大地经度 L_0 的经度差，$(°)$；$t = \tan B$ 为该点纬度的正切函数值；$\eta = e'^2\cos^2 B$ 为参变量；e' 为第二偏心率，$e'^2 = (a^2-b^2)/b^2$。

在坐标系转换的过程中，要先确定转换参数（即椭球参数）、分带标准（3°，6°）和中央子午线的经度。对于中央经线的确定，从平面坐标转换为大地坐标，取平面直角坐标系中 Y 坐标的前两位乘以分带度数；从大地坐标转换为平面坐标，则取转换区域东西边界经度的平均值。

2. 大地坐标系之间的转换

WGS-84、BJ54、Xi'an80 与 CGCS2000 大地坐标系采用的椭球基准不一样，并且由于投影的局限性，不存在一个全国统一的转换参数，各个地区会有所差别。但基于不同椭球基准的坐标系存在一个共性，即均可以转换成空间直角坐标系，因此大地坐标系之间的转换的实质就是不同空间直角坐标系间的转换。

两个椭球之间的坐标转换量较大时，主要采用 GPS 联测已知点，并应用 GPS 软件完成自动坐标转换。GPS 联测要求按三等静态 GPS 平面网的相关技术指标执行，点位应选择在转换区域三等控制网周边及中心区域，点位分布均匀且便于联测。当条件不许可，且有足够的重合点时，也可以采用人工解算。最常用的是七参数布尔沙模型，其中，七参数分别指三个方向的位置平移（X 平移，Y 平移，Z 平移），三个方向的角度旋转 [X 旋转（WX），Y 旋转（WY），Z 旋转（WZ）]，以及尺度变化（DM），可表示如下：

$$\begin{pmatrix} X_2 \\ Y_2 \\ Z_2 \end{pmatrix} = (1+m)\begin{pmatrix} 1 & \varepsilon_Z & \varepsilon_Y \\ -\varepsilon_Z & 1 & \varepsilon_X \\ \varepsilon_Y & -\varepsilon_X & 1 \end{pmatrix}\begin{pmatrix} X_1 \\ Y_1 \\ Z_1 \end{pmatrix} + \begin{pmatrix} X_0 \\ Y_0 \\ Z_0 \end{pmatrix} \tag{2-7}$$

式中，X_0、Y_0、Z_0 为三个平移参数；X_1、Y_1、Z_1 为转换前坐标；X_2、Y_2、Z_2 为转换后坐

标；ε_X、ε_Y、ε_Z 为三个旋转参数；m 为尺度变化参数。

从式（2-7）可发现，七参数的求解需要同一地区 3 个以上的已知国家公共点坐标。以 BJ54 向 CGCS2000 转换为例，要求同一点既有 BJ54 坐标又有 CGCS2000 坐标，在此基础上按照最小二乘法求出七个参数的最或然值。

3. 任意两空间坐标系的转换

大地坐标系之间的转换实质上也是任意两空间坐标系的转换内容之一。除七参数布尔沙模型外，常用的还有三参数模型和四参数模型。

三参数模型是七参数模型的简化，只取 X 平移、Y 平移、Z 平移。三参数模型要求已知一个国家坐标点，多适用于信标、星基增强系统（Satellite Based Augmentation Systems，SBAS），固定差改正以及精度要求不高的地方，且精度会随着距离的增加而减少。

四参数模型主要用于平面坐标之间的转换，其公式如下：

$$\begin{pmatrix} x_2 \\ y_2 \end{pmatrix} = (1+m)\begin{pmatrix} \cos\alpha & -\sin\alpha \\ \sin\alpha & \cos\alpha \end{pmatrix}\begin{pmatrix} x_1 \\ y_1 \end{pmatrix} + \begin{pmatrix} x_0 \\ y_0 \end{pmatrix} \tag{2-8}$$

式中，x_0、y_0 为平移参数；x_1、y_1 为转换前坐标；x_2、y_2 为转换后坐标；α 为旋转参数；m 为尺度变化参数。

对于空间坐标之间的转换，可以先运用四参数模型完成原坐标系平面到目标平面的转换，再利用高程拟合完成从原坐标系椭球高到目标水准的拟合。

2.2.2 数据格式转换

由于地理国情监测的不同主题与需求，地理国情监测数据的处理往往会经过多个不同的 GIS 软件，各软件所定义的数据模型和数据结构可能会存在不同，造成不同的地理空间数据格式无法直接相互使用。因此，有必要开展数据格式的转换。

1. 数据格式转换的内容

数据格式转换实质上是数据元素重定义的过程。地理空间数据具有空间、属性和时间三个基本特征，对于不同格式的地理空间数据，其时间特征不变。因此，数据格式转换的内容主要包含空间和属性信息，其中空间信息包括对象的空间位置、形状以及空间关系信息。

2. 数据格式转换的方法

根据数据格式转换是否存在媒介以及媒介格式可以将数据格式转换的方法分为：直接数据转换、外部数据交换文件转换、标准 API 函数转换三类。

（1）直接数据转换

直接数据转换是指通过转换程序将独立系统间的专用数据格式进行转入转出工作，即开发转换程序、逻辑规范和数据模型，把一个系统（系统 A）的内部数据文件直接转换成另一个系统（系统B）的内部文件（图2-1）。

图 2-1　直接数据转换

直接数据转换不需要等待标准化的正式协议，快速、实用，且在一个 GIS 软件中可通过直接转换访问某种软件的数据格式而不要求用户拥有该数据格式的宿主软件，也不需要运行该软件。目前使用直接数据转换模式实现其他软件数据访问的 GIS 软件主要有Intergraph 的 Geo Media 和中国科学院地理信息产业发展中心研制的 SuperMap。但是，针对每一种要访问的数据格式，客户软件都必须编写被访问宿主软件数据格式的读写驱动，当宿主软件数据格式不公开或者发生变化时，客户软件就必须投入大量的人力和财力去研究该宿主软件的内部数据结构或者重新编写读写驱动。此种方式无疑会增加客户软件的开发难度并且限制其可扩展性。此外，当系统间的逻辑规范和数据模型不兼容，或者对转换数据模型的理解不足或出现偏差时，直接数据转换的方式会导致转换过程中的信息丢失。在数据格式丰富多样的当下，为每一种格式都提供专用转换程序显然是难以实现的。

（2）外部数据交换文件转换

外部数据交换文件转换是基于 GIS 软件提供的外部交换文件格式，实现系统之间的数据格式转换，即把一个系统（系统A）的内部文件首先转换成其外部交换文件（系统A外部交换文件），然后将系统 A 外部交换文件转换为需要转换格式系统的外部文件（系统 B 外部交换文件），最后将系统 B 外部交换文件转换为系统 B 内部文件（图2-2）。目前，大部分 GIS软件都定义了外部交换文件格式，如 ARCINFO 的外部交换文件格式为 E00；MapInfo 的外部交换文件格式为 MID；AutoCAD 的外部交换文件格式为 DXF 等。

图 2-2　外部数据交换文件转换

外部交换文件格式为不同格式的数据转换架起了联通的桥梁，采用这种方式只需要做出有限的参数设置就可以直接、快速、准确地实现数据格式的批量转换。但在此过程中，由于不同的 GIS 软件数据模型的差异，其对地理实体的描述也会有所不同，数据转换后可能出现信息表达不准确、信息丢失或精度损失等情况。

外部数据交换文件转换的另一种方法是在前述方法的基础上将两个系统的外部交换文件统一，定义一个标准空间数据交换文件，不同系统按照这一标准提供外部交换格式与读入标准格式的程序（图2-3）。《地理空间数据交换格式》（GB/T 17798—2007）规定了矢量和栅格两种空间数据的交换格式。

图 2-3　标准空间数据文件转换

矢量数据交换格式规定了文件头、注释、要素类型参数、属性数据结构、几何数据、注记、拓扑数据、属性数据、图形表现数据等的格式；栅格数据交换格式则对栅格值、栅格原点和存储顺序、数据文件组成、内容和格式做出了规定。矢量数据以可扩展标记语言（Extensible Markup Language，XML）格式储存，栅格数据以文本格式或 XML 格式储存。其中，XML 是标准通用标记语言的一个子集，可作为描述网络数据内容和结构的标准。

标准空间数据交换文件将基于外部数据交换文件的数据格式转换步骤降低为两步，也不需要为每种 GIS 软件都编写一个数据交换程序，在一定程度上解决了不同数据格式间缺乏统一空间数据描述基础的问题。然而，格式转换过程中从源数据到标准数据和从标准数据到目标数据的两次转换，可能产生大量的冗余数据。此外，由于不同国家和地区标准化的规范不同，标准空间数据文件往往存在地理模型和数据结构性的差异，这种标准之间互不兼容的情况使得广泛意义上的标准空间数据文件转换难以实现。

（3）标准 API 函数转换

应用程序编程接口（Application Programming Interface，API）函数是操作系统/应用程序服务中心的各种服务，每一种服务是一种函数。调用 API 函数可以帮助应用程序实现各种基础操作。为了促进数据在不同 GIS 软件之间的流通，提高 GIS 软件之间的互操作性，全球最大的地理信息产业化组织 OpenGIS 协会对此做出了规定：每个 GIS 软件都应该提供一套标准 API 函数，基于这套函数，其他软件可直接读取其系统内部数据。因此，基于标准 API 函数的数据格式转换就是通过直接读取两个系统存储格式的 API 函数实现系统之间数据的一次转换（图2-4）。

图 2-4　标准 API 函数转换

标准 API 函数转换为数据格式转换提供了全新的思路和规范，已经逐渐被越来越多的 GIS 软件及研究者所接受和采纳。但这种方式同样存在一定的局限性：①需要各种格式宿主软件按照统一规范实现数据访问接口才能真正实现标准 API 函数转换；②用户在数据格式转换时必须同时拥有并运行两种格式的宿主软件（数据服务器）；③对于目前占领市场主体的非 OpenGIS 标准空间数据格式缺乏处理方法；④各软件数据仍以自有系统管理，数据的不一致性等问题仍然可能出现。

2.2.3 多源数据融合

在城市地理国情数据的收集过程中，由于硬件本身的缺陷（如传感器空间分辨率、幅宽、波段数、卫星过境时间，以及仪器故障等）和外部条件的限制（如云层遮挡、雨雪影响、卫星发射与退役时间、档案资料不全、数据口径不同等），数据可能存在时间与空间上不连续、提供信息量有限、数据质量较低等问题，难以满足城市地理国情基础监测与相关专题监测的需求。为此需要把不同来源、结构和比例尺的地理空间数据通过融合得到更高质量的新数据，获取比单一的输入数据更多的信息。

1. 多源遥感数据融合

来自不同的遥感传感器的数据具有不同时间、空间和光谱分辨率以及不同的极化方式。例如，全色图像一般具有较高的空间分辨率但光谱信息单一；多光谱影像光谱信息丰富但空间分辨率往往较低；高光谱遥感影像覆盖电磁辐射范围广，能更精细地描述地物波谱特征，但无法区分物质组分相同的对象；LiDAR 的抗干扰能力、穿透能力和时效性较强，能快速获取地表三维数据，但不能区分高度相近的地物；高空间分辨率遥感影像往往具有丰富的地表细节信息，但过长的重访周期与云、雨等气象条件的影响使得监测具有很大程度上的"时空数据缺失"；高时间分辨率的遥感数据往往具有较低的空间分辨率，很难对中小尺度地物进行检测。为满足大区域地表要素及其变化的高精度遥感监测对高时空分辨率遥感数据的需求，需要开展多源遥感影像融合。

多源遥感影像融合是指将多源遥感影像按照一定的算法，在规定的地理坐标系生成新的影像的过程。根据遥感影像融合的处理级别可以划分为像素级、特征级和决策级。像素级遥感影像融合直接在原始遥感影像各像素上进行处理；特征级遥感影像融合能以高的置信度来提取有用的图像特征；决策级遥感影像融合在最高抽象层次上利用多源数据。其中，像素级遥感影像融合的精度较高，应用范围最广，本节主要对像素级遥感影像融合方法加以介绍。在实际应用中，根据融合遥感数据类型的不同，遥感数据融合方法可以分为两类：空谱数据融合与时空数据融合。

（1）空谱数据融合

空谱数据融合通过对同一区域两幅或多幅空间分辨率与光谱分辨率不同的影像进行融合，得到同时具有高空间分辨率与高光谱分辨率的遥感影像（张良培和沈焕锋，2016）。空谱数据融合的方法主要有色彩标准化（Brovey）变换、乘积变换、亮度–色调–饱和度变换（Intensity-Hue-Saturation，HIS）、主成分分析（Principal Components Analysis，PCA）、小波变换等。

Brovey 变换也称比值变换，首先将多光谱波段归一化，然后将高分辨率全色波段值分别与归一化后的多光谱波段相乘完成融合。其计算公式为

$$P_i = P_{pan} \times X_i / (X_1 + X_2 + \cdots + X_n) \quad (i = 1, 2, \cdots, n) \qquad (2\text{-}9)$$

式中，P_{pan} 为高分辨率全色影像；X_i 为多光谱影像的第 i 个波段；P_i 为融合后的第 i 个波段。

乘积变换是应用基本的乘积组合算法直接对两种空间分辨率的遥感数据进行合成：

$$P_i = P_{pan} \times X_i \qquad (2\text{-}10)$$

式中，P_{pan} 为高分辨率全色影像；X_i 为多光谱影像的第 i 个波段；P_i 为融合后的第 i 个波段。

HIS 变换将图像处理常用的 RGB 彩色空间变换到 HIS 空间进行转换。HIS 变换保持图像色调与饱和度不改变，在亮度通道对图像进行融合。具体来说，其基本步骤如下：①将多光谱影像转换到 HIS 空间；②对需要融合的全色影像与多光谱影像的亮度分量进行直方图匹配；③用匹配后全色影像的亮度分量 I' 代替多光谱图像亮度分量 I，即 IHS→I'HS；④对替换后的影像进行步骤①的逆过程，即将 I'HS 变换到 RGB 空间得到融合影像。

PCA 变换是一种最小均方误差的最优正交变换，指用几个综合性指标对多个变量的测量值进行描述，即用少量主成分表示现有图像中所含的大部分信息。PCA 变换主要针对超过三个波段的影像融合，具体来说，其基本步骤如下：对 N 个波段的多光谱图像进行主成分变换得到第一主分量；对全色图像的单波段与第一主分量进行直方图匹配；用匹配后的全色图像代替第一分量图像；对替换后的主成分变换结果进行逆变换还原到原始空间得到融合影像。

小波变换首先分别对参与融合的遥感影像进行小波正变换，将影像分解为高频信息和低频信息，然后分别融合参与影像的各层信息，在此基础上，通过小波逆变化生成融合影像。如图 2-5 所示，对一幅数字影像 $I^{0,LL}$，按小波分解公式可以形成四幅子影像 $I^{1,LL}$、$I^{1,LH}$、$I^{1,HL}$、$I^{1,HH}$，并且由这四幅影像按照小波重建公式可以合成影像 $I^{0,LL}$。其中，$I^{1,LL}$ 集中了原始影像的低频成分；$I^{1,LH}$ 对应原始影像中垂直方向的高频边缘信息；$I^{1,HL}$ 对应原始影像中水平方向的高频边缘信息；$I^{1,HH}$ 对应原始影像中对角方向的高频边缘信息。以多光谱影像与高空间分辨率全色影像融合为例：对低分辨率的多光谱数据重采样至与全色影像一致；分别对多光谱与全色影像进行小波正变换获得各自的低频影像和高频细节/纹理影像；用多光谱低频影像替代全色的低频影像；用替换后的多光谱低频影像与全色高频细节影像进行小波逆变换得到融合影像。

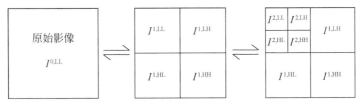

图 2-5　影像的小波分解与重建（孙家抦，2009）

（2）时空数据融合

时空数据融合通过融合多源遥感影像的高时间分辨率和高空间分辨率互补特征，实现高空间分辨率遥感影像在时间上的连续。目前，国内外大部分遥感数据时空融合模型是基于像元分解重构技术，即通过一定的规则选择目标像元周边的像元参与目标像元的重构，包括线性模型时空融合方法和光谱解混时空融合方法。

第一类，线性模型时空融合方法。

Gao 等（2006）提出的时空自适应性反射率融合模型（Spatial and Temporal Adaptive Reflectance Fusion Model，STARFM）是一种较早的线性模型时空融合方法。以此框架为基础，映射变换的时空自适应算法（Spatial Temporal Adaptive Algorithm for Mapping Reflectance Change，STAARCH）、增强型时空自适应性反射率融合模型（Enhanced STARFM，ESTARFM）、基于时空非局部滤波的融合模型（Spatial and Temporal Nonlocal Filter-based Fusion Model，STNLFFM）等也相继应用于遥感影像的时空融合（Hilker et al.，2009；Zhu et al.，2010；Cheng et al.，2017）。

STARFM 的基本原理是通过已知时期和预测时期的高频低分数据得到反射率值的时序变化，则预测时期高分低频像元值就是已知时期高分低频像元与该时序变化之和。对于高分低频遥感影像 L 与低分高频影像 M，如果两类影像的地表反射率存在一定关系，那么在一定位置 (x_i, y_j) 覆盖类型与系统误差等没有发生变化的情况下，影像 L 在时间 t_1 处的反射率可以表示为：影像 L 在时间 t_0 处的反射率与影像 M 在时间 t_0 和 t_1 处反射率差异之和，即

$$L(x_i, y_j, t_1) = M(x_i, y_j, t_1) + L(x_i, y_j, t_0) - M(x_i, y_j, t_0) \tag{2-11}$$

但在实际应用中高分低频遥感影像 L 与低分高频影像 M 的关系可能非常复杂，难以达到上述理想情况。例如，低分高频影像由于尺度较大，一个像元可能包括混合地物类型；随着时间的变化，地表植被类型、生长状况、双向反射率分布函数有可能已经改变。因此，在计算影像 L 在时间 t_1 处的反射率时，有必要引进邻近像元辅助信息，通过对窗口内光谱相似邻近像元构造权函数来开展卷积运算，于是式（2-11）可以表达为

$$L(x_{\frac{w}{2}}, y_{\frac{w}{2}}, t_1) = \sum_{i=1}^{w} \sum_{j=1}^{w} W_{ij} \times (M(x_i, y_j, t_1) + L(x_i, y_j, t_0) - M(x_i, y_j, t_0)) \tag{2-12}$$

式中，w 为窗口的大小；$(x_{\frac{w}{2}}, y_{\frac{w}{2}})$ 为窗口内中心像元；W_{ij} 为每个相似邻近像元的权重。

权重函数的构造和相似邻近像元的筛选是 STARFM 的关键过程。STARFM 的权重通过光谱差异、时间差异、距离差异的乘积得到。相似邻近像元的筛选则可以通过非监督分类或直接设置阈值法确定。

第二类，光谱解混时空融合方法。

光谱解混时空融合方法基于已知时期高分低频影像的分类结果确定高频低分像元中各类别的丰富度，在此基础上结合邻域像元，利用最小二乘法模拟中心像元内高分像元各类别反射率。光谱解混时空融合的代表方法是基于类别反射率时间变化特征与类内像元反射率时间变化特征一致假设的时空数据融合方法（Spatial Temporal Data Fusion Approach，STDFA）（Wu et al.，2012）。

STDFA 算法的基础是相同类别像元的变化是相同的，其主要步骤如下：

首先，利用 K-Means 非监督分类法对已知时期的高分低频影像进行分类，获取每一个高频低分像元中各个类别的丰富度。其计算公式如下：

$$f(X,c) = N(X,c)/m \qquad (2\text{-}13)$$

式中，X 为高频低分像元；c 为土地利用类型；$f(X,c)$ 为已知时期像元 X 中 c 的丰富度；$N(X,c)$ 与 m 分别为像元 X 中高分低频像元属于类别 c 的个数与总个数。

然后，以某一个高频低分像元为中心确定相应子区域，计算子区域各个类别的平均反射率值，并将该值赋给中心像元内相应类别的高分低频像元。

$$X(t) = \sum_{c=0}^{k} f(X,c) \times \bar{x}(c,t) \qquad (2\text{-}14)$$

式中，$\sum_{c=0}^{k} f(X,c) = 1$ 且 $f(X,c) \geqslant 0$；t 为预测时期和已知时期 t_1 和 t_0；$\bar{x}(c,t)$ 为像元 X 中类别 c 的反射率平均值；k 为土地利用类别总数。

最后，分别计算已知时期和预测时期类别 c 的反射率平均值，通过地表反射率计算模型（Surface Reflectance Calculation Model，SRCM），基于式（2-15）得到最终预测时期的高分低频像元反射率。

$$x(c,t_0) = \bar{x}(c,t_0) - \bar{x}(c,t_k) + x(c,t_k) \qquad (2\text{-}15)$$

式中，$x(c,t_0)$ 和 $x(c,t_k)$ 分别为预测时期和已知时期属于类别 c 的高分低频像元反射率。

2. 专题数据与基础地理数据的融合

社会经济统计与行业普查调查等专题数据是开展地理国情专题监测的重要数据基础，但这些数据通常按行政单元搜集、调查、汇编而得，并以分区统计表的形式发布，而地理研究中的要素往往以空间栅格单元分布表达，二者存在空间单元不匹配、数据结构不统一等问题（潘志强和刘高焕，2002；吴吉东等，2018）。因此，需要采用科学有效的方法将统计数据空间展布到具有一定空间分辨率的空间栅格单元上，实现专题数据与基础地理数据的融合，其实质就是专题数据的空间化。专题数据与地理数据的融合方法主要包括面插值法和函数模型法。

（1）面插值法

面插值法是空间插值的一种，是在研究区域内数据均匀分布的假定下，已知一个研究区内一种分区系统中各统计单元值，求同一研究区内另一种分区系统中各统计单元值的方法。这两种分区系统分别称为源区和目标区（Goodchild and Lam，1980），其在各系统下的统计单元边界一般是不兼容的。根据插值过程中是否采用辅助数据可以将面插值法分为两类：无辅助数据面插值法和有辅助数据面插值法（Okabe and Sadahiro，1997）。

第一类，无辅助数据面插值法。

无辅助数据面插值法包括基于点的面插值法、面积权重法和 Pycnophylactic 面插值法。

1）基于点的面插值法是基于点对多边形进行插值。首先，确定源区每一个统计单元的质点，计算该统计单元的要素密度值并赋予该质点；然后，基于质点空间插值得到规则格网的要素密度值表面；再次，在此基础上，计算每一个格网的要素值；最后，将目标区与规则格网叠加，计算目标区各统计单元的要素值。

2）面积权重法通过计算目标区域面积在源区域中的占比来决定数据的空间分布。其基本原理如图 2-6 所示。

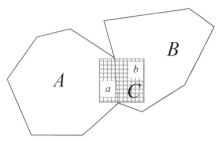

图 2-6 面积权重法图解

资料来源：Ibrahim 等（2017）

假设源区 A 与 B 的数据要素密度均匀且分别为 $Fden_A$ 与 $Fden_B$，目标区域 C 由子区域 a 和 b 组成，其面积分别为 $Area_a$ 和 $Area_b$，则目标区域 C 的要素密度 $Fden_C$ 为

$$Fden_C = \frac{Fden_A \times Area_a + Fden_B \times Area_b}{Area_a + Area_b} \tag{2-16}$$

3）Pycnophylactic 面插值法利用经典边界条件下的有限差分法实现插值。首先，在面状统计区上叠加一个密度栅格图，在统计单元的交界处，如果某一栅格的中心落在某个统计单元，则将该栅格计入该统计单元，对每个统计单元计算每个栅格的平均要素值；然后，计算每个栅格周围邻近栅格的平均值，用该平均值来代替原来栅格中的值；计算经过平滑后各统计单元的要素值的总和，对比前后两次总和看其是否相等，若不等则调整所有栅格的值以保证每个统计单元的要素值总和保持不变。例如，若总和比原来低 10%，则每个栅格值都增加 10%；重复上述的平滑—计算总数—调整的迭代步骤，直到对每个单元来说平滑和调整的数值之间没有显著差别，即每个栅格值与上一次迭代值相比没有显著差别。

第二类，有辅助数据面插值法。

有辅助数据面插值法通过辅助数据限定研究对象在空间的分布范围，并根据面积比例计算空间分布值。有辅助数据面插值法中的辅助变量可分成两类：限制变量和相关变量。

限制变量严格定义事件的发生与否，如对于人口分布变量来说，水体中不会有人口分布，而居民地中有人口分布。限制变量的引入常采用空间叠置的方法。

相关变量与事件的发生有一定关系，如不同类型的土地使用类型可能与人口的分布有关联，变量间的相关程度常用相关分析和回归分析方法计算。

（2）函数模型法

与面插值法相似，函数模型法也可以分为无辅助数据函数模型法和有辅助数据函数模型法两类。

第一类，无辅助数据函数模型法。

无辅助数据函数模型法直接利用数学函数模型模拟要素的空间分布。常用的数学函数模型有：负指数模型、重力模型、核函数模型、分区密度制图模型等。

1）负指数模型认为要素的分布从特定的中心向外呈指数单调递减。负指数模型函数式如下：

$$\rho(r) = \rho_0 e^{-\left(\frac{r}{r_0}\right)} \tag{2-17}$$

式中，$\rho(r)$ 为距特征中心距离为 r 处的要素值；ρ_0 为特征中心特征半径 r_0 内的要素值。

2）重力模型是将物理中的万有引力定律引入地理空间数据的处理中，其通用表达式如下：

$$T_{ij} = K \frac{P_i^{b_1} P_j^{b_2}}{d_{ij}^{b_3}} \tag{2-18}$$

式中，T_{ij} 为 i 和 j 之间的相互作用；K 为常数；b_1、b_2、b_3 为待定参数；d_{ij} 为 i 和 j 之间的距离；P_i 为点 i 的质量；P_j 为点 j 的质量。

3）核函数模型以特定要素点的位置为中心，将该点的属性分布在指定阈值范围内（半径为 h 的圆），中心位置处密度最大，随距离衰减，到极限距离处密度为 0（张景秋等，2010）。衰减方式由核密度函数决定，整个阈值范围内密度的积分之和就等于中心点的属性值，对于独立分布的点来说，属性值为 1。对区域内每个要素点依照同样的方法进行计算，并对相同位置处的密度进行叠加，可得到要素在整个区域的分布密度。因此对于任意一点 x，邻域内的已知点 x_i 的距离对它的贡献率取决于 x 到 x_i 的距离，也取决于核函数的形状以及核函数取值的范围（称为带宽）。设核函数为 k，其带宽为 h，则 x 点处的密度估计为

$$f(x) = \frac{1}{n} \sum_{i=1}^{n} k\left(\frac{x - x_i}{h}\right) \tag{2-19}$$

式中，$f(x)$ 为点 x 处的要素值 $k(\ )$ 为核密度函数；h 为阈值；$x - x_i$ 为估计点 x 到样本点 x_i 的距离。

4）分区密度制图模型。在核函数模型的基础上，考虑不同地区的密度存在差异的核函数模型就是分区密度制图模型。分区密度制图模型将研究区根据特征范围划分等级，分别建模，设置参数，建立不同的密度模型。由此得到的空间化结果，避免空间分布过程中造成的高值区低估、低值区高估的两极化问题。目前，主要的分区原则有：按自然地理环境分区、按城乡范围分区以及按居民地分区。通过不断地提高分区的细化等级，可以最大限度地减小区域间差异造成的空间化误差。

第二类，有辅助数据函数模型。

各类专题要素的空间分布与多种自然、经济、社会因素相关。仅通过专题要素本身来模拟其空间分布有时候难以满足精度的要求，采用多源数据融合辅助建立函数模型成为空间化的新趋势。有辅助数据函数模型的主要思路为：通过分析不同影响因子与待空间化要素数据之间的关系，选取几个最主要的影响因素通过加权或回归建立模型，最后利用次级行政区的要素数据值进行校正。有辅助数据函数模型主要有因子加权法和回归模拟法。

1）因子加权法主要是根据相关性分析结果选择主要影响因子后，计算不同影响因子

对要素数据空间分布的权重系数 W, 然后按照权重分配统计数据 G_{sum}, 并根据影响因子格网单元值 $value_i$ 占整体的比例计算格网的统计要素值, 最后求和得到格网上的统计要素值 G_i (吴吉东等, 2018):

$$G_i = G_{sum} \times W_1 \times \frac{value_{i_1}}{\sum_{i_1=1} value1} + G_{sum} \times W_2 \times \frac{value_{i_2}}{\sum_{i_2=1} value2} \qquad (2\text{-}20)$$

2) 回归模型首先通过构建统计单元上需要空间化的要素统计值与对应的相关要素值之间的回归方程建立统计要素与相关要素的关系; 然后在空间格网单元上, 基于相关要素值与回归方程得到格网上的统计要素值。常用的回归模型是线性回归, 包括简单线性回归和多元线性回归。首先, 通过最小二乘法求得统计单元上各影响因子的方程系数 $a_j(j=1,2,\cdots,n)$ 和常数项 a_0。然后, 基于影响因子格网单元值 $value_i$ 和线性回归方程得到格网上的统计要素值 G_i:

$$G_i = a_0 + a_1 value_{i_1} + a_2 value_{i_2} + \cdots + a_n value_{i_n} \qquad (2\text{-}21)$$

2.3 时空数据库

2.3.1 时空数据模型

数据建模是将现实世界的地理信息通过感知、概括和抽象转换成计算机中能够客观、真实反映地理实体及其分布特征与相互关系的地理数据。在这个过程中建立的数据逻辑组织方式就是数据模型。

地理实体具有三个特征, 即空间、时间、属性。空间特征指地理实体在地理空间的位置与关系, 空间位置可用坐标系统表示, 空间关系包括拓扑、度量和方向关系。基于 GIS 建模的空间观包括连续空间与离散空间, 由此建立起基于场与基于对象的空间模型。一般来说, 基于场的空间模型指栅格模型, 基于对象的空间模型为矢量模型。时间特征包含地理实体的自然变化过程以及变化过程展现的周期性规律。时间特征的主要表达方式包括时刻与时间区间。时刻是指时间线上某一点的序号, 时间区间即有起止点的时间间隔。属性特征指地理实体除空间特征外表征其特性的特征集合。属性特征包括定性特征与定量特征, 定性特征如名称、性状、类型等, 定量特征如数量、排序、等级等。

传统数据建模主要针对空间与属性两个特征, 此种方式无法对地理实体的历史状态加以分析, 更不能根据历史信息提供对未来发展的预测。城市地理国情是一个动态演变的过程, 在开展城市地理国情的常态化监测已经逐渐成为地理国情监测主要发展方向的当下, 建立综合、完整、准确表达地理数据空间、时间、属性特征的时空数据模型, 对实现时空数据的有效组织与管理具有重要的意义。目前的时空数据模型主要有在空间模型上扩展时间维、在时间模型上扩展空间维和面向对象方法三种类型。

1. 在空间模型上扩展时间维

在空间模型上扩展时间维的时空模型主要有序列快照模型、离散格网单元列表模型、基态修正模型、时空立方体模型与时空复合模型（曹闻，2011）。

序列快照模型通过对连续的时间进行离散化，存储每个时间片段下完整的空间信息和属性信息作为该片段的快照，最终形成一组独立、有序的图谱，反映整个空间特征的状态与演变过程，如图 2-7 所示。这种模型概念简单，易于理解，且可以在传统 GIS 软件中实现，便于对给定独立时刻进行空间与属性信息的查询，是目前应用最为广泛的时空数据模型。但是，由于快照包含的是整个区域状态的完整信息，数据冗余较大，且无法直接表征不同时刻的信息变化，变化信息的获取需要完整对比不同时刻的快照，计算量较大。

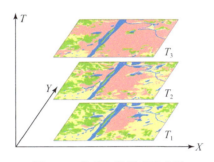

图 2-7　序列快照模型示意图

离散格网单元列表模型以列表存储格网单元及其变化，各列表的元素代表对应该位置的时空变化，如图 2-8 所示。相较于序列快照模型，离散格网单元列表模型将初始时刻状态信息保存在表的第一行，并存储与变化位置相关的新值，降低了数据冗余度，同时快照的时间粒度可设定较小，解决了状态变化过程的遗漏和变化时间的准确判断问题。然而，离散格网单元列表模型中的格网像元所存储的信息是变长的，不利于关系数据库的存储，并且在查询非初始时刻状态信息时需要检索初始时刻状态信息和每个格网像元上的状态信息，同样会产生较大的计算量。

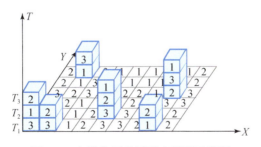

图 2-8　离散格网单元列表模型示意图

基态修正模型存储给定时刻状态下完整空间信息（即基态）与其他时刻状态相较于基态的变化量（图 2-9）。基态修正模型避免了序列快照模型对每张快照未发生变化区域的重复记录，不仅降低了数据冗余度，而且能够直接表现不同时刻之间的变化信息。但是，该模型效率依赖于基态设置，对非基态信息状态的获取和查询需要较多的叠加操作，不适用于变化频率大的数据。此外，该模型在时间维与空间维上的关联不紧密，不利于时空特性的分析。

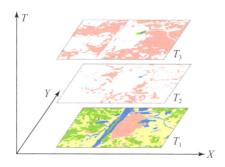

图 2-9　基态修正模型示意图

时空立方体模型利用二维空间属性沿第三个时间维发展变化的过程来表达空间实体的演变历程。空间坐标轴 X、Y 与以连续或离散形式表示的时间维 T 轴共同构成三维立方体（图 2-10）。其中，空间实体随时间推移变化的轨迹称为时空路径（红色曲线）。时空立方体模型对空间实体地理变化的描述形象直观，将时刻标记在空间坐标点上，易于实现且适用于动态信息的管理。然而，空间与时间维粒度的选择增加了立方体的设计难度，并且，随着时间维的变化，此种对每个点进行时刻标记的方式必然会造成数据冗余、存储困难，立方体的操作也会愈加复杂，最终导致模型的不可用。

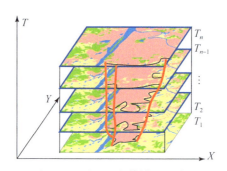

图 2-10　时空立方体模型示意图

时空复合模型将非基态时刻对应空间信息按照时间排序投影到基态时刻对应的空间平面，记录状态信息发生变化的空间实体（最小变化单元）及其专有属性（图 2-11）。每个实体的属性历史采用有序记录列表表达，包括一个属性集和反映该属性集有效期的时间。这些图形信息和历史属性变迁信息，一方面保留了沿时间变化的空间拓扑关系，表达了数据的时空特性；另一方面由于统一标记在复合图形单元上，节省了存储空间。然而，时空复合模型数据组织中，对象标识码的更新涉及较多关系链层次，必须逐一回退修改。并且，随着时间维的变化，模型状态信息的改变意味着模型内变化单元的重构，空间对象的几何关系和拓扑关系都将重构，该过程需要大量空间拓扑计算，也会产生较多破碎图斑，不易于管理。此外，这种方式破坏了地理实体的完整性，使得对地理目标的查询产生困难。

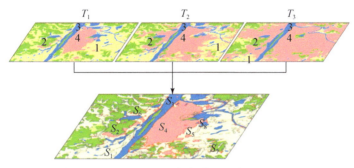

图 2-11 时空复合模型示意图

2. 在时间模型上扩展空间维

在时间模型上扩展空间维的时空模型即基于事件的时空数据模型。所谓事件，是指反映地理对象由一个状态变化到另一不同状态的过程，在时空数据库中，事件是基于时间粒度定义的。Peuquet 与 Duan 最早提出了基于事件的时空数据模型（Event-based Spatio-Temporal Data Model，ESTDM），其设计思想与离散格网单元列表模型类似，即以时间位置作为记录变化的基础组织，通过记录时间维上的事件序列表征地理现象的时空过程，时间轴采用事件属性表表达（Peuquet and Duan，1995），如图 2-12 所示。

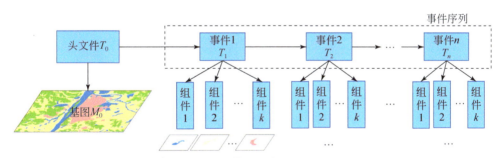

图 2-12 基于事件的时空数据模型示意图（Peuquet and Duan，1995）

ESTDM 头文件 T_0 存储专题域信息、指向基图的指针信息和指向事件属性表的指针信息。基图 M_0 包含反映感兴趣区最初始状态的快照信息。每个事件被标以时间戳（$T_1, T_2, \cdots, T_n$）并关联一组标识区域状态发生变化的组件（组件 1，组件 2，…，组件 k），每个组件表示在一个时间点特定位置（栅格单元）上发生的变化。所有事件按照时间维顺序构成感兴趣区时空状态动态变化的事件序列。ESTDM 存储的是相对于前一状态的变化而非完整快照，对于同一事件，其不变状态信息只被记录一次，因此具有较好的数据一致性和较小的数据冗余度，同时，采用链表的方式提高了时间与空间的检索效率。但是，由于每个事件记录的只是相较于前一状态的变化，要获得 T_n 时刻的地图，必须读取基图数据并回顾历次事件所做的修改，随着时间维的发展，事件记录将逐渐增多，载入当前地图数据会愈加复杂，进而影响系统的运行效率。

3. 面向对象方法

面向对象是一种对现实世界的理解和抽象，最早起源于程序设计与软件开发。面向对象的基本思想是将客观实体或现象抽象为一个对象，把对象之间的共性及相互作用方式规范化，从而简化逻辑过程建模使之易于实现。面向对象方法具有封装、继承、多态三大基本特征，不仅支持复杂对象，而且打破了传统数据库关系模型范式的限制，在时空数据建模方面展现了较强的优势。因此，许多研究者尝试将面向对象的思想引入时空数据建模过程，典型代表有基于对象版本机制的模型和 TRIAD 模型。

基于对象版本机制的模型通过将版本信息标记在对象属性上，使对象的当前状态和过去不同时刻的状态相连。龚健雅（1997）提出的面向对象时空数据模型将空间对象变化的时间转化成版本编号，并用一个专门的表格记录其对应关系，通过增加一项"前任对象"连接不同版本。基于对象版本机制的模型的优点在于：各对象及其对应版本可作为一组关系对象集合得到，为对象的检索和历史事件的查询带来了方便；模型通过在每个对象合适层次下附加一个时间组件实现时间维的表征，支持对象时空特征的快速提取；模型打破了线性时间拓扑关系的束缚，各对象状态可通过版本树检索得到，支持特定时段多版本共存。

TRIAD 模型是一种集位置、对象与时间三种视图于一体的时空数据模型（Peuquet，1994）（图 2-13）。基于位置的视图记录给定地理区域所有地理实体的状态，地理实体状态的演变历史就是一系列有序快照，每个快照代表一个状态，即一个特定地理区域在特定时

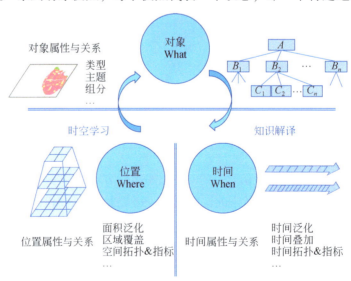

图 2-13　TRIAD 模型示意图（Peuquet，1994）

刻观测到的地理实体的完整图像。基于时间的视图记录给定时间间隔内地理实体状态的变化。当地理实体状态突然发生变化或累计的变化量显著时，这些变化就作为一个事件存储。每个事件与相关属性按照发生顺序存储到事件列表中，事件的属性包括变化发生的时间、位置、内容、原因等。基于对象的视图以对象（A、B、C）为基本逻辑实体，可能包含不同的分类层次或组分，其相关属性有广义位置、时间间隔、非时空数据和特定对象类型时空关系的高级知识。TRIAD 模型可有效揭示地理实体的潜在时空模式与关联，支持位置、对象与时间三种视图任意查询检索。

2.3.2　时空数据库建设

数据库是在计算机存储设备上合理存放、具有最少重复、能够服务于多个用户、独立于其应用程序的相互关联的数据集合。时空数据库就是时间序列以及空间地理位置相关的数据集合。城市地理国情监测时空数据库的建设包括基础地理国情数据与专题地理国情数据，与传统 GIS 数据库相似，其主要内容包括数据库设计与数据库构建。

1. 数据库设计

数据库设计就是针对具体需求，通过综合抽象、构造最优的数据库模式使之能够有效地存储与管理数据，从而满足不同用户的应用需求。具体来说，包括需求分析、概念设计、逻辑设计与物理设计几个基本步骤。

（1）需求分析

需求分析就是要准确了解与分析用户的数据需求与处理需求。城市地理国情监测的数据需求与获取、多源数据的集成及相关处理已在 2.1 节、2.2 节中描述，此处不再赘述。

（2）概念设计

数据库概念设计是数据库设计的关键步骤，即通过对用户的实际需求进行综合、归纳与抽象，形成一个独立于具体计算机与数据库管理系统（Database Management System，DBMS）的概念模型。常用的模型有实体–联系（Entity-Relationship，E-R）模型和统一建模语言（Unified Modeling Language，UML）模型。

E-R 模型将现实世界转化成实体、联系、属性等几个基本概念，并用较为简单的框线图，即 E-R 模型加以表示。E-R 模型中，实体是概念世界的基本单位，具有共性的实体集合称为实体集。实体的特征以属性刻画，实体/实体集之间的关联即为联系。两个实体集之间的联系可以是一对一（$1:1$）、一对多或多对一（$1:n/n:1$）、多对多（$m:n$）。E-R 模型中，实体一般用矩形表示，实体完整表达时矩形一分为二，上半部分表示实体名，下半部分表示实体属性的名称。例如，城市空气污染效应地面监测点这一实体，包括空间实体类型（Point）、坐标标识（G）、拓扑标识（T）等实体属性。属性通常用椭圆表示，如国控观测点有编号、污染浓度、开始时间、结束时间等属性。联系一般用菱形内书关系表示（如包含），菱形与相互关联的实体矩形以线段连接，连接处线段上以数字/字母注明对应关系（如 $1:1$，$1:n$）。实体与属性、联系与属性均以线段连接，如图 2-14 所示

（图中仅做示例，E-R 模型并不完整）。

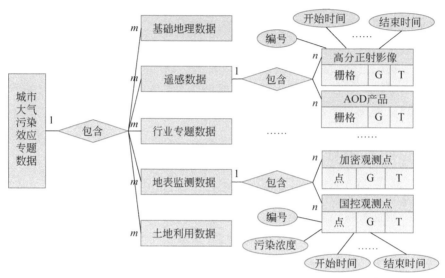

图 2-14　E-R 模型示例

　　UML 模型是一种支持面向对象分析与设计的通用可视化建模语言。UML 模型分为定义基本元素与使用方法统一标准的基础结构和定义语法与语义的上层结构。UML 模型的基本元素是代表核心实体的事物以及事物之间的关系。事物包括分组、结构、注释和行为四类，关系包括关联、依赖、泛化和实现四种。其中，关联关系可扩展为聚合和组合关系。模型中元素与元素之间的关系采用 UML 图表示。UML 图分为结构图与行为图，结构图包含类图、对象图、包图、组合结构图、构件图、部署图、外廓图；行为图包含交互图、活动图、状态机图、用例图，其中交互图又包含顺序、通信、时间、交互概览图。具有相同特征的建模元素构成的整体式视图，视图由多个 UML 图组成。UML 允许在视图的基础上在模型元素上附注额外信息，此种机制称为通用机制。数据库概念设计涉及较多的UML 图是类图、包图、构件图、交互图等。例如，城市空气污染效应监测专题数据包含基础地理、遥感、行业专题、地表监测、土地利用数据包，其中基础地理数据包括行政区、行政区界线、行政注记等要素类；遥感数据包括高分正射影像和 AOD 产品实体类；行业专题数据包包括气象数据、交通数据、POI 数据等实体类；地表监测数据包括加密监测数据与国控监测数据等实体类；土地利用数据包括地类图斑、线状地物、土地要素注记等要素类，上述类与类、类与实体类间存在泛化关系，类与要素间存在聚合关系。此外，行政区与行政界线类之间存在双向界定关联关系；交通数据、POI 数据、高分正射影像分别与地表污染源存在依赖关系，即污染源的提取需要前者协助；气象数据与污染扩散间存在实现关系等，如图 2-15 所示（图中仅做示例，事物关系并不完整）。

　　（3）逻辑设计

　　数据库逻辑设计就是将概念结构转换为易于理解和物理实现的某个 DBMS 所支持的数据模型。其具体过程为：首先将概念设计转换为一般逻辑数据模型，然后采用一定的优化方法并基于特定 DBMS 特点得到特定 DBMS 支持下的逻辑数据模型，如图 2-16 所示。

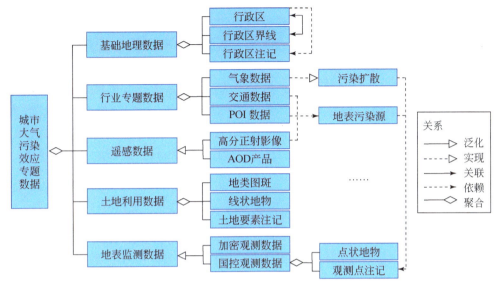

图 2-15　基于 UML 的概念设计示例

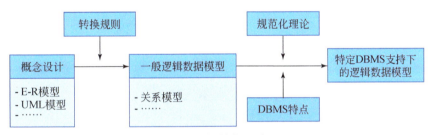

图 2-16　逻辑结构设计流程

1）逻辑数据模型转化。

常见的逻辑数据模型有层次模型、网状模型和关系模型。层次模型为树型结构，有且仅有一个根节点（即没有父结点），且其他节点仅有一个父节点；网状模型允许多个节点没有父节点且一个节点可以有多个父节点；关系模型是一张二维表，每一列表示类型相同的数据，任意两行不能完全相同。在时空地理建模过程中应用较多的是关系数据模型。

第一，基于 E-R 的逻辑模型转换。

E-R 模型转换为关系模型是将实体型、实体之间的联系转化为关系模式，其转换过程应当遵循以下基本原则。

当一个实体型转换为一个关系模式时，关系模式的属性与关系模式的码由该实体决定。例如，国控观测点实体可以转换为国控观测点（编号、点名、污染物、污染浓度、开始时间、结束时间等）。

当一个多对多联系转换为一个关系模式时，关系模式的属性由联系本身的属性以及与该联系相连实体的码决定，关系模式的码为各实体码的组合。例如，国控观测点与污染物的多对多观测联系，可以转换为观测（国控观测点编号、污染物类型编号、污染浓度）。

一个一对多联系，一方面可参考多对多联系转换为一个独立关系模式，另一方面可参考实体型转换，与多端对应关系模式合并。例如，地表监测数据与国控点、加密点的一对多包含联系可以转换为包含（观测点类型编号、数据集类型编号），也可转化为国控观测点（编号、点名、数据集类型编号、污染物、污染浓度、开始时间、结束时间等）。

一个一对一联系与一对多联系相似，可转换为独立关系模式，也可与任意一端对应关系模式合并。例如，AOD 产品与 PM$_{2.5}$ 浓度一对一估算联系，可以转换为估算（遥感数据类型编号、污染物类型编号）或估算（遥感数据类型编号、污染物类型编号），AOD（遥感数据类型编号、AOD 值、污染物类型编号），PM$_{2.5}$（污染物类型编号、污染浓度、遥感数据类型编号、观测时间等）。

第二，基于 UML 的逻辑模型转换。

基于 UML 的逻辑模型转换具体包括：数据的组织，以及对象实体的表达类型、关联关系及属性信息的确定。具体来说，其包括对数据集要素类与类间关系的逻辑结构设计、数据分层组织表的定义、属性结构表的设计等。同样以城市空气污染效应监测专题数据库逻辑设计为例，依据概念设计结果，其逻辑结构图如图 2-17 所示（结构不完整，仅做示例）。数据分层就是为了便于数据存取和管理，将结构或特征相同数据组织在一起形成结构，使之逻辑明晰合理。数据分层组织表的内容主要包括层类别、层要素、扩展表、层名称、几何类型等，如表 2-2 所示。属性结构是对数据分层后各层要素的属性描述，不仅包括空间数据的属性，还包括表格、文档以及栅格数据的属性。属性结构描述表通常包含序号、字段名、字段代码、字段类型、字段长度、小数位数、值域、备注等内容，如表 2-3 所示。

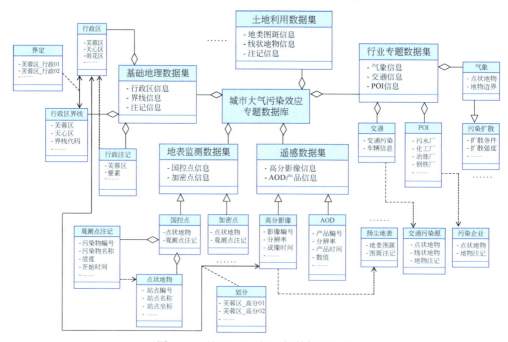

图 2-17 基于 UML 的逻辑结构图示例

表 2-2 数据分层组织表示例

层类别	层要素	扩展表	层名称	几何类型
行政区信息	行政区		ADSA	多边形
	行政界线		ADSAB	线
	行政注记		ADSN	点
地表监测数据	点状地物		PSF	点
	观测点注记		MN	点
		观测质量		
土地利用数据	地类图斑		LUP	多边形
	线状地物		LSF	线
	土地要素注记		SFN	点
…	…	…	…	…

表 2-3 属性结构描述表示例

序号	字段名	字段代码	字段类型	字段长度	小数位数	值域	备注
1	标识码	BSM	int	10		>0	
2	要素代码	YSDM	char	10			
3	土地利用类型代码	TDLYLXDM	char	12			
4	土地利用类型名称	TDLYLXMC	char	100		非空	
5	图斑面积	TBMJ	float	15	3	>0	单位（m²）
…	…	…	…	…	…	…	…

2）规范化理论。

数据库逻辑模型的规范化就是从数据的组织模式出发，通过分析数据的本质与关联建立依赖，精化初始逻辑设计使之结构更为清晰、效率更高，逻辑模型的规范化主要针对关系模型（郭思培和彭志勇，2011）。

针对具体问题构造适合的关系数据模式是关系数据库构建的核心，现实世界的已有事实限定了关系数据模式的可能关系必须满足一定的完整性约束条件，关系模型的规范化就是更加完整地考虑完整性约束条件，实现对初始设计的求精。在实际的数据库构建过程中，信息的冗余存储是导致更新、插入等操作异常，以及存储空间重复占用等不良性能的根本原因，"数据依赖"则可以用来识别关系模型属性之间的冗余现象，函数依赖是其中最重要的类型之一。

以依赖函数为基础的范式（Normal Form，NF）可以帮助确定逻辑设计是否良好或者是否需要模式分解。按照规定的严格性，范式从低到高可以分为：第一范式（1NF）、第二范式（2NF）、第三范式（3NF）、Boyce-Codd 范式（BCNF）、第四范式（4NF）和第五范式（5NF）。其中，比较重要的是 3NF 与 BCNF。1NF 要求数据库表中的字段都是单一的，不可再分；当 1NF 实体的属性完全依赖于主关键字时，满足 2NF，当属性仅依赖于主关键字的一部分，如仅依赖于组合关键字中的一个，就应该分离出来形成新的实体；3NF

在 2NF 的基础上要求实体的每个非主属性不传递依赖于其主关键字，所谓 C 传递依赖于 A 是指存在 A 决定 B，B 决定 C 的关系；BCNF 是 3NF 的修正，即在 3NF 基础上要求没有任何属性完全函数依赖于非候选键的任何一组属性；4NF 在 3NF 基础上要求同一表内不存在多对多关系；5NF 在 4NF 基础上消除不是由候选码所蕴含的连接依赖。

3）DBMS。

DBMS 是访问和管理数据库的软件，目前常见的 DBMS 有 Oracle、DB2、Informix、SQL Server、Access 等。Oracle 数据库是甲骨文公司研发的 DBMS，1979 年推出第一版，目前已经推出 Oracle Database 19c。Oracle 的基本逻辑结构包括表空间、段、区和数据块。在 Oracle 中，一个实例只能对应一个数据库，一个表空间只属于一个数据库；DB2 是 IBM 公司开发的关系数据库管理系统。1993 年，DB2 第一次出现在 Intel 与 Unix 平台上。目前，DB2 具有众多版本，可伸缩性较好。在 DB2 中，一个实例可以对应多个数据库，但一个数据库只能属于一个实例，而一个数据库可以包含多个表空间，但一个表空间只属于一个数据库；Informix 最早诞生于 1980 年，2001 年被 IBM 公司收购，目前 Informix 被定义为在线事务处理旗舰级数据服务系统，已经更新至 Informix v14.10；SQL Server 最初由 Microsoft、Sybase 和 Ashton-Tate 三家公司共同开发，于 1988 年推出第一版。之后，Microsoft 公司专注于 SQL Server 在 Windows 系统上的应用，目前已更新至 Windows SQL Server 2019；Access 由 Microsoft 公司将数据库引擎的图形用户界面和软件开发工具结合在一起得到，是 Microsoft Office 的一个成员，1992 年发布第一版，目前更新至 Access 2019。

当数据涉及空间图形时，大部分 DBMS 在原系统中进行扩展，添加空间数据管理模块，如 Oracle 的 Oracle Spatial 模块、DB2 的 Spatial Extender、Informix 的 Spatial Data Blade 等，但最常用的还是 ESRI 公司的 Geodatabase。Geodatabase 具有个人与多用户两种结构。个人 Geodatabase 使用 Access 数据库存储属性表，支持单用户编辑，但数据库存储量仅为 2GB，不适用于海量、连续 GIS 数据的存储与管理；多用户 Geodatabase 通过空间数据库引擎（Spatial Database Engine，SDE）支持多种大型商业数据库平台。ArcSDE 的本质是在关系数据库的基础上加入空间管理层，提供空间数据存储、检索、管理能力的中间件，实现地理特征数据和空间数据的一体化存储与管理。ArcSDE 采用 C/S（客户端/服务器）架构，支持多用户并发访问，其基本模式是：GIS 客户端应用程序通过 ArcSDE API 向存有多种空间对象模型的 ArcSDE 应用服务器发出数据请求，ArcSDE 服务器检索相应数据并返回结果。

4）物理设计。

数据库物理设计就是基于具体的计算机系统和 DBMS 为逻辑数据模型确定最合适于应用的存储结构与存取方法。

确定存储结构就是确定数据的存储安排以及系统参数配置。首先，依据数据特征与应用需求差异划分数据。数据特征如数据生命周期、稳定性、保密与共享程度、使用频率、存取速度等；应用需求如背景、对照、建模、备份等。然后，确定划分后数据的存储位置，在确定过程应考虑最大限度提升系统性能。例如，备份数据体量较大且使用较少，可以存放于磁带上；较大的表分别放置在不同磁盘以提升存取速度；当系统磁盘较多时，日志文件和表、索引等数据库对象可存放于不同磁盘以提升物理读写速度等。系统存储参数的配置主要依赖于给定 DBMS 设置的配置变量。

确定存取方法就是建立存储路径，DBMS 常用的存取方法包括：索引存取、聚簇存取、散列存取等。索引存取就是根据应用要求确定对属性列建立的索引类型，如索引、组合索引、唯一索引等；聚簇存取就是将具有相同值的元组集中存放以提高查询速度；散列存取又称 HASH 存取，其基本思想是由节点关键码的值来决定节点的存储地址。

2. 数据库构建

数据库构建就是根据数据库设计结果，在计算机系统上建立实际数据库结构，装入数据并进行程序调试的过程。

（1）创建数据库结构

基于给定 DBMS 提供的数据库模式定义语言（Data Definition Language，DDL）将数据库的逻辑设计和物理设计结果转化为程序语句，经 DBMS 编译处理与运行实现创建。具体包括：数据库模式、空间以及物理存储参数的描述（主要基于逻辑设计和物理设计结果，在此不再赘述），以及数据完整性、安全性描述等。

数据完整性包括实体、域、参照、用户定义完整性。实体完整性指每个关系应有一个完整主属性（即属性不为空或部分为空）；域完整性指数据项的值合理（即数据值在有效范围内）；参照完整性指一个关系的属性值必须在另一关系的主属性/主属性组中找到；用户定义完整性指针对具体应用环境的数据必须满足的语义要求、定义类型与规则等。数据安全性指防止不合法使用造成的数据泄露、更改或破坏等后果的数据库保护措施与规则。例如，隔离存储需保护数据文件；采用账户、口令和权限控制等授权规则控制访问；加密后再存储需保密数据等。

（2）组织数据入库

组织数据入库包括入库前数据检查、实验数据装入与调试和数据批量入库等过程。数据入库前主要检查数据一致性、拓扑关系、数据基础、数据质量等；实验数据装入与调试是指分批装入少量的测试数据，对数据库的各种操作进行评估与调试。测试数据应该包含预装入数据的所有类型并尽可能反映实际应用的各种情况；数据批量入库是采用手工录入或工具导入的方式将数据导入数据库的过程。在城市地理国情监测中，数据类型多样，数据量较大，多采用工具批量处理。按照数据类型的不同，导入方式也存在差异。

参 考 文 献

曹闻.2011. 时空数据模型及其应用研究［D］. 解放军信息工程大学.

陈俊勇，杨元喜，王敏，等.2007.2000 国家大地控制网的构建和它的技术进步［J］. 测绘科学，36（1）：1-8.

陈克荣，胡嘉忠.1981. 声纳和水下观测［M］. 上海：上海科学技术出版.

陈世哲，张晓琳，王波，等.2016. 激光–声联合探测中水表面声波检测方法进展［J］. 海洋技术学报，35（3）：1-7.

龚健雅.1997.GIS 中面向对象时空数据模型［J］. 测绘学报，26（4）：289-298.

郭思培，彭智勇.2011. 数据库规范化理论研究［J］. 武汉大学学报（理学版），57（6）：535-544.

孔祥元，郭际明. 2005. 大地测量学基础［M］. 武汉：武汉大学出版社.

李德仁. 2006. 移动测量技术及其应用［J］. 地理空间信息，4（4）：1-5.

李井春，夏立福，李红，等. 2014. 地理国情遥感解译样本质量控制与检查初探［J］. 测绘与空间地理信息，37（6）：203-204.

李清泉，李必军. 2000. 激光雷达测量技术及其应用研究［J］. 武汉大学学报（信息科学版），25（5）：387-392.

林宗坚. 2011. UAV 低空航测技术研究［J］. 测绘科学，36（1）：5-9.

刘纪平，董春，亢晓琛，等. 2019. 大数据时代的地理国情统计分析［J］. 武汉大学学报（信息科学版），44（1）：68-83.

罗名海. 2018. 大数据在地理国情监测中的应用探索［J］. 地理空间信息，16（11）：1-6.

牛之俊，马宗晋，陈鑫连，等. 2002. 中国地壳运动观测网络［J］. 大地测量与地球动力学，22（3）：88-93.

潘志强，刘高焕. 2002. 面插值的研究进展［J］. 地理科学进展，21（2）：156-152.

孙家抦. 2009. 遥感原理与应用（第 2 版）［M］. 武汉：武汉大学出版社.

王树根. 2009. 摄影测量原理与应用［M］. 武汉：武汉大学出版社.

吴吉东，王旭，王菜林，等. 2018. 社会经济数据空间化现状与发展趋势［J］. 地球信息科学学报，20（9）：48-58.

张继贤，顾海燕，鲁学军，等. 2016. 地理国情大数据研究框架［J］. 遥感学报，20（5）：1017-1026.

张景秋，贾磊，孟斌. 2010. 北京城市办公活动空间聚集研究［J］. 地理研究，29（4）：2-9.

张良培，沈焕锋. 2016. 遥感数据融合的进展与前瞻［J］. 遥感学报，20（5）：1050-1061.

Cheng Q, Liu H, Shen H, et al. 2017. A Spatial and temporal nonlocal filter-based data fusion method［J］. IEEE Transactions on Geoscience and Remote Sensing, 8: 1-13.

Gao F, Masek J, Schwaller M, et al. 2006. On the blending of the Landsat and MODIS surface reflectance: predicting daily Landsat surface reflectance［J］. IEEE Transactions on Geoscience and Remote Sensing, 44（8）: 2207-2218.

Goodchild M F, Lam N S. 1980. Areal interpolation: a variant of the traditional spatial problem［J］. Geoprocessing, 1: 197-312.

Hilker T, Wulder M A, Coops N C, et al. 2009. Generation of dense time series synthetic Landsat data through data blending with MODIS using a spatial and temporal adaptive reflectance fusion model［J］. Remote Sensing of Environment, 113（9）: 1988-1999.

Okabe A, Sadahiro Y. 1997. Variation in count data transferred from a set of irregular zones to a set of regular zones through the point-in-polygon method［J］. International Journal of Geographical Information Systems, 11（1）: 14.

Peuquet D J, Duan L. 1995. An event-based spatiotemporal data model（estdm）for temporal analysis of geographical data［J］. Geographical Information Systems, 9: 7-24.

Peuquet D J. 1994. It's about Time: A conceptual framework for the representation of temporal dynamics in Geographic Information Systems［J］. Annals of the Association of American Geographers, 84（3）: 441-461.

Wu M Q, Wang J, Niu Z, et al. 2012. A model for spatial and temporal data fusion［J］. Journal of Infrared and Millimeter Waves, 31（1）: 80-84.

Zhu X L, Helmer E H, Gao F, et al. 2016. A flexible spatiotemporal method for fusing satellite images with different resolutions［J］. Remote Sensing of Environment, 172: 165-177.

Zhu X, Chen J, Gao F, et al. 2010. An enhanced spatial and temporal adaptive reflectance fusion model for complex heterogeneous regions［J］. Remote Sensing of Environment, 114（11）: 2610-2623.

|第 3 章|　城市空间扩张边界监测与分析

城市扩张分析作为地理国情监测的重要内容之一，其主要任务是提取、界定、分析多个时相城市建成区边界，通过对边界变化特征的监测与分析揭示城市扩张模式及演化规律，并结合相关自然与人文地理要素，阐明城市空间扩张的驱动机制。城市空间扩张边界监测与分析可以及时把握城市化在时间和空间上发生的变化，捕捉未来发展的趋势，并可以此为依据及时制定相应的政策措施，提高城市化的质量，最终实现城乡统筹和区域的协调发展。本章主要从城市空间扩张边界提取、城市空间形态变化与扩张模式、城市空间扩张协调性与驱动力分析、案例分析四个方面介绍城市空间扩张边界监测与分析。

3.1　城市空间扩张边界提取

城市空间扩张是城市建成区在地域空间上向外推进与扩张的过程，是衡量城市发展的一个重要指标。城市建成区是指市域境界线范围内实际建设起来的非农业生产建设用地，包括市区集中连片的部分以及分散在近郊区与城市联系密切、基本具备市政公用设施和公共设施的城市建设用地。城市空间扩张边界的提取主要采取资料分析与实地调查、遥感与GIS 结合等手段开展，随着航空与遥感技术的不断发展，遥感影像提供的信息逐渐丰富，时空分辨率不断提高，逐渐成为城市空间扩张研究的主要数据来源。目前，城市空间扩张边界提取多采用 Landsat TM、SPOT、QuickBird、高分一号等中、高空间分辨率遥感数据，结合地物光谱、纹理等特征等对城市建成区进行划分。常用方法包括分类法、不透水面提取法、基于夜间灯光数据的提取方法。

3.1.1　分类法

基于遥感影像分类的城市边界提取就是利用计算机技术分析各类地物的光谱、纹理等特征，从而完成对城市建成区与非建成区的识别。常用的分类方法包括目视解译法、监督分类法、非监督分类法、神经网络分类法等（Jia et al., 2011）。其中，目视解译法虽然通常可以保证分类结果的可靠性，但解译的过程十分依赖解译人员自身的知识和经验，且耗费大量人力、物力。相比之下，监督分类法、非监督分类法以及神经网络分类法等自动化分类方法在提取效率上更具优势，因此后三者一直是相关学者的研究重点。

1. 目视解译法

目视解译法是最早也是可靠性最高的遥感影像分类方法之一，是专业解译人员根据遥感影像解译标志与解译经验，识别遥感影像上目标地物的方法。具体来说包括以下流程：获取遥感影像；检测与分析影像的位置分布、形状、色彩、纹理、阴影等信息；基于信息直接判读或借助同类地物、专题图等辅助信息对比或复合分析，综合推理，确定影像上目标地物的属性，完成识别；对识别结果进行描述以及系统的地学解释。

这种方法对解译人员的遥感解译知识与经验要求较高，但正是有了专业知识的引入，判读结果的准确性及可靠性均较高。然而，人工解译的工作量巨大，效率低下，更适合于较小区域或精度要求非常高的遥感解译任务。

2. 监督分类法

监督分类法又称训练分类法，是指分析者在影像上对每一种类别选取一定数量的训练区，利用计算机计算每种训练样区的统计或其他信息，每个像元和训练样本做比较，按照不同规则将其划分到和其最相似的样本类。常用的监督分类法有最小距离法、Fisher 线性判别法、贝叶斯线性判别法和最大似然分类法等。监督分类的优点是可以根据研究区域和目的，结合自身专业知识和实际分类效果为每类挑选合适数目的最优（最有代表性）训练样本。其缺点是在地类的确定、训练样本的选择上，人的主观因素较强。

3. 非监督分类法

非监督分类法的前提是假定遥感影像上同类物体在同样条件下具有相同的光谱特征信息。非监督分类法不必对影像地物获取先验知识，仅靠对影像上不同类型地物光谱信息或纹理信息进行特征提取，再通过统计并利用特征差异来达到分类目的，最后对已分出的各个类别的实际属性进行确认。

非监督分类法主要采用聚类分析法。聚类是把一组像素按照相似性归纳成若干类别，即"物以类聚"，它的目的是使属于同一类别的像素特征间的相似性距离尽可能小，而不同类别像素特征间的相似性距离尽可能大。典型的聚类分析法有迭代自组织数据分析（Iterative Self-Organizing Data Analysis Technique，ISODATA）法、K-Means 法等。

非监督分类的主要优点在于需要人为筛选和收集训练样本，因此避免了分析者的主观因素对结果的影响，且具有较高的效率。但由于算法自动确定的聚类中心、类别个数往往并非全局最优，因此与监督分类法相比，其精度一般较低。

4. 神经网络分类法

神经网络分类法即人工设计一个包含输入层、若干隐藏层和输出层的网络结构，并利用该网络对目标数据进行分类。实际上，神经网络分类法同样包含监督和无监督两种情况，但与上述具体方法的本质区别是：设计的神经网络由于具备非线性、自适应、自学习等特点，可以实现将影像的特征自动提取到分类，此过程无须人为设计特征提取的算子、定义衡量特征相似度的距离以及分类的判别规则。

总体来看，该方法具有高效、高精度的优点，但目前对训练数据的依赖性较大，还不具备较好的泛化能力。随着计算机硬件的发展，对计算机性能需求巨大的神经网络分类法也得以有了良好的发展基础，逐渐得到相关学者的广泛关注及各行业的具体应用。

基于分类法的城市空间扩张边界提取的实质是土地利用分类。因此，本节只对常用方法做简要介绍，更多方法与具体流程及步骤将在第 4 章详细叙述。

3.1.2 不透水面提取法

城市不透水面的扩张程度直接反映了城市建成区的扩张情况，因此常被当作城市化发展强度或区域生态环境评价的指标因子（岳文泽和吴次芳，2007）。对城市不透水面的研究最早可追溯至 20 世纪 80 年代，2000 年后开始备受关注。目前，主流的不透水面提取方法为通过构建一种或多种归一化指数完成提取，其基本原理是对所研究地类的最强和最弱波段进行比值运算，并扩大两者的差距，从而使感兴趣的地物在所生成的指数影像上得到最大的亮度增强，而其他背景地物则受到普遍的抑制。

大量研究发现，不透水面地物光谱特征具有热红外波段的辐射率很高，近红外波段的反射率却很低的特点。在不透水面地类原来弱反射的近红外波段的基础上，进一步加入中红外的第 1 波段和可见光中的某一波段，构成不透水面地类的弱反射组，以区别于土壤、沙地和水体。因此，不透水面信息可以通过近红外、中红外的第 1 波段等复合波段组成的 NDISI 指数来增强（徐涵秋，2008）：

$$NDISI = \frac{TIR - (MNDWI + NIR + MIR_1)/3}{TIR + (MNDWI + NIR + MIR_1)/3} \tag{3-1}$$

$$MNDWI = \frac{Green - MIR_1}{Green + MIR_1} \tag{3-2}$$

式中，NIR、MIR_1 和 TIR 分别为影像的近红外、中红外的第 1 波段和热红外波段；MNDWI 为改进型归一化水体指数；Green 为绿光波段。

另外李爱民等（2009）提出了归一化建筑指数（NDBI）和改进型归一化水体指数（MNDWI）以及土壤调节植被指数（SAVI）三指数合成法，基于 Landsat ETM 和 SPOT 影像数据，并结合郑州市城市规划、年鉴统计等辅助数据，提取了郑州市 1999 年、2001 年、2005 年、2006 年、2007 年建成区边界；黄孝艳等（2012）基于 Landsat TM 遥感影像数据，利用 NDVI、NDBI、归一化水体指数（NDWI）三个指数合成波段图，然后通过非监督分类和人机交互的方法，完成了重庆市 1988 年、1990 年、1997 年、2001 年、2005 年以及 2010 年 6 个时相的城市建成区边界。

3.1.3 基于夜间灯光数据的提取方法

DMSP/OLS 夜间灯光数据是目前最广泛使用的夜间灯光数据，主要包括稳定灯光数据、辐射定标夜间灯光强度数据、非辐射定标夜间灯光强度数据三种产品。该数据具有获取容易、能探测低强度灯光、不受光线阴影影响等特点（杨眉等，2011）。在城市建成区的提取任务中，该数据也得到广泛应用。现有的城市边界的夜间灯光数据提取方法主要分为四类：经验阈值法、突变检测法、统计数据比较法和高分辨率影像数据空间比较法（舒松等，2011）。

1. 经验阈值法

研究者根据 DMSP/OLS 夜间灯光数据的特点和前人的研究，结合实际经验，人为给定一个分割阈值从而实现城区与非城区的划分。该方法比较便捷、综合实现性也比较高。Milesi 在对美国亚拉巴马、佛罗里达、佐治亚和密西西比等地区的城市区域进行细致研究后，采用以 50 的灰度值作为阈值的经验阈值分割方法，并最终取得了较好的城市建成区提取结果（Milesi et al.，2003；舒松等，2011）。

2. 突变检测法

突变检测法由 Imhoff 提出，该方法首先假设在夜间灯光图像中，真实的城市区域应该保持其几何形状的完整性。然后，在逐步增大分割阈值的过程中，代表城市区域的多边形斑块沿着边缘逐渐缩小，当分割阈值达到某一个点时，多边形斑块区域不再沿着边缘缩小，而是从内部破碎，分裂为很多较小的多边形斑块，代表着城市区域的多边形周长会突然增加。突变检测法正是依据这种城区边界的突变选取最合适的分割阈值（Imhoff et al.，1997；舒松等，2011）。该方法需要获得每个阈值所对应的城市区域多边形的边长，其涉及的操作以及计算量较大，便捷程度不高。

3. 统计数据比较法

统计数据比较法由何春阳等（2004）提出，该法有两个基本假设：①由政府发布的统计数据能较为准确地反映城市建成区的真实面积；②上一个时期 DMSP/OLS 夜间灯光影像中的城市建成区斑块能在下一个时期的图像上得到保留。

具体提取过程为：设定动态阈值，采用二分法的思路，不断改变此阈值，计算每个动态阈值下城市建成区的面积，同时计算此面积与政府发布统计数据的绝对差值，直至阈值达到某一个点时，其绝对差值小于此阈值前一个灰度值下的绝对差值以及后一个灰度值下的绝对差值。

4. 高分辨率影像数据空间比较法

高分辨率影像数据空间比较法由 Henderson 等（2003）提出，该法利用分辨率较高的 Landsat TM 影像作为辅助数据实现 DMSP/OLS 夜间灯光影像中城市建成区的提取。基本假设为：相对于 DMSP/OLS 夜间灯光影像 1km 的空间分辨率，从 30m 高分辨率的 LandsatTM 影像中提取的城市建成区即是真实的城市区域，可作为提取夜间灯光数据中城市建成区的标准，以获得可用于夜间灯光数据的最佳阈值。

综合上述国内外许多学者的研究可以看出，城市建成区边界的提取首先建立在对建成区清晰定义的基础上，其次主要依赖于城市地物分类的准确度，但在对城市建成区提取和界定的实际操作过程中，往往缺乏明确的城市建成区界定标准，主要体现在：①在城市建成区提取时，有的学者只将城市的主城区视为城市建成区，有的学者把建筑物作为城市建成区的组成，也有学者把土地利用类型中的建设用地作为城市建成区；②在城市建成区界定时，只强调连片发展，既没有对建成区最小面积进行限定，也没有对城市内的附属绿地、水体等是否属于城市建成区范围作出明确的规定。因此，为了准确地掌握城市建成区范围、统计城市建成区面积、评估城市动态发展水平，构建一种较完善的、可操作性强的城市建成区界定规则是一项十分有必要的研究工作（白杨等，2014）。

3.2 城市空间形态变化与扩张模式

3.2.1 空间形态变化

城市空间形态的发展和更新是一个城市外部空间扩张与内部空间重组的过程，也是不断解决社会活动、经济、文化、环境等因素与城市空间形态矛盾的过程。客观地分析影响城市空间发展的长效主导因素，把握城市内部各要素之间在总体层面上的空间组合关系，探讨城市空间形态的基本特征及其形成，掌握城市空间形态的演变规律、动力机制和制约因素，深化对城市空间信息的认识和理解，才能提升城市规划的科学性，实现中短期城市规划的优化（段进，2003）。

城市空间形态以其独特的方式记录着城市自身发展的历史脉络，不同时代、不同发展水平、不同文化背景下的城市发展进程与空间形态具有很大的差异，主要通过定性和定量相结合的方式进行研究（邻艳丽，2006）。其中，定性研究侧重于影响因素的分析，定量研究侧重于构建相应评价指数并以此对城市空间形态进行分析。

1. 城市空间形态演变影响因素研究

城市及其形态的演变受人口、经济、文化、交通、政策等多种因素综合影响。许多学者认为造成城市内外空间形态变化的动力机制实质上是"政策力""经济力""社会力"三者的共同作用，但其中城市社会经济的发展是最主要的动力因素（郑莘和林琳，2002）。城市空间形态的主要演变因素可以归纳为：①历史发展。城市空间形态是不同历史阶段城市物质文明和精神文明发展的积累，也随着城市的发展而变化。②地理环境。城市空间形态的发展与地理环境密切相关，地理环境是城市发展利用的资源，又会对城市发展提出一定的限制，并在很大程度上影响城市用地的形态与布局规律等。③交通运输条件。交通线路的发展与城市形态的发展是相互制约又相互促进的。综合交通网络是影响城镇形态的最主要因素之一。④经济发展与技术进步。社会经济的发展和技术的进步使城市中出现了新的功能或导致原有的部分功能衰退，功能的转变必然引起城市形态的变化，城市形态会逐步适应新的功能。

2. 城市空间形态演变量化方法研究

如何对空间形态演变进行量化研究使其更具科学性和说服力是近年来空间形态研究比

较热门的领域。目前，城市空间形态演变量化方面出现了许多概念和指标，主要方法如下。

（1）拓扑分析

运用拓扑原理对城市形态演变进行分析可以很好地量化城市形态演变的过程。空间句法是一种基于拓扑关系而非度量距离来严谨描述城市形态的定量研究方法，是拓扑分析的代表方法之一。空间句法理论将城市结构简化为两种空间：凸空间和轴线，所有城市形态均由这两个基础元素描述。首先，轴线连接所有凸空间组成连接图。然后，通过连接图求得基本的空间拓扑参数以在空间特征上认知城市形态（程昊森和王伯伟，2017）。

（2）分形研究

城市形态最初常常被地理学家视为一种无序现象，很少有人探讨其中隐含的自然法则。分形理论产生后，许多貌似破碎的无规则的自然和人文现象逐渐引起人们的关注，在艾南山和李后强（1993）倡导下，分形研究在我国逐渐兴起。陈彦光和刘继生（2001）在发展分形城市理论体系的同时，在城市形态和结构方面也做了一些研究工作。此外，还有学者利用几何测度关系测算了城镇边界的平均维数。分形维数是城市空间扩张分形研究最常用的指标，主要用来反映城市土地斑块边界的曲折性和复杂性。一般说来，若城市主要开发方式为填充式，则城市扩张过程中产生的空隙会逐渐被填充，城市边缘的不规则边界也会同时趋向规则；而当城市受到经济建设和发展的非理性影响时，城市土地的开发会处于一种相对分散、随机的状态，外围轮廓又会变得凸凹不规则。该模型假设城市是一个封闭的单元，其面积为 A，边界长度为 P，a_0 为形状因子，边界维数 D 用来表征城市形状的复杂程度。面积–周长的分形维数计算公式为

$$P^{\frac{1}{D}} = a_0 A^{\frac{1}{2}} \tag{3-3}$$

$$a_0 = \frac{4\pi D}{P^2} \tag{3-4}$$

其中，D 值越大，城市边界越不规则，城市的总体形态特征也就越复杂；而 D 值越小，城市边界线的线性关系越强，城市发展的趋势与形态也就越明显。

（3）特征值法

鉴于城市空间形态的不规则性，运用简明可行的几何法通常很难进行边界形态的定量分析。为此，研究者选择规则几何图形作为不规则城市空间形态的参照系，进行特征点、特征线段或面积的比较，从而产生一系列空间形态的特征数据，如质心、紧凑度、圆形率等。

1）质心。

质心是城区的几何中心，质心位置的变化能反映城市中心位置的变化，体现城市空间扩张的主要方向。其基本原理是研究区域内部每个图斑的几何中心坐标与该图斑面积的乘积之和再除以所有图斑的面积之和。质心坐标计算公式为

$$X_t = \sum_{i=1}^{n} (C_{ti} \times X_i) / \sum_{i=1}^{n} C_{ti} \tag{3-5}$$

$$Y_t = \sum_{i=1}^{n} (C_{ti} \times Y_i) / \sum_{i=1}^{n} C_{ti} \tag{3-6}$$

式中，X_t、Y_t 为 t 时刻质心的横坐标、纵坐标；C_{ti} 为第 i 个城区面积；n 为城区个数；X_i、Y_i 分别为第 i 个城区质心的横坐标、纵坐标。

2）紧凑度。

紧凑度广义上指城市建成区用地的紧凑、饱满程度，它的升降反映了城市空间扩张形式的更替。基于形状率的紧凑度评价方法如下：

$$紧凑度 = 1.273 \times \frac{A}{L^2} \tag{3-7}$$

式中，A 为面积；L 为区域最长轴。

将圆形区域视为最紧凑的特征形状，并将其作为标准度量单位（紧凑度为 1），正方形紧凑度为 0.64，离散程度越大，其紧凑度越低。城市的形态演化总是遵循从比较紧凑到比较分散再到更为紧凑的周期性特征。城市迅速扩张时，紧凑度下降；改造发展时，紧凑度上升；经济高速发展时，城市空间迅速分散；经济衰退时，城市空间又趋于紧缩。

（4）信息论

城市土地利用的结构特征可以用信息熵表示。信息熵的高低可以反映城市土地利用的均衡程度，熵值越高，城市土地利用的职能类型越多，各职能类型的面积差越小。当城市用地面积相等，概率都为 1 时，信息熵最大，土地利用的均衡度最高。

（5）自组织理论

自组织是指在没有外部指令的条件下，系统按照相互默契的某种规则，各尽其责而又协调地、自动地形成有序结构的现象。自组织理论通过研究自组织的模式特点深入了解系统的整体性质特点与子系统相互作用之间的关系。城市空间形态在其演变发展过程中表现出明显的自组织状态。

（6）神经网络

神经网络模型将影响城市形态特征的自然、社会、经济以及人文等因素作为神经元，对应网络输入层的节点，把系统整体特征表现作为神经系统网络的输出，从而构建出城市形态神经网络模型。

3.2.2 空间扩张模式

城市扩张模式是指城市规模扩大以及结构重组的形式，是基于历史过程和现状特征的总结。城市空间结构演化具有三种基本扩张模式，即由内向外的蔓延扩张模式、沿主要交通线的轴向扩张模式、跳跃式扩张模式。①蔓延扩张模式。由一个或多个城市中心不断地向外扩张，形成圈层式连片发展，整个城市形态呈团块状发展，并与自然环境和交通条件有较密切的关系；②轴向扩张模式。当点的集聚向某一方向连续时，就发展成轴式扩张，轴式扩张是蔓延扩张的中间过程，也是向块状演化的过渡过程；③跳跃式扩张模式。城市新的集聚点在脱离城市老区一段距离后发展，呈不连续的空间扩张。主要的城市扩张模式分析方法有 GIS 空间分析与目视判别法、空间自相关分析法和景观扩张指数分析法等。

1. GIS 空间分析与目视判别法

利用各种统计数据以及空间数据，通过定量和定性相结合来分析空间特征是城市空间扩张模式最常见的分析方法。例如，采用新增建设用地与已建成区的空间拓扑分析判别填充式和边缘式扩张；采用各年份建成区空间叠置分析与目视判别识别自发式扩张；线性轴状的扩张模式是道路和线性河流的引力作用引起的，因此可以通过道路和水系等的缓冲区分析以及与建成区的空间叠置分析来识别；通过比较相邻时相城区扩张面积在基准时相的凸壳占比，可以判断城市空间扩张的主导类型等。下面以凸壳分析法为例，简要介绍基于GIS 空间分析的城市扩张模式分析方法。

凸壳就是最小凸多边形。凸壳分析法将城区扩张面积分为填充和外延两类，通过统计各阶段扩张面积中填充和外延的面积及所占比例分析城市空间扩张的主导类型。具体来说，分析基期年到目标年城市空间扩张特征，首先，获取基期年城市空间边界轮廓凸壳；然后，针对目标年相较于基期年城区扩张区域（即新增城区范围），落在凸壳之内的城区扩张面积为填充面积，落在凸壳之外的则为外延面积，分别计算二者占扩张总面积的比例；最后，比较二者比例，若填充面积比>外延面积比，则城市空间扩张的主导类型为填充型，反之则为外延型。

2. 空间自相关分析法

城市扩张在空间上往往不是随机的过程，而是一个紧密联系的有机过程。为了界定不同街道和乡镇单元上城市扩张发生过程的随机性，引入空间自相关指数来进行说明，若为非随机过程，则识别扩张发生概率和强度均较高的区域（热点）。空间自相关分析法包括全局的空间自相关分析法和局部自相关分析法。前者主要反映观测变量整体上的空间集聚性，后者着重分析观测变量在每一个样本的周围属于高值集聚还是低值集聚（岳文泽等，2013）。

空间自相关分析通过空间权重矩阵来表达观测对象的空间关系，空间权重矩阵一般采用邻近标准和距离标准来建立。下面介绍两种自相关分析方法。

（1）全局 Moran's I 指数

全局 Moran's I 指数自相关法，主要用来表征观测变量在空间上的分布规律性（集聚或者随机）。指数计算如下：

$$I = \frac{n\sum_{i=1}^{n}\sum_{j=1}^{n}w_{ij}(x_i-\bar{x})(x_j-\bar{x})}{\sum_{i=1}^{n}\sum_{j=1}^{n}w_{ij}(x_i-\bar{x})^2} \tag{3-8}$$

式中，$\bar{x}=\frac{1}{n}\sum_{i=1}^{n}x_i$；$x_i$ 为区域 i 的观测值；x_j 为区域 j 的观测值；w_{ij} 为 x_i 与 x_j 之间的空间权重；n 为样本区域总数；I 为 Moran' I 指数，一般在 −1 ~ 1 取值，小于 0 为负相关，等于 0 为不相关，大于 0 为正相关。可以用标准化统计量 Z 对其检验，Z 表示如下：

$$Z = \frac{I - E(I)}{\sqrt{\mathrm{VAR}(I)}} \tag{3-9}$$

式中，$E(I)$ 为理论期望值；$\mathrm{VAR}(I)$ 为理论方差。Z 值为正且统计显著时，各区存在正空间相关，各区观测值呈现高值（或低值）的空间集聚分布格局；Z 值为负且显著时，各区存在负空间相关，各区观测值呈现分散式分布格局；Z 值为零时，观测值属于独立随机分布，在各区域之间没有明显的差异。

（2）G^* 统计量

采用改进的局部 G^* 统计（即统计邻域观测值的同时考虑自身的情况）分析城市扩张的"热点"，对于 i 区域单元

$$G_i^* = \frac{\sum_j w_{ij} x_j}{\sum_j x_j} \tag{3-10}$$

可以用标准化统计量 Z 对其检验，Z 表示如下：

$$Z_i = \frac{G_i^* - E(G_i^*)}{\sqrt{\mathrm{VAR}(G_i^*)}} \tag{3-11}$$

Z_i 值为正且显著时，该区域单元周围高值区域趋于空间集聚；Z_i 值为负且显著时，该区域单元周围低值区域趋于空间集聚。

3. 景观扩张指数分析法

景观扩张指数原本是定量分析景观格局的一种常用手段，而将景观扩张指数应用于城市扩张过程，能够很好地识别城市扩张模式的类型，因此受到许多学者的研究与关注。

景观扩张指数 LEI 是基于景观斑块的最小包围盒来定义的。最小包围盒代表斑块的空间范围，指的是覆盖一个斑块最小和最大坐标对 (x, y) 的面积最小的矩形，其边界与坐标系平行（刘小平等，2009）。通过判断新增斑块是否为矩形，可以得到景观扩张指数：

$$\mathrm{LEI} = \begin{cases} 100 \times \dfrac{U_\mathrm{O}}{U_\mathrm{E} - U_\mathrm{P}} & \text{新增斑块不为矩形} \\[2mm] 100 \times \dfrac{U_\mathrm{LO}}{U_\mathrm{LE} - U_\mathrm{P}} & \text{新增斑块为矩形} \end{cases} \tag{3-12}$$

式中，U_LE 为斑块的放大包围盒面积；U_E 为斑块的最小包围盒面积；U_P 为最小包围盒中新增斑块的面积；U_O 为最小包围盒中原有的景观面积；U_LO 为放大包围盒里原有景观的面积，LEI 的取值范围 $0 \leqslant \mathrm{LEI} \leqslant 100$。

对于城市扩张模式分析而言，则是依据 LEI 对应的城镇新增斑块峰值变化规律，确定城市扩张类型的阈值，从而判断城市扩张的具体模式。例如，当 $50 < \mathrm{LEI} \leqslant 100$ 时，认为该斑块属于填充式扩张；当 $2 \leqslant \mathrm{LEI} \leqslant 50$ 时，认为该斑块属于边缘式扩张；当 $0 \leqslant \mathrm{LEI} < 2$ 时，认为该斑块属于飞地式扩张。

3.3 城市空间扩张协调性与驱动力分析

3.3.1 扩张协调性分析

城市空间扩张协调性分析主要通过构建不同的指标体系与模型评价方法，评估城市发展质量及其与各影响因素之间的协调性。

1. 扩张协调性分析指数

城市扩张和人口增长之间的关系是影响城乡统筹发展与城市发展质量的关键因素。因此，现有研究常用城市用地扩张与人口增长之间的协调关系来评估城市空间扩张的协调性。其中，较为典型的是城市用地规模弹性系数和城市用地扩张与人口增长协调性系数。

（1）城市用地规模弹性系数

城市用地规模弹性系数即城市用地增长率与城市人口增长率之比。该指标常被国内学者用于衡量城市用地扩张与人口增长之间的协调关系，一般认为城市用地规模弹性系数为1.12时比较合理（杨艳昭等，2013）。

（2）城市用地扩张与人口增长协调性系数

仅考虑城市用地增长率和城市人口增长率之间的比值关系，很难反映一个城市人均指标的多少。鉴于此，有学者提出，采用人均城市用地约束参数，构建城市用地扩张与人口增长协调性系数指标来反映城市用地扩张与人口增长之间的协调关系。具体计算如下：

$$\text{CPI} = \frac{\text{CR}_l}{\text{PR}_l} \times R \tag{3-13}$$

$$R = \frac{\dfrac{\text{LP}_t}{\text{LPI}_t}}{\dfrac{\text{LP}_0}{\text{LPI}_0}} \tag{3-14}$$

式中，CPI 为城市用地扩张与人口增长协调性系数；CR_l 和 PR_l 分别为建成区用地和城市人口年均增长率，均取几何平均值；R 为人均城市用地约束系数，其中 LP_0、LP_t 和 LPI_0、LPI_t 分别为基年、目标年某城市人均建成区面积和该城市当年所属类别城市的理想人均建成区面积。

2. 扩张协调性分级

根据 CPI 值，可以将全国城市用地扩张与人口增长协调性分为土地快速扩张、人地基本协调、人口快速增长和人地有所收缩 4 类，以 CPI 值等于 1.1 为基点，进一步根据 CPI 值的大小，将城市用地扩张与人口增长协调性细分为 6 个级别，分类标准及类型特征如表 3-1 所示。

表 3-1　城市用地扩张与人口增长协调性分级标准（杨艳昭等，2013）

类型	级别	标准	特征
土地快速扩张	土地显著扩张	CPI>1.7	建成区土地扩张远远高于人口增长速度，导致人均用地有显著增加趋势
	土地明显扩张	1.3<CPI≤1.7	建成区土地扩张高于人口增长速度，导致人均用地有明显增加趋势
人地基本协调	人地基本协调	0.9<CPI≤1.3	建成区土地扩张和人口增长基本同速，二者关系基本协调，人均用地变化幅度不大
人口快速增长	人口显著增长	0≤CPI≤0.5	建成区土地扩张远远低于人口增长速度，导致人均用地有显著减少趋势
	人口明显增长	0.5<CPI≤0.9	建成区土地扩张低于人口增长速度，导致人均用地有明显减少趋势
人地有所收缩	人地有所收缩	CPI<0 或 CPI>0	建成区土地和人口数量同时减少或其中一个减少，城区人口迁出大于人口迁入，城市建成区用地规模或人口规模有所减少
		$CR_I<0$ 且 $PR_I>0$	

3.3.2　驱动力分析

城市空间的发展变化过程是动态的，城市化进程的动力因素也会随着发展阶段、经济结构的变化而变化。通过对城市空间在不同时间、力度之下的发展进行观测分析，探究影响城市扩张的驱动力因子，有助于制定具有前瞻性的、科学而连贯的城市扩张调控政策，以指导城市规划、土地开发等实践活动（刘盛和，2002；吴宏安等，2005；陈明星等，2009）。城市扩张驱动力的分析主要有定性分析和定量分析两种。定性分析是单一影响因子对城市空间扩张特征影响的归纳性分析，定量分析则考虑多个影响因素对城市空间扩张特征影响强度与综合作用的分析。

1. 定性分析

（1）自然地理因素

自然条件是城市空间扩张演变的基础条件，气候、水文、地质、地貌、地形与资源等自然地理因素相互交织，在一定程度上影响着城市空间扩张的格局，包括城市空间扩张的方向、速度、模式和空间布局。例如，平原地区的城市，地形较为平坦开阔，城市多呈集中型同心圆式扩张模式；河网密布地区的城市往往沿狭长谷地、河流呈带状扩张；多山地区的城市则多被山体和丘陵分割，呈组团式扩张（杨荣南和张雪莲，1997）。

（2）人文因素

1）人口增长。

人口数量增长是城市空间扩张的基本动力之一，城市空间是居民工作、学习和生活的地方，迅速增长的城市人口导致住房、交通、公共设施等城市空间使用需求增加，进而促使城市空间扩张的速度加快。因此，人口增长被认为是城市空间扩张的最初动力。

2）经济发展。

社会经济发展过程中的城市产业聚集和产业结构变化是促进城市扩张的重要因素，也是引导城市扩张空间方向变化的动力。当一个地区的经济高速发展的时候，会有更多的信息、能源、资金等集中到城市中，产业集聚的空间不断增大，随之而来的是城市用地总规模的不断扩大与城市空间的扩张。与此同时，经济的发展还会刺激城市人口的迅速增加，进而再次促进城市空间的扩张（谈明洪等，2003）。

3）交通。

交通是城市与区域及区域外物质联系的基础，是城市各项社会产业赖以生存发展的基本条件。城市交通线路及其配套设施的开辟与建设往往成为城市空间扩张的伸展轴，不仅促进城市空间扩张，还会改变城市外部形态。例如，在铁路发展前，我国交通以水运为主，城市则多沿河道扩张；铁路出现后，车站枢纽往往成为城市发展中心，并在车站周围形成新的建成区，引导城市空间定向扩张；汽车运输得到发展后，沿路伸展成为城市空间扩张的主要方式。

4）政策。

城市空间扩张除受经济发展的影响外，还与政府政策及规划有着紧密的联系。改革开放以来，经济体制改革、分税制与房地产制度改革、新型工业化政策、产业转型升级、新型城镇化道路实践等一系列政策与规划对城市发展的方向和速度具有很强的引导性作用，带动了城市土地利用结构的快速改变。

2. 定量分析

城市空间扩张驱动力定量分析的方法包括相关性分析、线性回归分析、主成分分析、灰色关联度分析等。

（1）相关性分析

相关性分析是描述客观事物相互间关系的密切程度并用适当的统计指标表示出来。相关性分析里面衡量两个随机变量之间线性相关程度的重要指标是相关系数或称线性相关系数。其计算公式如下所示：

$$\rho_{X,Y} = \frac{\text{cov}(X,Y)}{\sigma_X \sigma_Y} \tag{3-15}$$

式中，$\text{cov}(X,Y)$为两个变量之间的协方差；σ_X、σ_Y分别为两个变量的方差。相关系数取值介于$-1 \sim 1$，-1为完全负相关，1为变量完全正相关，0为无关。

（2）线性回归分析

线性回归分析是最简单的城市空间扩张驱动力定量分析方法，主要通过构造驱动力变量与城市空间扩张的线性回归方程实现，其基本形式如下：

$$\hat{y} = b_0 + b_1 x_1 + b_2 x_2 + \cdots + b_n x_n \tag{3-16}$$

式中，$\hat{y}$为城市空间扩张的表征指标；b_0为常数项；$b_1, b_2, \cdots, b_n$为y对应于驱动因素x_1，$x_2, \cdots, x_n$的偏回归系数。在使用多元线性回归模型时，数据应满足正态性、独立性和不变方差等统计假设，即因变量满足正态分布，自变量间相互独立，模型残差项也应满足正态分布且与自变量相互独立。因此，在回归模型构建前，应分析因变量与筛选后自变量之间的共线性，去除冗余变量；在模型构建过程中，应分析其残差正态性、序列相关性等。

（3）主成分分析

在实际问题中，需要在对各变量进行相关性研究的基础上，用较少的新变量代替原来较多的变量，而且使这些较少的新变量尽可能多地保留原来较多的变量所反映的信息，主成分分析方法就是综合处理这种问题的一种强有力的统计分析方法。主成分分析的原理是将一组具有相关性的变量变换为一组独立的变量来研究系统因子之间关系，即将多个原始变量简化成少数几个主要子变量，然后用因变量分析现实事物（张新长和张文江，2005）。从数学角度来看，这是一种降维处理技术，假定有 n 个地理样本，每个样本共有 p 个变量描述，这样就构成了一个 $n \times p$ 阶的地理数据矩阵：

$$X = \begin{bmatrix} X_{11} & X_{12} & \cdots & X_{1p} \\ X_{21} & X_{22} & \cdots & X_{2p} \\ \vdots & \vdots & & \vdots \\ X_{n1} & X_{n2} & \cdots & X_{np} \end{bmatrix} \tag{3-17}$$

然后，使这些较少的综合指标能尽量多地反映原来较多指标所反映的信息，其最简单的形式就是取原来变量指标的线性组合。

如果记原来的变量指标为 $X_1, X_2, \cdots, X_p$，它们的综合指标——新变量指标为 $Z_1, Z_2, \cdots, Z_m$（$m \leqslant p$）。则

$$\begin{cases} Z_1 = l_{11}X_1 + l_{12}X_2 + \cdots + l_{1p}X_p \\ Z_2 = l_{21}X_1 + l_{22}X_2 + \cdots + l_{2p}X_p \\ \qquad\qquad\qquad \vdots \\ Z_m = l_{m1}X_1 + l_{m2}X_2 + \cdots + l_{mp}X_p \end{cases} \tag{3-18}$$

式中，系数 l_{ij} 由下列原则来决定：

1）Z_i 与 Z_j（$i \neq j$；$i, j = 1, 2, \cdots, m$）相互无关；

2）Z_1 是 $X_1, X_2, \cdots, X_p$ 的一切线性组合中方差最大者；Z_m 是与 $Z_1, Z_2, \cdots, Z_{m-1}$ 都不相关的 $X_1, X_2, \cdots, X_p$ 的所有线性组合中方差最大者。

获取的新变量指标 $Z_1, Z_2, \cdots, Z_m$ 分别称为原变量指标 $X_1, X_2, \cdots, X_p$ 的第一，第二，$\cdots$，第 m 主成分。其中，Z_1 在总方差中占的比例最大，$Z_2, Z_3, \cdots, Z_m$ 的方差依次递减。

从以上分析可以看出，找主成分就是确定原来变量 X_j（$j = 1, 2, \cdots, p$）在诸主成分 Z_i（$i = l, 2, \cdots, m$）上的载荷 l_{ij}（$i = l, 2, \cdots, m$；$j = 1, 2, \cdots, p$），它们分别是 $X_1, X_2, \cdots, X_p$ 的相关矩阵的 m 个较大的特征值所对应的特征向量。

（4）灰色关联度分析

灰色关联度分析的实质是对反映各因素变化特性的数据序列曲线进行几何比较。关联度是对两个系统或两个因素之间关联性的量度，用于描述事物发展过程中各驱动力因素空间差异性与城市空间扩张态势的相似性或相异程度，是该因素对空间扩张驱动作用的体现。若相对变化较一致，认为两者的关联度大；反之，则认为两者关联度较小。灰色关联

度分析不仅应用于探究城市空间扩张的驱动力，也常用来分析城市热岛与土地利用的相关关系，因此，灰色关联度分析的各步骤基本原理与计算方法将在 6.3.3 节详细描述。

3.4　长株潭城市空间扩张边界监测与分析

综合利用航空航天遥感技术、GIS 技术等现代测绘技术，基于 2015 年地理国情普查成果数据、光学遥感影像，结合基础地理信息数据及城市规划、地籍测绘数据等专题资料，对长株潭主城区 1978 年、1990 年、1994 年、2000 年、2006 年、2010 年、2015 年县级以上城市城区边界进行监测，从而获取各监测时段城市边界位置、范围、面积、空间分布、地域差异及其变化情况，厘清城市空间扩张过程及其空间形态演变特征，识别扩张类型与模式。同时，结合城区及其周边地区经济状况变化、人口迁移、政策导向变化等因素，开展长株潭城市空间扩张协调性、空间竞合及驱动力分析。

研究区位于长株潭城市群核心区域，以湘江为轴线，涵盖长沙市区、长沙县，湘潭市区、湘潭县，以及株洲市区、株洲县①的行政区，介于 111°E～114°E，26°N～29°N，总面积约 8623km²，占长株潭城市群面积的 16.94%。地理位置如图 3-1 所示。

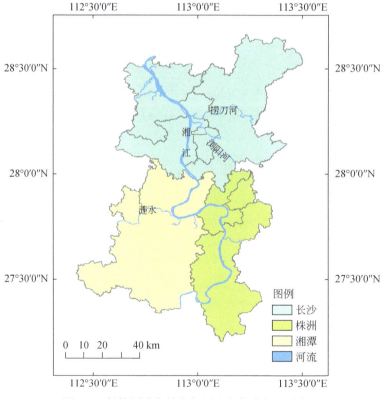

图 3-1　长株潭城市扩张与用地变化动态监测范围

① 2018 年，经国务院批准，同意撤销株洲县，设立株洲市渌口区。本书中案例截至 2015 年，故仍使用株洲县。

3.4.1 城市扩张边界提取

围绕城区的定义及"市域境界线""中心城区""城市形态"三大要素，按照先定性再定量、先宏观再微观的流程，遵循"市域境界线限定、中心城区锁定、城市形态吻合"三大原则，从遥感影像上解译提取城区边界。具体技术流程见图 3-2。

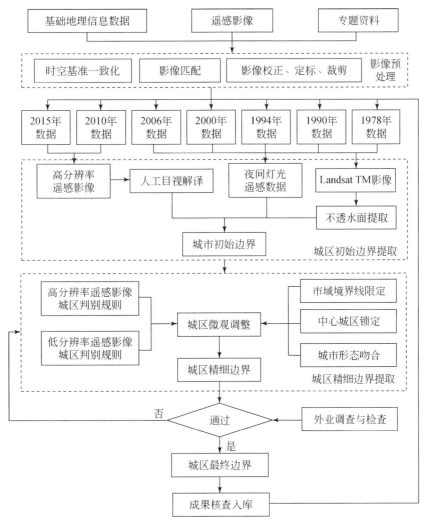

图 3-2 长株潭城市扩张边界提取流程图

1. 相关概念定义

（1）市域境界线

市域境界线指城市行政管辖的全部地域，范围包括以长株潭主城区行政区划为基础的地级市和县级市等，具体范围涵盖长沙市区、株洲市区、湘潭市区、长沙县、株洲县和湘潭县。

在城市空间扩张监测的实施过程中，必须在市域行政区域境界线内提取城区。另外，城市空间扩张监测涉及的所有时相的行政区域境界线以最新的行政区划图为标准。

（2）城市不透水面

城市不透水面是指城市中由各种不透水建筑材料所覆盖的表面，主要包括城市中水泥、沥青、金属、玻璃灯材质构成的交通用地（如高速公路、停车场、人行道等）、广场和建筑物屋顶等。

（3）主城区

主城区是城市发展的核心地区。市域范围内会形成单个、两个或者多个主城区。多数市域范围内的主城区只有一个，也有的为双主城区或多主城区。

城市空间扩张监测实施过程中，提取的每个时相"城区"的多边形个数应与当时市域范围内主城区个数一致。

2. 数据预处理

将收集到的参考资料和影像资料进行预处理。其中，专题参考资料的预处理工作包括数据镶嵌、裁切、格式转换、坐标系转换等。影像数据的预处理工作包括影像的坐标转换、几何配准、辐射定标、镶嵌、裁剪等。2015 年第一次全国地理国情普查 DOM 影像及 2010 年 DOM 影像已经经过准确的校正，故可将 2015 年 DOM 影像用作影像配准的参考影像，利用 ArcGIS 中的 Georeferenceing 工具将 1978 年、1990 年、1994 年、2000 年及 2006 年五期遥感影像同 2015 年遥感影像配准，其配准误差需满足技术要求。

3. 城区初始边界提取

对于高分辨率遥感影像，采用目视解译以及手工勾绘方式，实现城区初始边界提取。对于低分辨率遥感影像，则融合多光谱遥感影像提供的光谱、纹理、不透水面指数等信息以及夜间灯光遥感影像提供的灯光指数信息，自动选取城区正、负训练样本，完成有监督的城市初始边界提取，实现城区初始边界提取，如图 3-3 所示。

4. 城区精细边界提取

按照 2015 年第一次全国地理国情普查采用的地表覆盖分类体系，在城乡接合部进行精细城区边界提取时，针对紧邻初始轮廓线的各地物类型，并且考虑到各时相遥感影像的分辨率不同，对于 2010 年和 2015 年优于 5m 空间分辨率的遥感影像，制定了高分辨率遥感影像城区判别规则，对于 1978 年、1990 年、1994 年、2000 年、2006 年 30m 分辨率的遥感影像，制定了低分辨率遥感影像城区判别规则。

在得到城区初始边界的基础上，结合制定的高分辨率城区判别规则和低分辨率城区判别规则，通过人工目视解译，进行初始轮廓线的修正，从而开展精细城区边界的提取。首先完成了 2015 年的城区边界提取，然后按照时间倒序排列依次完成各时相城区边界提取

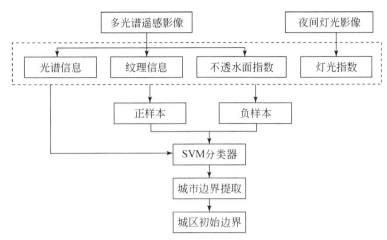

图 3-3　低分辨率遥感影像城区边界提取流程图

工作。此过程中所制定的高分辨率和低分辨率遥感影像城区判别规则具体如下。

（1）高分辨率遥感影像城区判别规则

1）植被判别规则。

紧邻初始轮廓线的耕地不归入城区，位于初始轮廓线内部的耕地不单独扣除。紧邻初始轮廓线的绿化林地和人工草地等人工绿地归入城区，其他园地、林地、草地不归入城区。

2）房屋建筑（区）判别规则。

紧邻初始轮廓线的房屋建筑（区）需要结合补充资料、参考资料的属性特征和遥感影像的特征综合判定是否将其划入城区范围内。若有基础地理信息数据或普查（成果）数据，可以利用其中的居民地或居住小区要素的属性信息对初始轮廓线边缘区域有疑问的房屋建筑（区）进行判别；若没有参考资料，则依据遥感影像反映出的信息进行判别。

房屋建筑（区）分为孤立房屋建筑（区）和非孤立房屋建筑（区），判定规则如下所示。正在建设的房屋建筑（区）也采用如下判别规则。

孤立房屋建筑（区）判别规则：房屋建筑（区）脱离城市主体建设范围、单独发展的、有一定规模的用地，距相邻城区的连续闭合区域距离不超过200m的房屋建筑（区），定义为孤立房屋建筑（区）。若孤立房屋建筑（区）面积大于等于40 000m^2，则根据其反映的形态功能特征、面积和位置判断是否归入城区，小于40 000m^{2}的孤立房屋建筑（区）不归入城区。

其中，判断是否为孤立房屋建筑（区）的距离及面积的阈值的选择，是通过收集2015年长株潭主城区内所有离城区有一定距离的房屋建筑（区），统计其距初始城区边界的距离及面积来得到的。根据所获得的208个样本，计算统计面积及距离，并分别以50%的累积频率对应的距离和面积作为判别阈值，如图3-4所示。

非孤立房屋建筑（区）判别规则：将依据遥感影像或依据参考信息可直接判定为高层建筑（区）的区域，归入城区；依据参考信息判定低层建筑（区）属于自然村，且无其

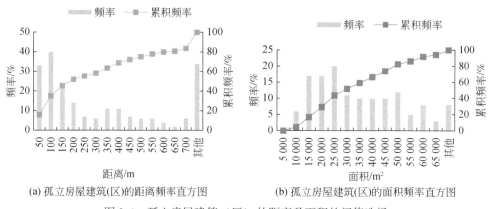

(a) 孤立房屋建筑(区)的距离频率直方图　　(b) 孤立房屋建筑(区)的面积频率直方图

图 3-4　孤立房屋建筑（区）的距离及面积的阈值选择

他配套设施（如公园、绿地、操场等），则不归入城区，否则归入城区；无参考资料时，依据遥感影像特征进行判定，如非孤立房屋建筑（区）的建筑物排列整齐且能够明显判断有其他配套设施，则归入城区，否则不归入城区。

3）道路判别规则。

与初始轮廓线相交的道路，初始轮廓线内的道路归入城区，初始轮廓线外的道路不归入城区。

与初始轮廓线相切的城市道路，沿道路外侧将其归入城区，与初始轮廓线相切的公路，不归入城区。

4）构筑物判别规则。

依据影像特征或参考信息判定构筑物的功能，若为广场、露天体育场则归入城区，若为其他类型构筑物则不归入城区。

5）人工堆掘地判别规则。

紧邻初始轮廓线的人工堆掘地不归入城区。

6）荒漠与裸露地判别规则。

紧邻初始轮廓线的荒漠与裸露地不归入城区。

（2）低分辨率遥感影像判别规则

与采用人工目视解译方法的高分辨率遥感影像不同，低分辨率遥感影像采用有监督的城市初始边界提取，然后再通过人工目视解译修正初始边界，所以此过程中的判别规则实际上是针对初始边界的修正原则。

1）遵循事实原则。

按照最新到次新的顺序，后一时相的边界范围不能超过前一时相的边界范围，根据上述规则剔除超出上一时相边界的城区区域。

2）遵循分类规则。

参考分类结果中的建设用地，剔除不属于建设用地的城区区域。

3）孤立图斑判别规则。

与相邻城区的连续闭合区域的距离不超过 200m 且面积大于等于 40 000m² 的孤立图斑归入城区。

4）植被判别规则。

位于城区内部的植被不单独剔除，位于城区边界处的植被，需依据参考信息判断是否属于公园等景观用地，若属于，则归入城区，否则，不归入城区。

5. 城市空间扩张边界提取结果

提取得到的城市空间扩张边界还需要结合实地考察以及相关资料进行自检，经过自检达标后，整理得到 1978 年、1990 年、1994 年、2000 年、2006 年、2010 年和 2015 年长株潭主城区的城区边界以及 2020 年长株潭主城区的规划边界示意图，如图 3-5 所示。统计长沙、株洲、湘潭三市 1978 ~ 2015 年城区面积，如图 3-6 所示。自 1978 年以来，长株潭城区扩张总体呈"三点式"模式，即一个大核心（长沙市）、两个小核心（湘潭市和株洲市）。

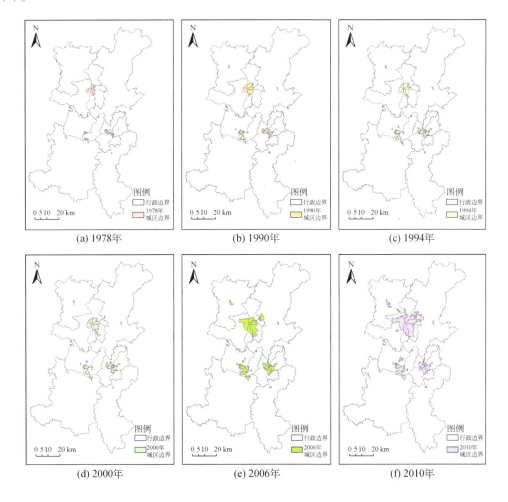

(a) 1978年   (b) 1990年   (c) 1994年

(d) 2000年   (e) 2006年   (f) 2010年

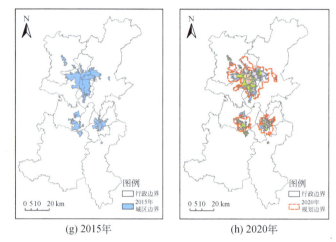

(g) 2015 年   (h) 2020 年

图 3-5   1978～2015 年长株潭主城区各时相城区边界或规划边界

图 3-6   1978～2015 年长株潭主城区各时相城区边界面积图

长沙市城区扩张主要集中在开福区、岳麓区、芙蓉区、雨花区以及天心区，以行政区交界处为中心不断向四周迅速蔓延扩张。湘潭市城区扩张主要集中在雨湖区、岳塘区和湘潭县，其中岳塘区的城区扩张比较迅速，但其中又分为三个主要区域，且彼此之间相对松散。株洲城区扩张模式与长沙十分接近，以天元区、荷塘区和石峰区交界处为核心，连续向周边蔓延，紧凑度较高。

在此过程中，长株潭主城区各时相城区边界整体面积由 1978 年的 52.99km^2 增加到 2015 年的 541.12km^2，扩张了 488.13km^2，占研究区面积比例由 1978 年的 0.61% 增加到 2015 年的 6.27%，2015 年城区面积是 1978 年的 10.21 倍（图 3-6）。其间，长株潭主城区扩张呈现出明显的阶段性特征，第一阶段（1978～1990 年）、第二阶段（1990～1994 年）、第三阶段（1994～2000 年）、第四阶段（2000～2006 年）、第五阶段（2006～2010 年）、第六阶段（2010～2015 年）分别扩张了 51.75km^2、29.81km^2、21.22km^2、112.36km^2、113.30km^2、159.69km^2。相对而言，后三个阶段扩张面积远远大于前三个阶段。其中，长沙市 1978 年、1990 年、1994 年、2000 年、2006 年、2010 年、2015 年主城

区面积分别占长株潭总城区面积的 58.80%、57.47%、49.15%、53.25%、60.09%、68.04%、66.72%，株洲市分别为 23.40%、23.92%、29.37%、27.10%、20.78%、16.17%、13.73%，湘潭市为 17.80%、18.61%、21.48%、19.65%、19.13%、15.79%、19.55%，3 个地市中，长沙市后三个阶段扩张面积远大于前三个阶段。

对比长株潭各市 2020 年规划边界可知［图 3-5（h）］，长沙市到 2015 年在规划边界内已经建成的城区面积为 327.13km²，占规划总面积的 50.95%。按近阶段（2010～2015 年）城市扩张速率，2020 年长沙市城区面积将达到 462.56km²，符合规划边界范围。具体来说，长沙市南面暮云镇地区的发展已经超出规划，河西的岳麓区、东南方向的高铁站区域、北方的开福区、西北方向的望城区按城市规划布局仍有较大发展空间。株洲市到 2015 年在规划边界内已经建成城区面积 72.00km²，占规划总面积的 47.25%。按近阶段（2010～2015 年）城市扩张速率，2020 年株洲市城区面积将达到 86.92km²，符合规划边界范围。株洲市东、西、北部都已达到规划范围，仍有发展空间的区域主要集中在天元区和芦淞区南部。湘潭市到 2015 年在规划边界内已经建成的城区面积为 51.37km²，占规划总面积的 42.85%。按近阶段（2010～2015 年）城市扩张速率，2020 年湘潭市城区面积将达到 97.33km²，符合规划范围。湘潭市南部已经达到规划范围，雨湖区北部大片超出区域为未作规划的九华示范区，仍有发展空间的地区主要在岳塘区西北部。

3.4.2 城市空间扩张特征分析

利用 1978 年、1990 年、1994 年、2000 年、2006 年、2010 年及 2015 年主城区各时相城区边界提取结果，结合长株潭历年城市总体规划资料及区域自然环境、人口、经济、交通等相关专题统计资料，并融合长株潭地区土地分类数据，对各时相城区结果进行统计分析。主要从空间形态与结构、空间扩张类型与扩张模式、空间协调性与竞合以及空间扩张驱动力等多方面对城市空间扩张特征进行系统分析，厘清长株潭主城区城市扩张过程，识别空间扩张的驱动因素。长株潭主城区城市空间扩张特征分析的整体流程如图 3-7 所示。

1. 城市空间形态与结构特征

分别统计分析 1978 年、1990 年、1994 年、2000 年、2006 年、2010 年和 2015 年长沙、株洲、湘潭三市的城区质心、分形维数、紧凑度来反映城市形态变化特征和结构变化。城区质心为城区的几何中心，反映城区的空间分布；分形维数能描述城市的形态及其空间结构，反映几何斑块边界的曲折性和复杂性；紧凑度指城市建成区用地的紧凑、饱满程度，它的升降反映了城市空间扩张形式的更替。

（1）城区质心

长株潭总城区以及三市 1978 年、1990 年、1994 年、2000 年、2006 年、2010 年、2015 年各时相的城区质心，如图 3-8 所示。

1978～2015 年长株潭总城区质心先自北向南移动，直至 1994 年再自南向北移动，这说明在 1978～1994 年，株洲市和湘潭市城区扩张速度总和比长沙城区要快，因此总质心

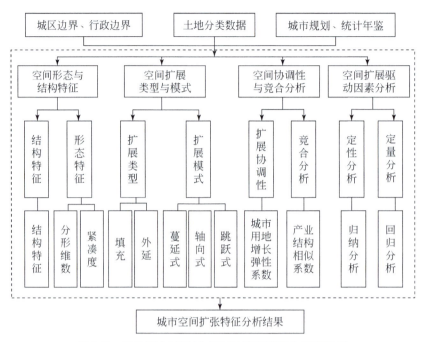

图 3-7　长株潭主城区城市空间扩张特征分析流程图

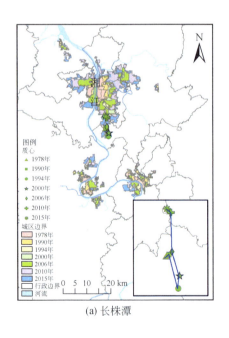

(a) 长株潭

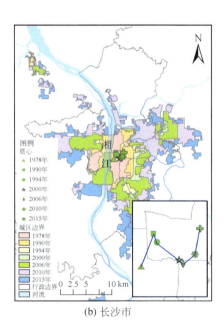

(b) 长沙市

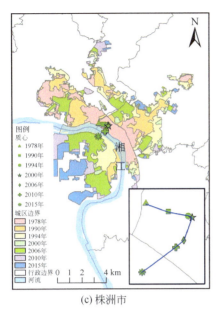

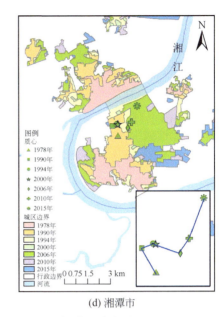

(c) 株洲市　　　　　　　　　　　　　(d) 湘潭市

图 3-8　长株潭总城区及三市 1978~2015 年质心移动图

向株洲湘潭方向不断偏移，而 1994 年后，长沙城区扩张速度则显得更为迅速，快速将总体质心拉向长沙方向。对于长沙市而言，其质心一直向东移动，湘江东侧城区的扩张速度明显快于西侧。

　　株洲市的质心移动总体上距离较小，大体呈两个阶段，1978~2000 年向东南方向移动，2000~2015 年向西南方向移动。1978~2015 年湘潭市的质心移动十分明显，总体趋势是自南向北。2006~2015 年湘潭市城区扩张主要集中在雨湖区，在这期间大面积的扩张城区使得湘潭市质心迅速向东北方向移动。

　　分别统计长沙市—湘潭市、长沙市—株洲市、株洲市—湘潭市质心之间的距离（表 3-2）。长沙市与湘潭市城区质心移动方向整体趋于一致，但长沙市移动距离略小于湘潭，故长沙市城区质心与湘潭市城区质心之间的距离呈波动下降趋势，从 39.27km 减少到 37.81km，湘潭市城区质心与株洲市城区质心间的距离从 1978 年的 21.03km 上升至 2000 年的 21.70km 后一直减少到 2015 年的 19.57km。长沙市—株洲市城区质心间的距离呈 "M" 形，1990 年与 2010 年距离较大，分别为 41.02 km 和 41.21km，1978、2000、2015 年则相对较低，介于 39.94~40.66km。

表 3-2　长株潭 1978~2015 年质心之间距离

质心距离/km	1978 年	1990 年	1994 年	2000 年	2006 年	2010 年	2015 年
长沙市—湘潭市	39.27	39.80	39.39	38.93	38.95	39.76	37.81
长沙市—株洲市	39.94	41.02	40.92	40.16	40.28	41.21	40.66
湘潭市—株洲市	21.03	21.67	21.70	21.70	20.89	20.50	19.57

（2）分形维数

长株潭分形维数如图 3-9（a）所示。1978～2015 年，长沙市、株洲市、湘潭市的分形维数平均值从 1.46 下降到 1.32，城市发展受到规划控制，城区边界发展趋于规则，边界复杂性降低。其中，长沙市分形维数 1978～2015 年一直减小，从 1.49 下降到 1.27，长沙市分形维数下降较快的阶段是 1978～1990 年和 2006～2010 年，分别下降 0.08 和 0.07。株洲市 1978～2015 年的分形维数整体上呈减少趋势，从 1.42 下降到 1.33，株洲市分形维数 1978～1994 年减少幅度较大，1994～2006 年保持平稳，2006～2015 年缓慢降低。湘潭市 1978～2015 年分形维数一直减小，其中 1978～1994 年下降幅度最大，从 1.46 下降到 1.37。

（3）紧凑度

长株潭紧凑度如图 3-9（b）所示。1978～2015 年，长沙市、株洲市、湘潭市紧凑度的平均值从 0.21 上升到 0.35，城市的形态发展整体趋于紧凑。长沙市 1978～1990 年沿边缘向外蔓延扩张，紧凑度急剧增加；1990～2000 年，雨花区轴向扩张，紧凑度指数下降；2000～2006 年，长沙市城区边界填充发展，河西新城大力发展，紧凑度上升；2006～2015 年，河西新城和星马新城分别向西和向东轴向扩张，捞霞地区沿着湘江向北轴向扩张，天心区和暮云镇沿着芙蓉南路向南轴向扩张，城市紧凑度一直降低；1978～2010 年，株洲市城市周围的工业组团向外蔓延扩张的同时沿着交通道路向城市中心轴向扩张，进行轴间填充，工业组团最终于城市中心连接成片，向外蔓延扩张，城市紧凑度一直上升；2010～2015 年，天元区向西扩张明显，城市形态趋于不规则，紧凑度下降。1978～2015 年，湘潭市岳塘区向北发展与雨湖区连接成片，雨湖区向北蔓延发展，城市扩张类型以内部填充为主，城市紧凑度一直上升。

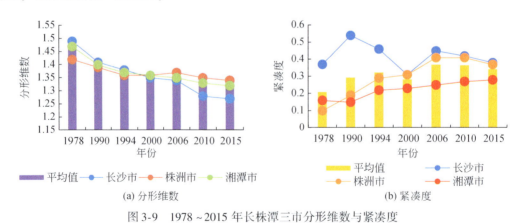

图 3-9　1978～2015 年长株潭三市分形维数与紧凑度

2. 城市空间扩张类型与扩张模式

（1）扩张类型

长沙市、株洲市、湘潭市 1978～2015 年城区扩张中位于凸壳内外的范围分别如图 3-10～图 3-12 所示，城市空间扩张类型统计如表 3-3 所示。

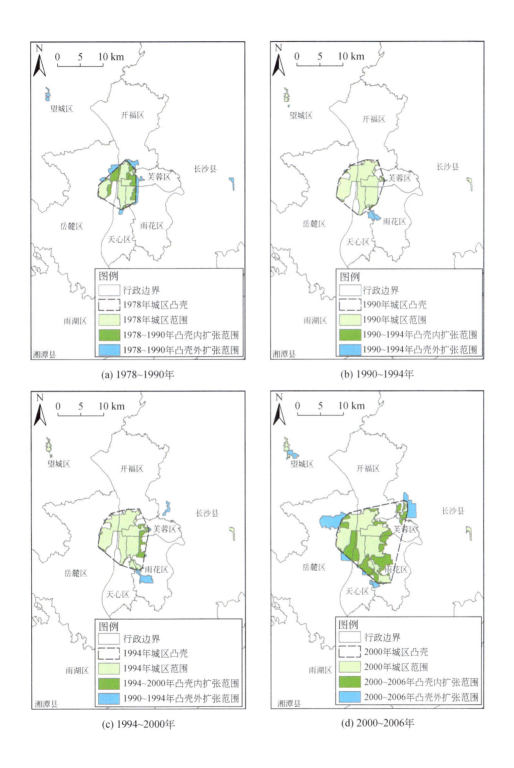

(a) 1978~1990年

(b) 1990~1994年

(c) 1994~2000年

(d) 2000~2006年

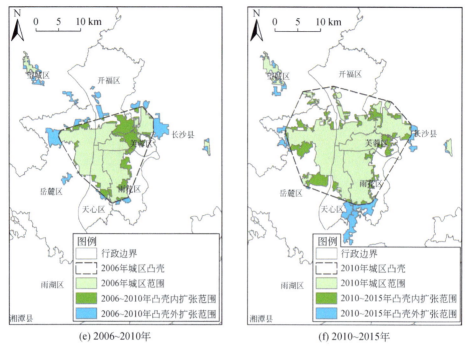

(e) 2006~2010年   (f) 2010~2015年

图 3-10　长沙市 1978～2015 年城区扩张中位于凸壳内外范围

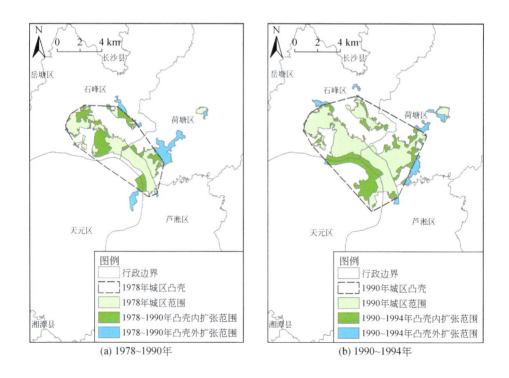

(a) 1978~1990年   (b) 1990~1994年

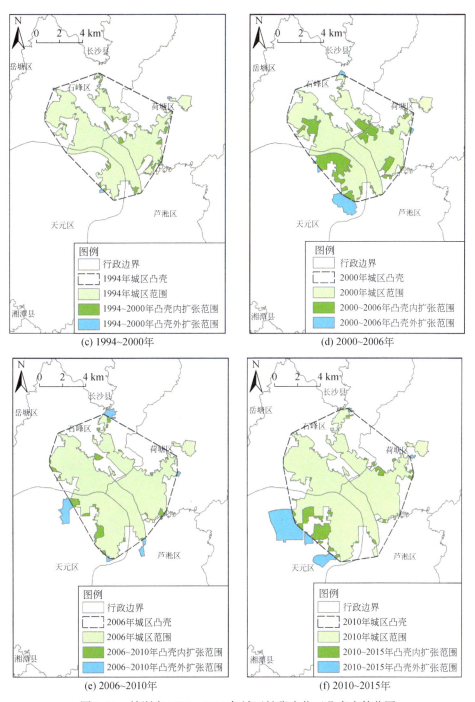

(c) 1994~2000年   (d) 2000~2006年

(e) 2006~2010年   (f) 2010~2015年

图 3-11 株洲市 1978~2015 年城区扩张中位于凸壳内外范围

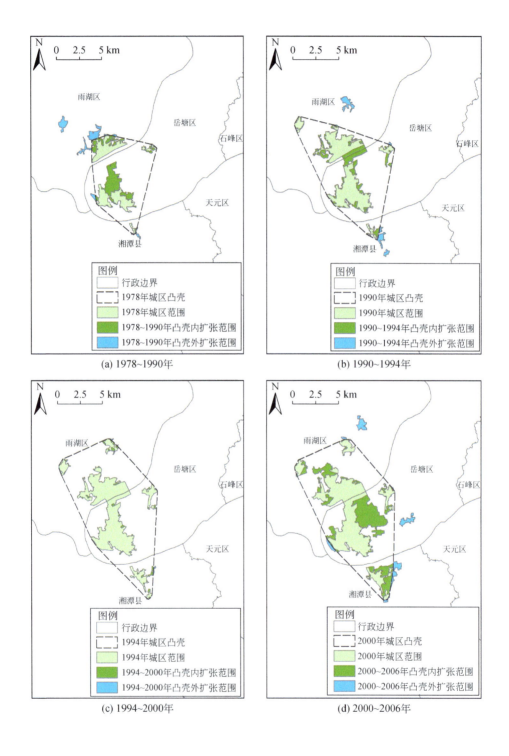

(a) 1978~1990年

(b) 1990~1994年

(c) 1994~2000年

(d) 2000~2006年

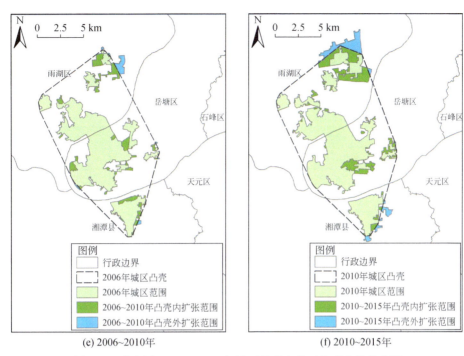

(e) 2006~2010年　　　　　　　　　(f) 2010~2015年

图 3-12　湘潭市 1978~2015 年城区扩张中位于凸壳内外的范围

表 3-3　长株潭 1978~2015 年城市空间扩张类型统计

城市	时相	城区扩张面积 /km²	填充		外延		扩张主导类型
			面积/km²	占扩张比例/%	面积/km²	占扩张比例/%	
长沙市	1978~1990 年	29.02	15.42	53.14	13.60	46.86	填充
	1990~1994 年	5.94	1.37	23.06	4.57	76.94	外延
	1994~2000 年	16.80	8.40	50.00	8.40	50.00	兼有
	2000~2006 年	78.17	49.20	62.93	28.98	37.07	填充
	2006~2010 年	98.41	51.18	52.01	47.23	47.99	填充
	2010~2015 年	101.52	59.32	58.43	42.20	41.57	填充
	1978~2015 年	329.88	26.49	8.03	303.39	91.97	外延
株洲市	1978~1990 年	11.95	7.54	63.13	4.41	36.87	填充
	1990~1994 年	14.24	11.08	77.81	3.16	22.19	填充
	1994~2000 年	2.62	2.32	88.71	0.30	11.29	填充
	2000~2006 年	12.99	10.22	78.70	2.77	21.30	填充
	2006~2010 年	5.63	2.82	50.17	2.81	49.83	填充
	2010~2015 年	12.54	4.91	39.15	7.63	60.85	外延
	1978~2015 年	59.97	19.31	32.20	40.66	67.80	外延

续表

城市	时相	城区扩张面积/km²	填充		外延		扩张主导类型
			面积/km²	占扩张比例/%	面积/km²	占扩张比例/%	
湘潭市	1978~1990 年	10.07	7.01	69.60	3.06	30.40	填充
	1990~1994 年	9.40	7.23	76.93	2.17	23.07	填充
	1994~2000 年	1.72	1.52	88.14	0.20	11.86	填充
	2000~2006 年	20.68	17.04	82.39	3.64	17.61	填充
	2006~2010 年	8.91	7.71	86.52	1.20	13.48	填充
	2010~2015 年	18.56	12.86	69.29	5.70	30.71	填充
	1978~2015 年	69.34	26.61	38.38	42.73	61.62	外延

1978~2015 年，长沙市城市用地扩张过程中外延面积远超填充面积，占比相差83.94%。长沙市外延特征表现为河西新城、星马新城、省政府地区和暮云镇向外扩张。其中，1978~1990 年，填充面积稍大于外延面积。1990~1994 年，外延面积远大于填充面积，占扩张比例为 76.94%；1994~2000 年，填充和外延面积保持平衡；2000~2006年，填充扩张为主要扩张类型，占扩张比例为 62.93%；2006~2010 年，填充面积略大于外延面积；2010~2015 年，填充面积大于外延面积，填充面积占城区扩张面积的比例为 58.43%。

1978~2015 年，株洲市用地扩张过程中外延面积显著大于填充面积，占比相差35.60%。城区主要沿交通道路蔓延扩张，并进行内部填充，城市整体连接成片，之后主要向西蔓延发展，城市主要发展方向为西南和东北。其中，1978~1990 年、1990~1994年、1994~2000 年，城市扩张过程中填充面积均大于外延面积，填充面积占扩张面积比例介于 63.13%~88.71%。2006~2010 年，填充面积和外延面积大小相近，占扩张比例分别为 50.17% 和 49.83%。2010~2015 年，外延面积显著大于填充面积，占扩张比例为 60.85%。

1978~2015 年，湘潭市城市用地扩张过程中外延面积大于填充面积，占比相差23.24%。城区扩张为蔓延扩张，进行内部填充，湘江两岸连接成片，城区主要扩张方向为向北和向东。其中，1978~1990 年、1990~1994 年、1994~2000 年、2000~2006 年、2006~2010 年、2010~2015 年，城区扩张过程中填充面积大于外延面积，填充面积占扩张面积比例介于为 69.29%~88.14%。

（2）扩张模式

长沙市、株洲市、湘潭市的城区扩张空间结构如图 3-13~图 3-15 所示。

1978~2015 年，长沙市城区总体上先以河东中心城区为中心，以湘江为南北轴，319国道为东西轴，向外蔓延式扩张，即"摊大饼"式扩张。其中，1978~1990 年，望城县（现望城区）和长沙黄花国际机场呈现跳跃式扩张。岳麓区、芙蓉区、天心区和雨花区沿城市边缘向外蔓延式扩张，城市形状趋于圆形，紧凑度上升；1990~1994 年，芙蓉区向东蔓延式扩张，岳麓区小规模向西蔓延式扩张，雨花区沿着韶山南路朝东南方轴向式发展，

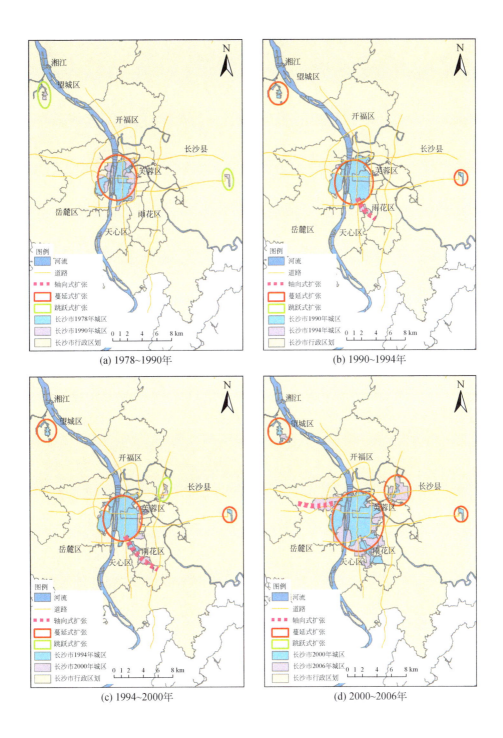

(a) 1978~1990年

(b) 1990~1994年

(c) 1994~2000年

(d) 2000~2006年

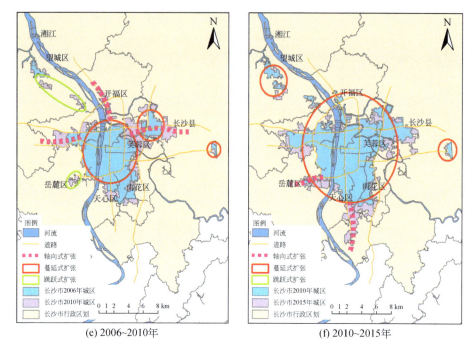

(e) 2006~2010年   (f) 2010~2015年

图 3-13　长沙市 1978~2015 年城市扩张空间结构

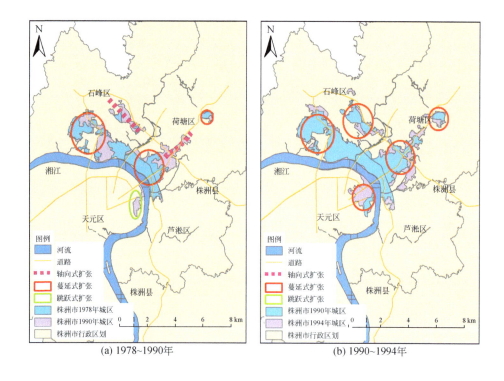

(a) 1978~1990年   (b) 1990~1994年

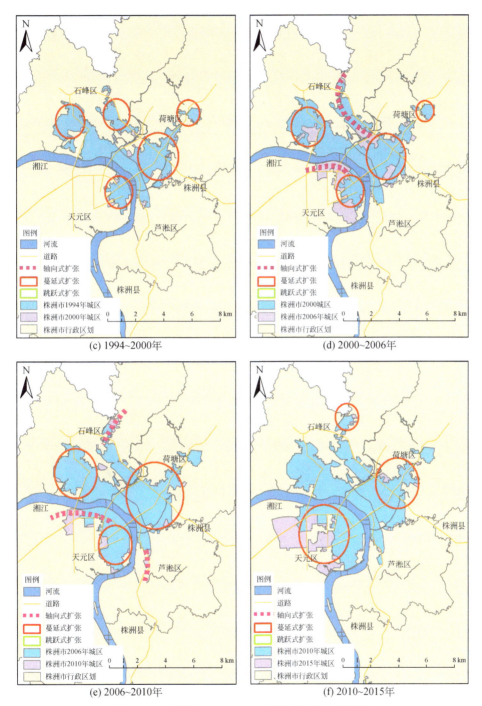

(c) 1994~2000年   (d) 2000~2006年

(e) 2006~2010年   (f) 2010~2015年

图 3-14 株洲市 1978~2015 年城市扩张空间结构

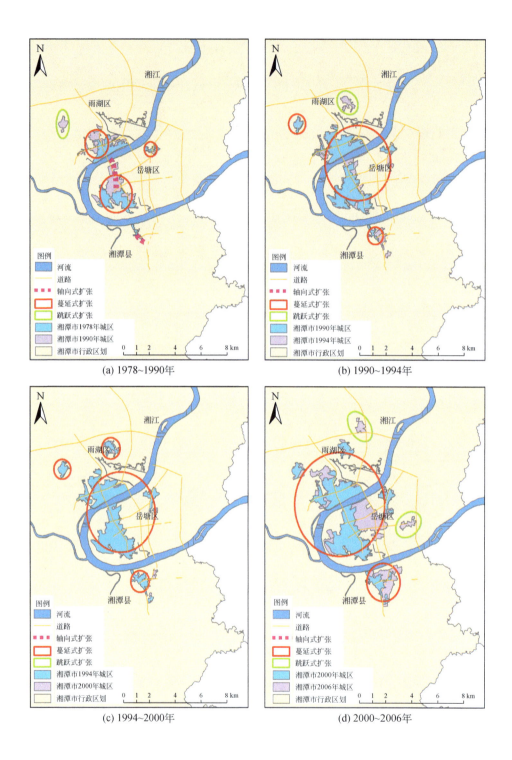

(a) 1978~1990年

(b) 1990~1994年

(c) 1994~2000年

(d) 2000~2006年

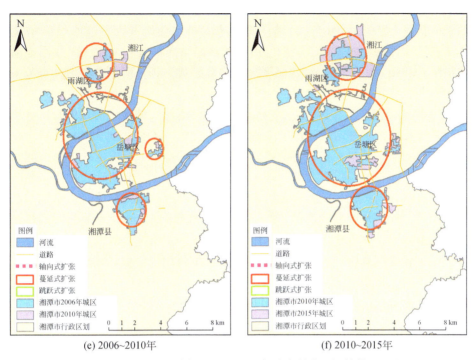

(e) 2006~2010年　　　　　　　　(f) 2010~2015年

图 3-15　湘潭市 1978~2015 年城市扩张空间结构

望城县和长沙黄花国际机场蔓延式扩张，由于雨花区的快速轴向式扩张，城市紧凑度下降；1994~2000 年，芙蓉区、天心区、开福区为蔓延式扩张、雨花区继续沿着韶山南路轴向式扩张，长沙县跳跃式扩张，望城县、长沙黄花国际机场为蔓延式扩张，城市紧凑度下降；2000~2006 年，城市主体呈蔓延式扩张，河西新城沿岳麓大道轴向式扩张，望城区、长沙县和长沙黄花国际机场为蔓延式扩张，城市紧凑度上升；2006~2010 年，城市主体呈蔓延式扩张，河西新城向西轴向式扩张，霞凝镇沿湘江向北轴向式扩张，星马新城为蔓延式扩张伴随向西轴向式扩张，岳麓区含浦组团为跳跃式扩张。城市向四周快速发展，以蔓延式为主多种模式并存，城市紧凑度下降；2010~2015 年，长沙市城区各组团呈蔓延式扩张，南部沿交通道路轴向式扩张，城市紧凑度下降。长沙市城区扩张经历了从单一的蔓延式为主到"轴向式+蔓延式"为主的扩张模式。

1978~2015 年，株洲市城区各工业组团向外蔓延式扩张，并沿交通道路向中心城区轴向扩张，同时，中心城区向外蔓延扩张并沿交通道路轴向扩张，最后与各工业组团连接成片，并向外蔓延式扩张。其中，1978~1990 年，河东中心城区蔓延式扩张与轴向式扩张并存，石峰区清水塘工业区和荷塘区宋家桥工业区蔓延式扩张，田心工业区沿交通道路轴向扩张，城区向河西跳跃式扩张；1990~1994 年，河东中心城区向东南蔓延式扩张，并沿交通道路小范围轴向扩张，清水塘、田心、宋家桥工业区和河西城区均为蔓延式扩张；1994~2000 年，城市各工业区和城市中心均为蔓延式扩张；2000~2006 年，河东中心城区向外蔓延式扩张，清水塘和宋家桥工业区继续向外蔓延式扩张，田心工业区轴向扩张，石峰区两大工业区沿道路轴向发展，与河东中心城区融合，河西城区呈蔓延式扩张并沿着湘江向西轴向扩张；2006～2010年，清水塘、宋家桥工业区和河西中心城区均蔓延式扩张，田心工业区沿铁路轴向扩线，芦淞区沿交通道路轴向扩线。天元区工业用地沿湘江向西轴向式扩张；2010～2015年，河西城区大规模蔓延式扩张，河东中心城区小范围蔓延式扩张，田心工业区蔓延式扩张，形成河西中心城区和栗雨工业组团。

1978～2015年，湘潭市城区主要为蔓延式扩张，河西旧城区和河东中心城区均为蔓延扩张，到后来连接成片，并沿着河流伸展轴跳跃式扩张。其中，1978～1990年，岳塘区沿建设中路和建设南路呈轴向扩张并伴随蔓延式扩张，板塘铺向外蔓延式扩张，湘潭大学附近跳跃式扩张。河西片区以建设北路、韶山西路、韶山东路为轴蔓延式扩张，湘潭县沿玉兰南路向东南方向轴向扩张。1990～1994年，岳塘区向外蔓延式扩张，板塘铺沿着107国道向南轴向扩张，河西片区继续蔓延式扩张，伴随湖南科技大学附近的跳跃式扩张，湘潭县沿着107国道和天易大道蔓延式扩张；1994～2000年，岳塘、河西片区、湘潭县均为蔓延式扩张，城市紧凑度继续上升；2000～2006年，岳塘片区为蔓延式扩张，双马工业园区和九华片区为跳跃式扩张，河西旧城片区为蔓延式扩张，羊牯—赤马和九华片区为蔓延式扩张，湘潭县为蔓延式扩张；2006～2010年，岳塘片区、河西旧城片区、双马片区、羊牯—赤马和九华片区、湘潭县为蔓延式扩张；2010～2015年，岳塘片区、岳塘新城片区、双马片区、河西旧城区均为小规模局部蔓延式扩张，九华片区为大规模向四周蔓延式扩张，湘潭县为蔓延式扩张。

3. 城市空间协调性与竞合分析

（1）协调性

长沙市、株洲市、湘潭市1978～2015年城市用地增长弹性系数统计数据如表3-4所示。

表3-4　长株潭1978～2015年城市用地增长弹性系数

城市	时相	城区面积年均增长率/%	非农业人口年均增长率/%	城市用地增长弹性系数
长沙市	1978～1990年	9.20	3.37	2.73
	1990～1994年	3.35	2.75	1.22
	1994～2000年	0.52	2.42	0.22
	2000～2006年	5.53	7.36	0.75
	2006～2010年	13.91	8.02	1.74
	2010～2015年	9.47	1.12	8.42
株洲市	1978～1990年	10.63	6.53	1.63
	1990～1994年	1.14	4.24	0.27
	1994～2000年	1.85	2.25	0.82
	2000～2006年	2.33	7.51	0.31

续表

城市	时相	城区面积年均增长率/%	非农业人口年均增长率/%	城市用地增长弹性系数
株洲市	2006~2010 年	9.64	3.62	2.66
	2010~2015 年	10.53	0.70	15.06
湘潭市	1978~1990 年	13.57	2.95	4.60
	1990~1994 年	0.76	4.03	0.19
	1994~2000 年	0.95	1.69	0.57
	2000~2006 年	2.81	6.61	0.42
	2006~2010 年	8.53	3.00	2.85
	2010~2015 年	14.33	1.15	12.44

长沙市城市用地增长弹性系数在 1978~1990 年超过了 1.12，表明城区面积年均增长率远远超过了非农业人口年均增长率；1990~1994 年，城市用地增长弹性系数下降到 1.22，城市发展趋于理性；1994~2000 年，城市用地增长弹性系数下降到 0.22，城区面积年均增长率远低于非农业人口年均增长率；2006~2010 年，城市用地增长弹性系数为 1.74，城区面积年均增长率大于非农业人口年均增长率；2006~2015 年，城市用地增长弹性系数一直增加，2010~2015 年达到 8.42，城区面积年均增长率远超过非农业人口年均增长率。

株洲市城市用地增长弹性系数在 1978~1990 年为 1.63，城区面积年均增长率远超非农业人口年均增长率；1990~2006 年，城市用地增长弹性系数最小值为 0.27，最大值为 0.82，城区面积年均增长率低于非农业人口年均增长率；2006~2015 年，城市建设用地快速扩张，城市用地弹性系数从 2.66 增加到 15.06，城区面积年均增长率远超过非农业人口年均增长率。

湘潭市城市用地弹性系数 1978~1990 年为 4.60，城区面积年均增长率远超非农业人口年均增长率；1990~2006 年，城市用地增长弹性系数最小值为 0.19，最大值为 0.57，城区面积年均增长率远远小于非农业人口年均增长率；2006~2015 年，城市建设用地快速扩张，城区面积年均增长率大于非农业人口年均增长率；2010~2015 年，城市用地弹性系数达到 12.44，城区扩张速度远大于非农业人口扩张速度。

（2）竞合分析

根据城市之间产业结构比例的相似性，计算产业结构相似系数，分析城市之间的竞争、合作关系。产业结构相似性系数表示两个不同区域产业结构的相似程度，用于研究两个不同地区的产业结构的协调性。该系数的取值范围为 0~1，其值越大，表明地区产业结构相似性越大或越呈趋同性；值越小，表明地区产业结构越有特色。根据 1978~2015 年长株潭的三次产业比例，计算长沙市-株洲市、长沙市-湘潭市、株洲市-湘潭市的产业结构相似系数，如表 3-5 所示。

表 3-5　长株潭 1978～2015 年产业结构相似系数

产业结构相似系数	1978 年	1990 年	1994 年	2000 年	2006 年	2010 年	2015 年
长沙市–株洲市	0.955	0.927	0.957	0.961	0.949	0.963	0.971
长沙市–湘潭市	0.995	0.967	0.973	0.991	0.961	0.968	0.974
株洲市–湘潭市	0.976	0.975	0.971	0.971	0.994	0.998	0.999

　　1978～2015 年，长沙市–湘潭市的产业结构相似性最高，长沙市–株洲市的产业结构相似性最低。其中，1978～1990 年，长沙市的第三产业比例显著增加，与第二产业比例相当，而株洲市和湘潭市的第二产业比例仍然远远高于第三产业比例，长沙市–株洲市、长沙市–湘潭市、株洲市–湘潭市的产业结构相似性均降低；1990～2000 年，长沙市、株洲市和湘潭市的第一、第二产业比例都呈下降趋势，第三产业发展迅速，三次产业比例发展趋势相似，长沙市–株洲市、长沙市–湘潭市的产业结构相似性均上升，株洲市–湘潭市产业结构相似性呈下降趋势；2000～2006 年，长沙市的第三产业发展迅猛，第三产业比例远远超过第二产业，而株洲市和湘潭市则是第二产业主导，长沙市–株洲市、长沙市–湘潭市的产业结构相似性均下降，株洲市和湘潭市的第二产业比例增加，第一和第三产业比例均减少，株洲市–湘潭市产业结构相似度上升；2006～2015 年，长株潭三次产业比例变化趋势相近，长沙市–株洲市、长沙市–湘潭市和株洲市–湘潭市的产业结构相似系数在此阶段呈上升趋势。

4. 城市空间扩张驱动力分析

　　结合水系图、交通图、历年的社会经济统计资料、城市规划资料及相应的政府政策，系统地归纳分析扩张影响因素。通过定性分析揭示长株潭城市区域发展变化本质即内在的必然联系，并进一步通过定量分析方法对其进行分析与论证。

（1）定性分析

　　定性分析从自然环境、人口增长、经济发展、政府决策、城市规划、交通牵引等方面分析长株潭城市空间扩张的因素。

　　1）自然环境。

　　长沙市区处于从丘陵向平原的过渡地带，这里的地貌呈现多样化。其东西侧及东南面为地势较高的低山、丘陵（图 3-16）。西侧的岳麓山和东北侧的丘陵、山地成为阻碍城市空间拓展的自然屏障，北部河网密布，水系发达，浏阳河、捞刀河成为城市向北扩张的自然门槛。城市中间为湘江与浏阳河交汇形成的河谷台地，水资源丰富，水运便利，成为早期城市建设的主要地带。在该地形和湘江的阻挡作用下，长沙市的发展主要集中在地势平坦的湘江东部地区，而河西区的发展相对滞后，城市发展的主要方向为东南方向。

　　株洲市总体地势东南高、西北低（图 3-16）。北中部地形岭谷相间，盆地呈带状展布；东南部均为山地，重峦叠嶂，地势雄伟。山地主要集中于市域东南部，岗地以市域中北部居多，平原沿湘江两岸分布。城市发展受制于南北狭长地带。早期株洲市一直在湘江以东发展，城市中心和交通一度集中于芦淞地区，直到 1988 年，芦淞大桥建成，才使株洲市跨江发展。

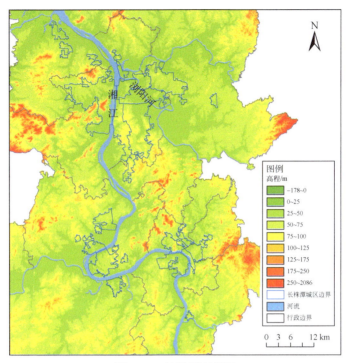

图 3-16 长株潭高程图

湘潭市总的地貌轮廓是北、西、南地势高,中部、东部地势低平,但地势起伏较为和缓,反差强度不大,城市发展沿湘江组团式发展(图 3-16)。

2)人口增长。

人口是城乡建设用地利用的参与者、组织者和消费者。城乡建设用地为城镇和农村居民提供生产、生活、工作和学习场所。人口大量从农村涌入城市,使城镇用地迅速扩张,包括交通设施用地、公园绿地、居住用地等,引发了城镇人口增长率较大,城镇建设用地增速较高,农村居民点用地平稳,城乡建设用地发展需求较高的连锁反应。因此,人口增长是影响城乡建设用地增加的直接因素。2015 年,长沙市主城区年底总人口已达 479.54 万人,株洲市主城区年底总人口为 150.61 万,湘潭市主城区年底总人口为 191.88 万人。1978~2015 年,长株潭主城区的总人口增长情况如图 3-17 所示。

3)经济发展。

城市经济的发展是城市形态演变的根本动力,经济的发展包括经济的规模扩大和结构变化,这都影响着城市空间扩张幅度的波动性,经济发展将会促进城市吸引更多的人力、物力、财力集聚于城市,导致城市产生更多的需求,包括住房、产业、基础设施的需求等,城市便开始向外扩张。长株潭主城区生产总值与建设用地变化趋势如图 3-18 所示。

产业结构演变是经济发展过程中城镇空间扩张的直接推动力。如图 3-19 所示,1978 年,长沙市、株洲市、湘潭市主城区第二、第三产业比例加和分别为 84.04%、85.19%、81.96%。而在 2015 年长沙市、株洲市、湘潭市主城区第二、第三产业比例加和分别达到了 97.89%、96.51%、94.09%。

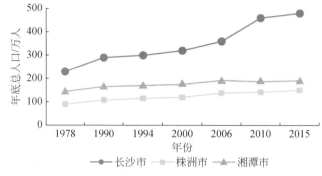

图 3-17 长株潭 1978~2015 年年底总人口

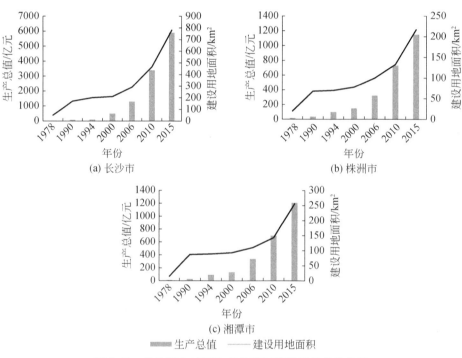

图 3-18 长株潭主城区生产总值与建设用地变化趋势

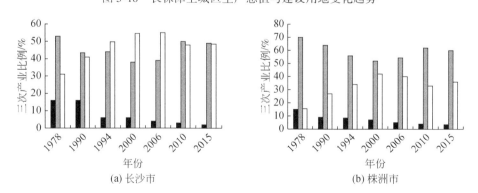

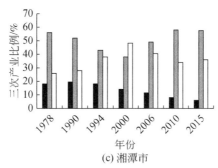

(c) 湘潭市

■第一产业比例 ■第二产业比例 □第三产业比例

图 3-19　长株潭主城区三次产业比例

4）政府决策。

户籍制度的改革以及大量农村剩余劳动力涌向城市，加快了城市扩张的步伐，并带动了城市功能结构和规模发生变化。1990 年以来住房制度改革的全面推进，促进了房地产市场的突飞猛进，受商业繁华度、交通便捷度、地价水平、行政中心搬迁等因素影响的楼盘区位选择在一定程度上反映了城市居住中心的偏移。

20 世纪省政府提出的"长株潭一体化"和"一点一线"区域发展战略，以及长沙市开发区与大学城建设等城市开发模式的推行，从宏观和微观上对长沙市城区扩张有着巨大影响。尤其是"一点一线"区域发展战略更加突出了长沙市的核心地位。而长株潭城市群区域规划提出营造长沙市、株洲市、湘潭市"三核"相向发展的空间框架，这为长沙市拓展南部和东部，湘潭市拓展东部、北部和西部，株洲市拓展北部和西部创造了有利条件。开发区建设热潮的到来，为城市向相对合理、高效的组团式用地扩张模式转变起到了重要推动作用。

此外，随着党中央"中部崛起"战略的实施和"泛珠三角"区域合作的提出，长株潭逐步承接了广东等沿海地区的相关产业和资本，以及一些劳动密集型产业。在产业转移过程中，土地利用结构重新组合和产业结构发生转变，城区向外扩张，土地利用集约程度提高。

5）城市规划。

城市规划引导着城市的发展方向，而一个好的城市规划同时也反映了城市在规划期内的发展趋势，因此城市规划与城市发展之间是一种发展影响规划、规划引导发展、规划适应发展的良性循环关系。《长沙市城市总体规划（2003-2020 年）》（2003 年版）提出的"一主、两次、四组团"空间结构已经形成，即城市主体、河西新城、星马新城、暮云组团、捞霞组团、高星组团、含浦组团。《株洲市城市总体规划（2006-2020 年）》（2006 年版）中提出的"二主五次"的空间结构已经形成，即河东、河西城市主组团和栗雨、枫溪、荷塘、田心和石峰五个次城市组团。《湘潭市城市总体规划（2010-2030 年）》（2010 年版）确定的"五片一中心"的空间布局结构已初步形成，即河西旧城片、羊牯-赤马和万楼新城片区、河东中心片、岳塘新城片、双马片区。

6）交通牵引。

城市道路在城市规模的拓展和城市新空间格局的形成中发挥着越来越重要的引导作用。近年长沙市在东西南北四个方向都有不同程度的发展，道路对新区的开发起着越来越重要的引导作用。长株潭1978～2015年城区扩张与道路发展关系如图3-20所示。

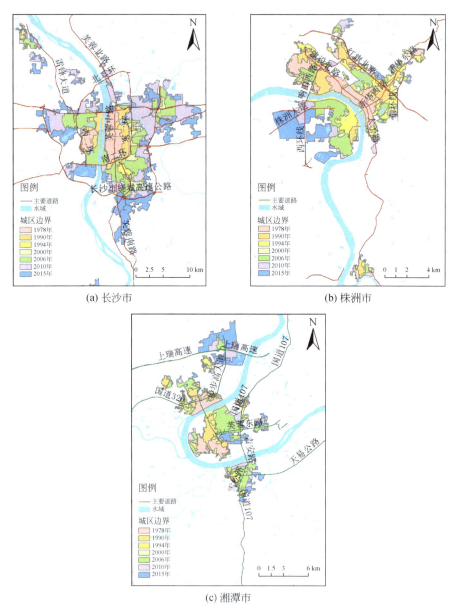

(a) 长沙市　　　(b) 株洲市

(c) 湘潭市

图3-20　长株潭1978～2015年城区扩张与道路发展关系

（2）定量分析

以长沙市、株洲市、湘潭市主城区的建设用地面积为因变量（Y），平均高程（X_1）、年底总人口（X_2）、年底市镇人口（X_3）、城市化率（X_4）、生产总值（X_5）、第一产业增加值（X_6）、第二产业增加值（X_7）、工业增加值（X_8）、建筑业增加值（X_9）、第三产业增加值（X_{10}）、第二、第三产业产值（X_{11}）、全社会固定资产投资（X_{12}）、社会消费品零售总额（X_{13}）、公路里程（X_{14}）为自变量。

建设用地面积与上述各驱动因素之间的相关性分析结果表明（表3-6），各类驱动因素与建设用地面积的相关性从大到小依次为：生产总值、第三产业增加值、第二、第三产业产值、社会消费品零售总额、第二产业增加值、建筑业增加值、工业增加值、全社会固定资产投资、年底市镇人口、第一产业增加值、年底总人口、公路里程、城市化率、平均高程。

表 3-6　建设用地面积与各驱动因素的相关系数

驱动因素	相关系数	排序
生产总值（万元）	0.975	1
第三产业增加值（万元）	0.974	2
第二、第三产业产值（万元）	0.974	3
社会消费品零售总额（万元）	0.973	4
第二产业增加值（万元）	0.967	5
建筑业增加值（万元）	0.967	6
工业增加值（万元）	0.963	7
全社会固定资产投资（万元）	0.963	8
年底市镇人口（万人）	0.944	9
第一产业增加值（万元）	0.925	10
年底总人口（万人）	0.849	11
公路里程（km）	0.777	12
城市化率（%）	0.694	13
平均高程（m）	−0.062	14

长株潭主城区城市建设用地扩张多元线性回归分析方程（$Y = 0.789X_5 + 0.241X_2 - 1.001\mathrm{e}^{-13}$，$R^2 = 0.974$）表明，长沙市城市用地扩张的主要驱动因素是生产总值和年底总人口，其他驱动因素对城市用地扩张的作用强度相对较小。

总之，从长株潭城区扩张形态演变的动力来看，自然环境是基本动力，自然环境的影响贯穿整个形态演变过程，受地形因素的影响，长沙市从最初的单一的蔓延式扩张，变为后来蔓延式与轴向式相结合的扩张模式，地形因素也决定了城市的整体扩张方向。城市规划则是城市形态演变的引导力，城市规划制定了城市的空间布局和城市未来发展选址，确定了城市的空间形态。政府决策则是实现历次用地形态结构跨越式发展的控制力，户籍制度改革使城市人口增加，住房制度使房地产迅猛发展，促进了城市扩张。交通的发展则是城市形态演变的牵引力，交通是城市空间的骨架，交通运输条件是城市形态发展演变的重要外部因素，而且交通结构的变化与城市形态结构的演变有内在联系。在城市完成一次形态跨越后，交通因素能牵引城市填充发展跨越时留下的空白，如株洲市城区沿交通轴向填充式扩张，长沙市沿着交通道路轴向式扩张，湘潭市沿着交通道路跳跃式扩张。人口增长和经济增长则是城市空间形态演变的主导作用力，城市本身的形成和发展是人类社会经济发展到一定水平的结果，城市的空间规模、空间扩张速度、空间结构类型都与经济发展水平息息相关。

参 考 文 献

艾南山，李后强.1993.从曼德布罗特景观到分形地貌学［J］.地理与地理信息科学，1：13-17.

白杨，宁晓刚，张继贤.2014.基于不透水面和引力模型的城市建成区提取与分析［J］.测绘科学，39（1）：61-65.

陈明星，陆大道，张华.2009.中国城市化水平的综合测度及其动力因子分析［J］.地理学报，64（4）：387-398.

陈彦光，刘继生.2001.城市土地利用结构和形态的定量描述：从信息熵到分数维［J］.地理研究，20（2）：146-152.

程昊淼，王伯伟.2017.基于空间句法的上海典型片区形态演变和评估［J］.同济大学学报（自然科学版），45（6）：833-838，902.

段进.2003.城市形态研究与空间战略规划［J］.城市规划，27（2）：45-48.

何春阳，史培军，李景刚，等.2004.中国北方未来土地利用变化情景模拟［J］.地理学报，59（4）：599-607.

黄孝艳，陈阿林，胡晓明，等.2012.重庆市城市空间扩展研究及驱动力分析［J］.重庆师范大学学报（自然科学版），29（4）：41-46.

邻艳丽.2006.东北地区城市空间形态研究［M］.北京：中国建筑工业出版社.

李爱民，吕安民，隋春玲.2009.集成GIS的元胞自动机在城市扩展模拟中的应用［J］.测绘科学技术学报，26（3）：165-169.

刘盛和.2002.城市土地利用扩展的空间模式与动力机制［J］.地理科学进展，21（1）：43-50.

刘小平，黎夏，陈逸敏，等.2009.景观扩张指数及其在城市扩展分析中的应用［J］.地理学报，64（12）：1430-1438.

舒松，余柏蒗，吴健平，等.2011.基于夜间灯光数据的城市建成区提取方法评价与应用［J］.遥感技术与应用，26（2）：169-176.

谈明洪，李秀彬，吕昌河.2003.我国城市用地扩张的驱动力分析［J］.经济地理，23（5）：635-639.

王宏志，宋明洁，李仁东，等.2011.江汉平原建设用地扩张的时空特征与驱动力分析［J］.长江流域资源与环境，20（4）：416.

吴宏安，蒋建军，周杰.2005.西安城市扩张及其驱动力分析［J］.地理学报，60（1）：143-150.

徐涵秋.2008.一种快速提取不透水面的新型遥感指数［J］.武汉大学学报（信息科学版），33（11）：54-57.

杨眉，王世新，周艺，等.2011.DMSP/OLS夜间灯光数据应用研究综述［J］.遥感技术与应用，26（1）：45-51.

杨荣南，张雪莲.1997.城市空间扩展的动力机制与模式研究［J］.地域研究与开发，（2）：1-4.

杨艳昭，封志明，赵延德，等.2013.中国城市土地扩张与人口增长协调性研究［J］.地理研究，

32（9）：94-104.

岳文泽，汪锐良，范蓓蕾 . 2013. 城市扩张的空间模式研究——以杭州市为例［J］. 浙江大学学报（理学版），40（5）：112-121.

岳文泽，吴次芳 . 2007. 基于混合光谱分解的城市不透水面分布估算［J］. 遥感学报，11（6）：914-922.

张新长，张文江 . 2005. 城市土地利用时空结构演变的驱动力研究［J］. 中山大学学报（自然科学版），44（1）：117-120.

郑莘，林琳 . 2002. 1990 年以来国内城市形态研究述评［J］. 城市规划，26（7）：58-63.

Henderson M，Yeh E T，Gong P，et al. 2003. Validation of urban boundaries derived from global night-time satellite imagery［J］. International Journal of Remote Sensing，24（3）：595-609.

Imhoff M L，Lawrence W T，Elvidge C D，et al. 1997. Using nighttime DMSP/OLS images of city lights to estimate the impact of urban land use on soil resources in the United States［J］. Remote Sensing of Environment，59（1）：105-117.

Jia K，Li Q Z，Tian Y C，et al. 2011. A Review of Classification Methods of Remote Sensing Imagery［J］. Spectroscopy and Spectral Analysis，31（10）：2618.

Milesi C，Elvidge C D，Nemani R R，et al. 2003. Assessing the impact of urban land development on net primary productivity in the southeastern United States［J］. Remote Sensing of Environment，86（3）：401-410.

|第4章| 城市土地利用结构变化监测与分析

城市土地利用结构变化监测与分析是城市地理国情中极为重要的部分,也是人地关系最为紧密的部分。土地利用结构体现了土地资源在各产业间的配置与利用状况及各类用地比例关系。开展土地利用结构变化监测与分析能够有效引导与优化土地资源的高效持续利用,为政府规划建设决策提供科学、精准的地理情报支持,促进地理国情信息更好、更有力地服务于政府、企业和公众。本章主要从土地利用结构遥感分类、土地利用结构变化检测、土地利用结构时空演化特征分析、案例分析四个方面介绍城市土地利用结构变化监测与分析。

4.1 土地利用结构遥感分类

遥感影像分类作为获取土地利用/覆盖信息的一种重要手段,在大面积、大范围地理国情遥感监测中日益发挥着举足轻重的作用。遥感影像分类主要是根据影像中每个像元在不同波段上的特征信息,依据某种规则或算法将各像元区分为不同类型(赵英时,2003)。早期遥感影像分类主要依靠人的经验知识进行判别,即目视解译。计算机技术的发展给遥感影像自动分类提供了坚实的技术平台,监督与非监督分类等传统方法应运而生,但这些方法主要根据像元的光谱信息进行分类,分类结果往往会产"椒盐噪声"。随着传感器分辨率的提升,遥感影像蕴含的信息愈加丰富,以含有更多语义信息的对象为基本处理单元的面向对象分类法逐渐成为领域热点。与此同时,随着计算机技术的进一步发展,针对传统方法特征提取困难、分类精度不高等问题,许多经典机器学习方法与深度学习方法先后被应用到土地利用结构的遥感影像分类当中。本节主要介绍相关遥感影像分类方法的原理与步骤以及分类结果的评价等内容。

4.1.1 传统分类方法

传统遥感影像计算机自动分类方法主要有监督分类与非监督分类两种。

1. 监督分类

监督分类是利用已确定类别的样本像元去识别未知类别像元的过程。监督分类过程一般分为三步:①定义训练样本。通过目视判读和实地调查对遥感影像部分区域地物类别属性建立先验知识,对每一类别选取一定数量训练样本;②训练判别函数。利用计算机计算每类训练样本的统计或其他信息,同时用这些种子类别对判别函数进行训练,使其符合各种子类别分类的要求；③执行监督分类。用训练好的判别函数对其他待分类数据进行分类，使每个像元和训练样本做比较，按不同的规则将其划分到与其最相似的样本类完成分类。目前，常用的监督分类法主要有平行六面体分类法、最小距离分类法、最大似然分类法等，下面将对其进行介绍，并分析其在影像分类中的优缺点（汤国安，2004）。

（1）平行六面体分类法

平行六面体分类法属于非参数分类算法。它基于简单的"和/或"布尔逻辑，利用 n 个光谱波段的训练数据来进行分类。基于多光谱影像中的每一个像元亮度值可以计算得到一个 n 维均值向量 $M_c=(\mu_{ck},\mu_{c2},\mu_{c3},\cdots,\mu_{cm})$。当采用 1 倍标准差作为阈值时，判定边界的下界和上界分别定义为

$$\begin{cases} L_{ck}=\mu_{ck}-\sigma_{ck} \\ H_{ck}=\mu_{ck}+\sigma_{ck} \end{cases} \tag{4-1}$$

式中，L_{ck} 和 H_{ck} 分别为判定边界的下界和上界；μ_{ck} 为 m 种可能类中第 c 类在第 k 波段的训练样本的均值；σ_{ck} 为 m 种可能类中第 c 类在第 k 波段的训练样本的标准差；c 为 $1,2,3,\cdots,m$ 类的个数；k 为 $1,2,3,\cdots,n$ 类波段数。

判定边界在图像数据空间中形成一个 n 维平行六面体，对于所有 n 个波段，若像元值落在下界和上界阈值之间，则该像元就被分到此类，若未知像元不满足任何一种布尔运算规则，则归为未知类，即当且仅当像元值 BV_{ijk} 满足式（4-2）时，可归为第 c 类。

$$L_{ck} \leqslant BV_{ijk} \leqslant H_{ck} \tag{4-2}$$

以利用第 4 和第 5 两个波段训练样本对未知像元进行分类为例，平行六面体分类方法的主要原理可表示为图 4-1。图 4-1 中，a 和 b 是影像中的待分类像元。像元 a 在第 4 和第 5 波段的亮度值坐标为 (x_a, y_a)；像元 b 在第 4 和第 5 波段的亮度值坐标为 (x_b, y_b)。不同颜色的方框表示不同的平行六面体判定规则。图 4-1 中的向量（箭头）表示从 a 和 b 到所有类的均值之间的距离。判断输入像元 a 和 b 在每个波段 k 上的亮度值是否满足图 4-1 6 个平行六面体中的任何一个判断准则，像元 a 落在第 4 类，划分为水域，而像元 b 亮度值没有落入任何平行六面体的阈值范围内，划分为未知类。

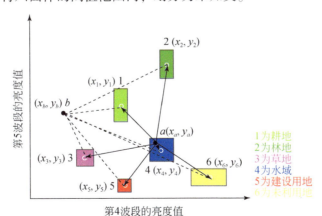

图 4-1 平行六面体分类示意图

总的来说，平行六面体分类方法是一种高效的遥感影像分类算法。由于平行六面体之间的一些重叠，某未知候选像元可能满足多个类的判定准则，由此通常将该点划分到符合条件的所有类中。对于被划分到多个类别中的像元，可采用最小距离分类法有效地将该像元划归到某具体类中。

（2）最小距离分类法

最小距离分类法又称为光谱距离法，利用所选择的训练样本的均值向量计算待分类像元的均值向量与样本向量之间的光谱距离差值。其计算公式如下：

$$d(x, M_i) = \left[\sum_{i=1}^{n} (x_i - M_{ik})^2 \right]^{\frac{1}{2}} \tag{4-3}$$

式中，n 为所选用的波段数量；k 为所选波段中的一个特征波段；i 为分类过程中的某一个聚类中心；M_i 为第 i 类样本的均值；M_{ik} 为第 i 类样本中心在 k 波段上的像元灰度值；$d(x, M_i)$ 为待分类像元 x 到第 i 类样本中心的距离。

最小距离分类法的具体分类步骤如下：

1）选定待分类区域以及确定分类波段；

2）选择具有代表性的区域进行样本的训练；

3）根据选定的样本数据计算 M_i；

4）将除样本区域外的所有像元逐个代入式（4-3），使待分类像元的距离与给定的分类距离比较生成类别；

5）获得初始分类结果；

6）对分类结果进行分析，假如误分区域较多则需重新选取样本执行上述过程，直到分类结果满意为止；

7）输出最终分类结果。

最小距离分类法具有以下优点：①每个待分类像元均存在到一个样本的最小距离的情况，因此分类结果中不存在未分类的像元；②最小距离分类只计算均值向量，并且计算的矩阵也相对简单，因而在计算时间上较非监督分类要少；③最小距离分类法不需要对协方差矩阵进行计算，仅仅需要计算均值向量参数，由此可避免样本过少导致的协方差矩阵误差较大的问题。然而，该分类方法不存在未被分类的像元，易造成某些不该分类的像元也被分到各个类别中，这个问题虽然可以通过设定一定的阈值将离分类最远的那些像元去除，但剔除并不完全。

（3）最大似然分类法

平行六面体分类法和最小距离分类法主要是根据训练样本的多光谱距离测度确定特征空间中的判别边界。而最大似然分类法是一种基于概率统计特征的监督分类方法，该方法假定各地类的分布函数均为正态分布，按照正态分布规律用最大似然判别规则进行判定，从而得到分类结果。

从概率统计的角度分析，若想判定某个位置向量 X 的所属类别，需要依据条件概率 $P(W_i|X)$（$i=1,2,\cdots,m$）来确定判别函数。其中，W_i 为第 i 个类别；P 为在模式 X 出现的条件下，X 为 W_i 类的概率大小。此处忽略地面上的地物类别在一个像元内混合的情况，

认为一个像元 X 应该只属于一个特定的类别。当获取 X 属于每一类的可能性后，比较概率的大小并将这个位置的像元划归到概率最大的类别中，即如果 $P(W_i|X)>P(W_j|X)$ 对于 $i \neq j$，$i=1,2,\cdots,m$，$j=1,2,\cdots,m$ 成立，则有 $X \in W_i$。

由于概率是建立在统计意义上的，当使用概率判别函数进行分类时，不可避免会出现漏分或错分的情况，因此，需以错分概率或风险概率最小为准则，建立所需要的判别准则，下面主要介绍贝叶斯准则及相应的判别函数。

该方法要用到各类的先验概率 $P(W_i)$ 和条件概率 $P(X|W_i)$ 密度函数，也称 W_i 的似然概率，其中先验概率 $P(W_i)$ 通常根据各种先验知识给出或假定它们相等；而 $P(X|W_i)$ 则是首先确定其分布形式，然后利用训练样本估计这种形式中用到的参数。由于光学遥感影像中正态分布假定的合理性及对一些非正态问题可通过某种方式转化为正态分布来处理，本书着重介绍和讨论在正态分布情况下的判别函数。

概率理论中的贝叶斯公式为

$$P(W_i|X)=\frac{P(W_i) \cdot P(X|W_i)}{P(X)} \tag{4-4}$$

其中，

$$P(X)=\sum_{i=1}^{n} P(X|W_i) \cdot P(W_i) \tag{4-5}$$

式中，$P(W_i|X)$ 为 X 属于 W_i 的条件概率，也称为后验概率；$P(X)$ 为 X 在所有类别出现的概率；$P(W_i)$ 为先验概率，即在待分类图像中，类别 W_i 出现的概率；$P(X|W_i)$ 为似然函数，表示像元 X 在 W_i 这一类中出现的概率。

当全部属于 W_i 这一类的像元出现概率确定后，可以得到其概率分布曲线。图像中有多少个类别，就有多少条概率分布曲线。因此，只要知道一个训练区域，用这些已知类别的像元做统计就可以求出平均值、方差以及协方差等特征参数，从而可以求出总的先验概率。在未知情况下，同样可以认为所有的 $P(W_i)$ 相同。

同时，从式（4-5）可以看出，$P(X)$ 是属于各类的公共因子，与类别 W_i 无关，在比较大小时不起任何作用，因此做判别分析时可以将 $P(X)$ 剔除。应用最大可能性判别准则，再加上贝叶斯的风险损失最小原则，可以说明式（4-6）是一组理想的判别函数：

$$g_i(X)=P(X|W_i) \cdot P(W_i)(i=1,2,\cdots,m) \tag{4-6}$$

判别规则为：若 $g_i(X) \geq g_j(X)$，则 $X \in W_i$。

最大似然分类法是目前广泛应用的监督分类方法，分类中所采用的判别函数是每个像元属于每一类别的概率或可能性。实际计算中常采用经过对数变换的形式：

$$g_i(X)=\ln P(W_i)-\frac{1}{2}\ln S_i-\frac{1}{2}(X-M_i)^{\mathrm{T}}S^{-1}(X-M_i) \tag{4-7}$$

式中，$P(W_i)$ 为每一类 W_i 在图像中的概率，在概率未知的情况下，可以认为所有的 $P(W_i)$ 相等，即 $P(W_i)=1/m$，m 为类别数；S_i 为第 i 类的协方差矩阵；M_i 为第 i 类的均值向量。对于任何一个像元值 X，其在某一类中的 $g_i(X)$ 最大，则属于该类。总的来说，最大似然分类法的基本前提是认为每一类的概率分布都是高斯分布，该法分类精度较高，但分类过程更加复杂，计算时间较长。

2. 非监督分类

非监督分类是在不施加任何先验知识的情况下对遥感影像自然相似光谱集群的过程。非监督分类过程一般分为三步：①执行非监督分类。基于聚类中心按照相似性度量的方法聚类。②定义类别。通过目视判读和实地调查建立的先验知识对分类结果属性进行定义。③合并子类。将属性相同的子类进行合并。目前，常用的非监督分类法主要有 K-Means 法和迭代自组织数据分析（ISODATA）法（孙家抦，2009）。

（1）K-Means 法

K-Means 法是一种比较传统的基于像素的分类方法，其基本准则是使每一类聚类中的点到其中心距离的值为最小，通过迭代，不断地改变中心位置直到聚类的中心不再改变为止。算法的具体步骤如下：

1）确定具体类别数目为 k 个，假定初始设定的聚类中心为 $Z_1, Z_2, \cdots, Z_k$；

2）根据到聚类中心的距离最小原则把所有的像元划归到 k 类中；

3）划归所有的像元到 k 类后重新计算出新的各类的聚类中心；

4）重复步骤2）直到聚类中心不变。

K-Means 法的难点在于确定初始的聚类中心和聚类的类别数目，聚类中心应该要具备典型的代表性，其不同的选择可能最终产生不同的聚类结果，然而目前没有一种很好的可以确定初始聚类中心的方法。

（2）ISODATA 法

ISODATA 法是一种已经整合到迭代分类算法中的全面启发式（经验法则）过程。ISODATA 法每次把所有样本都调整完毕后才重新计算一次各类样本的均值，不仅可以通过调整样本类别完成聚类分析，而且可以自动进行类别的合并与分裂，从而得到类数比较合理的聚类结果。算法的具体步骤如下：

1）预选 Nc 个聚类中心，即 $Z_1, Z_2, \cdots, Z_{Nc}$，Nc 可以不必等于所要求的预期类别数目；

2）根据到聚类中心的距离最小原则把所有的像元划归到 Nc 类中，如果某一类中样本数目小于给定阈值则取消该样本子集，Nc 减去 1；

3）修正各聚类中心值，计算各聚类中心间的平均距离，计算全部模式样本对其相应聚类中心的总平均距离；

4）判别分裂和迭代运算步骤：若聚类中心数目不大于规定值的一半，则将已有聚类分裂，重复步骤2）和步骤3），若迭代运算次数达到标准，则进入下一步；

5）计算全部聚类中心的距离并比较其与给定最小聚类中心距离阈值，对小于阈值的聚类中心进行合并运算；

6）重复步骤2）~5），直至满足要求完成最后迭代。

ISODATA 法是自组织方式的，不需要人工输入，但需要确定如下标准。

$C_{\max}$：算法确定的最大类数。但经过对类的分解和合并后，在最终的分类图中，类数少一些是常见的。

T：两次迭代之间，类值不变像元所占的最大比例，达到这个值后，ISODATA 法终止，有些数据集绝不会达到预期的不变比例。

M：ISODATA 法对像元进行划分和重新计算类均值向量的最大次数，当达到该值时，算法终止。

每类中最少像元数：若某类像元占总像元数的比例小于最小允许值，则删除该类，并将属于该类的像元分配到另一可选类中。

$\sigma_{\max}$：最大标准差，若某类的标准差超过指定的最大标准差，且类中的像元数大于指定的最少像元数的 2 倍，则将该类分解为 2 个。

类分解的分离值：若该值从 0 开始变化，那么取代标准差，从而确定新均值向量加上和减去类分解分离值后的位置。

类均值间最小距离 C：若两类之间的加权距离小于该值，则合并这两类。

4.1.2　面向对象分类法

基于像元的分类方法在遥感影像分类的发展过程中发挥了不可替代的作用，然而以像元为基本单元，基于光谱特性开展分析难以克服同物异谱、同谱异物等光谱信息的固有缺陷，也没有考虑真实地物的内部结构纹理以及相邻像元的关联信息。为此，研究学者们提出了面向对象的分析方法——面向对象分类法。面向对象分类法通过对影像进行分割，使同质像元组成大小不同的对象，利用对象的几何、纹理、拓扑或邻接关系特征实现对象分类。面向对象的分类方法主要包括三个过程：影像分割、分类规则建立、信息提取与影像分类（杜凤兰等，2004；陈云浩等，2006），如图 4-2 所示。

图 4-2　面向对象的分类法流程图

1. 影像分割

影像分割是指将一幅遥感影像分解为若干互不交叠区域的集合，被分割的每个区域表示目标和背景等有意义的物理对象，且分割出的区域需同时满足均匀性和连通性的条件。其中，均匀性是指该区域中的所有像元都满足基于灰度、纹理、色彩等特征的某种相似性准则；而连通性是指在该区域内存在连接任意两点的路径，其中各区域自身具有一致的属性，而相邻区域之间的属性具有明显的差别。

设 S 为一幅影像中所有像素的集合，$P(\ )$ 为有关均匀性的假设，分割定义把 S 划分为若干非空子集 $(S_1, S_2, \cdots, S_n)$，其中每一个子集都构成一个空间连通区域，即

$$\bigcup_{i=1}^{n} S_i = S \tag{4-8}$$

式中，$S_i \cap S_j = \varnothing$，$i \neq j$，即区域间互不交叠；$P(S_i) = \text{TURE}$，$\forall i$，即任意区域内部均匀；$P(S_i \cup S_j) = \text{FALSE}$，$i \neq j$，即任意两个区域的并集不具备均匀性，二者间存在一定差别。

目前，较为经典的分割方法主要有：阈值分割法、基于边缘的图像分割法、基于聚类的分割法、多尺度分割法等。①阈值分割法通过设定不同的灰度阈值将图像像素点分为若干类，其中阈值的选择是关键；②基于边缘的图像分割法首先确定影像的边缘像素，然后通过将这些边缘像素连接在一起构成区域边界完成分割。所谓边缘像素是指影像中灰度值发生突变的像素；③基于聚类的分割法就是对像元特征值进行聚类，属于同一类的划分为一个对象；④多尺度分割法是目前面向对象分类中使用最多的分割方法，通过对一幅影像进行多次分割得到针对不同主要地物的最优分割结果。在影像分割的过程中，像元层和整个影像可以视为两个特殊的对象层，分割所形成的对象层则介于其间。大尺度分割下形成的对象是由小尺度分割形成的对象组合产生的，以确保不同尺度下的对象可以构成层次结构，从而有利于不同层次间信息传递。

2. 分类规则建立

影像分割后，基本单元已不再是单个像元，而是由同质像元组成的多边形对象。面向每一多边形对象可计算出所包含像元的光谱信息以及多边形的形状信息、纹理信息、位置信息及多边形间的拓扑关系信息等。具体的分类规则可以充分利用对象所提供的各种信息进行组合，以提取具体地物类型。不同层次可以针对特定地物类型建立各自规则，通过不同分类规则的层间传递，分类规则的建立不仅可以利用本层对象信息，也可以利用比本层高或低的其他层对象信息。

在每一层次上，对象具有对象特征及不同层次下对象的关系。对象特征主要包括色彩、形状、纹理、继承性等；不同层次下对象的关系包括相邻的关系、子类型、父类型等。通过这些对象特征的描述参数可以把不同类别、不同层次上的类别有效地分开。具体的规则建立考虑以下三个方面（陈云浩等，2006）。

1）各层次类型的规则建立：根据对象的光谱特征、几何特征和拓扑特征定义类型的判定规则。

2）层内子类型对父类型的继承：如果存在子类型，子类型应首先继承其父类型的判

定规则，然后增加其特有的光谱、几何、拓扑特征作为判定规则。

3）对每一层的分类结果进行合并与传递，形成最终的分类判定规则。

此外，每一规则的建立并不一定必须包含以上三个层次，如果能很好地对地物类型进行判定，仅用一个层次也可以形成规则。同样，在每个层次也可以灵活选择其特征形成其规则，并不要求包含所有特征。

3. 信息提取与影像分类

对于待分类对象，通过计算与分析对象的几何、纹理、拓扑与空间邻接关系，提取对象的多维特征及不同层次下对象的关系信息，依据建立的分类规则实现地物类别的标记。在提取遥感影像中的地物类型时，可以一次性将全部地物类型进行提取，也可以逐类提取。在每一次分类过程中，只需要对一种地物进行识别，以达到提取影像分类精度的目的。

4.1.3　机器学习分类方法

机器学习就是研究计算机模拟和实现人类的学习行为，在对给定任务的不断重复过程中学习经验，获取新的知识，重新组织已有的知识结构使之不断改善自身的性能。机器学习的历程大致分为三个阶段：第一阶段以连接主义为主，代表方法如神经网络；第二阶段以统计学习方法为主，如支持向量机（Support Vector Machine，SVM）等；第三阶段连接主义重新成为新的主流，深度学习方法成为研究的热点。应用于土地利用遥感分类领域的机器学习分类方法主要有第一、第二阶段的经典机器学习分类法和深度学习分类法。

1. 经典机器学习分类法

（1）神经网络分类法

神经网络是由大量神经元相互连接而形成的网络系统，具有大规模并行、分布式存储和处理、自组织、自适应和自学习能力，适用于处理需同时考虑多个因素的、不精确的信息处理问题。目前已经有几十种不同的神经网络模型，比较经典的方法主要有反向传播（Back Propagation，BP）神经网络、径向基函数（Radical Basis Function，RBF）神经网络、概率神经网络和 Hopfield 神经网络等。在土地利用分类中应用较多的是 BP 神经网络，本部分主要介绍 BP 神经网络的基本原理（王建梅和覃文忠，2005）。

BP 神经网络是一种按照误差反向传播算法训练的多层前馈型神经网络，由一个输入层、一个或多个隐含层和一个输出层构成，层与层之间全互连，同层单元之间互不相连。在 BP 神经网络中，信息或数据通过输入层输入，传递到隐含层上。经过相关激活函数运算，把隐含层节点计算出的信息传递到输出节点上，从而得到最终输出结果。以一个隐含层为例，其基本结构如图 4-3 所示。

图 4-3 中，$i(i=1,2,\cdots,n)$ 为输入层节点；$j(j=1,2,\cdots,l)$ 为隐含层节点；$k(k=1,2,\cdots,m)$ 为输出层节点。W_{ij} 为输入层 i 节点与隐含层 j 节点的连接权值；W_{jk} 为隐含层 j 节

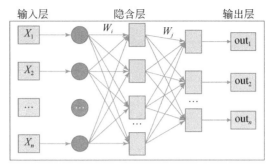

图 4-3　BP 神经网络结构图

点与输出层 k 节点的连接权值。X_i 为输入层 i 节点的输出值；out_k 为输出层 k 节点的输出值。隐含层 j 节点的输出值计算公式如下：

$$H_j = \sum_{i=1}^{n} W_{ij} f(X_i) + b_i \qquad (4-9)$$

式中，$f(\ )$ 为激活函数；b_i 为输入层 i 节点的偏置。相似地，输出层 k 节点的输出值的计算公式如下：

$$out_k = \sum_{j=1}^{l} W_{jk} f(H_j) + b_j \qquad (4-10)$$

式中，b_j 为隐含层 j 节点的偏置。常用的激活函数有 Sigmod 函数和双曲正切函数，二者计算公式分别如式（4-11）与式（4-12）所示。

Sigmod 函数：

$$f(x) = \frac{1}{1+e^{-x}} \qquad (4-11)$$

双曲正切函数：

$$f(x) = \frac{1-e^{-x}}{1+e^{-x}} \qquad (4-12)$$

Sigmod 函数输出值变化范围为 [0，1]；双曲正切函数为 [−1，1]。

利用 BP 神经网络进行遥感分类时，输入层每一个节点代表用于分类的目标特征，输出层的每一个节点则代表分类类别，隐含层的节点数经试验确定。在 BP 神经网络结构确定后，就可利用输入输出样本集对网络进行训练，即对网络的权值和阈值进行学习和调整，使网络实现给定的输入输出映射关系。现有的 BP 神经网络训练算法主要包括负梯度下降法、动量法、Levenerg-Marquardt 训练法、量化共轭梯度法与弹性梯度法等。BP 神经网络学习过程包括正向传播和反向传播两个过程。在正向传播过程中，输入信息从输入层经隐含层逐层处理，并传向输出层。每一层神经元的状态只影响下一层神经元的状态。如果不能得到期望的输出，则转入反向传播，将误差信号沿原来的路径返回。通过修改各层神经元的权值，使误差最小。

（2）支持向量机分类法

支持向量机（SVM）分类法是一种基于统计学习理论的机器学习方法（Cortes and

Vapnik，1995），是目前最为流行的监督分类方法之一。SVM 分类通过寻找划分样本空间或特征空间的最优超平面实现类别划分，描述最优超平面的决策函数即 SVM。SVM 的分类问题可以划分为线性可分和线性不可分两种情况，当数据分布呈线性不可分时，选用适当的核函数，将低维空间向量非线性映射到高维空间，在高维空间进行线性分析，因此以下主要介绍线性可分的 SVM 分类。线性可分的 SVM 分类的基本思想可用图 4-4 说明。

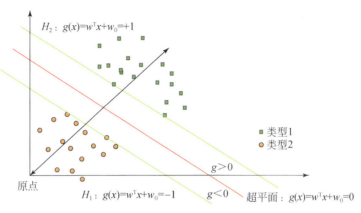

图 4-4　线性可分的 SVM 分类示意图

圆圈与正方形代表两类样本。红色实线为分类线（即超平面），绿色实线 H_1 和 H_2 分别为穿过各类最靠近分类线的样本且平行于分类线的直线。H_1 和 H_2 之间的距离为分类间隔。最优超平面要求超平面能够将两类正确分开（训练错误率为零），且分类间隔最大。

由图 4-4 可知，分类线方程可以表示为

$$g(x) = w^\mathrm{T}x + w_0 = 0 \tag{4-13}$$

此时，分类间隔为 $2/\|w\|$，使间隔最大等价于使 $\|w\|^2$ 最小，即可以通过求 $\|w\|^2/2$ 的极小值获得分类间隔最大的最优超平面。这里的约束条件为

$$y_i(w^\mathrm{T}x + w_0) - 1 \geq 0, i = 1, \cdots, n \tag{4-14}$$

该约束优化问题可用拉格朗日乘数法求解，令

$$L(w, w_0, \alpha) = \frac{1}{2}\|w\|^2 - \sum_{i=1}^{n} \alpha_i(y_i(w^\mathrm{T}x_i + w_0) - 1) \tag{4-15}$$

式中，$\alpha_i \geq 0$，为每个样本的拉式乘子，$\dfrac{\partial L(w, w_0, \alpha)}{\partial w} = 0$，$\dfrac{\partial L(w, w_0, \alpha)}{\partial w_0} = 0$。

SVM 分类最初用于解决两类分类的问题，针对多样的土地利用类型，一批基于 SVM 的多类分类方法——多类 SVM 逐渐发展起来。归结来说，多类 SVM 可以分为两类：①通过构造一系列两类分类 SVM 并将其组合以实现多类分类；②将多个分类面的参数求解合并到一个最优化问题中，通过求解该最优化问题"一次性"地实现多类分类。在实际应用中，第一类方法更为常用。

（3）决策树分类法
决策树算法是一种属于监督学习的分类预测模型，主要通过无次序、无规则的样本数

据集推理出决策树表示形式，并用于目标数据集的分类。决策树算法在训练样本时，速度快、弹性和鲁棒性较好，而且不需要假设训练样本具有正态分布，也不需要计算统计参数分离影像类别，特别适用于将非光谱信息加入分类程序中，可以用来处理高维数据且具有很好的准确率（申文明等，2007）。

目前较为成熟的决策树方法有 ID3 算法、C4.5 算法和分类回归树（Classification and Regression Tree，CART）。ID3 算法由 Quinlan 提出，是最早的决策树算法之一。ID3 算法以最大信息熵增益为原则，即选择熵减少程度最大的特征来划分数据，但该算法只能处理离散的属性数据，对简单的知识进行挖掘时可以得到较好的结果；C4.5 算法是 Quinlan 在 ID3 算法的基础上提出的，该算法将 ID3 算法中的信息熵增益改进为信息熵增益比，克服了 ID3 算法容易优先选取取值种类多特征的缺陷，同时，C4.5 算法基于熵属性的离散化方法使得其不仅能够处理离散属性数据，还能处理连续属性数据；CART 算法最早由 Breiman 等提出，该算法采用二元分割技术，每次把数据分为两份，分别进入左子树和右子树，具有计算量小、划分原则容易转化为分类规则、分类准确性较高等优点，相较于 ID3 算法和 C4.5 算法，CART 算法的应用更广（Quinlan，1975，1993；Breiman et al.，1984）。本小节主要介绍基于 CART 算法的基本原理。

CART 算法既可以用于分类，也可以用于连续变量的预测，当目标变量的分类类别为离散型变量时称为分类树；当目标变量为连续型变量时则称为回归树，在土地利用/覆盖中，土地利用类型为目标变量，利用的分类特征是测试变量。具体来说，通过将训练样本数据集分为目标变量和测试变量两个子集合，不断地将训练样本数据集循环二分，构建二叉决策树，直到无法再分割为止。基于分割阈值 a、b、c、d、e，将测试变量 B_i 划分为目标变量 A、B、C、D 的 CART 决策树算法流程如图 4-5 所示。

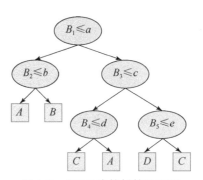

图 4-5　CART 决策树算法流程

在建立决策树时，确定训练样本集的最佳分割阈值采用经济学领域的基尼（Gini）系数作为准则，利用该准则确定 Gini 系数最小的划分作为变量的最佳划分，然后比较变量之间最佳划分的 Gini 系数，最终确定的测试变量为拥有最小 Gini 系数的变量。Gini 系数的定义如式（4-16）所示。

$$\text{Gini} = 1 - \sum_{i=1}^{N} p^2(i\,|\,j) \qquad (4\text{-}16)$$

式中，$p(i|j)$ 为训练样本数据集的一个随机样本中，测试变量为 j 时属于第 i 类的概率；$p(i|j) = T_i(j)/T(j)$，$T_i(j)$ 为测试变量为 j 时属于第 i 类的样本个数；$T(j)$ 为测试变量为 j 时的样本个数。

在决策树的构建过程中，最常遇到的问题就是生成的决策树出现"过度拟合"的现象，这使得决策树中包含了不必要的噪声信息，因此在构建决策树时必须对其进行剪切。CART 算法生成的决策树采用交叉检验的方法修剪决策树直到最佳大小，该方法将训练样本数据集分为两组，一组训练样本用于生成决策树，另一组独立的检验样本用于循环交替地对决策树进行检验，直到检验的误分率达到最小，这时才会得到最优的决策树。

CART 算法从根节点到每一个叶节点的测试路径都对应有一条规则，该规则的基本形式为

$$\text{if} \quad B_i < x \quad \text{then} \quad D_j(\text{CF}(B_i, D_i)) \tag{4-17}$$

式中，$B_i < x$ 为规则建立的前提条件，即测试变量 B_i 是否会小于设定的最小分割阈值 x；D_j 为满足前提条件时产生的结论，即生成的目标变量；CF 为可信度因子，表示规则的置信水平，值域为 $[0,1]$。

2. 深度学习分类法

深度学习是机器学习的一种，通过对低层特征组合逐层变换，得到更高层次的抽象特征，从而更好地实现信息的提取与应用。随着遥感影像分辨率的提升，可见光、红外、高光谱等多种遥感系统的应用，遥感影像更趋于复杂化和多样化，能够表达遥感影像更高层次的深度学习分类方法逐渐成为领域的研究热点。在遥感影像分类中，常用的深度学习模型包括深度置信网络和卷积神经网络（Convolutional Neural Network，CNN）。

（1）深度置信网络

深度置信网络（Deep Belief Network，DBN）由 Hinton 等（2006）年率先提出，是一种由多层随机隐变量组成的贝叶斯概率生成模型。DBN 主要由两个或两个以上的受限玻尔兹曼机（Restricted Boltzmann Machine，RBM）与一层反向传播（BP）神经网络构成，其中 BP 网络位于整个网络的最后一层，如图 4-6 所示。

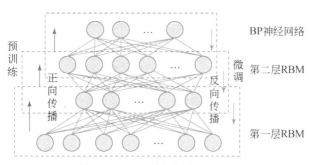

图 4-6　DBN 神经网络示意图

在模型训练时，DBN 首先通过贪婪算法以非监督学习方式，按照先后顺序对每层 RBM 进行优化训练，并将训练结果作为 DBN 神经网络的初始权值。这不仅解决了随机赋予网络不合适的初始权值导致的训练效果不佳的问题，而且加快了收敛速度，提高了整体

效率与性能。然后，DBN 将通过传统 BP 神经网络以监督学习方式微调神经网络。从深层神经网络的最后一层逐层向前传递训练过程中生成的误差，并逐层向前更新每层的权值，从而对整个网络做出调整（刘大伟等，2016）。

RBM 神经网络是一个两层能量网络，它包括一个可见层和一个隐含层，可将其看作一个二部构造，如图 4-7 所示。RBM 神经网络可见层和隐藏层中的单元互相独立，两层之间的单元彼此相连。

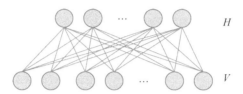

图 4-7   RBM 神经网络结构示意图

图 4-7 中，V 代表 RBM 模型的可见层，H 表示隐含层。RBM 能量函数的数学表达如下：

$$E(v,h \mid b_1,b_2,W) = -\sum_{m=1}^{p}\sum_{n=1}^{q} v_m h_n w_{mn} - \sum_{m=1}^{p} v_m b_{1m} - \sum_{n=1}^{q} h_n b_{2n} \tag{4-18}$$

式中，E 为模型的能量值；集合 v 为可见层中的各个单元；p 为可见层中可见单元的数量；v_m 为可见层中第 m 个单元的值，且 $v_m \in \{0,1\}$，$m \in [1,p]$，集合 h 为隐含层中的各个单元；q 为隐含层中单元的数量；h_n 为可见层中第 n 个单元的值，$h_n \in \{0,1\}$，$n \in [1,q]$；集合 b_1 为可见层的偏置；b_{1m} 为可见层中第 m 个单元的偏置数值；集合 b_2 为隐含层的偏置；b_{2n} 为可见层中第 n 个单元的偏置数值；W 为 RBM 可见层与隐含层之间的权值；w_{mn} 为可见层中第 m 个单元与隐含层中第 n 个单元之间的偏置数值；b_1，b_2，W 为 RBM 模型的参数。

结合式（4-18），可以得到 RBM 模型的联合分布概率 P（刘大伟，2016），即

$$P(v,h \mid b_1,b_2,W) = \frac{\exp[-E(v,h \mid b_1,b_2,W)]}{\sum_{v,h} \exp[-E(v,h \mid b_1,b_2,W)]} \tag{4-19}$$

边缘分布概率为

$$P(v \mid b_1,b_2,W) = \sum_{h} P(v,h \mid b_1,b_2,W) \tag{4-20}$$

RBM 模型中，通过激活函数，从输入的可见层单元 v_m 中可以得到隐含层单元 h_n，则隐含层单元被可见层单元重构的概率为

$$P(h_n = 1 \mid v,b_1,b_2,W) = S(b_{2n} + \sum_{n=1}^{q} v_m w_{mn}) \tag{4-21}$$

同样地，可见层单元被隐含层单元重构的概率为

$$P(v_m = 1 \mid h,b_1,b_2,W) = S(b_{1m} + \sum_{m=1}^{p} h_n w_{nm}) \tag{4-22}$$

式中，$S(\ )$ 为激活函数，一般情况下常为 Sigmoid 函数。

理论上，RBM 在预训练阶段的目标是获取初始化的各项参数值，以将其赋予整个网络进行样本数据训练。实际上，在预训练中最大化训练样本数据的对数似然函数值可以求出各项参数值，即

$$b_1,b_2,W=\arg_{b_1,b_2,W}\max L(b_1,b_2,W)=\arg_{b_1,b_2,W}\max\sum_{a=1}^{A}\ln P(v^a\mid b_1,b_2,W) \qquad (4\text{-}23)$$

式中，A 为输入 RBM 网络结构中的训练样本数目；a 为 A 中第 a 个样本。

此外，通过对比散度算法可以较便利地获得目标分布 v，且可以对各项参数进行更新，若学习率为 lr，$\langle\ \rangle_{\text{date}}$ 为概率分布 $P(\ )$ 的期望值，$\langle\ \rangle_{\text{recon}}$ 为概率分布在对比散度算法下的期望值，则

权重的更新为

$$\Delta w_{mn}=\text{lr}(\langle v_mh_n\rangle_{\text{date}}-\langle v_mh_n\rangle_{\text{recon}}) \qquad (4\text{-}24)$$

可见层偏置项的更新为

$$\Delta b_{1m}=\text{lr}(\langle v_m\rangle_{\text{date}}-\langle v_m\rangle_{\text{recon}}) \qquad (4\text{-}25)$$

隐含层偏置项的更新为

$$\Delta b_{2n}=\text{lr}(\langle h_n\rangle_{\text{date}}-\langle h_n\rangle_{\text{recon}}) \qquad (4\text{-}26)$$

（2）卷积神经网络

20 世纪 80 年代初，Fukushima 提出神经认知机（Neocognitron）为 CNN 模型的起源。1987 年，Waibel 提出第一个卷积神经网络，随后，CNN 模型被不断改进，广泛应用于自然语言处理与计算机视觉等领域（Lecun and Bengio，1998；Krizhevsky et al.，2012）。CNN 模型是一种典型的前馈神经网络，其基本结构主要由输入层、卷积层、池化层、全连接层以及输出层组成，如图 4-8 所示。

日本学者 Fukushima 提出了神经认知机（Neocognitron）是 CNN 的起源。

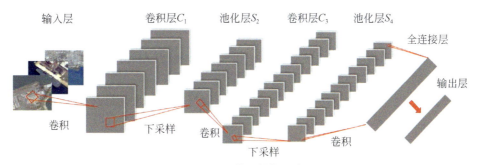

图 4-8　CNN 模型结构示意图

首先，将原始数据或经预处理后的数据读入网络的输入层，经过卷积核与可加偏置的作用生成特征图，这些特征图共同构成 CNN 模型的第一个隐含层——卷积层 C_1，C_1 中每个特征图代表一种特征，这些特征图中的单元互相独立，并且通过卷积核与前一层中的局部区域连通，相对应的前后两层共享权值。然后，经过下采样降低了维度的 C_1 层，再经激活函数的作用形成新的特征映射图，这些新的映射图构成 CNN 模型的第二个隐含

层——池化层 S_2。接着，经过多个卷积层与池化层的交替，将最终得到的数个特征映射图连接在一起，生成一个一维向量，即全连接层，它整合了能区分类别的特征信息。最后，把全连接层特征输入分类器中，将其分类结果输出，即构成 CNN 模型的输出层。

如果 CNN 模型当前层为卷积层 l，那么 l 中的各个特征图为

$$x_j^l = f\left(\sum_{i \in M_j} G_{ij}^l (x_i^{l-1} \otimes k_{ij}^l) + b_j^l\right) \tag{4-27}$$

式中，x_i^{l-1} 为 $l-1$ 中第 i 个特征图；x_j^l 为 l 中第 j 个特征图；G_{ij}^l 为 l 中第 j 个特征图与 $l-1$ 中第 i 个特征图间的连接矩阵，若 $G_{ij}^l = 1$，则 l 中第 j 个特征图与 $l-1$ 中第 i 个特征图是相关联的，若 $G_{ij}^l = 0$，则 l 中第 j 个特征图与 $l-1$ 中第 i 个特征图是无关联的；k_{ij}^l 为 l 中第 j 个特征图与 $l-1$ 中第 i 个特征图间的卷积核；b_j^l 为 l 中第 j 个特征图与 $l-1$ 中第 i 个特征图间的偏置值；M_j 为输入的特征图；$f( )$ 为激活函数。

如果 $l+1$ 为池化层，则池化层的各特征映射图可表示为

$$x_j^{l+1} = p(x_j^l) \tag{4-28}$$

式中，x_j^l 为当前层的上一层 l 中的第 j 个特征映射图；x_j^{l+1} 为当前层 $l+1$ 中的第 j 个特征映射图；$p(x)$ 为池化操作，一方面可以提取输入数据的特征，另一方面可以降低输入数据的维度。通常情况下，池化在选择局部区域时是无重叠的，且可知 $l+1$ 层中的特征图数量与上一层 l 中特征图数量是相等的。

在经过卷积与池化后，特征数据经光栅化形成一个一维向量，如果 $l+3$ 层为全连接层，且其上一层 $l+2$ 也为全连接层，则 $l+3$ 层的特征向量可表示为

$$x_j^{l+3} = f(x^{l+2} w^{l+3} + b^{l+3}) \tag{4-29}$$

式中，x^{l+2} 为当前层上一层的特征向量；x^{l+3} 为当前层的特征向量；w^{l+3} 为当前层与上一层特征之间的权值；b^{l+3} 为当前层与上一层特征之间的偏置值；$f( )$ 为激活函数。

4.1.4 分类精度评定

分类后土地利用结构图的正确分类程度的检验是遥感图像定量分析的重要环节。整幅分类图像元数量通常较大，很难检核每个像元的正确与否，因此在实际应用过程中，通常通过采集一定比例的样本并将其与分类结果对应像元进行对比来实现分类误差的估计。

样本采集的方式主要有两种：①专门选定试验区采集；②随机取样。专门选定的试验区通常是有目的地、均匀地分布于各个区域的场地，其数量较多，类别丰富基于这些场地采集的数据通常存储在计算机中，能够高效对比，且确定性高。随机取样根据研究区域性质与土地利用类型设计采样区，随机选取像元群，通过实地考察与航片提取地物信息参与对比检验。这种方法存在一定的随机性，选取的像元群不同，检验精度可能有所差别，但是大部分采样区在设计的过程中通过考虑研究区先验信息或采取分层设计策略等方式，这在一定程度上降低了由此带来的不确定性，因此随机取样在实际遥感分类的精度评定中也比较常用。

分类精度的评定一般采用混淆矩阵，统计样区内所有像元分类结果类别与实际类别之间的混淆程度，即类型 i 分类为类型 j 的像元数目，混淆矩阵如表4-1所示。

表4-1　混淆矩阵

类别	1	2	⋯	n	合计
1	p_{11}	p_{21}	⋯	p_{n1}	p_{+1}
2	p_{12}	p_{22}	⋯	p_{n2}	p_{+2}
⋮	⋮	⋮	⋮	⋮	⋮
n	p_{1n}	p_{2n}	⋯	p_{nn}	p_{+n}
合计	p_{1+}	p_{2+}	⋯	p_{n+}	p

其中，$p_{ij}(i=1,2,\cdots,n;j=1,2,\cdots,n)$ 为类型 i 分类为类型 j 的像元数目；p_{i+} 为分类所得第 i 类的像元数目总和；p_{+j} 为分类所得第 j 类的像元数目总和；p 为样本像元数目总和。

根据混淆矩阵可以计算用户精度、制图精度和总体精度。用户精度是给定类型中正确分类的像元数与所有分为该类型的像元总数之比；制图精度是给定类型中正确分类的像元数与样本数据中该类型的像元总数之比；总体精度是所有正确分类的像元数与总像元数之比。

Kappa系数是计算分类精度的另一重要指标，其计算公式如下：

$$K = \frac{N\sum\limits_{K}X_{KK} - \sum\limits_{K}X_{K\sum}X_{\sum K}}{N^2 - \sum\limits_{K}X_{K\sum}X_{\sum K}} \tag{4-30}$$

式中，N 为所有地表真实分类中的像元总数；X_{KK} 为混淆矩阵对角行的和，即样区内正确分类像元数目的和；$X_{K\sum}$ 为某一类型地表真实像元数目的和；$X_{\sum K}$ 为样区内被分为该类型像元数目的和。

4.2　土地利用结构变化检测

随着社会、经济和科学技术的进步与发展，人类活动改变了地表土地类型及其利用方式，特别是人口数量的急剧增长和城市化速率的加快导致这种变化更为显著。因此，有效、及时、准确地监测地表的变化，把握发展趋势，进而采取相应举措有着十分重要的意义。然而，要从大量的、长时间序列的数据中发现感兴趣的变化区域，单纯依靠传统目视解译难以满足当前需求，引导计算机自动检测地物目标的变化区域成为解决这一问题的有效技术途径。

遥感影像变化检测是一门根据遥感影像和参考数据不同时相的观测来提取、描述感兴趣物体或现象随时间变化的特征，并定量分析、确定其变化的理论和方法，具体包括三个方面：①检测并判断是否发生了变化；②定位发生变化区域的位置，确定发生变化区域面积大小；③确定变化前后地物的类型及时空分布模式与变化规律（李德仁，2003；周启鸣，2011）。当前，遥感影像的变化检测方法多样，从不同的角度可以划分为不同的体系。

但针对土地利用结构的变化检测方法归结来讲主要有以下思路：对不同数据源直接进行比较的直接比较法；对不同数据源提取信息后比较的分析后比较法。

4.2.1 直接比较法

直接比较法，又称代数运算法，是对经过配准的多时相影像中对应像元的光谱值进行简单的代数运算，并将运算结果作为各像元的特征值，以实现在特征值影像上突出变化区域、抑制背景区域的目的。常用的直接比较法主要包括影像差值/比值法、变化向量分析（Change Vector Analysis，CVA）法等。

1. 影像差值/比值法

影像差值/比值法是将两个时相的遥感影像进行相减或相除。基本原理是：影像中未发生变化的地类在两个时相的遥感影像中一般具有相等或相近的灰度值，而当地类发生变化时，同一位置的灰度值将有较大差别。因此，在差值/比值影像上发生地类变化区域的灰度值会与背景有较大的差别，从而使变化信息从背景影像中显示出来。差值法与比值法的定义分别如式（4-31）和式（4-32）所示。

$$D_{ij}^k = I_{ij}^k(t_2) - I_{ij}^k(t_1) + C \tag{4-31}$$

$$R_{ij}^k = \frac{I_{ij}^k(t_2)}{I_{ij}^k(t_1)} \tag{4-32}$$

式中，$I_{ij}^k(t_1)$ 与 $I_{ij}^k(t_2)$ 分别为 t_1 与 t_2 时刻的影像中像元 (i, j) 在第 k 个波段上的光谱值；D_{ij}^k 为该像元在第 k 个波段上的差值影像特征值；R_{ij}^k 为该像元在第 k 个波段上的比值影像特征值。

2. 变化向量分析法

CVA 法是针对影像差值/比值法的改进，更加适用于多光谱及高光谱遥感影像变化检测。在该方法中，将前后时相影像中的像元 (i, j) 在各波段上的光谱值分别组成一维向量 $V_{ij}(t_1)$ 与 $V_{ij}(t_2)$，计算两向量的差值向量：

$$D_{ij} = V_{ij}(t_2) - V_{ij}(t_1) \tag{4-33}$$

当波段数为 3 时，向量差计算如图 4-9 所示。

根据各像元差值向量的强度特性，组成像元差值向量的强度特征影像，并对其进行阈值分割。则像元 (i, j) 经阈值分割后的特征值为

$$F_{ij} = \begin{cases} 1 & \text{if } |D_{ij}| > T \\ 0 & \text{otherwise} \end{cases} \tag{4-34}$$

式中，$|D_{ij}|$ 为像元 (i, j) 处的差值向量强度值；T 为分割阈值，1 为发生了变化，0 为未发生变化。理想情况下，未变化像元的差值向量强度值应为 0，即分割阈值 $T=0$，而在实际应用中，T 通常大于 0。

CVA 法相比于影像差值/比值法的主要区别在于，像元差值向量 D_{ij} 具有方向性，即该

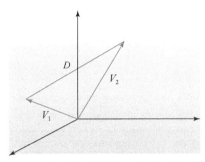

图4-9　多时相影像像元向量差值计算

向量与各维度的坐标轴具有一定的夹角。根据各变化像元差值向量的方向差异，可以对变化像元的方向特性进行聚类，区分像元的变化类别。

综上所述，影像差值/比值法以及CVA法均针对多时相影像各像元的光谱特征，经过差值/比值或向量差值的简单代数运算来获取标识影像像元变化强度的变化特征图，并通过阈值分割提取变化信息。其中，影像差值/比值法仅用于检测变化发生的区域，而CVA法还可根据多光谱影像像元差值向量的方向特征区分影像变化的类别。然而，采用影像代数法来得到精确的变化检测结果依赖于两项重要假设：①假设经过预处理的多时相影像完全配准，且未变化背景区域的光谱响应差异远远小于目标变化区域；②假设各时相影像中相邻像元之间完全独立，不具有空间相关性。然而在变化检测的实际应用中，上述两项假设均难以满足要求。一方面，影像配准误差以及多时相影像成像角度的差异，往往导致同一影像中地物在多时相影像的空间位置与分布不同。另外，影像成像过程中的系统误差与环境误差，使得影像中一些未变化背景区域光谱变化较大，从而直接导致阈值分割所获得的变化检测结果中误检率有所上升。另一方面，随着影像空间分辨率的提高，影像地物往往由多个空间相邻的像元组成，相邻像元间存在较高的依赖性，如果不考虑这种空间相关性，将直接导致变化检测结果的局部异质性，引起"椒盐效应"。因此，采用基于像元光谱信息的影像代数运算法进行遥感影像变化检测难以满足实际应用需求，需要进一步研究发展新的变化检测方法。

4.2.2　分析后比较法

分析后比较法通过对不同来源遥感影像数据进行特征分析、类别划分与信息提取实现变化的定量检测，是目前应用最为广泛的变化检测方法之一。常用的分析后比较法主要包括：分类后比较法、多时相直接分类法、面向对象检测法等。

1. 分类后比较法

分类后比较法是一种直观的变化检测算法，对不同时相的遥感影像进行分类，然后对分类产生的结果进行逐像元比较、分析，这不仅可以检测出感兴趣地物发生变化的位置，而且可以提供变化类型的信息。分类后比较法的检测流程如图4-10所示。

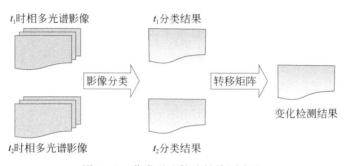

图 4-10   分类后比较法的检测流程

不同时相是独自进行分类的，因此可以消除大气、传感器、季节和地面环境等因素对不同时相图像的影响。分类后比较法变化检测的误差是不同时相分类结果误差的累积，因此当分类结果的精度不高时，基于此种方法的变化检测结果往往也存在较大的不确定性。

2. 多时相直接分类法

多时相直接分类法将多时相遥感影像组合成一幅单一影像，然后对包含多时相信息的影像进行分类从而检测出变化的类别。这种方法的关键在于波段的组合与分类过程中动态类别的识别。常用的波段组合方法包括：差值组合、比值组合、PCA 主分量组合等。差值组合与比值组合分别将不同时相的遥感影像灰度值分波段、逐像元相减与相除。PCA 主分量组合首先直接组合多时相影像的所有波段，然后采用 PCA 变换进行冗余信息压缩，选取其中几个分量作为分类数据。分类过程中动态类别的识别主要依赖于土地类型的先验知识与大量的实地考察。

多时相直接分类法减少了分类后比较法夸大变化的程度，提升了变化检测的准确性，但是，当变化类型较多时，需要耗费大量的人力和物力才能实现变化类型信息的识别。此外，由于不同传感器对同一地物的光谱响应不同，采用多时相直接分类法容易导致相同地物被分为不同类别进而被误认为发生了变化，因此参与变化检测的不同时相的影像最好来源于同一传感器。

3. 面向对象检测法

面向对象检测法通过影像分割将多时相高分辨率影像划分为关于影像对象的集合，对分割后的影像对象提取特征并建立差异向量，对差异向量进行阈值分割实现变化检测。这种方法受噪声与预处理的影响较小，且综合了对象的光谱、纹理、形状等多种特征信息，提升了变化检测的精度（Im et al., 2008）。面向对象检测法的基本流程如图 4-11 所示。

然而，目前面向对象检测法仍存在一些问题：①以影像分割后的对象内部像元均值作为该对象的光谱值参与影像变化分析，造成该对象部分有效光谱细节信息丢失；②为了统一多时相影像对象，通常采取将多时相影像波段复合叠加进行影像分割的方式，这导致各时相分割与真实地物分布有所失真，直接影响对象变化分析的结果；③对于多源高分辨率影像，波段光谱分辨率存在差异，各波段对象光谱特征的比较分析不再适用。

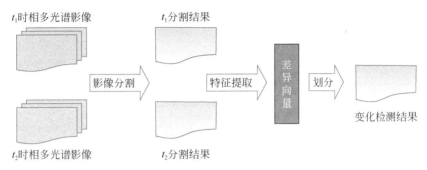

图 4-11　面向对象检测法的基本流程

4.3　土地利用结构时空演化特征分析

土地利用结构的时空演化特征是指各种土地利用类型在空间的分布状况，包括面积、空间位置、内部结构等属性及其随时间演化的规律。由于土地利用本身的特质，土地利用空间结构总是不断变化和发展的，但由于短时间内变化在"量"上的不显著，其呈现出在一定时期内整体相对稳定的特征，当变化的"量"累积到一定程度，土地利用结构在"质"上的变化逐渐呈现。因此，土地利用结构的时空演化是一个由低级到高级、由无序到有序的过程。通过开展土地利用结构的时空演化特征分析，能够把握城市土地利用配置在各种因子制约下的转化和迁移规律，为引导城市土地利用时空结构向理想空间模式转变、促进城市的可持续发展提供科学支持。土地利用结构的时空演化特征分析的主要方法有空间信息分析和动态变化空间测算。

4.3.1　空间信息分析

空间信息分析是对分析空间数据有关技术的统称。土地利用结构的空间信息分析主要是基于土地对象的位置、分布、形态、空间关系等特征的空间数理分析。主要方法有空间信息查询和量算、空间缓冲区分析、空间叠置分析、空间网络分析、空间统计分析等。

1. 空间信息查询和量算

空间信息查询和量算是空间信息分析的定量基础。在地理信息系统中，为进行高层次分析，往往需要查询定位空间对象，并用一些简单的量测值对地理分布或现象进行描述，如长度、面积、距离、形状等。空间信息量算包括几何量算、质心量算以及形状量算等方面。不同的点、线、面状地物的空间信息量算内容不同，如表 4-2 所示。一般的 GIS 软件都具有对矢量数据或栅格数据中点、线、面状地物进行几何量算的能力。

表4-2 空间信息量算内容

地物类型	空间维数	量算
点状	0	坐标
线状	1	起始坐标、长度、曲率、方向
面状	2	四至坐标、周长、面积、形状、曲率等
体状	3	体积、表面积等

具体到土地利用结构的空间信息量算中，内容包括对建设用地、耕地等不同土地利用类型图斑等面状地物的四至坐标、周长、面积、形状指数、分维数、破碎度、聚合度等指标，对河流、道路等线状地物的起始坐标、长度、曲率、方向等指标，对整体土地利用分布的异质性、优势度等指标，以及对多个时相土地利用结构构成的立方体中不同类型土地利用多面体的体积、表面积等指标的量算。

2. 空间缓冲区分析

空间缓冲区分析是针对点、线、面实体，自动建立其周围一定宽度范围内的缓冲区多边形，将该图层与目标图层进行叠加，对叠加后图层进行分析从而得到所需结果。缓冲区分析通常有以下三种情况：一是基于点要素的缓冲区，通常是以点为圆心、以一定距离为半径的圆；二是基于线要素的缓冲区，通常是以线径为中心轴线，距中心轴线一定距离的平行条带多边形；三是基于要素多边形的缓冲区，向外或向内扩展一定距离生成新的多边形。

具体到土地利用结构的缓冲区分析中，如河流、道路周围一定范围内建设用地或耕地的面积比；城区质心一定范围内土地利用的分布特征；城市最大建设用地图斑给定方向范围内的耕地面积、等级；城市空间扩张边界一定范围内不同土地利用类型面积比的变化等。

3. 空间叠置分析

空间叠置分析是将两层或多层地图要素进行叠置以产生一个新的要素层的过程，其结果将原来要素分割生成新的要素，新要素综合了原来两层或多层要素所具有的属性，如图4-12所示。此类分析是对新要素的属性按一定的数学模型进行计算分析进而产生用户需要的结果。实际应用中的空间叠置分析有多种形式，但从根本性质上可以分为三类：多边形叠置、点与多边形叠置和线与多边形叠置。

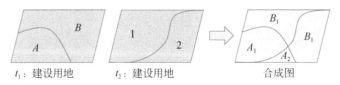

图4-12 空间叠置分析示例

土地利用结构的空间叠置分析主要是不同时相各土地利用类型图斑之间的空间叠置，给定时相土地利用类型图斑与城区边界、DEM 或人口密度等专题数据的空间叠置，土地利用类型分类结果与土地利用规划、城市空间规划之间的空间叠置等。

4. 空间网络分析

空间网络分析是依据网络拓扑关系通过考察网络元素的空间、属性关系，对网络的性能特征进行多方面的分析计算。网络分析主要用于最佳路径和最佳中心点的选择。其中，最佳路径是指从起点到终点路径最短或耗费最小的路径；最佳中心点的位置是指某一网络区域中任一点到该中心的路径最短或耗费最小。网络分析通常涉及路径分析、资源分配等应用模型。

土地利用结构的网络分析主要包括：基于多时相道路分布现状评估发展质量、规划未来发展方向的路径分析，以及基于土地利用空间分布的资源分配网络模型确定城市中心、商业中心等及其吸引范围等分析。

5. 空间统计分析

空间统计分析的目的是简化复杂事物、突出主要特征，包括常规统计分析、空间自相关分析、时空趋势分析、判别分析等。常规统计分析主要完成对数据集合的均值、总和、方差、频数和峰度系数等参数的统计分析；空间自相关分析是分析变量的空间分布特征及其对邻域的影响作用，即变量在空间上是否相关、相关程度如何；时空趋势分析通过数学模型模拟地理特征的时空变化过程；判别分析根据理论与实践，预先确定等级序列的因子标准，再对地理实体进行排序。

在土地利用结构的空间统计分析中，常规统计分析包括各土地利用类型图斑的面积、周长、分维数等指数的数学期望值、中数、众数、极差、离差、标准差、变差系数等，以及各统计指标随时间变化的规律；空间自相关分析包括计算各土地利用类型面积比等指数的空间自相关系数，揭示其空间集聚范围等；时空趋势分析通过建立多时相土地利用类型指标的数学模型实现内插或预测规划；判别分析包括耕地的分等定级、林地定级分区、水土流失强度分级、土地适宜性评价等内容。

4.3.2 动态变化空间测算

动态变化空间测算可以获取城市各用地类型的区位变化规律以及其转移部分和新增部分的去向，认识不同土地利用类型变化的面积和速度（增加或减少）的情况，系统、深入地揭示土地利用结构时空演化特征。

土地利用结构动态变化如图 4-13 所示，第 i 类土地利用类型从 t_1 时刻的 $t_1(\mathrm{LA}_{(i,t_1)})$ 到 t_2 时刻的 $t_2(\mathrm{LA}_{(i,t_2)})$ 的空间格局变化可以划分出 3 种空间类型：①未变化部分（ULA_i），即土地利用类型与空间区位在研究初期和末期是一样的，没有发生变化；②转移部分（$\mathrm{LA}_{(i,t_1)}-\mathrm{ULA}_i$），即第 i 类土地利用类型转为其他非 i 类土地利用类型；③新增部分

（$\mathrm{LA}_{(i,t_2)}$–ULA_i），即其他非 i 类土地利用类型转变为第 i 类土地利用类型（刘盛和和何书金，2002）。

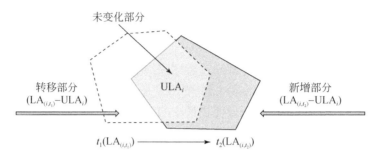

图4-13　土地利用动态变化的空间表述（刘盛和和何书金，2002）

土地利用变化主要体现在土地利用类型的变化、土地利用类型数量的变化、土地资源生态背景质量的变化、土地利用程度的变化以及土地利用变化的区域差异等方面。常用的测算模型主要有传统的数量分析模型、土地利用动态度模型、土地利用程度模型、土地利用类型转移矩阵模型、土地利用区域差异模型等（王秀兰和包玉海，1999；刘盛和和何书金，2002）。

1. 传统的数量分析模型

传统的数量分析模型是通过计算研究区域内某种土地利用类型在监测末期（t_2）与监测初期（t_1）之间的数量年均变化速率来表示的。其数学表达式为

$$K_i = \frac{(\mathrm{LA}_{(i,t_2)} - \mathrm{LA}_{(i,t_1)})}{\mathrm{LA}_{(i,t_1)}} \Big/ (t_2 - t_1) \times 100\% \qquad (4\text{-}35)$$

式中，K_i 为研究区内第 i 类土地利用类型在监测期间的年均变化速率；$\mathrm{LA}_{(i,t_1)}$ 和 $\mathrm{LA}_{(i,t_2)}$ 分别为第 i 类土地利用类型在监测初期和监测末期的面积。

这种测算模型的显著优点是简明扼要，不需要复杂的专业性分析技能。但具有如下两方面缺陷：①忽略了土地利用空间区位的固定性与独特性，不能反映土地利用动态变化的空间过程及相关属性。例如，在某一变化时期内，同时发生了以下两种空间区位的属性不同、但数量完全一样的土地利用变化，一方面是边远地区的一片贫瘠的未利用土地被开垦为耕地；另一方面是城市近郊等面积的优质耕地被转化为城市建设用地。采用以上模型分析该区域耕地的动态变化时，以上两种变化过程被相互对冲掉，反映不出来真实的变化情况。②无法测算和比较区域土地利用变化的总体或综合活跃程度，即不能识别土地利用变化的"敏感"区域。

2. 土地利用动态度模型

区域内某土地利用类型在某变化时期的动态度或土地利用变化速率可用式（4-36）进行计算：

$$S_i = \frac{(\mathrm{LA}_{(i,t_1)} - \mathrm{ULA}_i)}{\mathrm{LA}_{(i,t_1)}} \bigg/ (t_2 - t_1) \times 100\% \qquad (4\text{-}36)$$

式中，$\mathrm{LA}_{(i,t_1)}$ 为第 i 类土地利用类型在监测初期的面积；ULA_i 为第 i 类土地利用类型未变化部分在监测期间的面积；$(\mathrm{LA}_{(i,t_1)} - \mathrm{ULA}_i)$ 为监测期间转移部分面积，即第 i 类土地利用类型转化为其他非第 i 类土地利用类型的面积总和。

某一研究区的综合土地利用动态度的计算公式为

$$S = \frac{\sum_{i=1}^{n} (\mathrm{LA}_{(i,t_1)} - \mathrm{ULA}_i)}{\sum_{i=1}^{n} \mathrm{LA}_{(i,t_1)}} \bigg/ (t_2 - t_1) \times 100\% \qquad (4\text{-}37)$$

该模型同时考虑了第 i 类土地利用类型转变为其他非第 i 类土地利用类型的数量及空间属性，可以测算和比较区域土地利用变化的总体或综合活跃程度，显然与传统的数量分析模型相比有很大程度的提高。但是该模型仅考虑了第 i 类土地利用类型转变为其他非第 i 类土地利用类型这一单向变化过程，忽略了其他非第 i 类土地利用类型在该研究期内由其他空间区位同时转变为第 i 类土地利用类型的变化过程，因此该模型可称之为单向的空间信息分析模型。对于转化慢但增长快的土地利用类型，特别是城市建设用地等，利用该模型计算时，其动态变化程度容易被严重低估（张新长，2004）。

3. 土地利用程度模型

土地利用程度主要反映土地利用的广度和深度，其变化可定量地表达土地利用的综合水平和变化趋势，体现了人地交互作用的密度和强度。土地利用程度变化通常运用土地利用程度综合指数和土地利用程度变化率进行分析。

土地利用程度综合指数的计算公式为

$$I = 100\% \times \sum_{i=1}^{n} (A_i \times C_i) \qquad (4\text{-}38)$$

式中，I 为研究区土地利用程度综合指数；A_i 为研究区内第 i 级土地利用程度分级指数；C_i 为研究区内第 i 级土地利用程度分级面积比例；n 为土地利用程度分级数。

在中国资源环境数据库中，庄大方和刘纪远（1997）从生态学角度出发，提出了"土地利用程度分级标准"，将土地利用分为 4 级，如表 4-3 所示。

表 4-3 土地利用程度分级

土地利用程度分级数	土地利用类型
1	未利用地
2	林地、草地、水地
3	耕地、园地、人工草地
4	城镇、居民点、工矿用地、交通用地

不同时段土地利用程度变化值可以表示为

$$\Delta I_{b-a} = I_b - I_a = \left[\sum_{i=1}^{n} (A_i \times C_{i,b}) - \sum_{i=1}^{n} (A_i \times C_{i,a}) \right] \tag{4-39}$$

式中，I_b、I_a分别为研究末期、研究初期土地利用程度综合指数；A_i为研究区内第i级土地利用程度分级指数；$C_{i,b}$、$C_{i,a}$分别为研究末期、研究初期研究区内第i级土地利用程度分级面积比例。若ΔI_{b-a}大于0，则表明该区域土地利用处于发展期，否则处于衰退期或调整期。

土地利用程度变化率R的计算公式为

$$R = (I_b - I_a) / I_a \tag{4-40}$$

4. 土地利用类型转移矩阵模型

土地利用类型转移矩阵来源于系统分析中对系统状态与状态转移的定量描述，不仅可以定量地表征不同土地利用类型之间的转化情况，还可以揭示土地利用的转化速率（刘瑞和朱道林，2010）。土地利用类型转移矩阵的基本形式如表4-4所示。

表4-4　土地利用类型转移矩阵

项目		t_2				总量	减少量
		A_1	A_2	$\cdots$	A_n		
t_1	A_1	S_{11}	S_{12}	$\cdots$	S_{1n}	S_{1+}	$S_{1+} - S_{11}$
	A_2	S_{21}	S_{22}	$\cdots$	S_{2n}	S_{2+}	$S_{2+} - S_{22}$
	$\vdots$	$\vdots$	$\vdots$		$\vdots$	$\vdots$	$\vdots$
	A_n	S_{n1}	S_{n2}	$\cdots$	S_{nn}	S_{n+}	$S_{n+} - S_{nn}$
总量		S_{+1}	S_{+2}	$\cdots$	S_{+n}		
增加量		$S_{+1} - S_{11}$	$S_{+2} - S_{22}$	$\cdots$	$S_{+n} - S_{nn}$		

表4-4中，$A_1 \sim A_n$为土地利用中各种地类，$S_{ij}(i=1, 2, \cdots, n; j=1, 2, \cdots, n)$为$t_1 \sim t_2$时刻土地利用类型$i$向土地利用类型$j$转移的面积，当$i$、$j$相同时，其表示自身未发生变化的面积；$S_{i+}$为土地利用类型$i$在$t_1$时刻的面积总和；$S_{+j}$为土地利用类型$j$在$t_2$时刻的面积总和；$S_{i+} - S_{ii}$为$t_1 \sim t_2$时刻土地利用类型$i$面积减少的量；$S_{+j} - S_{jj}$为$t_1 \sim t_2$时刻土地利用类型$j$面积增加的量。

$t_1 \sim t_2$时刻各地类变化差值为土地利用类型数量的绝对变化量，即净变化量D_n，其计算公式为

$$D_n = \max(S_{n+} - S_{nn}) - \min(S_{n+} - S_{nn}) = |S_{n+} - S_{+n}| \tag{4-41}$$

但是，由于土地利用具有空间区位的固定性与独特性，仅采用净变化量不能真实反映土地利用动态演变过程。

交变量是一种定量分析某土地利用类型在一个地方转换为其他土地利用类型，同时在另一地方又有其他土地利用类型转换为该土地利用类型的方法，交变量的计算公式如下：

$$E_n = 2 \times \min(S_{n+} - S_{nn}, S_{+n} - S_{nn}) \tag{4-42}$$

总变化量C_n为净变化量与交变量之和，也等于增加量与减少量之和，即

$$C_n = D_n + E_n \tag{4-43}$$

5. 土地利用区域差异模型

土地利用区域差异模型利用各区域各土地利用类型相对变化率与土地利用动态度的不同来反映土地利用类型变化的区域差异。对于给定土地利用类型 i，其面积相对变化率计算公式如下：

$$R_i = \frac{\dfrac{K_b}{K_a}}{\dfrac{C_b}{C_a}} \tag{4-44}$$

式中，K_a 与 K_b 分别为感兴趣区域土地利用类型 i 研究初期与研究末期面积；C_a 与 C_b 为包含感兴趣区域的研究区土地利用类型 i 研究初期与研究末期面积。如果感兴趣区域土地利用类型 i 的相对变化率 $R_i > 1$，则感兴趣区域这种土地利用类型的变化比土地利用区域差异模型大。

土地利用动态度包括单一土地利用动态度和综合土地利用动态度，概念及计算公式前文已做介绍，在此不再赘述。当各区域单一土地利用动态度存在差异时，该土地利用类型变化存在区域差异；当各区域综合土地利用动态度存在差异时，各区域的土地利用类型变化的总体程度存在差异。

4.4 长株潭城市土地利用结构变化监测与分析

依据 2015 年地理国情普查成果相关规定与实际工作需求拟定土地利用分类体系，综合利用普查成果及历史光学卫星遥感影像和土地利用调查数据，查清主城区 1978 年、1990 年、1994 年、2000 年、2006 年、2010 年、2015 年各土地利用类型面积、数量、空间分布以及主要变化区域，分析土地利用结构的时空演化特征，从而为主城区土地利用规划及结构优化提供重要的参考依据。

4.4.1 土地利用结构监测

利用长株潭主城区 2015 年地理国情普查成果数据，1978 年（Landsat-2 MSS）、1994 年（Landsat-5，TM）、2006 年（Landsat-5，TM）遥感影像，长株潭主城区土地利用调查数据（1990 年、2000 年和 2010 年）以及历史影像数据［1974 年美国锁眼卫星（KH-6）高分辨率影像、Google 地图、91 卫图等］开展长株潭主城区土地利用结构提取，具体流程如图 4-14 所示。

1. 土地利用重分类

结合长株潭主城区真实的土地利用/覆盖状况，将土地利用划分为 6 个基本类型，即耕地、林地、草地、水域、建设用地和未利用地，受遥感影像空间分辨率的限制，道

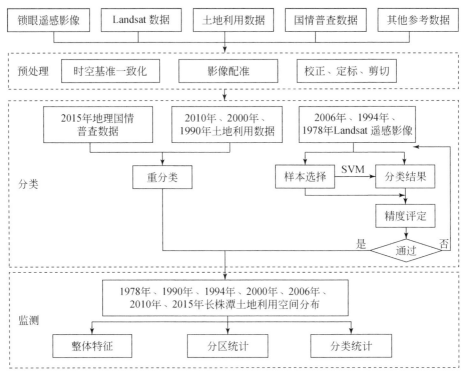

图 4-14 长株潭主城区土地利用变化监测流程图

路不作为此次检测的内容,将其统一划归到建设用地类别中。各土地利用类型的相关描述如表 4-5 所示,对于已有详细土地利用数据(1999 年、2000 年、2010 年)或地理国情普查数据(2015 年)的年份,按照表 4-6 与表 4-7 分类对照表,采用重分类方法将分类结果合并为与表 4-5 对应的 6 类。

表 4-5 土地利用/覆盖类型分类体系

地类名称	含义
耕地	开垦种植农作物并经常耕耘管理的土地
林地	连片人工种植、多年生木本和草本作物,覆盖度一般大于 50%的土地;成片的天然林、次生林和人工林覆盖的地表
草地	以草本植物为主连片覆盖的地表
水域	房屋建设用地和独立房屋建筑
建设用地	被液态和固态水覆盖的地表
未利用地	植被覆盖度低于 10%的各类自然裸露的地表

表 4-6 1990 年、2000 年、2010 年重分类对照表

一级类名称	二级类名称
1 耕地	11 水田 12 旱地

一级类名称	二级类名称
2 林地	21 有林地 22 灌木林 23 疏林地 24 其他林地
3 草地	31 高覆盖度草地 32 中覆盖度草地 33 低覆盖度草地
4 水域	41 河渠 42 湖泊 43 水库坑塘 46 滩地
5 建设用地	51 城镇用地 52 农村居民点 53 其他建设用地
6 未利用地	64 沼泽地 65 裸土地

表 4-7　2015 年重分类对照表

土地利用类型	2015 地理国情监测二级和三级对应类型
耕地	水田、旱地
林地	乔灌果园、藤本果园、茶园、桑园、苗圃、花圃、其他乔灌园地、其他藤本园地、阔叶林、针叶林、针阔混交林、阔叶灌木林、针叶灌木林、针阔混交灌木林、乔灌混合林、竹林、绿化林地、人工幼林
草地	高覆盖度草地、中覆盖度草地、低覆盖度草地、牧草地、绿化草地、护坡灌草、其他人工草地
水域	水渠
建设用地	高密度多层及以上房物建设用地、低密度多层及以上房屋建设用地、高密度低矮房屋建设用地、低密度低矮房屋建设用地、废弃房屋建设用地、多层及以上独立房屋建筑、多层独立房屋建筑、中高层独立房屋建筑、高层独立房屋建筑、超高层独立房屋建筑、低矮独立房屋建筑
	硬化地表、广场、露天体育场、停车场、停机坪与跑道、硬化护坡、场院、露天堆放场、碾压踩踏地表、其他硬化地表、堤坝、温室、大棚、固化池、游泳池、污水处理池、其他固化池、工业设施、其他构筑物
	露天采掘场、露天采石场、其他采掘场、尾矿堆放物、垃圾堆放物、其他堆放物、拆迁待建工地、房屋待建工地、道路待建工地、其他建筑工地、其他人工堆掘地
	铁路
未利用地	泥土地表砾石地表、岩石地表

2. SVM 遥感分类

对于 1978 年、1994 年、2006 年遥感影像，采用 SVM 结合其他影像分类获取土地利用分布情况。首先，依据土地利用类型定义结合实际状况建立目视解译标志，如表 4-8 所示；然后，在此基础上选择分类样本。

表 4-8　长株潭主城区 1994 年遥感影像解译标志示例

土地利用类型 （一级类）	影像特征	地理相关分析标志	遥感影像解译标志 R（b3）、G（b2）、B（b1）
耕地	浅绿色，规则片状、斑状块	主要分布于平原及河谷两侧、居民点周边，山区有零星分布	

续表

土地利用类型（一级类）	影像特征	地理相关分析标志	遥感影像解译标志 R（b3）、G（b2）、B（b1）
林地	深绿色、砖红色、黑色，不规则片状	分布于山地，影像中可能出现一定暗色山体阴影	
草地	浅绿色、深绿，不规则片状	对位于较稀疏园林地中，或者城市的绿化公园	
水域	蓝色、绿色、白色，一般呈条带状、不规则多边形	呈线性分布，水库坑塘一般分布于平原、山地，位于居民地附近，耕地周边	
建设用地	呈白色、砖红色，不规则片状	分布于平原或河流区域	
未利用地	白色、暗绿色，不规则片状	多分布于江上岛屿或穿插于荒废的耕地	

设置 SVM 核函数类型为径向基核函数，伽马系数为 0.167，惩罚参数为 100，金字塔级数为 0，分类概率阈值设为 0，进行分类。对分类结果做主要分析和平滑等分类后处理，得到最终分类结果，总体精度范围为 82.62%～88.84%。

3. 土地利用结构提取结果

长株潭主城区 1978～2015 年的土地利用分类结果如图 4-15 与表 4-9 所示。长株潭主城区土地利用类型主要为林地和耕地，建设用地次之，水域、草地和未利用地所占比例较少，其中，建设用地逐年增加趋势明显。空间上，耕地和林地分布相对均匀，林地在丘陵和山区呈现一定的集聚特征；建设用地主要分布在城市的中心城区；水域主要分布在湘江和水塘、水库；草地和未利用地在主城区范围内零星分布。

时间上，1978～2015 年，耕地面积呈下降趋势，从 3545.08km² （占比 41.11%）一直下降到 2571.50km² （占比 29.82%）；林地面积整体上呈现出下降趋势，2010～2015 年略有增加；草地面积变化呈现出波动性，整体上面积呈上升趋势，从 1978 年的 32.77km² （占比 0.38%）上升到 2015 年的 33.63km² （占比 0.39%）；水域面积变化呈现较大的波动性，整体上水域面积呈下降趋势；建设用地面积一直处于上升趋势，从 80.20km² （占比 0.93%）上升到 1252.98km² （占比 14.53%）；未利用地整体呈现出上升趋势，从 1978 年的 3.45km² （占比 0.04%）上升到 2015 年的 5.18km² （占比 0.06%），其中，1978～1990 年，未利用地面积稍有减少。

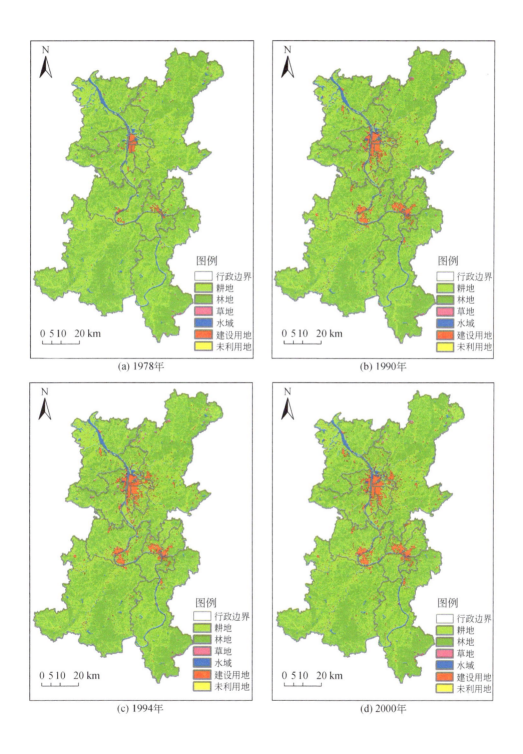

(a) 1978年

(b) 1990年

(c) 1994年

(d) 2000年

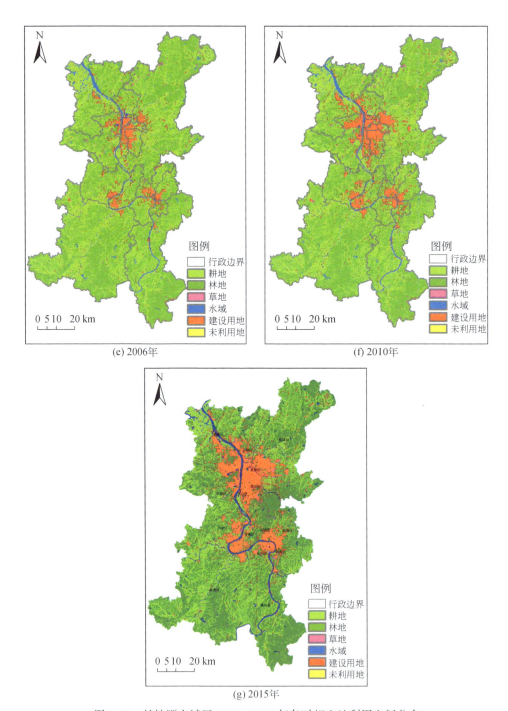

(e) 2006年   (f) 2010年

(g) 2015年

图 4-15 长株潭主城区 1978～2015 年各时相土地利用空间分布

表 4-9　长株潭主城区 1978～2015 年土地利用面积统计　　（单位：km²）

土地利用类型	1978 年	1990 年	1994 年	2000 年	2006 年	2010 年	2015 年
耕地	3545.08	3405.38	3395.90	3369.16	3310.52	3139.78	2571.50
林地	4657.5	4564.36	4560.05	4544.53	4498.83	4389.31	4478.99
草地	32.77	32.77	31.91	31.91	31.05	31.04	33.63
水域	304.40	300.96	281.12	300.09	299.23	297.51	281.12
建设用地	80.20	317.34	351.83	375.12	480.32	760.58	1252.98
未利用地	3.45	2.59	2.59	2.59	3.45	5.18	5.18

　　长沙、株洲、湘潭三市主城区土地利用面积统计与面积结构分别如表 4-10～表 4-12 与图 4-16～图 4-18 所示。总体而言，1978～2015 年，长沙、株洲、湘潭三市土地利用结构及变化趋势相似，均为林地面积最大，耕地次之，建设用地面积不断增大，水域面积趋于稳定，草地与未利用地面积始终较小。

　　长沙市林地总面积介于 1776.10～1953.64km²，占长沙市总面积的比例不断下降，整体上由 1978 年的 49.96% 下降至 2015 年的 47.12%；耕地总面积从 1978 年的 1716.27km²（43.89%）逐步下降至 2015 年的 1120.33km²（28.65%）；建设用地面积在 1978 年为 48.10km²，占全区总面积的 1.23%，2015 年为 780.13km²，占全区总面积的 19.95%；水域面积介于 143.51～169.71km²，比例范围为 3.67%～4.34%。

表 4-10　长沙市 1978～2015 年土地利用面积统计　　（单位：km²）

土地利用类型	1978 年	1990 年	1994 年	2000 年	2006 年	2010 年	2015 年
耕地	1716.27	1645.89	1640.80	1629.07	1588.41	1468.75	1120.33
林地	1953.64	1907.10	1898.50	1890.29	1854.31	1776.10	1842.58
草地	19.94	19.94	19.55	19.55	18.77	17.99	20.33
水域	169.71	168.15	154.07	166.58	166.58	157.20	143.51
建设用地	48.10	166.58	194.74	202.17	279.2	485.28	780.13
未利用地	2.74	2.74	2.74	2.74	3.13	5.08	3.52

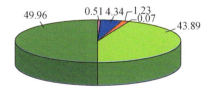
(a) 1978年

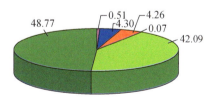
(b) 1990年

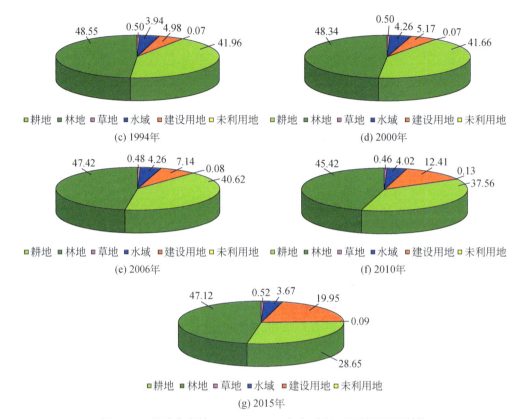

图 4-16　长沙市主城区 1978～2015 年各时相土地利用面积结构

株洲市林地面积呈先降后升趋势，从 1978 年的 1134.42km² （59.13%） 下降至 2010 年的 1088.18km² （56.72%） 后，在 2015 年上升至 1168.95km² （60.93%）；耕地面积从 690.86km² （36.01%） 持续下降至 455.26km² （23.73%）；建设用地从 17.84km² （0.93%） 不断扩张上升至 217.37km² （11.33%）；水域面积较为稳定，略有上升，范围为 62.74～68.68km²。

表 4-11　株洲市 1978～2015 年土地利用面积统计　　　　（单位：km²）

土地利用类型	1978 年	1990 年	1994 年	2000 年	2006 年	2010 年	2015 年
耕地	690.86	668.60	666.30	656.13	646.73	621.22	455.26
林地	1134.42	1110.24	1110.43	1108.13	1103.53	1088.18	1168.95
草地	10.36	10.36	10.36	10.36	10.55	10.55	7.87
水域	64.65	63.69	62.74	63.89	63.12	66.57	68.68
建设用地	17.84	65.61	68.68	80.00	94.58	131.61	217.37
未利用地	0.38	0	0	0	0	0.38	0.38

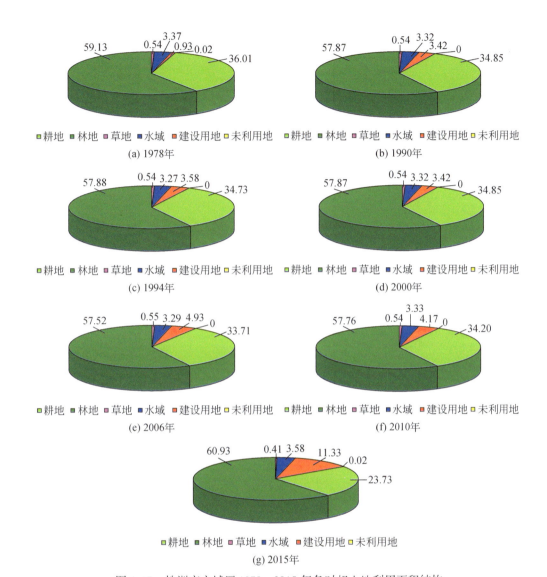

图 4-17 株洲市主城区 1978～2015 年各时相土地利用面积结构

湘潭市林地面积总体呈下降趋势，从 1569.66km² (56.17%) 下降至 1469.62km² (52.59%)；耕地面积同样不断下降，面积从 1978 年 1137.64km² (40.71%) 下降至 996.24km² (35.65%)；建设用地从 14.25km² (0.51%) 持续上升至 253.74km² (9.08%)；水域面积 1994 年最小，为 64.83km² (2.32%)，而 2010 年最大，为 73.77km² (2.64%)。

表 4-12   湘潭市 1978～2015 年土地利用面积统计   （单位：km²）

土地利用类型	1978 年	1990 年	1994 年	2000 年	2006 年	2010 年	2015 年
耕地	1137.64	1090.97	1088.73	1083.7	1075.32	1049.89	996.24
林地	1569.66	1547.31	1550.94	1546.47	1540.6	1524.95	1469.62

土地利用类型	1978 年	1990 年	1994 年	2000 年	2006 年	2010 年	2015 年
草地	2.52	2.52	1.96	1.96	1.96	2.24	5.31
水域	70.42	68.74	64.83	69.58	69.58	73.77	68.46
建设用地	14.25	84.95	88.03	92.78	107.03	143.36	253.74
未利用地	0	0	0	0	0	0.28	1.12

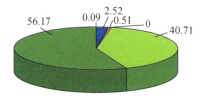

(a) 1978年

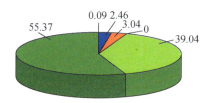

(b) 1990年

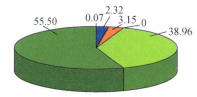

(c) 1994年

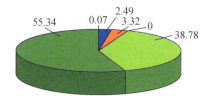

(d) 2000年

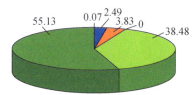

(e) 2006年

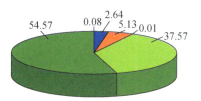

(f) 2010年

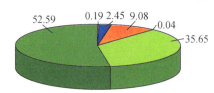

(g) 2015年

图 4-18　湘潭市主城区 1978～2015 年各时相土地利用面积结构

4.4.2 土地利用结构演化特征分析

利用 1978 年、1990 年、1994 年、2000 年、2006 年、2010 年、2015 年长株潭主城区土地利用结构提取结果,提取相邻时相的变化信息,并采用定量和定性相结合的方法,分析土地利用类型变化的区域、面积、速率与转移矩阵,揭示土地利用结构的时空演化规律。具体分析流程如图 4-19 所示。

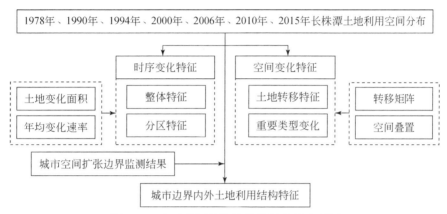

图 4-19 土地利用结构演化特征分析流程图

1. 土地利用结构时序变化特征

长株潭主城区 1978~2015 年各土地利用类型变化面积及年均变化速率如表 4-13 所示。

表 4-13 长株潭主城区 1978~2015 年土地利用类型变化面积与年均变化速率

土地利用类型		1978~1990 年	1990~1994 年	1994~2000 年	2000~2006 年	2006~2010 年	2010~2015 年	1978~2015 年
耕地	变化面积/km²	−139.70	−9.48	−26.74	−58.64	−170.74	−568.28	−973.58
	年均变化速率/%	−0.33	−0.07	−0.13	−0.29	−1.29	−3.62	−0.74
林地	变化面积/km²	−93.14	−4.31	−15.52	−45.70	−109.52	89.68	−178.51
	年均变化速率/%	−0.17	−0.02	−0.06	−0.17	−0.61	0.41	−0.10
草地	变化面积/km²	0	−0.86	0	−0.86	−0.01	2.59	0.86
	年均变化速率/%	0	−0.66	0	−0.45	−0.01	1.67	0.07
水域	变化面积/km²	−3.44	−19.84	18.97	−0.86	−1.72	−16.39	−23.28
	年均变化速率/%	−0.09	−1.65	1.12	−0.05	−0.14	−1.10	−0.21
建设用地	变化面积/km²	237.14	34.49	23.29	105.2	280.26	492.4	1172.78
	年均变化速率/%	24.64	2.72	1.10	4.67	14.59	12.95	39.52

续表

土地利用类型		1978 ~ 1990 年	1990 ~ 1994 年	1994 ~ 2000 年	2000 ~ 2006 年	2006 ~ 2010 年	2010 ~ 2015 年	1978 ~ 2015 年
未利用地	变化面积/km²	-0.86	0	0	0.86	1.73	0	1.73
	年均变化速率/%	-2.08	0	0	5.53	12.54	0	1.36

注：+和-表示增加和减少

1978~2015 年，长株潭主城区各类土地利用类型均发生了较大变化。其中，建设用地面积变化总量和速率均最大，共增加 1172.78km²，年均增长速率为 39.25%；各个时段建设用地的年均变化速率均为正，年均增长速率在 1994~2000 年最小（1.10%），而在 1978~1990 年最大（24.64%）。耕地面积共减少 973.58km²，年均减少速率为 0.74%。其中，2010~2015 年年均减少速率最大（3.62%），1990~1994 年最小（0.07%）。林地面积共减少 178.51km²，年均减少速率为 0.10%。其中，前五个时段年均减少速率范围为 0.02% ~ 0.61%，2010~2015 年年均增长速率为 0.41%。水域面积共减少 23.28km²，年均减少速率为 0.21%。其中，1994~2000 年年均增长速率为 1.12%，其余时段年均减少速率介于 0.05% ~ 1.65%。1978~2015 年，未利用地和草地的面积变化整体较小，但未利用地年均增加速率较大，为 1.36%。其中 1994~2010 年未利用地面积呈增长态势，且 2006~2010 年增长最快，达到了 12.54%；草地年均增加速率最小，为 0.07%，但 1990~2010 年草地面积持续减少。

长沙、株洲、湘潭三市土地利用类型面积变化与变化速率分别见表 4-14 ~ 表 4-16。

长沙市 1978~2015 年建设用地的年均变化速率最大，其次是耕地、未利用地、水域、林地和草地。其中，耕地 1990~1994 年年均减少速率最小（0.08%），2010~2015 年最大（4.74%）；林地 1978~2010 年减少面积范围为 8.21 ~ 78.21km²，2006~2010 年减少最多，年均减少速率达到 1.05%，2010~2015 年面积年均增长率为 0.75%，说明在该时段林地不仅得到了有效的保护，还表现出了增加的态势；建设用地 1978~1990 年年均增长速率最大，为 20.53%，1990~2015 年，建设用地的年均变化速率均为正且后期显著高于前期，说明长沙市建设用地的增加不断加快，未来有继续上升的趋势；水域、草地和未利用地在 1978~2015 年间的年均变化速率趋势并不是很明显。

表 4-14 长沙市 1978~2015 年土地利用类型变化面积与速率

土地利用类型		1978 ~ 1990 年	1990 ~ 1994 年	1994 ~ 2000 年	2000 ~ 2006 年	2006 ~ 2010 年	2010 ~ 2015 年	1978 ~ 2015 年
耕地	变化面积/km²	-70.38	-5.09	-11.73	-40.66	-119.66	-348.42	-595.94
	年均变化速率/%	-0.34	-0.08	-0.12	-0.42	-1.88	-4.74	-0.94
林地	变化面积/km²	-46.54	-8.60	-8.21	-35.98	-78.21	66.48	-111.06
	年均变化速率/%	-0.20	-0.11	-0.07	-0.32	-1.05	0.75	-0.15
草地	变化面积/km²	0	-0.39	0	-0.78	-0.78	2.34	0.39
	年均变化速率/%	0	-0.49	0	-0.66	-1.04	2.60	0.05

土地利用类型		1978~ 1990 年	1990~ 1994 年	1994~ 2000 年	2000~ 2006 年	2006~ 2010 年	2010~ 2015 年	1978~ 2015 年
水域	变化面积/km²	-1.56	-14.08	12.51	0	-9.38	-13.69	-26.2
	年均变化速率/%	-0.08	-2.09	1.35	0	-1.41	-1.74	-0.42
建设 用地	变化面积/km²	118.48	28.16	7.43	77.03	206.08	294.85	732.03
	年均变化速率/%	20.53	4.23	0.64	6.35	18.45	12.15	41.13
未利 用地	变化面积/km²	0	0	0	0.39	1.95	-1.56	0.78
	年均变化速率/%	0	0	0	2.37	15.58	-6.14	0.77

株洲市 1978~2015 年, 建设用地的年均变化速率最大, 其次是耕地、草地、水域、林地。其中, 耕地年均减少速率在 1990~1994 年最小, 而 2010~2015 年最大, 分别为 0.09% 和 5.34%; 林地面积在 1990~1994 年间趋于平衡, 2010~2015 年有所增加, 年均增长率为 1.48%。其余时段年均减少速率范围为 0.03%~0.35%, 说明 2010~2015 年株洲市的林地不仅得到了有效保护, 且退耕还林效果显著; 建设用地年均增长率在 1978~1990 年最大, 2010~2015 年次之, 分别为 22.31% 和 13.03%, 1990 年之后, 各时段年均增长速率都大于前一时段, 说明株洲市建设用地的增速不断加快, 未来有继续上升趋势; 水域在 1978~2015 年的年均变化速率趋势表现平稳; 草地的年均变化速率在 1978~2010 年较平稳, 在 2010~2015 年有所加快; 未利用地年均变化速率主要在 1978~1990 年和 2010~2015 年间减少速率较快, 1990~2010 年变化速率较平稳。

表 4-15　株洲市 1978~2015 年土地利用类型变化面积与年均变化速率

土地利用类型		1978~ 1990 年	1990~ 1994 年	1994~ 2000 年	2000~ 2006 年	2006~ 2010 年	2010~ 2015 年	1978~ 2015 年
耕地	变化面积/km²	-22.26	-2.3	-10.17	-9.4	-25.51	-165.96	-235.6
	年均变化速率/%	-0.27	-0.09	-0.25	-0.24	-0.99	-5.34	-0.92
林地	变化面积/km²	-24.18	0.19	-2.3	-4.6	-15.35	80.77	34.53
	年均变化速率/%	-0.18	0	-0.03	-0.07	-0.35	1.48	0.08
草地	变化面积/km²	0	0	0	0.19	0	-2.68	-2.49
	年均变化速率/%	0	0	0	0.31	0	-5.08	-0.65
水域	变化面积/km²	-0.96	-0.95	1.15	-0.77	3.45	2.11	4.03
	年均变化速率/%	-0.12	-0.37	0.31	-0.20	1.37	0.63	0.17
建设 用地	变化面积/km²	47.77	3.07	11.32	14.58	37.03	85.76	199.53
	年均变化速率/%	22.31	1.17	2.75	3.04	9.79	13.03	30.23
未利 用地	变化面积/km²	-0.38	0	0	0	0.38	0	0
	年均变化速率/%	-8.33	—	—	—	—	0	0

注: —表示时段前期面积为零

1978～2015 年，湘潭市建设用地的年均变化速率最大，其次是草地、耕地、林地、水域和未利用地。其中，耕地 1978～1990 年的年均减少速率为 0.34%。1990～2015 年，耕地面积持续减少，2010～2015 年年均减少速率为 1.02%；林地 1978～2000 年年均减少速率持续减少至 0.05%，随后又不断增加至 2010～2015 年的 0.73%，表明湘潭市 2000 年以后经济建设速度加快导致了大量林地被占用；建设用地 1978～1990 年年均增加速率最大，为 41.35%，1994～2000 年最低，为 0.90%，随后年均增加速率持续上升，直至 2010～2015 年的 15.40%，这说明湘潭市建设用地的增速不断加快，未来有继续上升的趋势；水域在 1978～2015 年的年均变化速率趋势表现平稳；草地在 1978～2006 年年均变化速率较平稳，在 2006～2015 年间，草地面积有所增加，因此年均增加速率有所上升；未利用地的变化速率主要在 2000～2006 年和 2010～2015 年间减少速率较快。

表 4-16　湘潭市 1978～2015 年土地利用类型变化面积与速率

土地利用类型		1978～1990 年	1990～1994 年	1994～2000 年	2000～2006 年	2006～2010 年	2010～2015 年	1978～2015 年
耕地	变化面积/km²	−46.67	−2.24	−5.03	−8.38	−25.43	−53.65	−141.4
	年均变化速率/%	−0.34	−0.05	−0.08	−0.13	−0.59	−1.02	−0.34
林地	变化面积/km²	−22.35	3.63	−4.47	−5.87	−15.65	−55.33	−100.04
	年均变化速率/%	−0.12	0.06	−0.05	−0.06	−0.25	−0.73	−0.17
草地	变化面积/km²	0	−0.56	0	0	0.28	3.07	2.79
	年均变化速率/%	0	−5.56	0	0	3.57	27.41	2.99
水域	变化面积/km²	−1.68	−3.91	4.75	0	4.19	−5.31	−1.96
	年均变化速率/%	−0.20	−1.42	1.22	0	1.51	−1.44	−0.08
建设用地	变化面积/km²	70.7	3.08	4.75	14.25	36.33	110.38	239.49
	年均变化速率/%	41.35	0.91	0.90	2.56	8.49	15.40	45.42
未利用地	变化面积/km²	0	0	0	0	0.28	0.84	1.12
	年均变化速率/%	—	—	—	—	—	60.00	—

注：—表示时段前期面积为零

2. 土地利用结构空间变化特征

长株潭主城区 1978～2015 年相邻时相各类土地利用类型相互转化的空间分布及转换关系分别如图 4-20 和表 4-17～表 4-22 所示。长株潭主城区土地利用类型转化主要集中在长沙市、株洲市和湘潭市中心城市和其周边地区。中心城区以耕地、林地向建设用地转移为主；周边地区主要以耕地和林地的相互转移为主，并呈现出阶段性差异。

（1）1978～1990 年

长株潭主城区发生转移的土地利用类型主要是耕地和林地，转移总面积分别为 142.82km² 和 94.66km²。其中，耕地以向建设用地转移为主，其次为林地和草地。转移区域主要集中在长沙市的芙蓉区、天心区、雨花区、开福区的南部、岳麓区的东部，株洲市

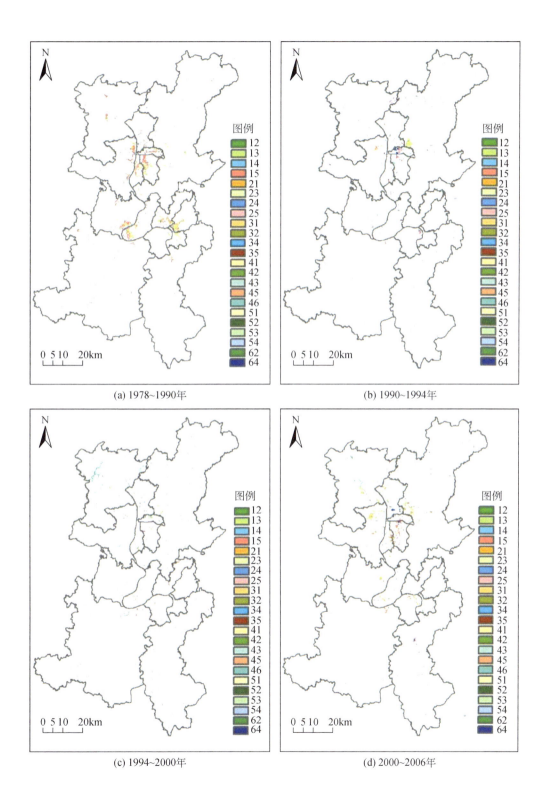

(a) 1978~1990年

(b) 1990~1994年

(c) 1994~2000年

(d) 2000~2006年

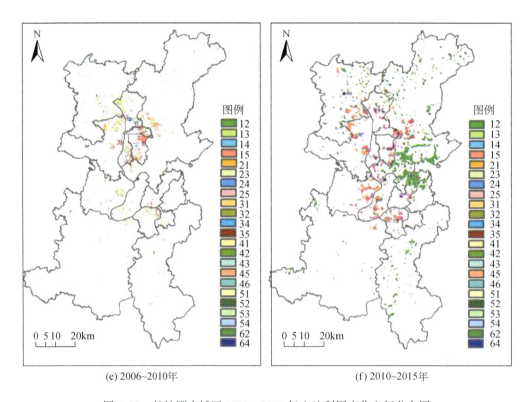

(e) 2006~2010年　　　　　　　　　　(f) 2010~2015年

图 4-20　长株潭主城区 1978～2015 年土地利用变化空间分布图

图例中前后数字分别表示变化前后土地利用类型：1-耕地，2-林地，3-草地，4-水域，5-建设用地，6-未利用地

的石峰区、荷塘区和芦淞区，湘潭市的岳塘区西南部、雨湖区东南部以及湘潭县县城；林地以向建设用地转移为主，转移区域主要集中在长沙市的雨花区中部、天心区南部、芙蓉区东部、岳麓区北部、长沙县星沙部分区域，株洲市的荷塘区、石峰区和芦淞区，湘潭市的岳塘区西南部和雨湖区的东南部。

表 4-17　长株潭主城区 1978～1990 年土地利用类型转移矩阵　　（单位：km²）

1990 年	1978 年						
	耕地	林地	草地	水域	建设用地	未利用地	合计
耕地	3402.26	1.30	0	0	0.96	0.86	3405.38
林地	0.71	4562.84	0.11	0	0.70	0	4564.36
草地	0.05	0.06	32.66	0	0	0	32.77
水域	0.68	0	0	299.76	0.52	0	300.96
建设用地	141.38	93.30	0	4.64	78.02	0	317.34
未利用地	0	0	0	0	0	2.59	2.59
合计	3545.08	4657.5	32.77	304.40	80.20	3.45	

（2）1990～1994 年

长株潭主城区发生转移的土地利用类型主要是耕地、林地、水域和建设用地，转移总面积分别为 157.58km²、134.21km²、32.86km² 和 16.88km²。其中，耕地以向林地转移为主，其次为建设用地、草地和水域。转移区域主要集中在长沙市的芙蓉区、开福区、芙蓉区、雨花区、岳麓区、长沙县，株洲市天元区、株洲县，湘潭市的雨湖区和湘潭县县城；林地以向耕地转移为主。转移区域主要集中在长沙市的雨花区、岳麓区和长沙县，株洲市的芦淞区、株洲县。

表 4-18　长株潭主城区 1990～1994 年土地利用类型转移矩阵　（单位：km²）

1994 年	1990 年						
	耕地	林地	草地	水域	建设用地	未利用地	合计
耕地	3247.8	113.94	0.79	22.13	11.24	0	3395.90
林地	119.18	4430.15	1.94	4.02	4.71	0.05	4560.05
草地	0.74	1.26	29.78	0.09	0.04	0	31.91
水域	8.06	3.90	0.09	268.10	0.89	0.08	281.12
建设用地	29.60	15.11	0.17	6.49	300.46	0	351.83
未利用地	0	0	0	0.13	0	2.46	2.59
合计	3405.38	4564.36	32.77	300.96	317.34	2.59	

（3）1994～2000 年

长株潭主城区发生转移的土地利用类型主要是耕地和林地，转移总面积分别为 173.95km² 和 145.45km²。其中，耕地以向林地转移为主，其次为建设用地。转移区域主要集中在长沙市的雨花区、望城区，株洲市的石峰区、天元区、株洲县，湘潭市的岳塘区、湘潭县县城。林地以向耕地转移为主，其次为建设用地。转移区域主要集中在长沙市的望城区、开福区、岳麓区、长沙县，株洲市的株洲县，湘潭市的雨湖区。

表 4-19　长株潭主城区 1994～2000 年土地利用类型转移矩阵　（单位：km²）

2000 年	1994 年						
	耕地	林地	草地	水域	建设用地	未利用地	合计
耕地	3221.95	122.5	0.80	7.58	16.33	0	3369.16
林地	119.88	4414.6	1.11	4.03	5.91	0	4545.53
草地	0.82	1.01	29.88	0.12	0.08	0	31.91
水域	25.12	4.47	0.09	268.12	2.20	0.09	300.09
建设用地	28.13	17.44	0.03	1.21	327.31	0	374.12
未利用地	0	0.03	0	0.06	0	2.50	2.59
合计	3395.90	4560.05	31.91	281.12	351.83	2.59	

（4）2000～2006 年

长株潭主城区发生转移的土地利用类型主要是耕地和林地，转移总面积分别为180.07km² 和162.26km²，其他土地利用类型转移相对较小。其中，耕地以向林地转移为主，其次为建设用地；林地以向耕地转移为主，其次为建设用地。林地和耕地的相互转移均匀分布在整个区域，耕地和林地转建设用地主要集中在长沙市的雨花区中部和南部、天心区东部、岳麓区北部和中部、长沙县和望城区，株洲市的天元区东北部、芦淞区中部和株洲县县城，湘潭市的岳塘区西南部、雨湖区和湘潭县县城。

表 4-20　长株潭主城区 2000～2006 年土地利用类型转移矩阵　（单位：km²）

2006 年	2000 年						
	耕地	林地	草地	水域	建设用地	未利用地	合计
耕地	3189.09	103.43	0.75	6.90	10.35	0	3310.52
林地	105.57	4384.27	0.90	3.58	4.48	0.03	4498.83
草地	0.73	1.00	29.2	0.09	0.03	0	31.05
水域	11.02	4.04	0.10	282.94	0.92	0.21	299.23
建设用地	62.52	51.74	0.96	5.76	359.34	0	480.32
未利用地	0.23	0.05	0	0.82	0	2.35	3.45
合计	3369.16	4544.53	31.91	300.09	375.12	2.59	

（5）2006～2010 年

长株潭主城区发生转移的土地利用类型主要是耕地、林地和建设用地，转移总面积分别为255.98km²、193.80km² 和31.66km²。其中，耕地以向建设用地转移为主，其次为林地；林地以向建设用地转移为主，其次为耕地。耕地和林地的相互转移均匀分布在整个区域，耕地和林地转建设用地则主要集中在长沙市的雨花区东北部、芙蓉区中部、天心区南部、开福区、岳麓区北部和中部，长沙县西南部和望城区，株洲市的天元区东北部、石峰区南部，湘潭市的雨湖区东北部、岳塘区西南部和湘潭县县城。

表 4-21　长株潭主城区 2006～2010 年土地利用类型转移矩阵　（单位：km²）

2010 年	2006 年						
	耕地	林地	草地	水域	建设用地	未利用地	合计
耕地	3054.54	55.61	0.26	15.66	14.68	0.03	3140.78
林地	64.74	4305.03	1.71	4.98	12.85	0	4389.31
草地	1.96	0.68	28.01	0.33	0.06	0	31.04
水域	20.74	4.38	0.45	267.52	3.90	0.52	297.51
建设用地	168.33	131.27	0.62	10.61	449.66	0.09	760.58
未利用地	0.21	1.86	0	0.13	0.17	2.81	5.18
合计	3310.52	4498.83	31.05	299.23	481.32	3.45	

（6）2010～2015 年

长株潭主城区发生转移的土地利用类型主要是耕地、林地、建设用地，转移总面积分别为 1205.83km²、830.64km²、17.16km²。其中，耕地以向林地转移为主，其次为建设用地；林地以向耕地转移为主，其次为建设用地。耕地转林地的区域主要集中在长沙的望城区、长沙县，株洲市的石峰区、荷塘区、株洲县，湘潭市的湘潭县。林地转耕地的区域主要集中在望城区、长沙县、株洲县和湘潭县；耕地和林地转建设用地的区域则主要集中在长沙市的芙蓉区东部、雨花区东南部、天心区南部、岳麓区北部和中部、开福区中部、长沙县和望城区，株洲市的天元区、石峰区、荷塘区、芦淞区和株洲县县城，湘潭市的岳塘区中部、雨湖区和湘潭县县城。

表 4-22　长株潭主城区 2010～2015 年土地利用类型转移矩阵　　（单位：km²）

2015 年	2010 年						
	耕地	林地	草地	水域	建设用地	未利用地	合计
耕地	1933.95	588.47	4.78	31.26	12.59	0.45	2571.5
林地	861.17	3558.67	24.14	28.02	4.36	2.63	4478.99
草地	19.94	11.37	0.06	2.22	0.04	0	33.63
水域	51.62	16.86	0.23	210.86	0.17	1.38	281.12
建设用地	271.86	212.61	1.83	22.56	743.42	0.7	1252.98
未利用地	1.24	1.33	0	2.59	0	0.02	5.18
合计	3139.78	4389.31	31.04	297.51	760.58	5.18	

3. 城市边界内外土地利用结构特征

长沙、株洲、湘潭三市主城区 1978～2015 年城市空间扩张边界内外土地利用结构如图 4-21 所示。

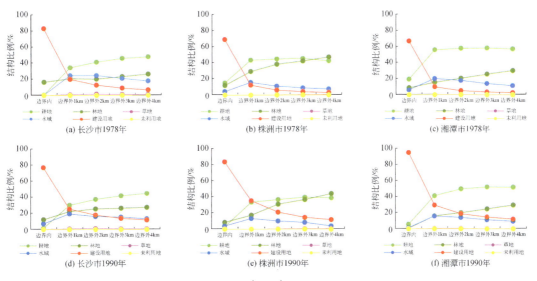

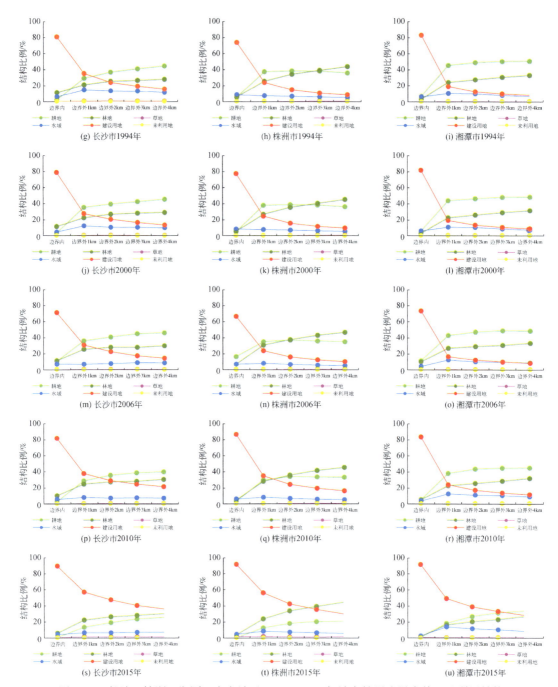

图 4-21　长沙、株洲、湘潭三市主城区 1978~2015 年城市扩展边界内外土地利用结构

长沙市城区边界内部，土地利用结构类型表现较为单一，主要以建设用地为主，而其他用地类型相对少，边界 1km 缓冲区范围内建设用地面积比显著下降，其后（2~4km）趋于平缓。1978 年、1990 年、1994 年、2000 年、2006 年、2010 年和 2015 年边界内建设

用地面积比分别为83.22%、79.10%、80.74%、80.31%、71.47%、82.21%和89.75%，这说明在长沙市城市边界内，城市化发展已经接近成熟，处于相对饱和的状态。1978～2010年城区边界2～4km缓冲区范围内耕地面积比始终最大且随缓冲区半径的增大而逐渐增加，林地面积比低于耕地，但也呈增长趋势。其他用地类型虽存在波动，但变化较小。2015年，城市边界内建设用地比始终高于其他类型，林地次之，耕地第三。这主要是因为，随着长沙市建设用地的不断外扩，近郊区的耕地不断变为建设用地，耕地的比例不断下降，而林地保护较好，导致林地的比例超过耕地。

株洲市城市边界内外土地利用结构与长沙市相似，从城区边界内到1～4km缓冲区范围，建设用地面积比不断下降，林地与耕地逐步上升。边界内建设用面积比最小值为2006年的68.59%，最大值为2015年的89.87%。1km缓冲区范围内，1978年、1994年、2000年、2006年面积比最大的为耕地，面积比范围为35.71%～3.27%，1990年、2010年和2015年为建设用地（35.70%、34.61%和54.87%）。2km缓冲区范围内，1990～2000年边界面积比呈耕地>林地>建设用地>水域>草地>未利用地的趋势。2006～2010年面积比最大的变为林地，2015年面积比最大的则为建设用地。3km缓冲区范围内，1978～1990年耕地面积比最大，其后占比最大类型均为林地。边界4km缓冲区范围内，1978～2015年面积比最大的始终为林地。

湘潭市1978～2015年城区边界内建设用面积比分别为66.56%、93.14%、83.95%、85.07%、74.37%、85.91%、93.92%。相较于长沙市与株洲市，湘潭市城区饱和程度更高。除2015年外，城区边界1～4km缓冲区范围内耕地面积比显著高于林地，且始终是所有土地利用类型中最高的。从城区边界内到1～4km缓冲区范围，水域面积比整体呈先增后减趋势，在1km范围处达到最大。

参 考 文 献

陈云浩，冯通，史培军，等.2006.基于面向对象和规则的遥感影像分类研究［J］.武汉大学学报（信息科学版），31（4）：316-320.

杜凤兰，田庆久，夏学齐，等.2004.面向对象的地物分类法分析与评价［J］.遥感技术与应用，19（1）：20-23.

李德仁.2003.利用遥感影像进行变化检测［J］.武汉大学学报（信息科学版），28（S1）：7-12.

刘大伟，韩玲，韩晓勇.2016.基于深度学习的高分辨率遥感影像分类研究［J］.光学学报，36（4）：298-306.

刘瑞，朱道林.2010.基于转移矩阵的土地利用变化信息挖掘方法探讨［J］.资源科学，32（8）：1544-1550.

刘盛和，何书金.2002.土地利用动态变化的空间分析测算模型［J］.自然资源学报，17（5）：533-540.

申文明，王文杰，罗海江，等.2007.基于决策树分类技术的遥感影像分类方法研究［J］.遥感技术与应用，22（3）：333-338.

孙家抦.2009.遥感原理与应用（第2版）［M］.武汉：武汉大学出版社.

汤国安.2004.遥感数字图像处理［M］.北京：科学出版社.

王建梅，覃文忠.2005.基于L-M算法的BP神经网络分类器［J］.武汉大学学报（信息科学版），30（10）：928-931.

王秀兰，包玉海. 1999. 土地利用动态变化研究方法探讨［J］. 地理科学进展，18（1）：81-87.

张新长. 2004. 土地利用动态变化的空间测算模型研究［J］. 地理信息世界，2（6）：15-21.

赵英时. 2003. 遥感应用分析原理与方法［M］. 北京：科学出版社.

周启鸣. 2011. 多时相遥感影像变化检测综述［J］. 地理信息世界，9（2）：28-33.

庄大方，刘纪远. 1997. 中国土地利用程度的区域分异模型研究［J］. 自然资源学报，12（2）：105-111.

Breiman L，Friedman J H，Olshen R A，et al. 1984. Classification and Regression Trees［M］. Monterey：Brooks/Cole Publishing.

Cortes C，Vapnik V. 1995. Support-vector networks［J］. Machine Learning，20（3）：273-297.

Hinton G E，Osindero S，Teh Y W. 2006. A fast learning algorithm for deep belief nets［J］. Neural Computation，18（7）：1527-1554.

Im J，Jensen J R，Tullis J A. 2008. Object-based change detection using correlation image analysis and image segmentation［J］. International Journal of Remote Sensing，29（2）：399-423.

Krizhevsky A，Sutskever I，Hinton G E. 2012. ImageNet classification with deep convolutional neural networks［C］// International Conference on Neural Information Processing Systems.

Lecun Y，Bengio Y. 1995. Convolutional networks for images，speech，and time series［M］//Andrew A M. The HandBook of Brain Theory and Neural Networks. Cambridge：MIT Press.

Quinlan J R. 1975. ID3 Algorithm，Machine Learning［M］. Sydney：University of Sydney.

Quinlan J R. 1993. C4. 5：Programs for Machine Learning［M］. San Mateo，CA：Morgan Kaufmann.

第5章 城市土地利用生态效应分析

土地利用的生态效应是指土地利用的类型、空间分布、景观格局等及其变化对生态环境的影响作用。随着人类经济社会发展和城市化进程的加快，自然主导的土地利用类型快速向人类主导的土地利用类型转变，城市生态状况也发生着剧烈的变化。分析与评价城市土地利用的生态状况，评估其生态系统服务能力与价值，揭示生态景观格局的变化规律，对于准确把握人类行为对生态系统变化的影响，指导人类生产生活方式向生态友好化改变，支持科学合理的土地利用规划与土地决策制定，以及促进人与自然和谐共处有着至关重要的作用。本章主要从土地利用生态环境状况评价、土地利用生态系统服务评估、土地利用生态景观格局分析和案例分析四个方面介绍城市土地利用生态效应分析。

5.1 土地利用生态环境状况评价

生态环境是由生物群落及非生物自然因素组成的各种生态系统所构成的整体。土地利用是生态环境的载体，人类对于地表的改造必然会引起生态环境的变化，分析与评价土地利用生态环境状况，掌握生态环境的总体特征与时空演化趋势能够为土地利用的科学规划、生态资源的合理开发利用以及生态系统的平稳发展提供支持（赵其国等，2016）。目前，生态环境评价方面的研究主要涵盖评价指标体系与评价方法两方面内容。

5.1.1 生态环境评价指标体系

评价指标的选择是土地利用生态环境状况评价的基础。指标的选择应该建立在对研究区域生态状况的充分认识与理解，对影响生态状况的主导与次要因素及其相互之间内在联系的正确把握的基础之上。选取的指标应在评价区内变异较大，概念明确，指标之间不存在显著相关性，质量优劣有明显的可度量性。同时，还应该考虑到数据的可获取性以及指标的量化难度。在实际应用中，生态环境评价指标通常分层构建，常用的指标体系有国家标准体系与状况–压力–状态–响应（Pressure-State-Response，PSR）体系。

1. 国家标准体系

2006 年，环境保护部发布《生态环境状况评价技术规范（试行）》（HJ/T 192—2006），2015 年发布修订版（HJ 192—2015）。标准规定了生态环境状况指标及其计算方法，适用于评价我国县域、省域和生态区的生态状况及变化趋势。

（1）县域、省域、生态区状况评价

关于县域、省域、生态区状况评价，标准中与土地利用生态环境状况评价相关的指标包括生物丰度指数、植被覆盖指数、水网密度指数和土地胁迫指数。

1）生物丰度指数。

生物丰度指数评价区域内生物的丰贫程度，通过生物栖息地质量和生物多样性综合表示。其计算方法如下：

$$生物丰度指数 = (BI+HQ)/2 \tag{5-1}$$

式中，BI 为生物多样性指数；HQ 为生境质量指数。BI 与 HQ 的计算公式分别如式（5-3）和式（5-4）所示。

$$BI = R'_V \times 0.2 + R'_P \times 0.2 + D'_E \times 0.2 + E'_D \times 0.2 + R'_T \times 0.01 + (100 - E'_I) \times 0.1 \tag{5-2}$$

$$HQ = A_{bio} \times (0.35 \times 林地 + 0.21 \times 草地 + 0.28 \times 水域湿地 + 0.11 \times 耕地$$
$$+0.04 \times 建设用地 + 0.01 \times 未利用地)/区域面积 \tag{5-3}$$

式中，R'_V、R'_P、D'_E、E'_D、R'_T、E'_I 分别为归一化后的野生动物丰富度、野生维管束植物丰富度、生态系统类型多样性、物种特有性、受威胁物种的丰富度、外来物种入侵度；A_{bio} 为生境质量指数的归一化系数，参考值为 511.264 213 106 7。

2）植被覆盖指数。

植被覆盖指数评价区域植被覆盖的程度，通过评价区域单位面积归一化植被指数（NDVI，计算方法见 3.1.2 节）表示。

$$植被覆盖指数 = NDVI_{区域均值} = A_{veg} \times \frac{\sum_{i=1}^{n} P_i}{n} \tag{5-4}$$

式中，P_i 为 5~9 月像元 NDVI 月最大值的均值，建议采用 MOD13 的 NDVI 数据，空间分辨率为 250m，或者分辨率与光谱特征类似的遥感影像产品；n 为区域像元数；A_{veg} 为植被覆盖指数的归一化系数，参考值为 0.012 116 512 4。

3）水网密度指数。

水网密度指数评价区域内水的丰富程度，通过评价区域内单位面积河流总长度、水域面积和水资源量表示，当水网密度指数大于 100 时，取 100。其计算公式如下：

$$水网密度指数 = (A_{riv} \times 河流长度/区域面积 + A_{lak} \times 水域面积(湖泊、水库、河渠和近海)$$
$$/区域面积) + A_{res} \times 水资源量/区域面积)/3$$

$$\tag{5-5}$$

式中，A_{riv}、A_{lak}、A_{res} 分别为河流长度、水域面积、水资源量的归一化系数，参考值分别为 84.370 108 398 1、591.790 864 200 5、86.386 954 828 1。

其中，水资源量的计算方法如式（5-6）所示。

$$\begin{cases} 水资源量 & \frac{水资源量}{水资源量_{年平均值}} \leq 1.4 \\ 水资源量_{年平均值} \times \left(2.4 - \frac{水资源量}{水资源量_{年平均值}}\right) & 1.4 < \frac{水资源量}{水资源量_{年平均值}} \leq 2.4 \\ 0 & \frac{水资源量}{水资源量_{年平均值}} > 2.4 \end{cases} \tag{5-6}$$

4）土地胁迫指数。

土地胁迫指数评价区域内土地质量遭受胁迫的程度，通过评价区域内单位面积上水土流失、土地沙化、土地开发等胁迫类型面积表示。当土地胁迫指数大于100时，取100。其计算方法如下：

$$土地胁迫指数 = A_{ero} \times (0.4 \times 重度侵蚀面积 + 0.2 \times 中度侵蚀面积 + 0.2 \times 建设用地 + 0.2 \times 其他土地胁迫)/区域面积 \qquad (5\text{-}7)$$

式中，A_{ero} 为土地胁迫指数的归一化系数，参考值为236.043 567 794 8。

（2）专题生态区生态状况评价

关于专题生态区生态状况评价，与土地利用相关的指标分为生态功能指数、生态结构指数和生态胁迫指数三个分指数。生态功能指数包含受保护区域面积比和根据生态区专题的不同有所差异的生态功能分指数（植被覆盖指数/水源涵养指数/生物丰度指数）；生态结构指数包括林地覆盖率、草地覆盖率和水域湿地面积比；生态胁迫指数包含耕地和建设用地面积比和根据生态区专题变化的生态胁迫分指数（沙化土地面积比/中度及以上土壤侵蚀面积比）。具体来说，生态状况指标计算公式如下：

$$生态状况指标 = W_1 \times 植被覆盖指数/水源涵养指数/生物丰度指数 + W_2 \times 受保护区域面积比 \times 100 + W_3 \times 林地覆盖率 + W_4 \times 草地覆盖率 + W_5 \times 水域湿地面积比 + W_6 \times (100 - 耕地和建设用地面积比) + W_7 \times (100 - 沙化土地面积比/中度及以上土壤侵蚀面积比 \times 100) \qquad (5\text{-}8)$$

式中，$W_i (i = 1, 2, \cdots, n)$ 为分指数权重，根据生态区专题的不同有所差异。

2. PSR 体系

PSR 体系最早由加拿大统计学家 Rapport 和 Friend 共同提出，20 世纪 80 年代，经济合作与发展组织与联合国环境署对该模型进行修订，随后，PSR 体系逐渐发展为生态环境指标组织和生态环境状况报告的最有效框架之一（仝川，2000）。

PSR 体系的基本思路是人类的生产生活活动从环境中获取资源又排放废物，对生态环境施加压力使之状态发生变化，这一变化必然会影响人类的社会活动与福祉，对此，社会通过经济、环境等部门政策与行为意识变化对这些变化信息做出响应，这个循环过程构成人与生态环境之间的压力–状态–响应关系，如图 5-1 所示。

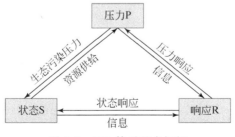

图 5-1 PSR 体系基本框架

PSR 指标体系分为压力、状态、响应三大部分。

压力指标主要体现人类活动对生态环境施加的压力，如污染的排放、自然资源的过度开发、影响土地利用结构与生态系统功能变化的人类干扰活动等。从土地利用角度来说，包括城市路网密度、城市边界扩张速度、建设用地比例、人口密度、GDP 年增长率、土地垦殖率、林地破碎程度、水域破碎程度等。

状态指标反映生态环境要素的客观状态，如大气气体组成、水环境状态、土壤结构与功能以及森林面积、质量及其生命生态支持功能等。从土地利用角度来说，包括森林覆盖率、建成区绿化覆盖率、自然保留地面积比、耕地面积比、水环境质量指数、土地利用程度、初级生产率、生物多样性指数、水质指数等。

响应指标反映政府、企业和公众为了预防和改善不利于人类生存与发展的生态环境状态的变化所提出的政策与采取的措施，如人口控制措施、耕地保护措施、农业机械化水平、退耕还林政策等。从土地利用角度来说，包括土地市场配置率、水土流失治理率、教育投资强度、退耕还林面积比、环保投入占 GDP 比例、土地集约水平等。

5.1.2　生态环境评价方法

基于已经构建的分层指标体系，采用一定方法对指标加以综合、定级才能最终实现对生态环境状况的评价。在此过程中，指标权重的确定是关键步骤，生态环境状况评价是最终结果。下面主要从这两个方面对生态环境评价方法进行介绍。

1. 指标权重确定

确定权重的方法多样，较为常见的有：德尔菲法、层次分析法等。

（1）德尔菲法

德尔菲法，也称专家调查法，是一种客观地综合多数专家经验与主观判断的方法。其具体的流程包括：①确定所选用的评价指标。②选择参与权重确定的专家。专家选择的基本要求是专业程度较高，代表面较广，且专家推荐与审定的程序严格。③设计用于评价的意见征询表。征询表的设计应该满足紧扣评价问题、简明扼要、填写简单等原则。④专家征询和轮间信息反馈。经典德尔菲法一般有三至四轮征询，第一轮主要是指标的筛选，即给定评价目标，由专家提出指标或对已有备选指标进行筛选、分类、归纳，最终得到由技术语言表达的征询表；第二轮是专家对表格指标因素进行评价，评价一般采用分数或等级表达，表格收回后对评价结果进行统计（均值、标准差等）；第三轮是专家基于前一轮评价结果，重新进行评价；第四轮是重复前一步骤，最后得到协调程度较高的评价结果。

德尔菲法简单直接，易于理解，可以获得各种不同的意见，避免了决策群体容易出现的个体控制群体意见的缺陷，但评价结果依赖于专家的选择，而专家的选择并没有明确的标准，并且评价的结果趋于一致，缺乏严格的数学分析。

（2）层次分析法

层次分析法是一种解决多目标复杂问题的定性、定量相结合的决策分析方法。其具体的流程包括：①建立层次结构模型。将决策的目标、考虑的因素（决策准则）和决策对象按照相互关系分为不同层次，绘制层次结构图。②构造判断矩阵。通过将每层因素针对上一层因素的相对重要性进行两两比较形成成对比较矩阵。③层次单排序及其一致性检验。求取判断矩阵的最大特征根对应特征向量，向量的元素即同一层因素对于上一层因素的相对重要性的排序权值。利用一致性检验指标、随机一致性指标和异质性比例进行一致性检验，若检验通过，特征向量归一化后即为权向量，若不通过则重新构造判断矩阵。④层次总排序。计算最下层对于最高层（即目标层）相对重要性的权向量并做一致性检验。

层次分析法将研究对象逐层分解，对比判断，进而综合决策，每个层次的每个因素对结果的影响都清晰明了，但决策过程中定性数据较多而定量数据较少，缺乏严格的数学论证。

2. 生态环境状况评价

生态环境状况评价可以按照经验或等间距规则直接基于综合指数的值进行评价，如《生态环境状况评价技术规范》（HJ 192—2015）规定生态环境状况指数大于 75 为优，55～75 为良，35～55 为一般，也可以采用数学方法科学划分，常用的方法有：模糊综合评判法、聚类分析法等。常见的聚类分析方法在第 4 章已做介绍，本节主要介绍模糊综合评判法。

模糊综合评判法是一种基于最大隶属度原则，利用模糊变换原理考虑模糊系统各个因素并进行合理分析与评价的方法。生态环境状况指数的值是确定的，但当指数值处于什么范围时生态环境状况为优则是模糊的，模糊综合评判法能够使这一概念清晰化，因而被越来越广泛地应用到生态环境评价领域。模糊综合评判法的具体步骤如下。

1）确定因素集 U 与评定集 V。

因素集 U 即评价项目或指标的集合，设 $U=\{u_i\}$，$i=1,2,\cdots,m$，即 m 个评价指标。评定集 V 即评价等级的集合，设 $V=\{v_j\}$，$j=1,2,\cdots,n$，即对评价指标变化区间的划分，v_j 为第 j 个评价等级，n 为评价等级的个数。

2）进行单因素评价，建立模糊关系矩阵 R。

首先，针对单一因素，通过确定评价对象对评价集合的隶属程度得到隶属度向量，这称为单因素模糊评价。隶属度的确定通常由专家或相关专业人员依据评判等级进行打分后统计结果求得。对于因素 u_i 对评价等级 v_j 的隶属度，其计算公式如下：

$$r_{ij}=\frac{N_{v_j}}{N} \tag{5-9}$$

式中，N_{v_j} 为评判因素为等级 v_j 的个数；N 为评判总数。

然后，对每个因素计算隶属度向量便得到模糊关系矩阵：

$$R = \begin{pmatrix} r_{11} & r_{12} & \cdots & r_{1n} \\ r_{21} & r_{22} & \cdots & r_{2n} \\ \vdots & \vdots & & \vdots \\ r_{m1} & r_{m2} & \cdots & r_{mn} \end{pmatrix} \qquad (5\text{-}10)$$

3）进行多因素模糊评价。

利用合适的合成算子将确定的权向量 $A = (a_1, a_2, \cdots, a_m)$ 与模糊关系矩阵合成得到被评价对象的模糊综合评价结果向量 B，即式（5-11）。

$$B = A \circ R = (a_1, a_2, \cdots, a_m) \begin{pmatrix} r_{11} & r_{12} & \cdots & r_{1n} \\ r_{21} & r_{22} & \cdots & r_{2n} \\ \vdots & \vdots & & \vdots \\ r_{m1} & r_{m2} & \cdots & r_{mn} \end{pmatrix} = (b_1, b_2, \cdots, b_m) \qquad (5\text{-}11)$$

一般模糊合成算子有以下类型：

其一，$M(\wedge, \vee)$ 算子。

$$b_j = \bigvee_{i=1}^{m} (a_i \wedge r_{ij}) = \max_{1 \leq i \leq m} \{ \min(a_i, r_{ij}) \} \quad j = 1, 2, \cdots, n \qquad (5\text{-}12)$$

对向量 B 中的第 j 个元素的求解过程为：分别将 a_1 与 r_{1j}，a_2 与 r_{2j}，$\cdots$，a_m 与 r_{mj} 对比取最小值，得到最小值序列后取序列中最大的元素即为 b_j。

其二，$M(\cdot, \vee)$ 算子。

$$b_j = \bigvee_{i=1}^{m} (a_i, r_{ij}) = \max_{1 \leq i \leq m} \{ a_i r_{ij} \} \quad j = 1, 2, \cdots, n \qquad (5\text{-}13)$$

对向量 B 中的第 j 个元素的求解过程为：分别将 a_1 与 r_{1j}，a_2 与 r_{2j}，$\cdots$，a_m 与 r_{mj} 相乘，得到乘积值序列后取序列中最大的元素即为 b_j。

其三，$M(\wedge, \oplus)$ 算子。

$$b_j = \min \left\{ 1, \sum_{i=1}^{m} \min(a_i, r_{ij}) \right\} \quad j = 1, 2, \cdots, n \qquad (5\text{-}14)$$

对向量 B 中的第 j 个元素的求解过程为：分别将 a_1 与 r_{1j}，a_2 与 r_{2j}，$\cdots$，a_m 与 r_{mj} 对比取最小值，得到最小值序列后将序列中的元素相加，相加后的值与 1 进行比较，较小的值即为 b_j。

其四，$M(\cdot, \oplus)$ 算子。

$$b_j = \min \left\{ 1, \sum_{i=1}^{m} a_i r_{ij} \right\} \quad j = 1, 2, \cdots, n \qquad (5\text{-}15)$$

对向量 B 中的第 j 个元素的求解过程为：分别将 a_1 与 r_{1j}，a_2 与 r_{2j}，$\cdots$，a_m 与 r_{mj} 相乘，得到乘积值序列后将序列中的元素相加，相加后的值与 1 进行比较，较小的值即为 b_j。

模糊评价能够对模糊的系统进行定量化处理形成较为准确的评价结果，使得评价结果更具科学性也包含更丰富信息。然而，当指标集较大时，即指标个数较多时，在权向量元素之和为 1 的条件约束下，相对于隶属度，权系数往往偏小，权向量与模糊关系矩阵不匹配，结果可能出现超模糊现象，难以区分隶属度的大小，甚至造成评判失败，对此可以采用分层模糊评价加以改进。

5.2 土地利用生态系统服务评估

生态系统服务是指通过生态系统的功能，直接或间接得到的生命支持产品和服务而形成的维持人类生存和发展的环境条件与效用（王军和顿耀龙，2015）。土地利用变化是生态系统服务变化的主要驱动力之一，不同土地利用结构及空间配置将直接影响生态系统中的物质与能量交换，进而影响整个生态系统的功能。评估土地利用的生态系统服务现状能够准确把握生态系统服务价值，揭示人类活动对生态系统的影响规律，推动土地利用的优化配置与科学管理，促进城市的可持续发展（余新晓等，2004；Nelson et al.，2010）。土地利用生态系统服务的评估根据研究区地理特征与关注重点的差异，发展出了不同的分类体系与评估方法技术，本节主要对生态系统服务分类和评估方法进行介绍。

5.2.1 生态系统服务分类

科学合理的生态系统服务分类体系能够使抽象、复杂的概念具体化、简单化，帮助人们更深入地理解和认识生态系统的功能与价值。开展生态系统服务评估的首要步骤就是对其进行分类。目前应用较多或常作为分类体系构建基础的生态系统服务分类主要有 Costanza、Daily 和 MA 生态系统服务分类。

1. Costanza 生态系统服务分类

Costanza 生态系统服务分类由生态经济学家 Costanza 等（1997）基于全球海洋和陆地两大类系统下包括开阔海洋、海岸、热带森林、温带森林、寒带森林、草地、牧场、湿地、湖泊、河流、沙漠、苔原、冰川、岩石、农田和城市共 16 个区域类型所提出。Costanza 生态系统服务分类将生态系统的产品与服务合为一体，包含气体调节、气候调节、干扰调节、水分调节、水分供给、侵蚀控制与泥沙截留、土壤形成、养分循环、废物处理、授粉、生物控制、庇护、食物生产、原材料、遗传资源、休闲和文化共 17 个类型（Costanza et al.，1997）。各类型的基本含义及实例如表 5-1 所示。

表 5-1 Costanza 生态系统服务分类（Costanza et al.，1997）

序号	生态系统服务	生态系统功能	实例
1	气体调节	调节大气化学组成	CO_2/O_2 平衡、O_3 防护 UV-B 和 SO_2 水平
2	气候调节	对气温、降水的调节以及对其他气候过程的生物调节作用	温室气体调节以及影响云形成的 DMS（硫化二甲酯）生成
3	干扰调节	对环境波动的生态系统容纳、延迟和整合能力	防止风暴、控制洪水、干旱恢复及其他由植被结构控制的生境对环境变化的反应能力
4	水分调节	调节水文循环过程	农业、工业或交通的水分供给
5	水分供给	水分的保持与储存	集水区、水库和含水层的水分供给

序号	生态系统服务	生态系统功能	实例
6	侵蚀控制与泥沙截留	生态系统内的土壤保持	风、径流和其他运移过程的土壤侵蚀和在湖泊、湿地的累积
7	土壤形成	成土过程	岩石风化和有机物质的积累
8	养分循环	养分的获取、形成、内部循环和存储	固氮和氮磷等元素的养分循环
9	废物处理	流失养分的恢复，过剩养分或有毒物质的转移与分解	废物处理、污染控制和毒物降解
10	授粉	植物配子的移动	植物种群繁殖授粉者的供给
11	生物控制	对种群的营养级动态调节	关键种捕食者对猎物种类的控制、顶级捕食者对食草动物的消减
12	庇护	为定居和临时种群提供栖息地	迁徙种的繁育和栖息地、本地种区域栖息地或越冬场所
13	食物生产	总初级生产力中可提取的食物	鱼、猎物、作物、果实的捕获与采集，给养的农业和渔业生产
14	原材料	总初级生产力中可提取的原材料	木材、燃料和饲料的生产
15	遗传资源	特有生物材料和产品的来源	药物、抵抗植物病原和作物害虫的基因、装饰物种（宠物和园艺品种）
16	休闲	提供休闲娱乐	生态旅游、体育、钓鱼和其他户外休闲娱乐活动
17	文化	提供非商业用途	生态系统美学的、艺术的、教育的、精神的或科学的价值

2. Daily 生态系统服务分类

Daily 在其 1997 年发表的标志性著作 *Nature's Services：Social Dependence on Natural Ecosystems* 与 1999 年发表的文章中从生态产品供给等角度提出了生态系统服务价值的评估框架，该框架将自然生态系统及其生物多样性视为资本资产，经过妥善管理将产生一系列产品和服务。具体来说，生态系统服务包括产品生产、再生过程、稳定过程、生命实现功能和维护选项。具体含义及实例如表5-2所示。

表5-2　Daily 生态系统服务分类（Daily，1999）

序号	生态系统服务	生态系统功能	实例
1	产品生产	食品生产	陆生动植物产品，饲料，海鲜，香料
2		药品生产	医药产品，合成药物前体
3		耐用材料	天然纤维，木材
4		能量	生物质燃料，水力发电用低含沙量水
5		工业产品	蜡、油、香料、染料、乳胶、橡胶等，合成产品的前体
6		遗传资源	促进其他产品生产的中间产品

序号	生态系统服务	生态系统功能	实例
7	再生过程	循环过滤过程	废物分解与无害化,土壤肥力产生与更新,空气净化,水的净化
8		移位过程	植被恢复所需的种子散布,农作物和自然植被的授粉
9	稳定过程		海岸、河道稳定 不同条件下一个物种对另一个物种的补偿 大部分潜在有害物种的控制 极端天气的缓和(如温度和风) 气候局部稳定 水文循环调节(减轻洪涝灾害)
10	生命实现功能		审美,文化,智力和精神激励,存在值,科学发现,宁静
11	维护选项		未来所需生态组分和生态系统的维护,以上产品和服务以及其他待发现产品和服务的补充

3. MA 生态系统服务分类

千年生态系统评估(Millennium Ecosystem Assessment,MA)是由联合国发起的一项为期四年的国际合作项目。2005 年,项目的第一个成果《生态系统与人类福利:评估框架》对生态系统服务的概念、驱动因素、尺度问题、评价技术与方法等进行了全面探讨。在此基础上,按照海洋、海滨、内陆水域、森林、旱地、岛屿、山地、极地、垦殖和城镇 10 种区域类型,将生态系统服务划分为供给、调节、文化和支持四类,具体内容如表 5-3 所示。

表 5-3　MA 生态系统服务分类

序号	生态系统服务	生态系统功能	实例
1	供给服务	食物和纤维	取自植物、动物和微生物的大量食物产品以及各种原料(如木材、黄麻、丝绸等)
2		燃料	木材、牲畜粪便以及用作能源的其他生物原料
3		遗传资源	用于动植物繁育和生物工艺的基因和遗传信息
4		生化药剂、天然药物和医药用品	医药、生物杀灭剂、食物添加剂(如藻酸盐)和生物原料
5		装饰资源	用作装饰的动物产品(如皮肤和贝壳)和花卉等
6		淡水	—
7	调节服务	维护空气质量	生态系统既向大气中释放化学物质,同时也从大气中吸收化学物质
8		调节气候	局地尺度土地覆被变化影响气温和降水;全球尺度吸收和排放温室气体影响气候

序号	生态系统服务	生态系统功能	实例
9	调节服务	调节水分	影响径流时节和规模、洪水和蓄水层的补给
10		控制侵蚀	植被在保持土壤和防止滑坡方面具有重要作用
11		净化水质和处理废弃物	淡水杂质的释放源，帮助滤除和分解进入到内陆水域和海滨及海洋生态系统的有机废弃物
12		调控人类疾病	改变人类病原体（如霍乱）或带菌媒介（蚊子）的多度
13		生物控制	影响作物和牲畜害虫及疾病的流行
14		授粉	影响授粉媒的分布、多度和效力
15		避免遭受风暴侵袭	红树林和珊瑚礁等可显著降低飓风和大浪造成的损害
16	文化服务	文化多元性	生态系统多样性是影响文化多元性的一个因素
17		精神与宗教价值	许多宗教把精神与宗教价值寄托于生态系统或者其组分之上
18		知识系统	对不同文化背景发展来的知识类型产生影响
19		教育价值	为社会提供开展正式教育和非正式教育的基础
20		灵感	为艺术、民间传说、建筑和广告等提供灵感源泉
21		美学价值	喜爱公园和"林荫大道"，选择住房位置
22		社会关系	渔业社会的社会关系，与游牧群落或者农业社会多有不同
23		地方感	生活环境中已经被认同了的特征
24		文化遗产价值	人文景观或具有显著文化价值的物种
25		消遣/生态旅游	根据自然景观或者栽培景观特征决定休闲去处
26	支持服务	初级生产	绿色植物和光合细菌的有机物生产
27		氧气的生产	绿色植被通过光合作用产生氧气
28		土壤形成/保持	岩石风化和有机物质的积累
29		养分循环	固氮和氮磷等元素的养分循环
30		水分循环	水文循环过程
31		提供栖息地	迁徙种的繁育和栖息地

　　MA 的定义继承了 Costanza 等把自然生态系统和人工生态系统都作为生态系统服务来源的定义，同时又继承了 Daily 使用"服务"这一术语来包括人类从生态系统获得的有形收益和无形收益，是目前国内外研究领域最常使用的生态系统服务分类体系。但是，生态系统功能与结构复杂多样，相关的定义与功能分类体系仍在不断地完善中，不同的学科背景与研究方向也会给出不同的定义与解释，并且不同的研究区实际情况与数据可获取性也会存在差异。因此，在不同生态系统服务评估的实际应用中，生态系统服务分类通常因地制宜，并不统一。

5.2.2 生态系统服务评估方法

科学合理的生态系统服务定量评估能够帮助人们更准确直观地认识和了解生态系统及其功能，从生态系统的基本原理及其与人类活动的交互关系等不同角度出发，生态系统服务评估方法主要包括：物质量评估法、价值量评估法、能值评估法（黄从红等，2013；赵文武等，2018）。

1. 物质量评估法

物质量评估法从具体的生态系统机制出发，通过生态系统提供的产品和服务物质量大小的收集、转换、计算等对其服务功能进行整体的评价。例如，产水量、碳储量、木材产量、根据森林土壤蓄水能力和森林的径流量计算得到的森林水源涵养功能、采取土壤库持留法或林分持留法估算的营养物质循环功能、结合森林净初级生产力与光合作用方程得到的固碳释氧量、保持生物多样性的栖息地供应量（各县特有、濒危和国家保护物种的总栖息地面积）等（Ouyang et al.，2016）。

物质量评估法体现了生态系统功能产生的生态学原理，能够比较客观地反映生态系统的生态过程，多适用于生态系统服务的可持续相关研究。但评估具有一定专业性，评估结果往往难以引起决策部门的重视与公众的警醒，从而很难达到改善生态环境的预期目标。此外，不同类型的生态系统服务评估结果量纲的不统一也不利于后续的统计与综合比较工作。

2. 价值量评估法

价值量评估法是从货币价值量角度对生态系统服务功能价值开展定量评估的方法。在评估的过程里，主要利用直接或间接两种经济学方式来开展评价工作，即对生态系统自身的价值评价和生态系统服务变化产生影响的评价。目前，被广泛采用的价值量评估方法分为三类：直接市场法、替代市场法和模拟市场价值法（刘玉龙等，2005）。

（1）直接市场法

直接市场法包括费用支出法、市场价值法、生产率变动法、人力资本法等。费用支出法是利用对生态系统服务的支出费用来表示其生态价值。例如，对于自然景观的游憩效益，可用游憩者支出的费用总和作为该生态系统的游憩价值。市场价值法先定量评价生态系统服务的效果，再根据效果的市场价格估计其经济价值，包括理论效果评价法和损失评价法。前者如农产品生产服务的评价，先计算产品产量，再根据市场价格计算总量；后者如水土保持服务评价，可以利用土壤侵蚀量、生产力下降等的损失来估计。生产率变动法利用生产率的变动来评价生态系统服务价值的变化。例如，利用食物产品的产量变动来评估生态系统的食物供给服务价值。人力资本法通过市场价格和工资确定个人对社会的潜在贡献，并以此来估算环境变化对人体健康影响的损失。例如，通过评估空气污染的健康损害来评价生态系统维护空气质量的服务价值。

（2）替代市场法

替代市场法主要包括机会成本法、影子工程法、防护与恢复费用法等。机会成本法利用其他条件相同情况下要产出给定生态系统服务时需要放弃的另一种服务的价值来评估给定生态系统服务的价值。例如，借助农业灌溉的经济效益来评价河流的供水服务价值。影子工程法通过评估人工建造替代工程代替原生态系统产品或服务所需的费用来评价这一生态系统服务的价值。例如，通过计算退耕还林工程的耗费来评估森林生态系统的服务价值。防护与恢复费用法把恢复或防护一项生态服务不受破坏所需费用作为该生态系统服务的价值。例如，以湿地生态保护区的构建/修复的费用作为该系统服务的价值。

（3）模拟市场价值法

模拟市场价值法的典型代表是条件价值法。条件价值法也叫问卷调查法、意愿调查评估法、投标博弈法等。条件价值法从消费者的角度出发，在一系列假设前提下，假设某种生态系统服务存在并有市场交换，通过调查、询问、问卷、投标等方式来获得消费者对该生态系统服务的支付意愿或净支付意愿，综合所有消费者的调查结果即可得到生态系统服务的经济价值。

价值量评估法基于生态环境与经济的结合建立核算体系，能够准确地评价生态系统服务的价值，是目前应用最多的评估方法。以这种统一的、能为大众所理解的形式展现生态服务价值能够帮助决策者制定可持续的发展方案，促使公众切实地参与到生态环境的保护当中。然而，这种评估方法多以人为中心建立，存在一定主观性，并且目前国内外相关的价值量评估方法虽然很多，却尚未形成统一规范、完善的评估标准。

3. 能值评估法

能值是指在产品生产或服务形成过程中以直接或间接形式使用的有效能量。能值评估法就是以能值为数学基础的生态系统服务评估方法。能值分析理论由美国著名的能量系统分析学家 Odum 创立，Odum 根据热力学第一定律和第二定律，认为生态系统及其他任何系统均可视为能量系统。所有形式的能量均来源于太阳能，因此在实际评估过程中通常将生态系统中的自然资源和各类别的能量统一转化为太阳能进行比较分析（Odum，1988；严茂超等，2001）。

能值评估法的具体流程包括：数据收集、能值图绘制、能值坐标建立和能值分析。所谓能值图就是生态系统中主要组分相互关系与能量流动方向等信息的图解；能值坐标是基于能值指标建立的与能值图对应的体系；能值分析是基于能值坐标，分析计算评价不同的生态系统服务。利用能值理论对某一生态系统服务进行具体估算时可用式（5-16）计算：

$$V_{em}=E_n\times t_E \text{或} V_{em}=M\times t_M \tag{5-16}$$

式中，V_{em} 为生态系统服务所包含的能值；E_n 为物质所含能量；t_E 为基于能量的能值转换率；M 为物质的能量；t_M 为基于物质的能值转换率。

能值评估法客观地将自然生态系统与社会经济系统有机地统一起来，能够以统一的单位量化并比较生态系统中流动或存储的不同类别的能量及其贡献。但是，这种方法依赖于能值转换率的确定，大区域的能值转换率对某些小区域并不一定适用，人类经济产品的能值转化率会因产品的产地、生产方式及生产过程中的管理、技术条件等因素而产生差别。

5.3　土地利用生态景观格局分析

生态景观是指不同尺度与范围内由不同生态系统类型组成的异质性的空间地理单元（邬建国，2007）。土地利用空间资源类型与生态系统类型存在一定的对应关系，监测与分析土地利用景观单元的类型组成、空间配置及其生态学过程的相互作用，研究景观格局动态发展过程与形成机制，对于优化景观格局、改善生态系统质量、促进可持续发展具有重要意义。目前，对于土地利用景观格局的研究主要集中在景观格局特征分析与景观演化模式识别。

5.3.1　景观格局特征分析

生态景观格局是指景观要素的组成和配置及其在空间上的差异。理论上，景观均存在一个最佳空间配置以达到生态系统的持续性，在景观生态学已经发展的许多理论最佳格局中，斑块–廊道–基质模型是空间格局评价的基础模型。在此基础上，景观格局可通过一系列反映景观斑块及其空间配置特征的景观指数和空间分析方法加以量化。

1. 斑块–廊道–基质模型

在斑块–廊道–基质模型下，景观由斑块、廊道、基质组合而成，其中斑块是基础，廊道呈线性，基质是背景。具体来说：

斑块是指内部均质的空间单元，它能够与周围环境区分开来。景观生态学认为，斑块的大小、形状等特征会影响其生态作用。例如，圆形斑块在自然资源的保护方面效率最高，而卷曲斑块在强化斑块与基质之间的联系方面最具优势。综合考虑，斑块在生态学上的最佳形态应该是一个大的核心区加上弯曲的边界和指状凸起，其延伸方向与周围流的方向一致（Forman，1981）。

廊道是指景观类型中与两边的环境不同的线性或带状结构。廊道分割景观，同时又将景观联系在一起，其最显著的作用是运输。廊道中具有保护作用的廊道称为生态廊道，也叫绿色廊道。这类廊道主要由植被、水体等有助于生物多样性保护、水土保持、污染过滤的要素构成。按照廊道的主要结构与功能，生态廊道可分为三类：线状廊道、带状廊道和河流廊道。线状廊道是指全部由边缘种占优势的狭长条带；带状廊道是指有较丰富内部种的较宽条带；河流廊道是指河流两侧与环境基质相区别的带状植被（朱强等，2005）。廊道的构成、宽度、连接度以及过去受到干扰或可能受到干扰的关键点的特征等是决定廊道生态效应的关键要素。

基质是景观中面积最大、最具连接性的背景。相较于斑块，基质的面积更大且能够将其他景观包围。基质影响生态系统中的物质和能量的流动，对于景观动态具有重要的控制作用。

事实上，斑块、廊道和基质的划分与尺度有关，并不固定。例如，廊道可以看作带状的斑块，当斑块较大成为主导时可以认为是基质。因此，景观格局实质上可以认为是由不同大小、形状的斑块组合、作用而成的。

2. 景观指数

景观指数反映景观中斑块的类型、面积、数目、边缘与核心区、形状、结构组成等特征，是景观格局最有效的定量表征指标。景观格局特征可以从三个层次加以描述：单个斑块、相同类型斑块的集合和多个类型斑块的总和，即斑块水平、斑块类型水平和景观水平（邬建国，2000）。其中，斑块水平指数对整体景观格局的反映作用不大，只作为其他两种类型的基础，因此本节主要介绍斑块类型水平和景观水平的常用景观指数。

（1）斑块类型水平

斑块类型水平指数反映单一景观类型中斑块的面积、数目、形状等特征。主要包括单一景观类型的斑块数量、斑块类型面积、斑块密度、斑块平均大小、最大斑块指数、景观面积百分比、分离度指数、周长面积分维数、景观形状指数、聚合度指数等。

1）斑块数量（NP）。

NP 即斑块类型 i 在景观中的总数（n_i），其值越大，斑块类型越破碎。

2）斑块类型面积（CA）。

CA 指斑块类型 i 中所有斑块在景观中所占面积，即 $CA = \sum_{j=1}^{n_i} a_{ij}$，$a_{ij}$ 为斑块类型 i 中第 j 个斑块的面积。CA 的大小与物种生存息息相关，单一类型的斑块区域难以提供物种所需生境，其多样性必然较低。

3）斑块密度（PD）。

PD 是整个景观面积上斑块类型 i 个数与区域总面积之比，即 $PD = n_i / A$，A 为研究区整个景观的总面积。PD 与 NP 呈正相关关系，斑块密度越大，斑块类型越破碎。

4）斑块平均大小（MPS）。

MPS 用以测定斑块类型 i 的平均斑块面积，即

$$MPS = \frac{\sum_{j=1}^{n_i} a_{ij}}{n_i} = \frac{A_i}{n_i} \tag{5-17}$$

式中，A_i 为类型 i 的斑块面积总和。MPS 为一种平均状况，值越小，斑块类型越破碎。MPS 常与 NP 同用，MPS 小且 NP 大将共同佐证较高的破碎化程度。

5）最大斑块指数（LPI）。

LPI 反映斑块类型 i 中的最大斑块占整个景观面积的比例，其计算公式如下：

$$LPI = \frac{\max_j^{n_i}(a_{ij})}{A} \tag{5-18}$$

LPI 趋于 0 表示最大斑块越来越小；LPI = 1 表示整个景观由单一的斑块构成。LPI 有助于确定景观基质和优势类型，其值的变化可以反映人类活动的方向和强弱。

6）景观面积百分比（LAND）。

LAND 度量类型 i 的斑块面积总和占整个景观面积的比例，其计算公式为

$$\text{LAND} = \frac{\sum\limits_{j=1}^{n_i} a_{ij}}{A} = \frac{A_i}{A} \tag{5-19}$$

LAND 与 LPI 相似，其取值范围为 0 ~ 1，值越小，景观中斑块类型 i 越少，当 LAND 值为 1 时，说明景观只有斑块类型 i。LAND 可用于确定景观的优势类型。

7）分离度指数（SPLIT）。

SPLIT 度量斑块类型 i 中不同斑块个体分布的分离程度，是整个景观面积与斑块类型 i 的斑块面积总和的比值，其计算公式为

$$\text{SPLIT} = \frac{A^2}{\sum\limits_{j=1}^{n_i} a_{ij}^2} \tag{5-20}$$

$1 \leqslant \text{SPLIT} \leqslant$ 景观内像元个数，当 SPLIT = 1 时，整个景观只由一个斑块组成，SPLIT 值越大，斑块类型 i 中的斑块数量越少，斑块愈加细分，当斑块类型 i 中的斑块只有一个像元时，SPLIT 值达到最大。

8）周长面积分维数（PAFRAC）。

PAFRAC 测度景观类型的形状复杂度，其计算公式如下：

$$\text{PAFRAC} = 2 \times \frac{n_i \sum\limits_{j}^{n_i} \ln p_{ij}^2 - \left(\sum\limits_{j}^{n_i} \ln p_{ij} \right)^2}{n_i \sum\limits_{j}^{n_i} (\ln p_{ij} \cdot \ln a_{ij}) - \left(\sum\limits_{j}^{n_i} \ln p_{ij} \right) \left(\sum\limits_{j}^{n_i} \ln a_{ij} \right)} \tag{5-21}$$

式中，p_{ij} 为斑块类型 i 中第 j 个斑块的周长。

PAFRAC 取值范围为 1 ~ 2，其值越小，景观形状越有规律，表明受人为干扰的程度越大，其值越大，景观的形状越趋于复杂，受人为干扰的程度越小。

9）景观形状指数（LSI）。

LSI 测度景观边界密度，其计算公式如下：

$$\text{LSI} = \frac{0.25 \sum\limits_{k=1}^{m} e_{ik}^*}{\sqrt{A}} \tag{5-22}$$

式中，e_{ik}^* 为斑块类型 i 与斑块类型 k 之间景观边界的总长度；m 为与斑块类型 i 邻接的斑块类型总数。

LSI $\geqslant 1$，当 LSI = 1 时，说明整个景观只由斑块类型 i 的单一方形斑块构成。LSI 的值越大，斑块类型 i 的边界越长，斑块形状越不规则，受人为干扰的程度越小。

10）聚合度指数（AI）。

AI 表示同类型斑块之间的凝聚程度，其计算公式如下：

$$\text{AI} = \frac{g_{ii}}{\max \to g_{ii}} \times 100 \tag{5-23}$$

式中，g_{ii} 为斑块类型 i 的相似邻接斑块数量；$max \rightarrow g_{ii}$ 为基于单数法的斑块类型 i 的相似邻接斑块数量的最大值。如果斑块类型 i 的总面积以像元总数表达为 R_i，q 为小于 R_i 的最大整数的边，且 $t = R_i - q^2$，则 $max \rightarrow g_{ii}$ 可取以下形式：

$$max \rightarrow g_{ii} = \begin{cases} 2q(q-1) & t = 0 \\ 2q(q-1) + 2t - 1 & t \leq q \\ 2q(q-1) + 2t - 2 & t > q \end{cases} \qquad (5\text{-}24)$$

AI 基于同类型斑块像元之间的公共边界长度计算，其取值范围为 0 ~ 100。当斑块类型 i 中所有像元间不存在公共边界时，AI 值为 0，该类型聚合度最低；斑块类型 i 中所有像元间存在的公共边界越大，AI 值越高，该类型聚合度也越高。

（2）景观水平

景观水平指数包括斑块类型水平所包含的常用指数。在景观水平，这些指数从单一景观类型变为所有类型，反映的也是整个景观的格局特征。例如，景观内所有斑块的数量、密度、平均大小、最大斑块指数、分离度指数反映整个景观的破碎程度；景观内所有斑块的周长面积分维数、景观形状指数反映整个景观斑块形状的规整度；景观水平聚合度指数以各斑块类型的面积比为权重对各斑块类型水平上的 AI 指数求和得到，反映的是整个景观同类型斑块之间的凝聚程度。此外，景观水平的常用景观指数还包括：香农多样性指数、香农均匀度指数、蔓延度指数、优势度指数、人为干扰指数等。

1）香农多样性指数（SHDI）。

SHDI 用于测度景观结构组成的复杂程度，其计算公式如下：

$$SHDI = - \sum_{i=1}^{m} (P_i \ln P_i) \qquad (5\text{-}25)$$

式中，P_i 为斑块类型 i 在景观中面积比。SHDI ≥ 0，当整个景观只包含一个斑块时，其值为 0，景观内斑块类型越多或各斑块类型在景观分布越均衡，SHDI 值越大。

2）香农均匀度指数（SHEI）。

SHEI 描述景观中不同景观类型的分配均匀程度。与 SHDI 相似，SHEI 也是比较多样性变化的常用指标，其计算公式如下：

$$SHEI = \frac{H}{H_{max}} = \frac{- \sum_{i=1}^{m} (P_i \ln P_i)}{\ln m} \qquad (5\text{-}26)$$

式中，H、H_{max} 分别为多样性、最大可能丰富度条件下景观最大可能多样性；m 为除景观边界外斑块类型数量。SHEI 取值范围为 0 ~ 1，当整个景观只包含一个斑块时，SHEI 值为 0，各斑块类型分布越均匀，多样性越大，SHEI 值越大。

3）蔓延度指数（CONTAG）。

CONTAG 用于测度景观中优势斑块类型的连通与聚集程度，其计算公式为

$$\text{CONTAG} = \left\{ 1 + \frac{\sum_{i=1}^{m} \sum_{k=1}^{m} \left(P_i \frac{g_{ik}}{\sum_{k=1}^{m} g_{ik}} \right) \cdot \left[\ln \left(P_i \frac{g_{ik}}{\sum_{k=1}^{m} g_{ik}} \right) \right]}{2\ln m} \right\} \times 100 \qquad (5\text{-}27)$$

式中，g_{ik} 为斑块类型 i 与斑块类型 k 相邻的网格单元数。

CONTAG 取值范围为 0 ~ 100，当斑块类型被最大限度地分散，即每一个像元都是不同的斑块类型时，CONTAG 趋近于 0，此时景观的破碎化程度显然较高；当斑块类型被集聚程度越大，即优势斑块类型连通蔓延越显著时，CONTAG 值越大。

4）优势度指数（D）。

D 用于表征优势景观类型的地位，即景观多样性距离最大多样性的差异，其计算公式为

$$D = H_{\max} + \sum_{i=1}^{m} (P_i \ln P_i) = \ln m + \sum_{i=1}^{m} (P_i \ln P_i) \qquad (5\text{-}28)$$

$D \geqslant 0$，其值越大，景观多样性对最大多样性的偏离程度越大，景观内部不同类型斑块分布越不均匀，优势景观类型的地位越突出。

5）人为干扰指数（HDI）。

HDI 揭示人类活动对区域地表覆盖、土地利用变化的影响强度，其计算公式如下：

$$\text{HDI} = \frac{\sum_{i=1}^{m} (W_i A_i)}{A} \qquad (5\text{-}29)$$

式中，A_i 为类型 i 的斑块面积总和；A 为景观总面积；W_i 为类型 i 所反映的人类影响强度参数。在充分理解人类活动对不同土地利用类型的潜在影响作用的基础上，参考已有文献或相关技术标准，可以确定各类型的人类影响强度参数（冯志贤等，2017）。例如，耕地、林地、草地、水域、建设用地、未利用地的人类影响强度可分别设为 0.55、0.1、0.32、0.115、0.95、0.05。

景观指数的类型多样，从不同角度出发，其含义及表征特征也有所差异，在实际的应用过程中，需要根据研究区地理特征与研究目的，结合多种指数综合表征，才能更好地揭示土地利用景观格局的特征及其随时间与空间位置变化的规律。

5.3.2 景观演化模式识别

景观演化模式是指景观类型的空间分布受自然人文等因素的影响在形态上发生变化的规律。监测与分析不同类型景观空间的演化模式对于理解土地利用方式变化的生态效应，揭示景观格局变化的驱动因素以及人为干扰对生态景观的影响，优化城市土地利用格局，提升生态环境质量，提高生态保护功能具有重要意义。

1. 土地利用景观演化模式

在不同地区，景观空间演变的驱动因素有所不同，其空间形态演化模式也会有所差

异。例如，我国西南地区喀斯特地貌的主导成因是具有溶蚀力的水对可溶性岩石的作用，这种情况下，喀斯特景观空间的演化模式通常以边缘式为主；建设用地景观格局的形成则是以人为干扰为主导因素，当城市规划以紧凑型增长为目标时，建设用地景观空间的演化模式以填充式为主，而当城市规划以同心圆式增长为目标时，建设用地景观空间的演化模式以边缘式为主，此时，被建设用地侵占的耕地或林地景观空间则呈边缘式减少。

总体而言，土地利用景观空间的演变包括增长和缩减两类，而不管是增长还是缩减，其演化模式都可以归结为：填充式、边缘式和飞地式三种，其他扩张模式都可以看作是这三种基本模式的变种或者混合体（Wilson et al.，2003；Xu et al.，2007）。

填充式景观演变模式指新增景观斑块填充原景观内部而与原景观斑块合为一体，或缩减的景观斑块发生在原景观内部而被原景观包围。如图5-2（a）所示，新增的景观类型为A的斑块1填充了原类型A斑块内部类型B斑块的位置，与原类型A斑块合为整体；如图5-2（b）所示，原类型A斑块内部转化为类型B斑块2，使得类型B斑块被原类型A斑块包围。

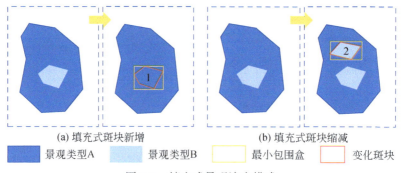

(a) 填充式斑块新增　　　　　　　(b) 填充式斑块缩减

■ 景观类型A　　■ 景观类型B　　□ 最小包围盒　　□ 变化斑块

图5-2　填充式景观演变模式

边缘式景观演变模式是指景观斑块的新增/缩减发生在原景观斑块边缘。如图5-3（a）所示，新增的景观类型为A的斑块1沿原类型A斑块边缘扩张取代类型B斑块的位置，与原类型A斑块合为整体；如图5-3（b）所示，原类型A斑块沿边缘往内转化为类型为B的斑块2，与原类型A斑块相连。

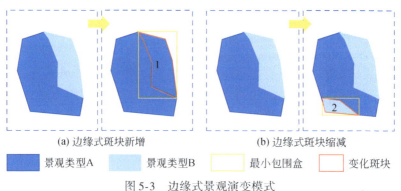

(a) 边缘式斑块新增　　　　　　　(b) 边缘式斑块缩减

■ 景观类型A　　■ 景观类型B　　□ 最小包围盒　　□ 变化斑块

图5-3　边缘式景观演变模式

飞地式景观演变模式是指新增景观斑块与原有景观斑块处于分离状态，或者原本分离的相同类型斑块中有斑块转化为另一类型。如图 5-4（a）所示，新增的景观类型为 A 的斑块 1 取代与 A 分离的类型 B 斑块的位置；如图 5-4（b）所示，与 A 分离的原类型 A 斑块转化为类型为 B 的斑块 2。

(a) 飞地式斑块新增   (b) 飞地式斑块缩减

■ 景观类型A   ■ 景观类型B   □ 最小包围盒   ▭ 变化斑块

图 5-4 飞地式景观演变模式

景观空间的演变模式会根据主体景观类型的不同而变化。例如，从景观类型 A 出发，其填充式景观缩减，对于景观类型 B 而言，可能为飞地式景观扩张（图 5-2）；对于景观类型 A 的边缘式景观缩减，对于景观类型 B 而言，可能为边缘式或飞地式景观扩张（图 5-3）；对于景观类型 A 的飞地式景观缩减，对于景观类型 B 而言，可能为飞地式景观扩张（图 5-4）等。在实际的景观空间演化模式分析过程中，应该首先确定景观空间的整体变化趋势为扩张还是缩减，然后再分类型开展模式识别与分析。

2. 景观空间演化模式识别

现有景观空间演化模式的分析主要针对城市景观空间，由于城市空间的演变均为扩张，常采用景观扩张指数进行识别，景观扩张指数的内容在 3.2.2 节已作详细介绍，在此不再赘述。森林或农业景观（分别对应林地与耕地）空间演化的模式以缩减为主，可以考虑基于时间逆序，引用景观扩张指数进行识别。对于时间序列 T_1，T_2，…，T_n 的景观空间分布，T_{i+1} 相较于 T_i 空间范围缩减，T_i 相较于 T_{i+1} 空间范围扩张，则有时间序列 T_n，T_{n-1}，…，T_1 的景观空间不断扩张，通过对"新增"斑块构造包围盒，计算景观扩张指数［式（3-12）］，然后划分阈值进行类型判断。

基于景观指数，还可以在考虑平均斑块扩张指数和面积加权平均斑块扩张指数的基础上对景观空间演化过程的紧凑程度进行评价（曾永年等，2012）。

平均斑块扩张指数定义如下：

$$\text{MEI} = \sum_{I=1}^{N} \frac{\text{LEI}_i}{N} \tag{5-30}$$

式中，LEI_i 为新增斑块的景观扩张指数；N 为新增斑块总数目。MEI 的值越大，表示景观扩张的方式更趋于紧凑。

面积加权平均斑块扩张指数定义如下：

$$\text{AWMEI} = \sum_{i=1}^{N} \text{LEI}_i \times \frac{a_i}{A} \tag{5-31}$$

式中，LEI_i 为新增斑块的景观扩张指数；a_i 为该斑块的面积；A 为所有新增斑块的总面积。

5.4 长株潭城市土地利用生态效应分析

基于 1978 年、1990 年、1994 年、2000 年、2006 年、2010 年和 2015 年长株潭主城区土地利用分类结果，综合土地利用的生态环境状况、生态系统服务以及生态景观格局，从生态活力、生态压力、生态服务三个角度，基于行政单元、社会和自然地理单元不同尺度，分析长株潭主城区 1978～2015 年土地利用变化的生态状况，识别耕地、林地和建设用地不同类型景观演化模式，具体技术流程如图 5-5 所示。

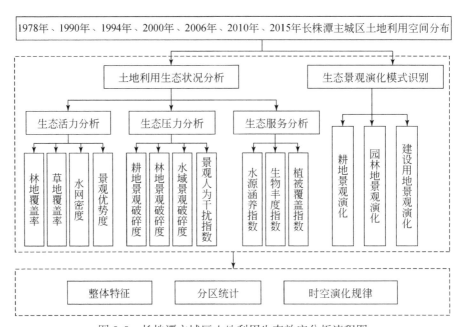

图 5-5 长株潭主城区土地利用生态效应分析流程图

5.4.1 土地利用生态状况分析

综合考虑长株潭主城区地域特色以及数据的可获取性，从生态活力、生态压力、生态服务三个角度开展土地利用生态状况分析。生态活力是指林地、草地、水域等自然生态空间内在潜力的实现情况、状态稳定情况、遇到干扰时自我修复能力以及通过外界支持来维持自身管理情况，采用林地覆盖率、草地覆盖率、水网密度和景观优势度四个指标表征。生态压力是指干旱、饥饿等危及生物个体或种群的生长或是人口增长、资源短缺等因素会导致生态系统稳定性发生变化的情况，选择耕地景观破碎度、林地景观破碎度、水域景观破碎度（SPLIT 表征）和景观人为干扰指数四个指标加以描述。生态服务维系与支持着地球生命系统和环境的动态平衡，为人类生存和社会发展提供了基本保障，采用水源涵养指数、生物丰度指数、植被覆盖指数三个指标进行描述。

1. 生态活力

（1）生态活力时序变化特征

长株潭主城区 1978～2015 年林地覆盖率、草地覆盖率、水网密度及景观优势度变化趋势如图 5-6 所示。

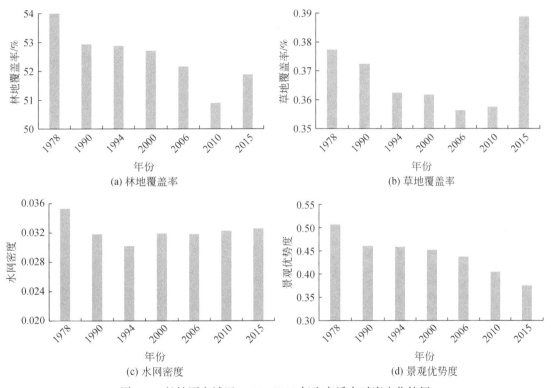

(a) 林地覆盖率　　　　　　　　　　　　　(b) 草地覆盖率

(c) 水网密度　　　　　　　　　　　　　(d) 景观优势度

图 5-6　长株潭主城区 1978～2015 年生态活力时序变化特征

1978～2015 年长株潭主城区生态活力整体呈下降趋势，1978～2010 年草地及林地覆盖率整体下降，2010～2015 年上升。水网密度变化趋于平稳，景观优势度持续下降。具体来说，1978～1990 年主城区林地覆盖率从 54% 下降至 53%，1990～2000 年下降趋势平缓，2000～2006 年下降了 0.55 个百分点，但 2010～2015 年上升了 1 个百分点；1978～2006 年，主城区草地覆盖率下降趋势明显，其中，1978～1994 年下降程度最高，下降了 0.06%，2006 年达到草地覆盖率最低点 0.356%，2006～2010 年主城区草地覆盖率稍有增加，2015 年迅速增加至 0.39%；1978～1994 年主城区水网密度下降明显，从 0.035 下降至最低值 0.030。1994～2015 年主城区水网密度平稳增长，2015 年水网密度为 0.033；1978～1990 年主城区景观优势度下降趋势最为显著，从 0.51 下降至 0.46，1990～2006 年景观优势度变化较小，2006～2015年景观优势度持续下降至最低值0.38。

长沙、株洲、湘潭三市主城区1978～2015年林地及草地覆盖率、水网密度、景观优势度变化趋势分别见图5-7～图5-9。

1978～2015年长沙市生态活力呈下降趋势，林地覆盖率、水网密度与景观优势度整体趋于下降。长沙县林地覆盖率得到维持，在1978～1990年迅速下降（57%至44%），1990～2010年趋于稳定，2010～2015年从43%上升至58%；天心区水网密度先减后增，从1978年的0.13降至2006年最低值0.06，随后上升，至2015年达到0.12，增幅达一倍；岳麓区和长沙县草地覆盖率在1990年升至最高（3.3%和1.4%）后逐步下降（2010年除外）；天心区景观优势度从1978年的0.19上升至2015年的0.52，增幅超过一倍。多个区（县）景观优势度缓慢下降，雨花区降幅最大，岳麓区最小，分别下降0.22和0.10。

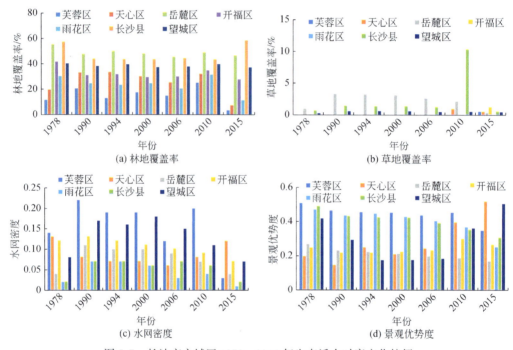

图5-7　长沙市主城区1978～2015年生态活力时序变化特征

1978～2015年株洲市生态活力呈下降趋势，林地覆盖率与景观优势度整体趋于下降。株洲县林地覆盖率1978～2015年先减后增，从1978年的62%，下降至2010年达到最小值56%，2015年增加至近70%；荷塘区、石峰区1978～2015年草地覆盖率先增后减，1994年达最大值，分别是15.4%、20.5%；株洲县水网密度得到维持，1978～2015年趋势平稳，荷塘区、芦淞区、石峰区呈现不同程度的先增后减趋势，而天元区则呈先增后减再增的趋势；荷塘区和株洲县景观优势度较高且变化趋势一致。

1978～2015年湘潭市生态活力呈下降趋势，林地覆盖率、水网密度与景观优势度整体趋于下降。湘潭县林地覆盖率基本得到维持，呈先减后波动增加过程，1978年和2015年分别为59%和57%；1978～2015年湘潭市三区（县）水网密度总体均呈先增后减趋势，

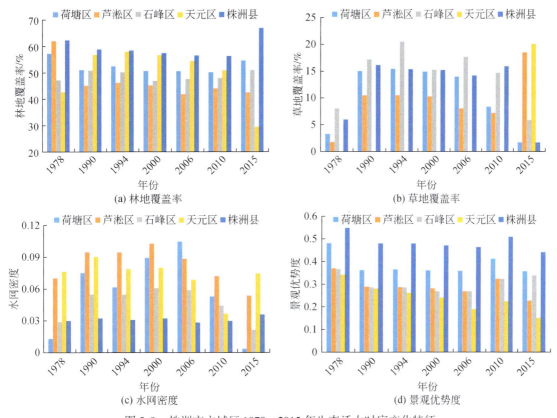

图 5-8　株洲市主城区 1978～2015 年生态活力时序变化特征

雨湖区与岳塘区最高值分别出现在 1994 年和 2000 年，分别为 0.10 和 0.16，湘潭县 1990～2010 年均为 0.06；湘潭县与雨湖区景观优势度呈下降趋势，岳塘区景观优势度波动变化，雨湖区、岳塘区、湘潭县景观优势度最大值均出现在 1978 年分别是 0.53、0.34 和 0.45。

（2）生态活力空间分布特征

1978～2015 年长株潭主城区林地、草地覆盖率、水网密度空间分布分别如图 5-10～图 5-12 所示。

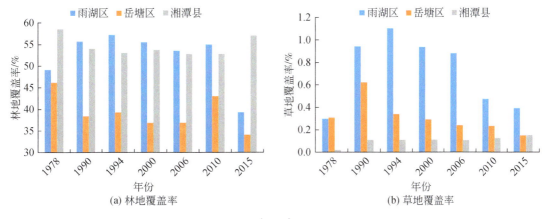

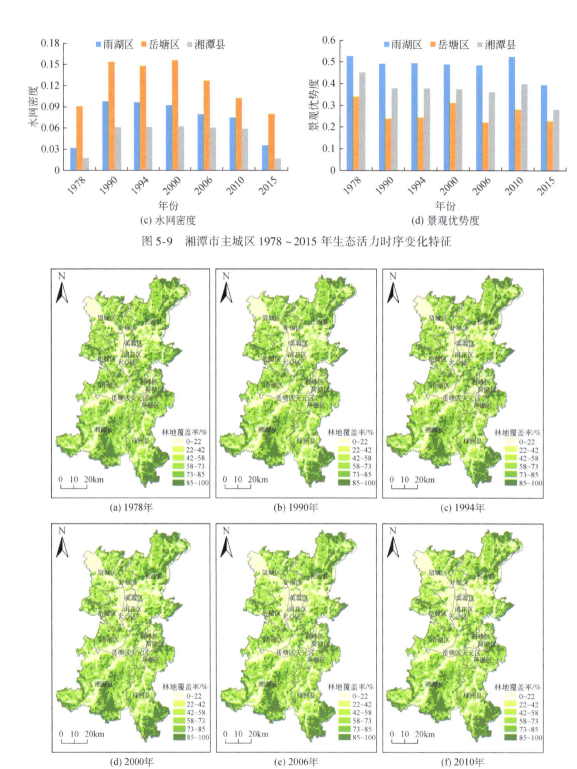

(c) 水网密度

(d) 景观优势度

图 5-9　湘潭市主城区 1978～2015 年生态活力时序变化特征

(a) 1978年

(b) 1990年

(c) 1994年

(d) 2000年

(e) 2006年

(f) 2010年

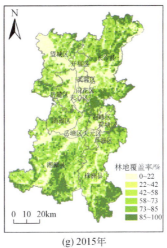

(g) 2015年

图 5-10 长株潭主城区 1978～2015 年林地覆盖率空间变化特征

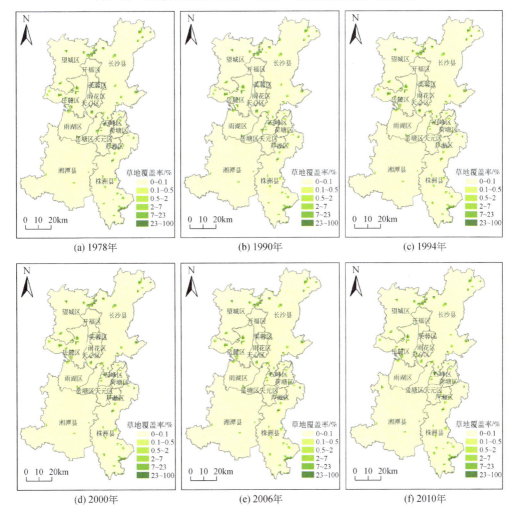

(g) 2015年

图 5-11　长株潭主城区 1978～2015 年草地覆盖率空间变化特征

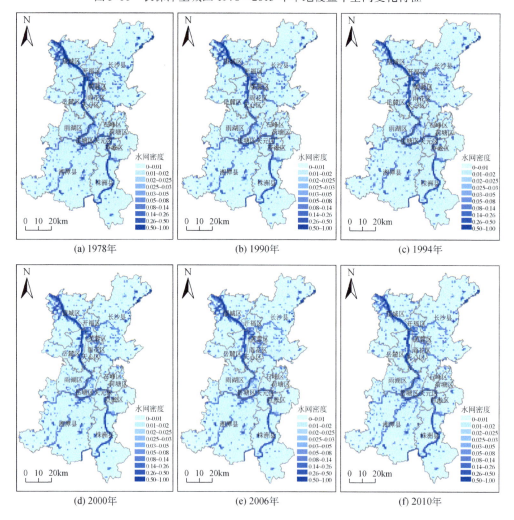

(a) 1978年　　　　　　　(b) 1990年　　　　　　　(c) 1994年

(d) 2000年　　　　　　　(e) 2006年　　　　　　　(f) 2010年

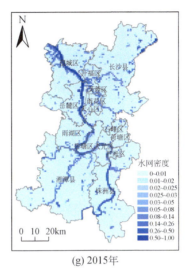

(g) 2015年

图 5-12 长株潭主城区 1978~2015 年水网密度空间变化特征

由图 5-10 至图 5-12 分析可知，在整个 37 年过程中，高林地覆盖率主要集中在长沙县、湘潭县和株洲县。同时林地覆盖率呈逐步减少趋势，主要以长沙市、株洲市和湘潭市市中心为核心，逐渐向周围扩张式减少；1978~2015 年长株潭主城区草地覆盖并没有明显的空间聚集或者扩散特征。这主要是因为所研究区域集中在城市区域，草地覆盖稀少，无明显的变化情况；1978~2015 年长株潭主城区水网密度呈逐步减少趋势，高水网密度主要集中在湘江流域及其支流附近。1994~2000 年变化明显的为望城区水网密度的减少，而且 2010~2015 年长株潭主城区水网密度呈现整体式降低。

综合分析 1978~2015 年长株潭主城区林地覆盖率、草地覆盖率、水网密度及景观优势度可知，长株潭主城区内生态活力呈现出以长沙市、株洲市和湘潭市城区为核心逐年下降，三市中心周围地带保持稳定的特点；长沙市生态活力较低区域是芙蓉区、天心区和雨花区，株洲市生态活力较低区域是石峰区、芦淞区和天元区，湘潭市生态活力较低区域是岳塘区、雨湖区和湘潭县三区（县）的交界处。

2. 生态压力

（1）生态压力时序变化特征

长株潭主城区 1978~2015 年景观人为干扰指数，以及耕地、林地与水域景观破碎度变化趋势如图 5-13 所示。

从图 5-13 中分析可知，1978~2015 年长株潭主城区生态压力逐步上升，景观人为干扰指数、耕地与水域景观破碎度先波动变化后增加，林地景观破碎度先波动上升后下降。具体来说：景观人为干扰指数从 1978 年的 0.29 上升至 2015 年的 0.36；耕地景观破碎度从 1978 年的 58 升至 2015 年的 226，其中 1978~2010 年波动上升，幅度较小，2010~2015 年增加 141，增加将近三倍；林地景观破碎度从 1978 年的 125 稳步上升至 2010 年的 141，

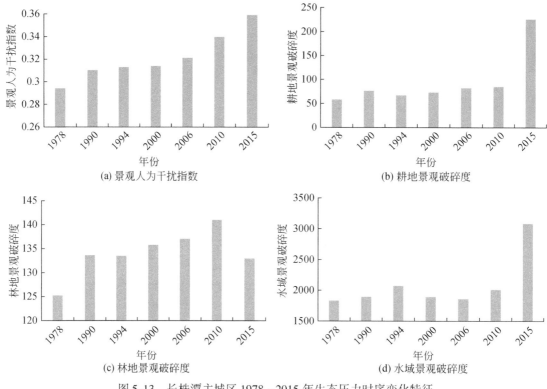

图 5-13　长株潭主城区 1978~2015 年生态压力时序变化特征

2010~2015 年下降至 133；水域景观破碎度呈先增后减而后增加的趋势，1978~1994 年从 1833 增加至 2074，增幅超过 10%。2006 年为 1862，2015 年增长了 1222，达到 3084，增幅达 60% 以上。

长沙、株洲、湘潭三市主城区 1978~2015 年景观人为干扰指数，以及耕地、林地与水域景观破碎度变化趋势分别如图 5-14~图 5-16 所示。

1978~2015 年长沙市景观人为干扰指数除长沙县于 2015 年略有下降外，其他区（县）的变化模式相同，均保持稳定上升趋势；耕地景观破碎度，各区（县）均呈增长趋势，2015 年雨花区最高，达 1287；林地景观破碎度，最高的地区是芙蓉区，天心区和雨花区呈逐渐增加趋势；水域景观破碎度，长沙县最高，且变化平稳，雨花区呈增长趋势，其余各区水域景观破碎度值较小且变化相对较小。

1978~2015 年株洲市景观人为干扰指数除株洲县在 2010~2015 年呈下降趋势（0.33 降至 0.24）外，其余年份和区（县）均呈上升的趋势，1978~2010 年值最大的是芦淞区，2010~2015 年增速最快的是天元区；耕地景观破碎度整体呈现波动增加趋势，芦淞区值最大，2010 年最高达 163，天元区最小，1978 年与 1990 年最低，值仅为 4；林地景观破碎度，天元区最大，1978~2000 年芦淞区最小，2006~2015 年荷塘区最小，芦淞区呈持续上升趋势，从 1978 年的 5 上升到 2015 年的 44；水域景观破碎度，最高的是荷塘区，且呈稳定上升趋势，2015 年水域景观破碎度最高达 489 102。

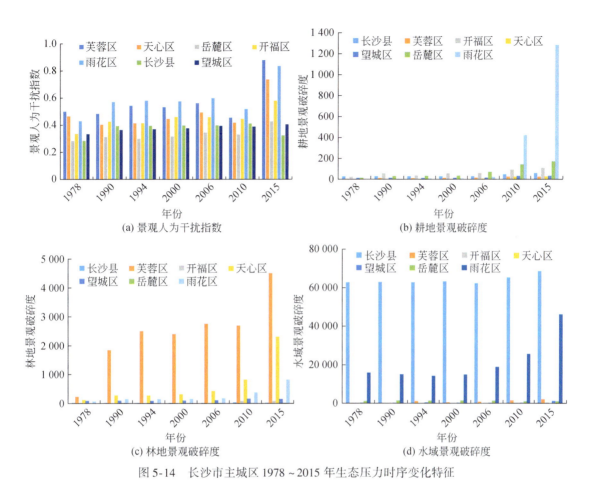

图 5-14　长沙市主城区 1978～2015 年生态压力时序变化特征

(c) 林地景观破碎度

(d) 水域景观破碎度

图 5-15　株洲市主城区 1978～2015 年生态压力时序变化特征

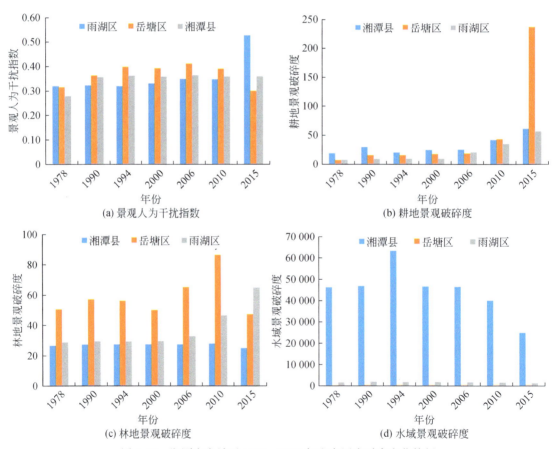

(a) 景观人为干扰指数

(b) 耕地景观破碎度

(c) 林地景观破碎度

(d) 水域景观破碎度

图 5-16　湘潭市主城区 1978～2015 年生态压力时序变化特征

1978～2015 年湘潭市景观人为干扰指数，雨湖区持续上升，从 0.32 升至 0.53，增幅最大的 2010～2015 年增长了 0.18。湘潭县先上升至 1990 年后趋于平稳，岳塘区总体先增后减；三区（县）耕地景观破碎度均呈波动增长趋势，增速较快的是岳塘区，1978~2015年从 6 增加到 236；雨湖区林地景观破碎度持续增长，从 1978 年的 29 增加到 2015 年的65，湘潭县平稳变化，岳塘区林地破碎度呈波动变化；水域破碎度最高的是湘潭县，且其1994 年水域景观破碎度最高达 63 222。

（2）生态压力空间分布特征

1978~2015 年长株潭主城区景观人为干扰指数空间分布如图 5-17 所示。分析可得，高景观人为干扰指数主要集中在长沙市、株洲市和湘潭市市中心和湘江水域附近，景观人为干扰指数呈逐步增加趋势，而且以长沙市、株洲市和湘潭市市中心为核心，林地覆盖率逐渐向周围扩张式增加。

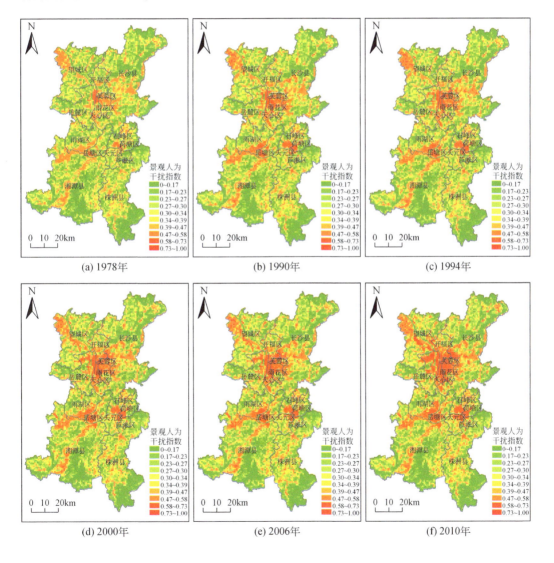

(a) 1978年　　(b) 1990年　　(c) 1994年

(d) 2000年　　(e) 2006年　　(f) 2010年

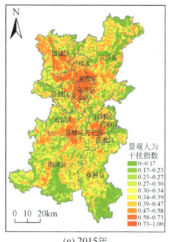

(g) 2015年

图 5-17　长株潭主城区 1978～2015 年景观人为干扰指数空间变化特征

3. 生态服务

（1）生态服务时序变化特征

1978～2015 年长株潭主城区水源涵养指数、生物丰度指数和植被覆盖指数的时序变化特征如图 5-18。

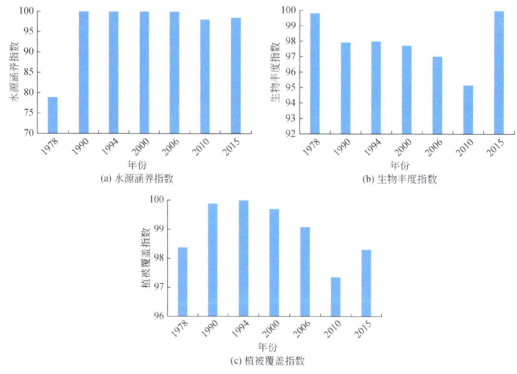

图 5-18　长株潭主城区 1978～2015 年生态服务时序变化特征

1978～2015 年长株潭主城区水源涵养指数范围为 79～100，1978 年最低，1990～2006 年均为 100，2010 年、2015 年分别为 98 与 98.52；生物丰度指数在 1978～2010 年呈下降趋势，从近 100 下降至 95，2015 年增长至 100；植被覆盖指数呈波动变化，先从 1978 年的 98.37 增加到 1994 年最大值 100，再逐步下降，在 2010 年达到最低值 97.36，2010～2015 年植被覆盖指数再次上升，增加到 98.31。

长沙、株洲、湘潭三市主城区 1978～2015 年水源涵养指数、生物丰度指数和植被覆盖指数时序变化趋势分别见图 5-19～图 5-21。

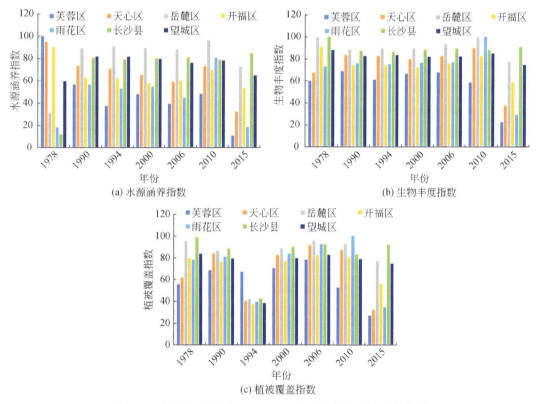

图 5-19 长沙市主城区 1978～2015 年生态服务时序变化特征

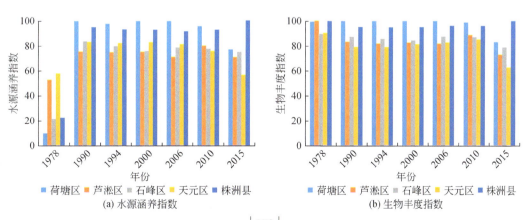

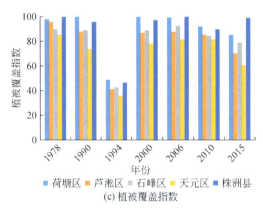

(c) 植被覆盖指数

图 5-20　株洲市主城区 1978～2015 年生态服务时序变化特征

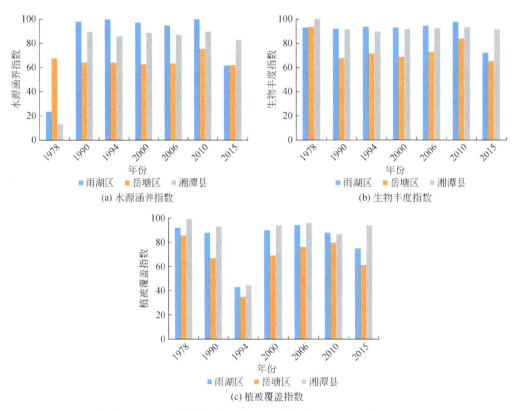

(a) 水源涵养指数　　　　　　　　　　　(b) 生物丰度指数

(c) 植被覆盖指数

图 5-21　湘潭市主城区 1978～2015 年生态服务时序变化特征

　　1978～2015 年长沙市水源涵养指数，芙蓉区、天心区和开福区变化模式相似，波动下降，其中芙蓉区变化最大，从 1978 年的 100 下降至 2015 年的 10.64。生物丰度指数，均呈不同程度波动变化，岳麓区与长沙县整体较高，芙蓉区最低，降幅最大的为 2010～2015 年的雨花区，达 70.07；植被覆盖指数，1990～1994 年除芙蓉区外其他区（县）均下降显著，1978～2015 年芙蓉区变化模式为先增后减。

　　1978～2015 年株洲市水源涵养指数，除株洲县外，其他区总体呈相似先增后减的变化模式，1978～1990年增幅最大，增长范围介于22.68～90.18，株洲县在2010～2015年略有增长；生物丰度指数，芦淞区、石峰区和天元区均呈波动下降趋势，在2015年达到最小值，分别是72.86、79.22和62.42；植被覆盖指数，1978～1994年各区（县）呈下降趋势，达到最低值，荷塘区、芦淞区、石峰区、天元区和株洲县分别为49.01、41.24、42.83、35.98和46.63，1994～2006年增长，2006～2010年下降，2010～2015年除株洲县外均持续下降。

1978～2015年湘潭市水源涵养指数，雨湖区和湘潭县在1978～1990年增长显著，分别从23.66和13.13增长至98.19和89.50，岳塘区变化相对较小；生物丰度指数，三区（县）均呈波动减少的趋势。岳塘区指数值最低，变化幅度最大的是2010～2015年的雨湖区，从98.08下降至72.51；植被覆盖指数，1978～1994年，各区（县）均呈下降趋势，达到最低值，雨湖区、岳塘区和湘潭县最低值分别是43.11、35.16和44.45，1994～2015年雨湖区、岳塘区先增后减，1994～2015年湘潭县总体呈增加趋势。

（2）生态服务功能空间分布特征

1978～2015年长株潭主城区水源涵养指数、生物丰度指数和植被覆盖指数的空间分布特征分别见图5-22～图5-24。

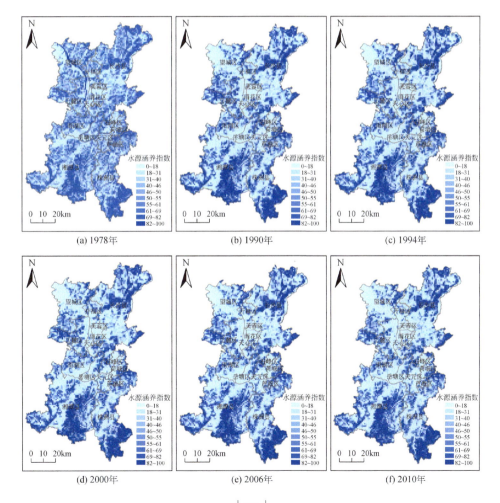

(a) 1978年	(b) 1990年	(c) 1994年
(d) 2000年	(e) 2006年	(f) 2010年

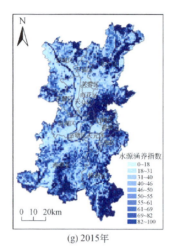

(g) 2015年

图 5-22　长株潭主城区 1978~2015 年水源涵养指数空间变化特征图

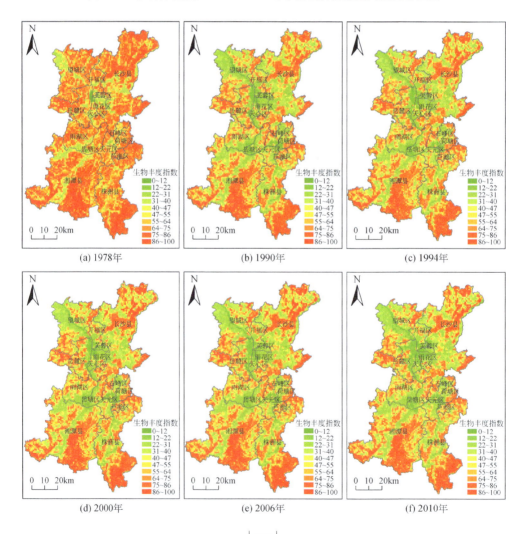

(a) 1978年　　　　　(b) 1990年　　　　　(c) 1994年

(d) 2000年　　　　　(e) 2006年　　　　　(f) 2010年

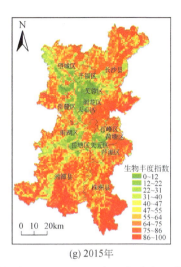

(g) 2015年

图 5-23　长株潭主城区 1978～2015 年生物丰度指数空间变化特征图

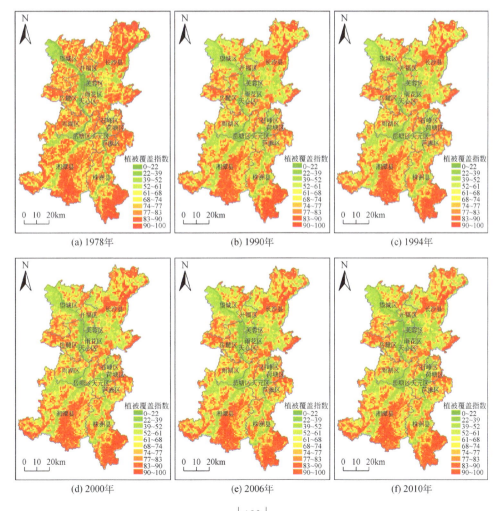

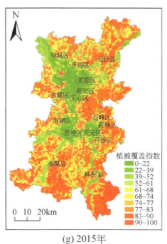

(g) 2015年

图 5-24　长株潭主城区 1978～2015 年植被覆盖指数空间变化特征图

1978～2015 年长株潭主城区高水源涵养指数主要集中在长沙县、湘潭县和株洲县。1978～2015 年，水源涵养指数呈先增后减趋势，1978～1990 年有明显上升趋势，主要集中在株洲县、湘潭县和长沙县，1990～2010 年水源涵养指数几乎保持平稳，直到 2015 年，整体再次呈现减少趋势，减少区域集中分布在雨湖区、荷塘区、雨花区和芙蓉区。

1978～2015 年长株潭主城区高生物丰度指数主要集中在长沙县、湘潭县和株洲县。1978～2010 年，生物丰度指数呈逐步减少趋势，而且以长沙市、株洲市和湘潭市市中心为核心，生物丰度指数逐渐向周围扩张式减少；2010～2015 年，主城区生物丰度指数整体呈上升趋势，但是长沙市、株洲市和湘潭市市中心的生物丰度指数呈下降趋势，三市中心周围用地生物丰度指数增加。

1978～2015 年研究区高植被覆盖指数主要集中在长沙县、湘潭县和株洲县。1978～1990 年，植被覆盖指数呈增长趋势，1990～2010 年逐年下降，并于 2010～2015 年又呈现上升趋势，但长沙市、株洲市和湘潭市中心区域植被覆盖指数有所降低。

5.4.2　生态景观演化模式识别

考虑到长株潭主城区 1978～2015 年土地利用的变化主要发生在耕地、建设用地和林地，现针对耕地与林地的整体减少趋势和建设用地的不断扩张，从耕地和林地景观空间的缩减与建设用地景观空间的扩张两个角度分别开展景观空间演化模式填充式、边缘式、飞地式三种类型的识别与统计分析。

1. 耕地演变模式

1978～2015 年长株潭主城区耕地景观演变模式空间分布如图 5-25 所示，不同演变类型斑块数量占比统计见图 5-26。

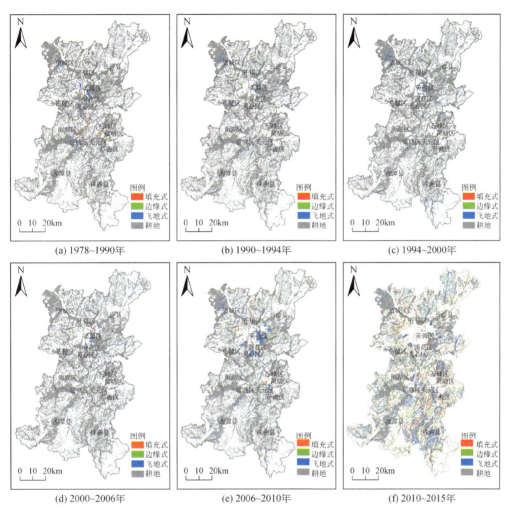

图 5-25　长株潭主城区 1978～2015 年耕地景观演变模式空间分布

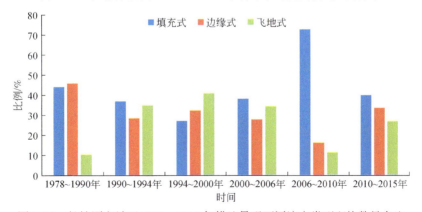

图 5-26　长株潭主城区 1978～2015 年耕地景观不同演变类型斑块数量占比

长株潭主城区 1978～2015 年耕地景观缩减具有明显的阶段性波动特征，整体而言以空间范围较大的飞地式和边缘式为主，填充式缩减相对破碎，斑块范围较小但数量较多且整体呈上升趋势。1978～1990 年是城镇发展的初级阶段，飞地式耕地缩减范围最为显著，但边缘式和填充式缩减斑块数量占比更高；1990～1994 年和 1994～2000 年耕地缩减不突出，相对较大范围的缩减以飞地式为主，1990～1994 年填充式缩减斑块数量占比最高；2000～2006 年是城镇快速发展起步阶段，城镇发展凌乱且分散，耕地缩减以飞地式为主，但在斑块数量上填充式占比最高；2006～2010 年耕地缩减的幅度显著提高，空间范围上仍以较大面积的边缘式扩张为主，但填充式斑块数量占比显著高于其他两类；2010～2015 年耕地缩减程度显著强于其他时段但缩减范围趋于破碎，各种类型夹杂分布，斑块数量占比按照填充式、边缘式、飞地式递减。

2. 林地演变模式

1978～2015 年长株潭主城区林地景观演变模式空间分布如图 5-27 所示，不同演变类型斑块数量占比统计如图 5-28 所示。

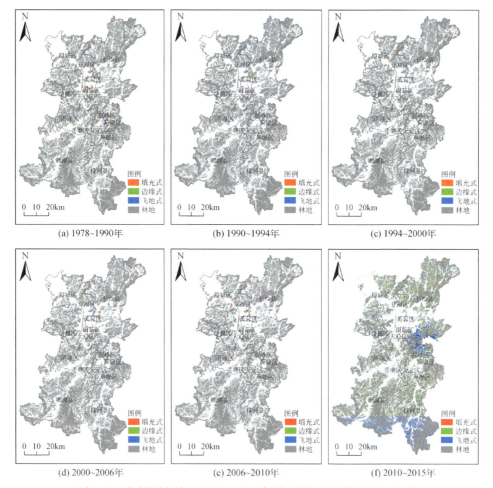

(a) 1978~1990年　(b) 1990~1994年　(c) 1994~2000年

(d) 2000~2006年　(e) 2006~2010年　(f) 2010~2015年

图 5-27　长株潭主城区 1978～2015 年林地景观演变模式空间分布

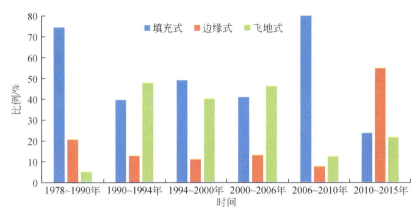

图 5-28 长株潭主城区 1978 ~ 2015 年林地景观不同演变类型斑块数量占比

长株潭主城区 1978 ~ 2015 年林地景观缩减同样具有明显的阶段性波动特征。1978 ~ 1990 年，林地缩减在空间分布上以填充式与飞地式为主，填充式斑块数量占比显著高于其他两类，飞地式斑块数量占比最低；1990 ~ 1994 年林地和 1994 ~ 2000 年林地缩减不突出，其中，1990 ~ 1994 年以范围相对较大的边缘式为主，但其数量斑块占比最低，1994 ~ 2000 年填充式面积相对较大，其斑块数量占比也较高，边缘式斑块数量占比仍然是最低的；2000 ~ 2006 年林地缩减在空间分布上表现为以飞地式和填充式缩减为主，二者斑块数量占比也显著高于边缘式；2006 ~ 2010 年林地缩减三种模式分布相对均匀，但斑块数量占比与耕地相似，填充式显著高于其他两类；2010 ~ 2015 年林地缩减的幅度远比往年间缩减幅度要强，飞地式缩减主要集中在长沙县、石峰区、湘潭县和株洲县的部分区域，其余区域均出现大面积边缘式缩减，边缘式斑块数量占比显著上升且明显高于其他两类。

3. 建设用地演变模式

1978 ~ 2015 年长株潭主城区建设用地景观演变模式空间分布如图 5-29 所示，不同演变类型斑块数量占比统计如图 5-30 所示。

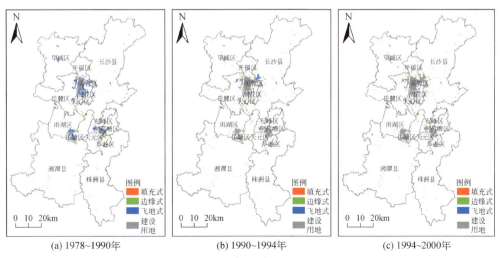

(a) 1978~1990年   (b) 1990~1994年   (c) 1994~2000年

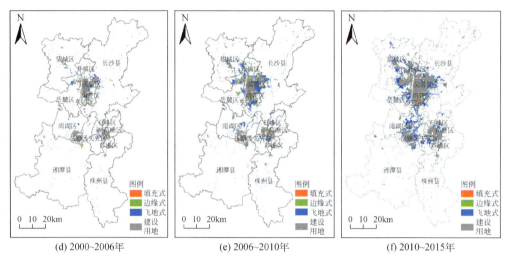

(d) 2000~2006年　　　(e) 2006~2010年　　　(f) 2010~2015年

图5-29　长株潭主城区1978~2015年建设用地景观演变模式空间分布

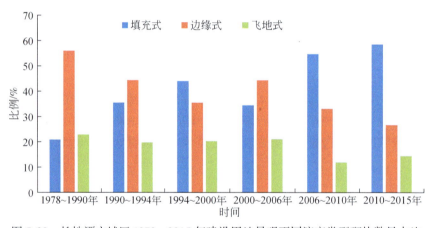

图5-30　长株潭主城区1978~2015年建设用地景观不同演变类型斑块数量占比

1978~2015年长沙、株洲和湘潭市中心大量非建设用地转变为建设用地，其扩张在空间范围上以飞地式为主。1978~1990年是城镇发展初级阶段，建设用地扩张以飞地式和边缘式为主，飞地式空间范围相对较大而边缘式斑块数量占比最高；1990~1994年建设用地扩张在空间范围上以飞地式为主，但边缘式与填充式扩张斑块数量占比相对较高；1994~2000年城市扩张相对破碎，斑块数量占比按填充式、边缘式、飞地式递减；2000~2015年城镇快速发展，建设用地扩张面积不断增加，扩张幅度不断加强。其中，2000~2006年城镇发展凌乱且分散，道路两旁建设用地与零散农村居民点主要以飞地式进行扩张。距中心城区较远但有建设项目需求区域以飞地式进行扩张，这些项目对资源和建设条件有特殊要求，对中心城区环境有污染，因此远离市区独立发展。城市中心建设用地和河流两岸建设用地主要以飞地式扩张，这是因为城市发展遵循"多核心学说"，城市内部先选择不同核心发展，再依据不同核心向外扩张，最终连接成片，但边缘式与填充式扩张斑块数量占比相对更高；2006～2010 年和 2010～2015 年建设用地扩张在空间范围上以飞地式为主，边缘式次之，填充式相对最小，而斑块数量占比则反之，可见这一阶段建设用地填充式扩张十分零碎。

参 考 文 献

冯志贤，张继贤，侯伟，等.2017.基于地表覆盖分类的生态环境人为干扰度分析——以北京市为例［J］.
　　生态学杂志，36（2）：508-516.

黄从红，杨军，张文娟.2013.生态系统服务功能评估模型研究进展［J］.生态学杂志，32（12）：
　　3360-3367.

刘玉龙，马俊杰，金学林，等.2005.生态系统服务功能价值评估方法综述［J］.中国人口·资源与环
　　境，15（1）：89-92.

千年生态系统评估项目概念框架工作组.2006.生态系统与人类福祉：评估框架［M］.北京：中国环境
　　科学出版社.

仝川.2000.环境指标研究进展与分析［J］.环境科学研究，13（4）：53-55.

王军，顿耀龙.2015.土地利用变化对生态系统服务的影响研究综述［J］.长江流域资源与环境，
　　24（5）：798-808.

邬建国.2000.景观生态学——概念与理论［J］.生态学杂志，19（1）：42-52.

邬建国.2007.景观生态学—格局、过程、尺度与等级（第二版）［M］.北京：高等教育出版社.

严茂超，李海涛，程鸿.2001.中国农林牧渔业主要产品的能值分析与评估［J］.北京林业大学学报，
　　23（6）：66-69.

余新晓，鲁绍伟，靳芳，等.2004.中国森林生态系统服务功能价值评估［J］.生态学报，25（8）：
　　2096-2102.

中华人民共和国环境保护部.2015.生态环境状况评价技术规范（试行）HJ 192-2015［S］.北京：中国
　　环境科学出版社.

曾永年，何丽丽，靳文凭，等.2012.长株潭城市群核心区城镇景观空间扩张过程定量分析［J］.地理学
　　报，32（5）：544-549.

赵其国，黄国勤，马艳芹，等.2016.中国生态环境状况与生态文明建设［J］.生态学报，36（19）：
　　6328-6335.

赵文武，刘月，冯强，等.2018.人地系统耦合框架下的生态系统服务［J］.地理科学进展，37（1）：
　　139-151.

朱强，俞孔坚，李迪华.2005.景观规划中的生态廊道宽度［J］.生态学报，25（9）：2406-2412.

Costanza R，d'Arge R，de Groot R，et al.1997. The value of the world's ecosystem services and natural capital［J］.
　　Nature，387：253-260.

Daily G C. 1997. Nature's Services Societal Dependence on Natural Ecosystems［M］. Washington D. C.：Island
　　Press.

Daily G C. 1999. Developing a scientific basis for managing earth's life support systems［J］. Ecology and Society，
　　13（2）：14.

Forman R T T. 1981. Interaction among landscape elements：A core of landscape ecology［C］// Perspectives in
　　Landscape Ecology：International Congress Organized by Netherlands Society for Landscape Ecology Pudoc，
　　Wageningen，Netherlands.

Millennium Ecosystem Assessment. 2005. Ecosystems and human well-being: a framework for assessment [EB/OL]. http://www. millenniumassessment. org/en/Framework. html [2019-8-28].

Nelson E, Sander H, Hawthorne P, et al. 2010. Projecting global land-use change and its effect on ecosystem service provision and biodiversity with simple models [J]. PLoS One, 5 (12): e14327.

Odum H T. 1988. Self-organization, transformity, and information [J]. Science, 242 (4882): 1132-1139.

Ouyang Z, Zheng H, Xiao Y, et al. 2016. Improvements in ecosystem services from investments in natural capital [J]. Science, 352 (6292): 1455-1459.

Wilson E H, Hurd J D, Civco D L, et al. 2003. Development of a geospatial model to quantify, describe and map urban growth [J]. Remote Sensing of Environment, 86 (3): 275-285.

Xu C, Liu M, Zhang C, et al. 2007. The spatiotemporal dynamics of rapid urban growth in the Nanjing metropolitan region of China [J]. Landscape Ecology, 22: 925-937.

第6章 城市土地利用热岛效应分析

城市下垫面与郊区自然表面物理性质的差异以及城市内部人类大量活动的影响，造成了城市温度比周围郊区温度高的现象，称为"城市热岛"。随着城镇化的迅速推进，建成区扩张，城市人类活动加剧，城市热岛效应日益明显，并成为城市气候最显著的特征之一。传统气象学上所说的"城市热岛"是针对气温而言的，由遥感影像反演的地表温度所测度的热岛信息称为"城市地表热岛"。在大多数情况下，气温与地表温度有着较强的相关性，可以通过对城市地表温度的研究来反映城市热岛的变化规律和特征。土地利用能够表征建成区的空间分布与人类活动强度，与城市热岛息息相关，开展城市土地利用的热岛效应分析，揭示城市热岛等级的时空演化规律及其驱动机制，对于改善城市热环境，提高城市宜居度，改进城市土地利用规划与管理政策具有科学的指导意义。本章主要从城市地表温度遥感反演、城市热岛等级时空演化分析、城市热岛与土地利用关联分析、案例分析四个方面介绍城市土地利用热岛效应分析。

6.1 城市地表温度遥感反演

地表温度是指地表和大气相互作用的临界层的温度，是地表和大气之间物质和能量交换的结果。在利用遥感技术进行城市热岛监测时，地表温度是最常用的参数。城市尺度上的地表温度主要通过传统气象观测和热红外传感器观测。传统观测利用布点或流动气象观测所采集的气象资料，通过历年数据对比城郊点位温度的不同，得到城市热岛的时空特征，其优点是温度测量精度高，在观测点上能够获得连续的气象资料，但由于这种方法的气象站点数量有限，因此不能完整反映城市热环境的平面细节和内部结构（宫阿都等，2008）。通过遥感手段获取的地表温度记录了各种地类表面的辐射能量，包括植被、水体、裸地、建筑屋顶和平整表面等，具有空间分辨率高、大范围同步覆盖、获取数据迅速、成本较低的特点，能够克服传统气象观测无法实现面状覆盖的缺陷，随着遥感卫星分辨率的不断提高，它在城市热岛的研究中发挥着越来越重要的作用（Peng et al., 2016）。本章城市土地利用热岛效应的分析，如无特殊说明，均基于遥感反演的城市地表温度展开，后文不再赘述。

表6-1列出了部分用于城市地表温度遥感反演的热红外遥感数据源。所采用的遥感影像主要是覆盖热红外波段的中、低分辨率的卫星遥感影像以及高空间分辨率的航空遥感影像。传感器的波段不同，地表温度反演的方法也有所差别。其中，地表发射率是热红外遥感数据反演地表温度的必要前提。基于这些方法，可以得到多种地表温度和地表发射率反演产品，而遥感反演及其产品的提供建立在精度验证合格的基础上。因此，本节主要从地

表温度反演方法、地表发射率反演方法、地表温度产品与验证三个方面对城市地表温度遥感反演进行阐述。

表 6-1 部分热红外传感器及特征参数

类别	平台与传感器	星下点分辨率	回归周期	波段
高空间分辨率	机载 ATLAS	5～10m	—	
	机载 TVR	IFOV：1.8mrad	—	
	机载 AGEMA Thermovision	1.5m×3m		
	机载 AHS	IFOV：2.5mrad		
	机载 OMIS	IFOV：3mrad		
中空间分辨率	Landsat ETM+	60m	16 天	6
	Terra ASTER	90m	预订	10～14
	Landsat TIRS	100m	16 天	10, 11
	Landsat TM	120m	16 天	6
	CBERS-02 IRMSS	156m	26 天	
低空间分辨率	HJ-1B IRS	300m	4 天	
	NPP VIIRS	750m	1 天	12, 13, 15, 16
	ENVISAT AATSR	1000m	35 天	
	NOAA AVHRR	1100m	单星一天两次	
	Terra/Aqua MODIS	1000m	单星一天两次	20, 22, 23, 29, 31, 32, 33
	FY-2C SVISSR	5000m	1h（常规）	
	FY-3A VIRR	1100m	6 天	3, 4
	MSG SEVIRI	3100m	5min	

6.1.1　地表温度反演方法

根据传感器的波段设置，地表温度反演的方法可以分为三种：单波段算法、分裂窗算法和多通道算法。

1. 单波段算法

单波段算法指对只有一个热红外波段的传感器获取的数据进行地表温度的反演。目前典型的方法有三种：辐射传输方程法、单窗算法和普适性单通道算法。

（1）辐射传输方程法

辐射传输方程法又称为大气校正法，其实质是对传感器观测热辐射进行大气校正，即去除大气对地表辐射的影响得到真正的热辐射强度，进而依据辐射方程将其转化为地表温度。

热红外波段的辐射传输方程见式（6-1），卫星传感器接收到的热红外辐射亮度值包括大气向上辐射亮度、大气向下辐射到达地面反射的能量和地面的真实辐射亮度经过大气层之后到达卫星传感器的能量（黄妙芬等，2006）。

$$L_{sensor} = \tau \cdot \varepsilon \cdot B(T_s) + (1-\varepsilon) \cdot \tau \cdot L_{atm}\downarrow + L_{atm}\uparrow \tag{6-1}$$

式中，L_{sensor} 为传感器接收的热红外辐射值；τ 为热红外波段从地面到传感器的大气总透过率；ε 为热红外波段的地表比辐射率，又称地表发射率，为避免混淆，后文统一称为发射率；T_s 为地表温度；$B(T_s)$ 为用普朗克函数表示的黑体热辐射亮度；$L_{atm}\uparrow$ 和 $L_{atm}\downarrow$ 分别为大气上行辐射和大气下行辐射。

辐射传输方程法需要使用大气模型（如 LOWTRAN、MODTRAN 或 6S）来模拟大气对地表热辐射的影响，即需要估计三个大气参数：上行辐射、下行辐射和透过率。大气模拟所需要的实时（卫星过境时）廓线数据很难获取，通常是采用标准大气廓线数据来替代，由此大气模拟结果通常存在较大的误差，导致辐射传输方程法反演出的温度精度较低（一般>3℃）（Qin et al.，2001）。美国 NASA 网站提供 Landsat 热红外波段的大气参数数据，在页面输入影像获取时间、中心经纬度等信息，即可获得大气参数 $L_{atm}\uparrow$ 和 $L_{atm}\downarrow$。但 NASA 网站只提供 2000 年至今大气数据，且与卫星同步的实时廓线数据难以获取，因此该方法不具普适性。

（2）单窗算法

单窗算法实质上是对地面–大气–传感器辐射能量传输过程的简化，是基于热传导方程推算得到的简单可行并且保持较高精度的地表温度反演算法。单窗算法地表温度反演的主要参数为：地表发射率、大气透过率和大气平均作用温度。

较早的单窗算法主要由覃志豪等（2001）提出，该算法直接利用 Landsat TM 第 6 波段的 DN 值求算实际地表温度反演地表温度。通过假设大气向上和向下的平均温度相等，并对普朗克函数进行线性化展开，具体计算公式为

$$T_s = \frac{1}{C}\left[a(1-C-D) + (b(1-C-D)+C+D)T_{sensor} - DT_\alpha \right] \tag{6-2}$$

其中，

$$C = \varepsilon \cdot \tau \tag{6-3}$$

$$D = (1-\tau)\left[1+(1-\varepsilon)\tau\right] \tag{6-4}$$

式中，ε 为热红外波段的地表发射率；τ 为热红外波段从地面到传感器的大气总透过率；T_{sensor} 为第 6 波段的亮度温度；T_α 为大气平均作用温度。

大气平均作用温度 T_α 在不同标准大气条件下，计算方法不同：

$$T_\alpha = \begin{cases} 25.9396 + 0.88045\,T_0 & \text{USA1976} \\ 17.9769 + 0.91715\,T_0 & \text{热带} \\ 16.0110 + 0.9262\,T_0 & \text{中纬度夏季} \\ 16.0110 + 0.9262\,T_0 & \text{中纬度冬季} \end{cases} \tag{6-5}$$

式中，T_0 为近地表空气温度。

大气透过率 τ 的变化主要取决于大气水分含量的动态变化（覃志豪等，2003），二者

之间的关系为如表6-2所示。

表6-2 不同大气水分含量下大气透过率 τ 的计算方法

大气剖面	大气水分含量 $\omega/(g/cm^2)$	大气透过率估计公式
高气温	0.4~1.6	$\tau=0.974\,290-0.080\,07\omega$
	1.6~3.0	$\tau=1.031\,412-0.115\,36\omega$
低气温	0.4~1.6	$\tau=0.982\,007-0.096\,11\omega$
	1.6~3.0	$\tau=1.053\,710-0.141\,42\omega$

单窗算法的优点是计算简便且精度较高,不足之处在于:大气透过率和大气平均作用温度估算的经验公式的确定仅使用了标准大气廓线数据。标准大气廓线是大样本统计的结果,无法反映实际的大气状况,将限制该算法的适用性。

(3) 普适性单通道算法

Jiménez-Muñoz 和 Sobrino(2003)对普朗克函数在某个温度值 T_c 附近作一阶泰勒级数展开,在大气水分含量低的情况下,用 T_{sensor} 来代替 T_c,这种方法称为普适性单通道算法。该方法比单窗算法更简化,唯一需要的参数是大气水分含量。

普适性单通道算法计算公式如下:

$$T_s=\gamma\left[\varepsilon^{-1}(\psi_1 L_{sensor}+\psi_2)+\psi_3\right]+\delta \tag{6-6}$$

其中,

$$\gamma=\left\{\frac{c_2 L_{sensor}}{T_{sensor}^2}\left[\frac{\lambda^4}{c_1}L_{sensor}+\lambda^{-1}\right]\right\}^{-1} \tag{6-7}$$

$$\delta=-\gamma L_{sensor}+T_{sensor} \tag{6-8}$$

式中,L_{sensor} 为传感器接收的热红外辐射值;T_{sensor} 为星上辐射亮度温度;ε 为地表发射率;λ 为有效波长;c_1 和 c_2 为辐射常量;大气参数 ψ_1、ψ_2 和 ψ_3 为大气水分含量 ω 的函数。

对于TM6,ψ_1、ψ_2 和 ψ_3,可根据以下公式得到:

$$\psi_1=0.147\,14\,\omega^2-0.155\,83\omega+1.1234 \tag{6-9}$$

$$\psi_2=-1.1836\,\omega^2-0.376\,07\omega-0.528\,94 \tag{6-10}$$

$$\psi_3=-0.045\,54\,\omega^2+1.8719\omega-0.390\,71 \tag{6-11}$$

要获得地表温度 T_s 必须知道4个参数,分别为:①热红外波段的地表发射率 ε,可以通过室内测定或野外试验获取,也可以用遥感影像反演;②星上辐射亮度温度 T_{sensor},通过卫星热红外数据标定得到;③传感器接收的热红外辐射值 L_{sensor},采用辐射定标获取;④大气水分含量 ω,可以通过无线电探空技术、GPS或太阳辐射计等方法测定。

2. 分裂窗算法

分裂窗算法,也称劈窗算法,最初由 Mcmillin 和 Larry(1975)提出,主要是基于 NOAA/AVHRR 的第4波段和第5波段估算海洋表面的温度,其一般表达式为

$$T_s=a_0+a_1 T_i+a_2 T_j \tag{6-12}$$

式中，T_s 为海洋表面温度；a_0、a_1、a_2 为系数；T_i 和 T_j 分别为第 i 波段和第 j 波段亮度温度。系数的确定需要根据海面温度，大气温、湿度廓线的先验知识，以及随机生成大量的样本，使用大气辐射传输方程模拟出对应波段亮度温度，通过回归得到。

由于大气层的影响和地表结构的复杂性，传导方程的不同求解方法能产生不同的分裂窗算法，根据各算法在实际应用中所需参数，可把现有分裂窗算法分为简单算法、辐射率模型、两要素模型和复杂模型（毛克彪等，2005）。

（1）简单算法

简单算法认为地表温度的变化不受当地大气及地面条件实际变化的影响，而只与卫星观测到的亮度温度呈正比例关系。常量通常是直接根据当地大气条件的平均状态估算。Kerr 等（1992）的算法是简单分裂窗算法的典型代表。其计算公式如下：

$$T_s = P_v T_v + (1 - P_v) T_{bs} \tag{6-13}$$

式中，T_v 和 T_{bs} 分别为植被和裸土的表面温度；P_v 为像元内植被覆盖率，可采用 NDVI 计算，具体计算公式如下：

$$P_v = (NDVI - NDVI_{bs}) / (NDVI_v - NDVI_{bs}) \tag{6-14}$$

式中，NDVI 为归一化植被指数；$NDVI_v$ 和 $NDVI_{bs}$ 分别为植被和裸土的 NDVI。在实际应用中，式（6-14）可表示为

$$P_v = (NDVI - NDVI_{min}) / (NDVI_{max} - NDVI_{min}) \tag{6-15}$$

于是，对于植被和裸土的地表温度 T_v 和 T_{bs}，式（6-13）可分别转化为

$$T_s = T_4 + 2.6(T_4 - T_5) - 2.4 \tag{6-16}$$

$$T_{bs} = T_4 + 2.6(T_4 - T_5) - 3.1 \tag{6-17}$$

式中，T_4 和 T_5 是 AVHRR 的第 4 波段和第 5 波段的亮度温度。常量参数基于经验数据集推导而得。

（2）辐射率模型

辐射率模型在简单算法的基础上考虑了地面辐射率不同对地表温度的影响，仍然把大气的影响视为常量。辐射率模型的典型代表有 Becker-Li 算法（Becker and Li，1990）。Becker-Li 算法适用 NOAA9/AVHRR 数据，是一种局地分裂窗算法，其表达式为

$$T_s = 1.274 + \frac{P(T_4 + T_5)}{2} + \frac{M(T_4 - T_5)}{2} \tag{6-18}$$

其中，P 与 M 的计算公式如下：

$$P = 1 + 0.156\ 16\ \frac{1-\varepsilon}{\varepsilon} - 0.482\ \frac{\Delta\varepsilon}{\varepsilon^2} \tag{6-19}$$

$$M = 6.26 + 3.98\ \frac{1-\varepsilon}{\varepsilon} + 38.33\ \frac{\Delta\varepsilon}{\varepsilon^2} \tag{6-20}$$

式中，ε 为 AVHRR 第 4 波段和第 5 波段的平均辐射率，即 $\varepsilon = (\overline{\varepsilon_4} + \overline{\varepsilon_5})/2$；$\Delta\varepsilon$ 为第 4 波段和第 5 波段辐射率的差值，即 $\Delta\varepsilon = \overline{\varepsilon_4} - \overline{\varepsilon_5}$。

基于 Becker-Li 算法，Wan 和 Dozier（1996）顾及视场角变化和大气水分含量变化对地表温度的影响，提出了一种 NOAA11/AVHRR 和 MODIS 适用的分裂窗算法，其计算公式

如下：

$$T_s = C + \left(A_1 + A_2\frac{1-\varepsilon}{\varepsilon} + A_3\frac{\Delta\varepsilon}{\varepsilon^2}\right)\frac{T_4+T_5}{2} + \left(B_1 + B_2\frac{1-\varepsilon}{\varepsilon} + B_3\frac{\Delta\varepsilon}{\varepsilon^2}\right)\frac{T_4-T_5}{2} \tag{6-21}$$

式中，AVHRR 的 T_4 和 T_5 可以替换为 MODIS 的 T_{31} 和 T_{32}。算法系数 A_1、A_2、A_3、B_1、B_2、B_3、C 可在算法提供的系数查找表中获得。目前，该算法是 MODIS 温度产品反演的官方算法之一，其精度基本能够控制在 1K 以内。

（3）两要素模型和复杂模型

两要素模型和复杂模型同时顾及当地大气透过率和地表发射率差异对地表温度的影响。前者仅考虑大气透过率和地表发射率，后者还纳入以大气参数为主的其他变量。两要素模型的典型代表有 Qin 等（2001）的算法，复杂模型的典型代表有 Sobrino 等（2001）的算法。

Qin 等（2001）的算法计算公式如下：

$$T_s = \frac{66.540\,67\,D_4(1-C_5-D_5) - 62.239\,28\,D_5(1-C_4-D_4)}{D_5C_4-D_4C_5} + \left[1 + \frac{0.430\,59\,D_5(1-C_4-D_4)+D_4}{D_5C_4-D_4C_5}\right]T_4$$
$$+ \frac{0.465\,85\,D_4(1-C_5-D_5)+D_4}{D_5C_4-D_4C_5}T_5$$
$$\tag{6-22}$$

式中，$C_i = \varepsilon_i\tau_i(\theta)$；$D_i = (1-\tau_i(\theta))[1+(1-\varepsilon_i)\tau_i(\theta)]$；$\varepsilon_i$ 为波段 i 的地表发射率；$\tau_i(\theta)$ 为天顶视角为 θ 时的大气透过率。

Sobrino 等（2001）的算法计算公式如下：

$$T_s = T_4 + \frac{C_5D_4+D_4D_5\omega}{D_5C_4-D_4C_5}(T_4-T_5) + \frac{\left(1-\frac{1}{\varepsilon_5}\right)(1-2\,k_5\omega)C_5D_4L_5 - \left(1-\frac{1}{\varepsilon_4}\right)(1-2\,k_4\omega)C_4D_5L_4}{D_5C_4-D_4C_5}$$
$$\tag{6-23}$$

式中，$C_i = \varepsilon_i\tau_i\cos(\theta)$；$D_i = k_i[1+2\,\tau_i(1-\varepsilon_i)\cos(\theta)]$；$L_i = T_i/n_i$；$\varepsilon_i$ 为波段 i 的地表发射率；τ_i 为大气透过率；θ 为天顶视角；ω 为大气水分含量；k_i 为大气吸收系数，取决于大气水分含量；n_i 为常量。

3. 多通道算法

对于具有多个热红外波段的传感器，如 MODIS、ASTER、AVHRR 等，可以通过多波段热红外方法反演地表温度，同时还可以同步反演出地表发射率。常用的多通道算法有 MODIS 昼夜算法和 ASTER 温度发射率分离算法（孟鹏等，2012）。

（1）MODIS 昼夜算法

Wan 和 Li（1997）提出的 MODIS 昼夜算法，使用 MODIS 的 7 个热红外波段采集的昼夜两次观测数据，同时反演出地表温度和平均发射率。算法的计算公式如下：

$$L(j) = t_1(j)\varepsilon(j)B_j(T_s) + L_a(j) + L_s(j) + \frac{1-\varepsilon(j)}{\pi} \cdot [t_2(j)\alpha\mu_0E_0(j) + t_3(j)E_d(j) + t_4(j)E_t(j)]$$
$$\tag{6-24}$$

式中，j 为波段号；$L(j)$ 为波段 j 的平均入瞳辐射亮度；$\iota_i(j)$（$i=1,\cdots,4$）为波段有效传输函数；$\varepsilon(j)$ 为波段平均发射率；$B_j(T_s)$ 为地表温度为 T_s 的黑体的辐射亮度；μ_0 为太阳高度角的余弦值；$L_a(j)$ 为路径热红外辐射亮度；$L_s(j)$ 为太阳散射辐射亮度；$E_d(j)$ 为太阳漫射辐射波段平均辐射照度；$E_t(j)$ 为大气向下辐射强度。综合考虑大气状况、仪器的定标精度和噪声等效温差（Noise Equivalent Temperature Difference，NETD），即使是地表温度在一个较大范围内变化也能保证温度反演精度在 0.4~0.5K，最大误差在 2~3K。该算法同样是 MODIS 温度产品的官方算法之一。

（2）ASTER 温度发射率分离算法

Gillespie 等（1998）针对 Terra ASTER 拥有 5 个热红外波段的特点提出了 ASTER 温度发射率分离算法（Temperature Emission Separation，TES）。TES 的难点在于已知 5 个辐射亮度值，但是有 5 个通道发射率和 1 个地表温度未知，由此构成的方程组是"病态"的。为了约束此方程组的自由度，此温度发射率分离算法整合了归一化发射率法、发射率比值法和发射率最大最小差值法等方法的优点，并通过迭代的方法查询天空辐射照度。该算法的计算步骤如下：

1）输入数据为离地热红外辐射亮度 L 和天空下行辐射亮度 $S\downarrow$；

2）估算地表温度和去除反射的天空辐射亮度；

3）计算波段发射率与所有波段平均发射率的比值 β_b；

4）通过最大最小相对发射率差值与最小发射率的经验关系确定最小发射率 ε_{min}，进一步估计发射率和温度；

5）在此校正反射的大气下行辐射和发射率形状谱 β 中的偏差；

6）对反演得到的 T 和 ε 准确度和精度的验证和说明。

该算法温度反演精度为 $\pm1.5K$，地表发射率反演精度为 ±0.015，已成为 ASTER 温度产品的官方算法。

6.1.2 地表发射率反演方法

地表发射率是指同一温度下地表发射的辐射量与黑体发射的辐射量的比值，是热红外遥感数据反演地表温度必不可少的参数。地表发射率是波长和观测角的函数，受地表覆盖类型、地表粗糙度、土壤水分、土壤有机质、植被浓密程度和结构等因素影响明显。地表发射率遥感反演方法可分为三类：基于分类的方法、基于 NDVI 的方法以及多波段方法。

1. 基于分类的方法

基于分类的方法由 Snyder 等（1998）提出，其基本原理是根据实验室测量的发射率光谱数据，利用双向反射分布函数（Bidirectional Reflection Distribution Function，BRDF）核驱动模型拟合出了 IGBP 分类体系的 14 种地物的发射率，结合 MODIS 提供的土地分类产品，建立发射率与土地类型之间的关系。在此基础上，通过查找表就可以获得遥感影像每一个像元的发射率。对于发射率较稳定的土地利用类型，使用分类方法能得到较好的结果，如水体、冰、雪、植被等。但是对于其他地类，如裸露的岩石、土壤，它们的发射率变化较大，赋予一个定值会造成较大误差。分类本身的不确定性、混合像元的存在，以及不同类别的过渡情况会导致基于分类方法得到的发射率存在不连续的现象。

2. 基于 NDVI 的方法

基于 NDVI 的方法利用归一化植被指数与地表发射率的相关关系确定地表发射率。主要有 NDVI 法、NDVI 混合模型和 NDVI 阈值法。

（1）植被指数法

植被指数法，即 NDVI 法，由 van de Griend 和 Owe（1993）根据地表发射率与 NDVI 的对数之间的线性相关性提出。为准确反演出地表发射率，该方法将所采用的 NDVI 取值范围设置为 0.157 ~ 0.727，其反演地表发射率的公式如下：

$$\varepsilon = 1.0094 + 0.047 \ln(\text{NDVI}) \tag{6-25}$$

（2）植被指数混合模型

植被指数混合模型，即 NDVI 模型，由 Valor 和 Caselles（1996）提出，该模型在植被指数法的基础上，利用基于植被覆盖度的方法，将地表发射率与 NDVI 之间表达式扩展到混合像元。其主要思想是通过 NDVI 计算植被覆盖率，进而估算地表发射率，当 NDVI < 0.1 时，认为此像元是纯裸土，植被覆盖度为 0，地表发射率为 0.96；当 NDVI > 0.72 时，认为此像元是纯植被像元，植被覆盖度为 1，地表发射率为 0.985；当 $0.1 \leqslant \text{NDVI} \leqslant 0.72$ 时，认为此像元是裸土和植被的混合像元，此时地表发射率计算公式为

$$\varepsilon = \varepsilon_v P_v + \varepsilon_s (1 - P_v) + \mathrm{d}\varepsilon \tag{6-26}$$

式中，ε_v 为纯植被像元发射率；ε_s 为纯裸土像元发射率；P_v 为植被覆盖度；$\mathrm{d}\varepsilon$ 为地形几何形状，是自然表面的几何分布与内部反射效应引起的发射率比例，其计算公式如下：

$$\mathrm{d}\varepsilon = 4\langle \mathrm{d}\varepsilon \rangle (1 - P_v) P_v \tag{6-27}$$

式中，$\langle \mathrm{d}\varepsilon \rangle$ 为地形几何形状均值，根据不同几何分布一般取均值 0.015；P_v 参考式（6-15）计算。在地表相对平整的状况下，$\mathrm{d}\varepsilon$ 可以忽略不计，对于混合像元和粗糙表面，需要考虑其影响。

（3）植被指数阈值法

植被指数阈值法，即 NDVI 阈值法，最初由 Sobrino 等（2001）提出，随后 Sobrino 等（2008）对其进行了简化。覃志豪等（2004）对其进行了改进。目前，三种形式的 NDVI 阈值法在地表发射率的反演中都得到了较多的应用。

1）NDVI 阈值法。

Sobrino 等（2001）提出的 NDVI 阈值法根据 NDVI 值的大小区分植被和非植被区，并考虑地形因子，然后分别计算其地表发射率。公式的基本形式为

$$\varepsilon_\lambda = \begin{cases} a_\lambda + b_\lambda + \rho_{\text{red}} & \text{NDVI} < \text{NDVI}_s \\ \varepsilon_{v\lambda} P_v + \varepsilon_{s\lambda} \times (1 - P_v) + C_\lambda & \text{NDVI}_s \leqslant \text{NDVI} \leqslant \text{NDVI}_v \\ \varepsilon_{v\lambda} + C_\lambda & \text{NDVI} > \text{NDVI}_v \end{cases} \tag{6-28}$$

$$\rho_{\text{red}} = \frac{(\pi \times D^2 \times L)}{(\text{ESUN}_\lambda \times \cos(\theta_s))} \tag{6-29}$$

$$P_v = \left[\frac{\text{NDVI} - \text{NDVI}_{\min}}{\text{NDVI}_{\max} - \text{NDVI}_{\min}} \right]^2 \tag{6-30}$$

$$C_\lambda = (1 - \varepsilon_{s\lambda})(1 - P_v) F \varepsilon_{v\lambda} \tag{6-31}$$

式中，a_λ 和 b_λ 为常量（对于不同传感器，常量的值不同）；ε_λ 为地表发射率；ρ_{red} 为裸土红波段的发射率；$\varepsilon_{s\lambda}$ 和 $\varepsilon_{v\lambda}$ 分别为裸土和植被的地表发射率；NDVI_s 和 NDVI_v 分别为裸土和植被的 NDVI 值；P_v 为植被覆盖度。NDVI 阈值法中的计算方法 [式（6-30）] 与式（6-15）有所差异。C_λ 为地形起伏的修正因子（对于平整表面 $C_\lambda = 0$）。

2）简化的 NDVI 阈值法。

简化的 NDVI 阈值法适用于 $\text{NDVI} = \text{NDVI}_s$ 和 $\text{NDVI} = \text{NDVI}_v$ 时地表反射率不连续，或对特定土壤中 8 ~9.5μm 波段发射率 $\varepsilon_{s\lambda}$ 与 ρ_{red} 关系不能提供满意结果等情况，公式形式如下：

$$\varepsilon_\lambda = \begin{cases} \varepsilon_{s\lambda} & \text{NDVI} < \text{NDVI}_s \\ \varepsilon_{v\lambda} P_v + \varepsilon_{s\lambda} \times (1 - P_v) + C_\lambda & \text{NDVI}_s \leq \text{NDVI} \leq \text{NDVI}_v \\ \varepsilon_{v\lambda} + C_\lambda & \text{NDVI} > \text{NDVI}_v \end{cases} \tag{6-32}$$

3）改进的 NDVI 阈值法。

改进的 NDVI 阈值法除考虑自然表面之外，还考虑水面和城镇这两种地表覆盖类型，通过监督分类方法提取水体，赋值为 0.995，其他两类为城镇像元和自然表面像元。其中组成自然表面的像元可以看作是不同比例的植被叶冠和裸土组成的混合像元，而城镇像元则是建筑物和绿化植被组成的混合像元，如果没有详细的区域植被和土壤光谱，或图幅上没有明显的完全植被或裸土像元，当 NDVI<0.05 时，认为是纯裸土像元，植被覆盖度为 0；当 NDVI>0.7 时，认为是纯植被像元，植被覆盖度为 1；当 NDVI 介于 0.05 ~0.7 时，认为是混合像元，通过植被覆盖度公式计算获得，其估算公式如下（覃志豪等，2004）：

$$\varepsilon_{\text{自然表面像元}} = P_v R_v \varepsilon_v + (1 - P_v) R_s \varepsilon_s + \text{d}\varepsilon \tag{6-33}$$

$$\varepsilon_{\text{城镇像元}} = P_v R_v \varepsilon_v + (1 - P_v) R_m \varepsilon_m + \text{d}\varepsilon \tag{6-34}$$

式中，P_v 为植被覆盖度；R_v、R_s、R_m 分别为纯植被、纯裸土、纯建筑表面像元的温度比率；ε_v、ε_s 和 ε_m 分别为纯植被、纯裸土和纯建筑表面像元的发射率；$\text{d}\varepsilon$ 为地形几何形状。分别取 $\varepsilon_v = 0.986$，$\varepsilon_s = 0.972$，$\varepsilon_m = 0.970$，$R_v = 0.9332 + 0.0585 P_v$，$R_s = 0.9902 + 0.1068 P_v$，$R_m = 0.9886 + 0.1287 P_v$，在地表相对平整情况下，$\text{d}\varepsilon$ 一般可取 0。覃志豪等（2004）根据植被的构成比例提出了计算地表形状的经验公式，当 $P_v = 0.5$ 时，$\text{d}\varepsilon = 0.0038 P_v$；当 $P_v = 0.5$ 时，$\text{d}\varepsilon = 0.0038 (1 - P_v)$。

3. 多波段方法

多波段法主要是针对 ASTER、MODIS 等带有多个热红外波段的空间传感器，利用地物和大气波谱信息提取地表发射率，该方法可将温度和发射率信息分开。常用的多波段方法有：参考通道法、发射率归一化法、α 剩余法、发射率边界法、发射率比值法、MODIS 昼夜算法和温度发射率分离算法等。

（1）参考通道法

参考通道法的基本原理是假设一个通道 r 的发射率 ε_r 是一个已知的常数，使得原本 N 个发射率和 1 个地表温度共 $N+1$ 个未知数减少，从而实现基于 N 个波段测量数据的 N 个方程的求解。发射率 ε_r 的假定主要依赖于物质发射率的统计规律。该方法原理简单，计算方便，但基于统计规律的发射率确定不可避免存在不确定性，因此，此方法通常用来获取温度和比辐射量的初始值。

（2）发射率归一化法

发射率归一化法，也叫黑体曲线拟合方法。该方法假设对于高光谱总存在某个波段，在此波段上的发射率达到已知的最大值。基于这个最大发射率、地表出射辐射和大气下行辐射，求得每个波段对应的温度，取其最大值作为地表的估计，用于地表发射率的计算。该方法的反演效果主要取决于假定的最大发射率值的合理性。

（3）α 剩余法

α 剩余法利用普朗克定律的维恩近似，忽略分母中的−1，使得对普朗克公式取对数后得到一个近似线性的表达。对于 N 个通道，可以得到 N 个不包含温度的等式。在此基础上，对于通道 j 可以定义一个与温度无关的新参数 α_j，该参数可以通过辐射亮度观测值计算出来，进而求出每个通道的发射率值。

（4）发射率边界法

发射率边界法假设均温目标独立于波长，即其温度不会随着光谱变化而改变。在此基础上，可以计算给定波段上单个像元温度和发射率的边界值，综合各个波段边界值不难得出温度和发射率的变动范围。虽然此方法仅能获取温度和发射率的变动范围而非确切的唯一值，但随着准确先验知识的增加，温度和发射率的精度将不断提高。

（5）发射率比值法

发射率比值法主要考虑到热红外波谱与 6 波段以上相邻波谱之比对温度变化的敏感性差异，通过估计温度差值偏差实现计算。具体来说，首先，利用普朗克公式基于辐射出射度计算亮度温度；然后，选择各波段中最大亮度温度值并估计其与真实温度的偏差，由此获得真实地表温度，进而实现发射率比值解算；最后，在先验知识假设的基础上，计算各通道的发射率。

6.1.3 地表温度产品与验证

利用地表温度与地表发射率的反演算法，已经生产了许多成熟的地表温度产品和地表发射率产品，这些产品为城市热岛效应、地表蒸散发估算、森林火灾、气候模型等应用提供了丰富的数据基础。在此过程中，大气环境与地表复杂多变，许多在局地尺度上能够成立或近似的假设在其他尺度或区域并不一定成立，因此，反演成果必须通过实地验证等方法保证数据的质量。

1. 地表温度与发射率产品

1996 年，第一个覆盖全球的 MODIS 地表温度产品发布，随后 ASTER、AVHRR、

GEOS、VIIRS 等地表温度产品相继问世。基于国产卫星的地表温度反演产品的研究起步较晚，目前主要有风云三号 VIRR 地表温度产品。这些产品的空间分辨率介于 0.09～8km，时间分辨率范围为 15min 至 16 天，覆盖范围从全球到区域。采用多通道地表温度反演算法（MODIS 昼夜算法 &TES）在获取地表温度产品的同时往往也实现了地表发射率产品的生产，如 MODIS 和 ASTER 地表发射率产品。二者的空间分辨率分别为 6km 和 90m，时间分辨率与对应的地表温度产品一致，分别为 1 天和 16 天。GLASS BBE 是 8～13.5μm 窗口的宽波段发射率产品，包括 GLASS MODIS BBE 和 GLASS AVHRR BBE 产品。二者分别基于 ASTER 发射率产品、MODIS 发射率及反照率产品和 AVHRR 红光、近红外反射率，结合 NDVI 阈值法和分类法反演得到。前者空间分辨率为 1km，后者为 5km；二者时间分辨率均为 8 天。表 6-3、表 6-4 分别为常用的地表温度与地表发射率产品相关信息。

表 6-3　常用的地表温度产品

产品名称	传感器	反演算法	空间分辨率	时间分辨率	覆盖范围	时间范围
MODIS LST	MODIS/EOS	分裂窗/昼夜算法	1km/6km	1 天	全球	2000 年至今
AVHRR LST	AVHRR/NOAA1414	分裂窗	8km	1 天	非洲	1995～2000 年
AVHRR LST	AVHRR/NOAA	分裂窗	1.1km	1 天	全球	1998～2007 年
AATSR LST	AATSR/ENVIS	分裂窗	1km	3 天	全球	2004 年至今
ASTER LST	ASTER/TERRA	TES	90m	16 天	全球	2000 年至今
MVIRI LST	MVIRI/METEOSAT	神经网络	5km	30min	欧洲/非洲	1999～2005 年
SEVIRI LST	SEVIRI/MSG	分裂窗	3km	15min	欧洲/非洲/南美	2005 年至今
VIIRS LST	VIIRS/NPP	分裂窗	750m	1 天	全球	2011 年至今
VIRR LST	VIRR/FY3	分裂窗	1km	1 天	全球	2008 年至今

表 6-4　常用的地表发射率产品

产品名称	传感器	反演算法	空间分辨率	时间分辨率	覆盖范围	时间范围
MODIS LSE	MODIS/EOS	昼夜算法	6km	1 天	全球	2000 年至今
ASTER LSE	ASTER/TERRA	TES	90m	16 天	全球	2000 年至今
GLASS BEE	MODIS/ EOS AVHRR/NOAA	NDVI 阈值法/分类法	1km/5km	8 天	全球	1984 年至今

2. 地表温度的实测验证

遥感数据生成的地表温度产品通常采用两种验证方法：基于温度的方法和基于辐射度的方法（Li et al., 2014）。基于温度的方法主要包括星–地同步观测实验，基于辐射度的方法通过模拟大气顶层辐射亮度反推实际地表温度实现。

（1）基于温度的方法

星–地同步观测实验是基于温度的方法的典型代表，指在卫星与地面间同步或者条件极为近似的准同步情况下直接比较遥感反演的地表温度与地面真实观测值。在进行星–地同步观测实验时，应尽量满足以下条件：①地面观测与卫星过境时间尽可能接近；②地面站点周围一定范围内地形和地势相对均匀；③观测期间天气晴朗，无云雾遮蔽；④观测仪器定标精度满足要求。

星–地同步观测实验根据观测仪器是否与地表接触分为两类：接触式测温和非接触式测温。接触式测温将温度计埋设在地表表层进行测量，该方法测量精度较高，但空间代表性有限；非接触式测温通过传感器接收地面物体的热辐射，基于热辐射与温度的关系转化得到地表温度，可以采用手持式、固定式测温仪器，也可以利用热红外成像得到。在实际观测中，非接触式测温方法应用范围更广。

目前，全球不同地区已经形成了较多长时间序列的大型观测计划或观测网络，并以此为遥感反演地表温度成果的验证提供数据支撑。例如，全球及区域通量观测网络，美国国家海洋和大气管理局（National Oceanic and Atmospheric Administration，NOAA）建立的覆盖全美的"辐射观测网络"（Surface Radiation Budget Network，SURFRAD），欧盟第七框架计划"长期观测结合卫星遥感与数值模拟研究青藏高原水文气象过程及亚洲季风系统"（CEOP-AEGIS：Coordinated Asia-European long-term Observing system of Qinghai-Tibet Plateau hydro-meteorological processes and the Asian-monsoon system with Ground satellite Image data and numerical Simulations），"黑河流域生态–水文过程集成研究"（Heihe Watershed Allied Telemetry Experimental Research，HiWATER）等。

星–地同步观测实验是检验遥感地表温度反演结果最直接、有效的方法，然而，由于观测过程受观测仪器自身、观测环境、观测方式等因素的影响，观测结果存在不同程度的不确定性。因此，也有研究人员基于地表长波辐射观测值提取地表温度来对长时间序列的地表温度产品进行评估。此外，地面测量数据与遥感数据在空间尺度上的差异也会影响评估的结果，为此，有研究人员仅利用夜间的观测数据进行评估来降低其影响。

（2）基于辐射度的方法

基于辐射度的方法主要通过实测检验点的大气廓线以及地表发射率等参数，利用大气辐射传输模型，在已知大气顶层辐射亮度的情况下解算地表温度。解算得到的地表温度被认为是地面真实温度。对比该地表温度值与卫星遥感反演地表温度值即可得到遥感地表温度结果的精度信息（马晋等，2017）。

基于辐射度的方法不需要地面测量的地表温度，在保证参数输入质量的基础上，能够直接发现遥感地表温度产品反演算法存在的问题，最初用于标准 MODIS 地表温度产品的精度检验，后来成功地应用到了 AATSR 与 SEVIRI 产品。该方法适用于低空间分辨率遥感地表温度的反演，能够反演地表发射率时空变化较小区域内任意位置的地表温度。然而，基于辐射度的方法的准确性依赖于大气廓线及地表发射率等参数的精度，在高精度大气廓线等获取困难的情况下，其实用性将受到较大影响。

6.2　城市热岛等级时空演化分析

基于地表温度的空间分布即可得到城市热岛效应的空间格局。在此过程中，衡量热岛效应的强度，构建城市热岛等级标准评价热岛效应，揭示热岛等级的空间分布及其随时间演化的规律，能够为城市气候服务、城市规划修编、公众生产生活活动提供有益参考。

6.2.1 热岛效应分析指标

城市热岛分析指标主要包括热岛强度、热岛面积、归一化热场强度，以及基于以上指标划分的热岛等级、热岛比例指数等。

1. 热岛强度

热岛强度通常是指城市区域与郊区低温像元之间的温度差异，其计算公式为

$$UHII_i = T_i - \frac{1}{n}\sum_{j=1}^{n} T_j \tag{6-35}$$

式中，$UHII_i$ 为第 i 个像元上的热岛强度；T_i 为像元地表温度；T_j 为郊区像元地表温度；n 为郊区像元总数。温度差越大，热岛强度越大，热岛效应越显著。

2. 热岛面积

热岛面积的大小表现为发生热岛效应的区域大小，能够从一定程度上反映热岛效应的强弱。具体来说，热岛面积的大小根据地表温度大于郊区平均地表温度的像元统计得到，其计算公式如下：

$$UHIA = M \cdot A_{pix} \tag{6-36}$$

式中，$UHIA$ 为热岛面积；M 为地表温度大于郊区平均地表温度的像元总数；A_{pix} 为像元面积。热岛面积越大，热岛效应越显著。

3. 归一化热场强度

归一化热场强度体现地表相对温度的高低，能够揭示地表温度的空间格局特征，其计算公式如下：

$$HI_i = \frac{T_i - T_{min}}{T_{max} - T_{min}} \tag{6-37}$$

式中，HI_i 为第 i 个像元上的归一化热场强度；T_i 为像元地表温度；T_{min} 与 T_{max} 分别为研究区的最低与最高地表温度。归一化热场强度将地表温度标准化处理，使之分布范围介于 $0\sim1$，值越大表示温度越高，热岛效应也越明显。

4. 热岛等级

热岛等级基于热岛强度或归一化热场强度指标划分。在实际应用过程中，根据研究区地表温度特征与表征方法的差异，可能划分为不同等级体系。从温度角度出发，有低温、较低温、次中温、中温、次高温、高温、特高温 7 等级体系和低温、较低温、中温、较高温、高温 5 等级体系等。以 5 等级体系为例，依照不同温度等级的含义，低温区、较低温

区与中温区通常表示未出现城市热岛，较高温区、高温区则对城市热岛影响较大，常以高温区代表强热岛区，较高温区代表弱热岛区。从热岛效应出发，也可以直接划分为无热岛、弱热岛、中等热岛、强热岛 4 等级体系和无热岛、弱热岛、中等热岛、强热岛、很强热岛、极强热岛 6 等级体系等。热岛等级的划分方法多样，常见的有等间距划分法、自然断点划分法、均值–标准差划分法等。

（1）等间距划分法

等间距划分法的具体步骤为：首先确定划分的热岛等级数，设为 N；然后对热岛指标的最大值与最小值之差进行 n 等分；最后以最小值为起点，从低到高，每一个等级增加一个 n 等分值。具体来说，第 i 个等级热岛指标 UHI_i 的阈值范围为

$$UHI_{min}+(i-1)\times\frac{UHI_{max}-UHI_{min}}{n}<UHI_i<UHI_{min}+i\times\frac{UHI_{max}-UHI_{min}}{n} \tag{6-38}$$

（2）自然断点划分法

自然断点划分法最初由 Fisher（1958）提出，随后美国制图学家 Jenks（1958）将其引入分级统计制图中。该方法的基本思想是通过计算每种分类情况方差，使得组内方差最小，组间方差最大。对于 n 组数据 $\{X_1,X_2,\cdots,X_n\}$，第 i 组数据 $\{x_{i1},x_{i2},\cdots,x_{im_i}\}$ 的均值为 $\bar{x}_i$，所有数据的均值为 $\bar{x}$，则组间方差的计算公式为

$$\sigma_b^2=\frac{\sum_{i=1}^{n}(\bar{x}_i-\bar{x})^2 m_i}{\sum_{i=1}^{n}m_i} \tag{6-39}$$

式中，σ_b^2 为组间方差；m_i 为第 i 组数据的个数；n 为数据组数。n 组数据的总方差计算方法如式（6-40）所示。

$$\sigma^2=\frac{\sum_{i=1}^{n}\sum_{j=1}^{m_i}(x_{ij}-\bar{x})^2}{\sum_{i=1}^{n}m_i} \tag{6-40}$$

则组内方差计算公式为

$$\sigma_r^2=\sigma^2-\sigma_b^2 \tag{6-41}$$

（3）均值–标准差划分法

均值–标准差划分法首先计算研究区范围热岛指标的平均值与标准差，然后根据这 2 个参数将研究区的热岛指标划分为 n 个等级，并按照从低到高的顺序进行排序，具体的计算公式如下：

$$T=A\pm\beta S \tag{6-42}$$

式中，T 为热岛等级的指标阈值；A 为整个研究区热岛指标的平均值；S 为整个研究区热岛指标的标准差；β 为标准差的倍数，常取 0.5、1.0、1.5 等。当热岛等级划分为 5 个或 7 个等级时，从第 1 级到第 5 级或第 7 级，热岛等级的指标阈值如表 6-5 所示。

表 6-5　基于均值–标准差划分法的热岛等级

热岛等级	指标（UHI）阈值范围（7级）	指标（UHI）阈值范围（5级）
1	$UHI \leqslant A-1.5S$	$UHI \leqslant A-1.5S$
2	$A-1.5S < UHI \leqslant A-1.0S$	$A-1.5S < UHI \leqslant A-0.5S$
3	$A-1.0S < UHI \leqslant A-0.5S$	$A-0.5S < UHI \leqslant A+0.5S$
4	$A-0.5S < UHI \leqslant A+0.5S$	$A+0.5S < UHI \leqslant A+1.5S$
5	$A+0.5S < UHI \leqslant A+1.0S$	$UHI > A+1.5S$
6	$A+1.0S < UHI \leqslant A+1.5S$	
7	$UHI > A+1.5S$	

5. 热岛比例指数

热岛比例指数可以定量衡量热岛效应的强烈程度，通过计算热岛与建成区面积的比例，结合热岛范围温度等级权重表征热岛发育程度。其计算公式如下：

$$URI = \frac{1}{100m} \sum_{k=1}^{n} w_i p_i \tag{6-43}$$

式中，URI 为热岛比例指数；m 为温度正规化等级指数；对于城区高于郊区的第 i 个温度等级，w_i 为该温度等级权重，常取温度等级的级值；p_i 为该温度等级的面积比例（由于热岛主要分布在建成区内，该温度等级的面积比例可以看作该等级建成区面积比例）；n 为城区高于郊区的温度等级总数。热岛比例指数越大，热岛现象越严重。目前，该指数已被纳入《生态环境状况评价技术规范》中并作为城市热环境的评价指标。

6.2.2　热岛格局演化分析

城市热岛的空间格局演化特征是指不同强度/等级热岛在空间的分布状况，包括范围、位置、形态等属性及其随时间变化的特征。由于城市热岛效应与土地利用结构息息相关，且同样具备时空分异的地理特性，用于土地利用结构演化分析的方法也常常用于热岛格局的演化分析当中。

1. 空间格局分析

城市热岛空间格局分析包括简单的 GIS 空间分析与热力景观格局分析等。

GIS 空间分析中，如对不同等级热岛图斑的四至坐标、周长、面积等的空间量算；对感兴趣区域一定范围内不同等级热岛图斑面积比例、密度等指标的缓冲区分析；可以识别不同时相热岛图斑变化区域的叠置分析等。

热力景观格局分析引入生态景观的概念，针对不同热岛等级的图斑开展空间形态与空间配置关系的分析。常用的热力景观指标包括斑块密度、斑块类型面积、最大斑块指数、聚合度指数、分离度指数、蔓延度指数、香农多样性指数和香农均匀度指数等，各指数的计算方法见5.3.1节。不同热力景观指数的表征意义举例来说：当较强及以上等级热岛图斑面积增大时，热岛效应增强；当其破碎程度增加时，热岛范围趋于分散，城市热源越散布；当其蔓延度增加时，发生高温区域占优势地位，热岛效应增强；当总体多样性增加时，不同等级热岛斑块趋于散布，可能城市中增加了较多绿色空间，对地表温度的控制起到了一定作用。

2. 动态变化分析

城市热岛效应的动态变化分析就是获取城市不同热岛等级的区位增加和减少部分的位置、面积、速度等情况。动态变化分析方法包括传统数量空间统计、面积转移矩阵等。

传统数量空间统计，如计算不同热岛等级在分析末期与分析前期之间的面积变化总量、年均变化速率等；分析区域内某热岛等级在不同变化时期转化为其他等级的面积比例，即热岛动态度等。热岛等级面积转移矩阵能够定量表征不同热岛等级之间的转化情况，揭示热岛等级转化速率。面积年均变化速率计算公式见式（4-35），热岛动态度计算公式参考式（4-36），面积转移矩阵形式见表4-4，相关计算方法均见4.3.2节。

6.3 城市热岛与土地利用关联分析

城市热岛主要是由城市发展造成的热源增加与土地利用类型改变所引起的。一方面，自然植被与土壤表面逐渐被难以渗透的水泥、沥青和建筑等所取代，与植被相比，其表面具有更大的吸热率和更小的比热容；另一方面，人口与生产、生活活动的集聚与增加导致工业和生活热源的大量增加，而这些活动也能够通过土地利用间接表征。因此，开展城市热岛与土地利用关联分析，揭示城市热岛形成和发展变化的驱动机制，能够为土地资源合理利用、城市建设规划、城市热岛缓解和控制与可持续城市环境建设提供理论和实践依据。

6.3.1 土地利用类型的温度差异

城市热岛与土地利用相关联的一个重要体现就是不同土地利用类型的地表温度差异，探索此种差异的主要方法有计算不同土地利用类型的地表温度均值与标准差及其在不同热岛等级的面积比，构建土地利用温度效应指数、热岛源汇指数等。

1. 土地利用类型地表温度均值与标准差

各土地利用类型地表温度的均值与标准差计算公式如下：

$$\bar{T}_i = \frac{1}{n}\sum_{j=1}^{n} T_{ij} \qquad (6\text{-}44)$$

$$\sigma_i = \sqrt{\frac{1}{n}\sum_{j=1}^{n}(T_{ij} - \bar{T_i})^2} \qquad (6\text{-}45)$$

式中，$\bar{T_i}$ 与 σ_i 分别为土地利用类型 i 的地表温度均值和标准差；T_{ij} 为土地利用类型 i 第 j 个像元的地表温度；n 为土地利用类型 i 的像元总数。土地利用类型地表温度均值大于全域均值则说明该土地利用类型对城市热岛具有正效应，小于全域均值则说明具有负效应。土地利用类型地表温度的标准差越大说明该土地利用类型的地表温度差异越显著，可能处于城郊边界范围的图斑较多，或者人为干扰作用强度处于上升阶段；标准差越小，说明该土地利用类型地表温度越均匀，地表开发强度较小或开发接近完成。

2. 热岛等级土地利用类型面积比例

不同土地利用类型在各热岛等级的面积比例计算公式如下：

$$P_{ij} = \frac{m_{ij}}{\sum_{j=1}^{N}m_{ij}} \qquad (6\text{-}46)$$

式中，P_{ij} 为土地利用类型 i 在第 j 个热岛等级中的面积比；m_{ij} 为土地利用类型 i 在第 j 个热岛等级中的像元个数；N 为热岛等级总数。土地利用类型在强热岛等级的面积比越大，其热岛效应越显著，反之则说明具有负效应。

3. 土地利用温度效应指数

依据先验知识把土地利用类型对城市热岛效应的影响进行分级，即可构建土地利用温度效应指数评价区域土地利用变化对热岛效应的影响及空间差异。其计算公式如下：

$$L_t = 100 \times \sum_{i=1}^{n}(A_i \times C_i) \qquad (6\text{-}47)$$

式中，L_t 为区域 t 时期土地利用温度效应指数；A_i 为第 i 级土地利用类型对温度影响的等级；C_i 为第 i 级土地利用面积比；n 为土地利用对温度影响的总分级数。

土地利用温度效应变化指数 ΔL 为研究末期（t_2）指数减去研究初期（t_1）指数的绝对值 [式（6-48）]，其值越大，该区域土地利用结构变化对城市热岛效应的影响程度越大（杨英宝等，2007）。

$$\Delta L = |L_{t_2} - L_{t_1}| \qquad (6\text{-}48)$$

土地利用类型对城市热岛效应影响的分级可以根据土地利用类型的 NDVI、土壤含水量、地表温度等指标特征进行划分：NDVI 与土壤含水量越小、地表温度越高的土地利用类型，对城市热岛效应的贡献越大，级别越高，反之则越低。

4. 热岛源汇指数

按照对人为热源的贡献，可以将土地利用类型分为热岛源区和热岛汇区。热岛源区主要包括工业区、商业区、道路和居民区等城镇建筑用地，热岛汇区则包括森林、草地、农田、水域等非建设用地。热岛源区对城市热岛效应具有增强作用，热岛汇区则能够吸热降温（Xu，2009）。计算源区与汇区的面积比例指数，其计算公式如下：

$$CI = D_T \times A \tag{6-49}$$

式中，D_T 为源区或汇区与整个区域的温度差；A 为源区或汇区占整个区域的面积比例。对于源区，CI>0；对于汇区，CI<0。

热岛源汇指数计算公式为

$$LI = \left| \frac{CI_{sin}}{CI_{sou}} \right| \tag{6-50}$$

式中，CI_{sou} 与 CI_{sin} 分别为源区与汇区的面积比例指数。热岛源汇指数可用于表征不同区域对热岛效应的贡献强度，LI>1，则该区域城市热岛效应减缓；LI<1，则该区域城市热岛效应加强；LI=1，则该区域城市热岛效应趋于平衡，既无加强也无减缓。

6.3.2 热岛与土地利用定量关联

热岛与土地利用的关联具体表现为地表温度或热岛强度与 NDVI、NDBI、NDWI 等指数或各土地利用类型面积比或土地利用景观指数的相关关系。对这种相关关系进行定量评估的方法主要有相关性分析、回归分析、灰色关联度分析等。

1. 土地利用指数

土地利用类型面积比或土地利用景观指数的计算方法在 5.3 节已详细描述，在此不再赘述，本节主要介绍 NDVI、NDBI、NDWI 等在热岛与土地利用分析中表征土地利用空间分布的常用指数。

（1）NDVI

NDVI 用于监测地面植被的空间分布状况与生长趋势。其基本原理是植物叶片中的叶绿素对红光波段的辐射具有强吸收作用，而对近红外波段辐射反射强烈，且这种反射作用会随着植被的增加而提高。因此，定义 NDVI 如下：

$$NDVI = \frac{NIR - Red}{NIR + Red} \tag{6-51}$$

式中，NIR 与 Red 分别为近红外与红光波段的反射值。NDVI 的取值范围为 $-1 \sim 1$，负值表示地面覆盖为云、水、雪等，对可见光高反射；0 表示地表为岩石或裸土等；正值越大，植被覆盖度越好。

（2）NDBI

NDBI 反映城市建筑用地的空间分布特征。其基本原理是城市建筑用地的不透水地表在中红外波段的反射率高于近红外波段。其计算公式如下：

$$NDBI = \frac{MIR - NIR}{MIR + NIR} \tag{6-52}$$

式中，MIR 与 NIR 分别为中红外与近红外波段的反射值。NDBI 的取值范围为 $-1 \sim 1$，NDBI 越高，建筑用地比例越高，建筑密度越高。

（3）NDWI

NDWI 反映水体的空间分布特征。其基本原理是水体在绿光波段的反射率高于近红外波段。其计算公式如下：

$$\text{NDWI} = \frac{\text{Green} - \text{NIR}}{\text{Green} + \text{NIR}} \tag{6-53}$$

式中，Green 与 NIR 分别为绿光波段与近红外波段的反射值。NDWI 的取值范围为$-1 \sim 1$，NDWI 越高，水体覆盖度越高。在用 NDWI 提取城市中的水体时，由于容易混淆城镇建筑用地信息，提取的水体范围有所扩大，因此也有研究采用 MNDWI［见 3.1.2 节式（3-2）］。

2. 灰色关联度分析

在热岛与土地利用定量关联方法中，相关性分析与回归分析的基本原理见 3.3 节，本节主要介绍灰色关联度分析方法的基本原理与步骤。

（1）灰色系统

关于客观世界的很多实际问题，其内部的结构、参数以及特征并未全部被人们了解，人们不可能像研究白箱问题那样将其内部机理研究清楚，只能依据某种思维逻辑与推断来构造模型。这类部分信息已知而部分信息未知的系统被称为灰色系统。

（2）灰色关联度

两个系统之间的因素随时间不同而变化的关联性大小的量度称为关联度。在系统发展过程中，若两个因素变化的趋势具有一致性，即同步变化程度较高，即可谓二者关联程度较高；反之，则较低。因此，灰色关联度分析方法是根据因素之间发展趋势的相似或相异程度，即"灰色关联度"，衡量因素间关联程度的一种方法。采用关联分析的方法进行系统分析实际上就是对动态过程发展态势进行量化比较分析，从而寻求系统中各因素之间的数值关系，判断因素中哪些对系统是主要的，哪些对系统是次要的；哪些对系统是潜在的，哪些对系统是明显的。灰色关联度分析为一个系统发展变化态势提供了量化的度量，非常适合动态历程分析。

（3）灰色关联度分析步骤

1）确定反应系统行为特征的参考数列和影响系统行为的比较数列。

选取参考数列：$x_0 = \{x_0(k) \mid k = 1, 2, \cdots, n\} = \{x_0(1), x_0(2), \cdots, x_0(n)\}$，其中 k 表示时刻。假设有 m 个比较数列：$x_i = \{x_i(k) \mid k = 1, 2, \cdots, n\} = \{x_i(1), x_i(2), \cdots, x_i(n)\}$，$i = 1, 2, \cdots, m$。

2）对参考数列和比较数列进行无量纲处理。

如果系统中各因素的物理意义不同，则会导致数据的量纲不同，使数据不便于比较或在比较时难以得到正确的结论，此时应先进行无量纲化的数据处理。有以下 7 种无量纲化变换：初值化变换、均值化变换、百分比变换、倍数变换、归一化变换、极差最大值化变换、区间值化变换。应用较多的是初值化变换。设有序列 $x = \{x(1), x(2), \cdots, x(n)\}$，则称映射 $f : x \rightarrow y$ $f(x(k)) = y(k)$，$k = 1, 2, \cdots, n$ 为序列 x 到序列 y 的数据变换。

4）求参考数列与比较数列的灰色关联系数 $\xi_i(k)$。

所谓关联程度，实质上是曲线间几何形状的差别程度，因此曲线间差值大小可作为关联程度的衡量尺度。对于一个参考数列 x_0，有若干个比较数列 $x_1, x_2, \cdots, x_n$，各比较数列与参考数列在 k 时刻的关联系数 $\xi_i(k)$ 可由下列公式计算：

$$\xi_i(k) = \frac{\min_s \min_t |x_0(t) - x_s(t)| + \rho \max_s \max_t |x_0(t) - x_s(t)|}{|x_0(k) - x_i(k)| + \rho \max_s \max_t |x_0(t) - x_s(t)|} \tag{6-54}$$

式中，ρ 为分辨系数，取值范围 [0，1]，其值越大，分辨率越大，其值越小，分辨率越小，一般取值0.5；$\min_s \min_t |x_0(t) - x_s(t)|$ 为两级最小差；$\max_s \max_t |x_0(t) - x_s(t)|$ 为两级最大差。

5）求关联度 r_i。

式（6-54）定义的关联系数是描述比较数列与参考数列在 k 时刻关联程度的一种指标。各个时刻都有一个关联系数，导致信息过于分散，不便于比较，为此定义：

$$r_i = \frac{1}{n} \sum_{i=1}^{n} \xi_i(k) \tag{6-55}$$

式中，r_i 为数列 x_i 对参考数列 x_0 的关联度。关联度是把每个时刻的关联系数集中为一个平均值，即把过于分散的信息集中处理。

6）优势分析。

当参考数列不止一个，被比较的因素也不止一个时，需进行优势分析。

假设有 m 个参考数列（亦称母因素），记为 $Y_1, Y_2, \cdots, Y_n$，再假设有 n 个比较数列（亦称子因素），记为 $X_1, X_2, \cdots, X_n$。显然每一个参考数列对 n 个比较数列有 n 个关联度，设 r_{ij} 表示比较数列 X_j 对参考数列 Y_i 的关联度，可构造关联（度）矩阵 $R = (r_{ij})_{m \times n}$。根据矩阵 R 的各个元素的大小，可分析判断出哪些因素起主要影响，哪些因素起次要影响。起主要影响的因素称为优势因素。再进一步，当某一列元素大于其他列元素时，称此列所对应的子因素为优势子因素；若某一行元素均大于其他行元素时，称此行所对应的母元素为优势母元素。

6.4 长株潭城市土地利用热岛效应分析

热岛效应监测主要包括以下几个内容：地表温度反演、热岛等级演化分析、热岛与土地利用关联分析。具体流程见图6-1。

6.4.1 地表温度反演

基于辐射传输方程法实现长株潭主城区研究时段地表温度反演。其中，三个大气参数的值 τ、$L_{atm}\uparrow$、$L_{atm}\downarrow$ 通过在美国 NASA 网站（http://atmcorr.gsfc.nasa.gov/）输入原始 Landsat 影像信息 [如获取时间（UTC 时间）、中心经纬度等] 来计算获取。地表发射率采用 NDVI 混合模型。

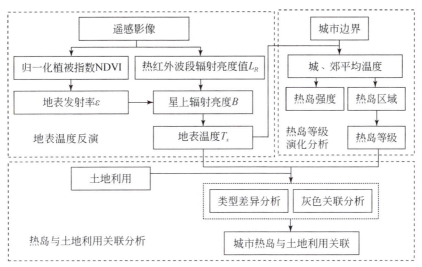

图 6-1　长株潭主城区热岛效应分析流程图

1. 长株潭主城区地表温度总体特征

长株潭主城区 2000 年、2006 年、2011 年地表温度空间分布见图 6-2，统计结果见表 6-6。三个时相长株潭主城区地表温度都呈现中心城区高、周边低的分布特征。植被覆盖度小的城区呈现为明显的高温中心，植被覆盖度大的郊区则显示为低温区域。湘江形成了一个明显的相对低温带。对于不同时间，长株潭城区平均地表温度均显著高于郊区。具体而言，2000 年城区与郊区平均地表温度差为 4.7℃，至 2006 年增大至 5.8℃，

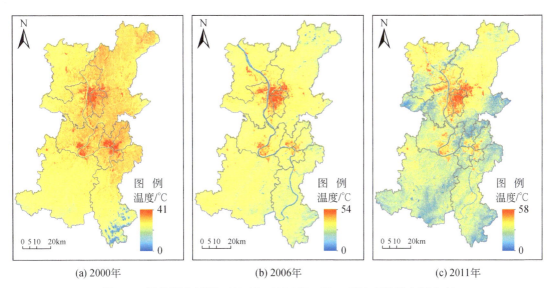

图 6-2　长株潭主城区 2000 年、2006 年、2011 年地表温度空间分布

至 2011 年增大至 6.5℃。长株潭全区平均地表温度仅略高于郊区平均地表温度,差值仅为 0.1~0.3℃。

表 6-6　长株潭主城区地表温度统计　　　　　　　（单位:℃）

时间	平均地表温度	城区平均地表温度	郊区平均地表温度	城区平均地表温度–平均地表温度	平均地表温度–郊区平均地表温度	城区平均地表温度–郊区平均地表温度
2000 年	24.9	29.5	24.8	4.6	0.1	4.7
2006 年	30.6	36.2	30.4	5.6	0.2	5.8
2011 年	33.5	39.7	33.2	6.2	0.3	6.5

2. 地表温度市级差异分析

长株潭主城区三市的地表温度统计数据见表 6-7。由表 6-7 可知,长沙市、株洲市、湘潭市各地表温度值在三个时相中呈现出不同的变化特征:2000 年最低地表温度出现在株洲市和湘潭市,为 17.8℃,最高地表温度为株洲市的 41.1℃;2006 年最低和最高地表温度分别为株洲市的 20.6℃ 和长沙市的 54.0℃;2011 年湘潭市最低地表温度（12.8℃) 显著低于其他两市,最高地表温度出现在长沙市,为 57.6℃。

表 6-7　长株潭三市主城区地表温度统计

地区	地表温度值	2000 年	2006 年	2011 年
长沙市	最低	20.6	21.1	22.4
	最高	39.9	54.0	57.6
	平均	25.5	31.3	35.0
	郊区平均	25.4	31.0	34.6
	城区平均	29.1	37.2	40.4
株洲市	最低	17.8	20.6	22.4
	最高	41.1	50.7	49.5
	平均	25.0	29.6	32.4
	郊区平均	24.8	29.4	32.2
	城区平均	30.2	34.0	37.3
湘潭市	最低	17.8	21.8	12.8
	最高	40.5	49.8	52.9
	平均	24.1	30.5	32.7
	郊区平均	24.1	30.4	32.6
	城区平均	29.6	35.5	38.9

对于城区平均地表温度和郊区平均地表温度,在三个时相中长沙市城区和郊区范围的平均地表温度均最高。2000 年,株洲市城区和郊区范围的平均地表温度高于湘潭市;2006 年和 2011 年,湘潭市城区和郊区范围的平均地表温度高于株洲;相对而言,2000~2011 年,长株潭三市城区平均地表温度相对大小关系呈现出明显的随时间变化的特征:2000 年株洲市城区平均地表温度最高,而 2006 年和 2011 年长沙市城区平均地表温度最高。

6.4.2 热岛等级演化分析

1. 热岛强度及面积演变特征

长株潭主城区 2000 年、2006 年、2011 年热岛区域空间分布见图 6-3,热岛强度和面积统计数据见表 6-8。总体而言,2000~2011 年,随着长株潭城市化进程的加快,主城区热岛强度持续上升,除中心城区外,部分郊区的热岛现象具有同样的明显程度,且热岛分布的空间集聚在进一步加大。

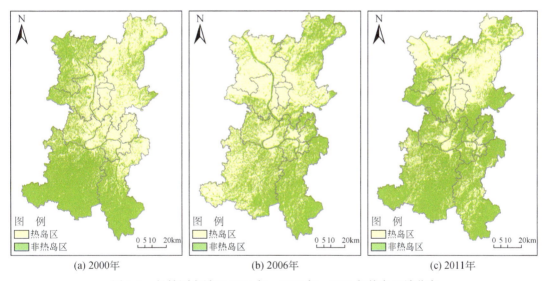

(a) 2000年　　　　　(b) 2006年　　　　　(c) 2011年

图 6-3　长株潭主城区 2000 年、2006 年、2011 年热岛区域分布

表 6-8　长株潭主城区热岛强度、面积统计

时间	热岛强度/℃	增量/℃	热岛面积/km²	面积比例/%	面积增量/km²
2000 年	4.7	——	4015.78	46.57	——
2006 年	5.8	1.1	4721.78	54.76	706.00
2011 年	6.5	0.7	4689.02	54.38	−32.76

热岛强度从 2000 年的 4.7℃增加至 2011 年的 6.5℃；总体上热岛面积呈波动现象，2011 年热岛面积（4689.02km²）比 2000 年（4015.78km²）增加了 673.24km²。其中，2000～2006 年热岛强度从 4.7℃增至 5.8℃，增速为 0.18℃/年，而 2006～2011 年热岛强度由 5.8℃增至 6.5℃，增速为 0.14℃/年，比前一阶段略缓。热岛面积在 2000～2006 年间增加了 706.00km²，增长速度达到 117.67km²/年，而 2006～2011 年热岛面积减少了 32.76km²。

长株潭主城区分市 2000 年、2006 年、2011 年热岛强度变化如图 6-4 所示。由图 6-4 可知，2000～2011 年长沙、株洲、湘潭三市热岛强度均呈现波动变化的趋势。相对于株洲市、湘潭市呈先下降后上升趋势，长沙市的热岛强度呈现出以 2006 年为拐点的先上升、后下降的阶段性特征。

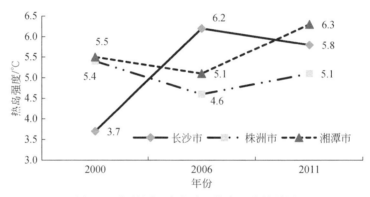

图 6-4　长株潭三市主城区热岛强度统计图

具体来说，长沙市 2000～2011 年热岛强度整体增加了 2.1℃。三个时相中，2006 年热岛强度最大，2000 年最低，二者分别为 6.2℃和 3.7℃。长沙市 2000～2006 年热岛强度呈上升趋势，而 2006～2011 年热岛强度呈下降趋势。株洲市 2000～2011 年热岛强度呈先下降后上升的趋势，2011 年相比 2000 年整体下降了 0.3℃。株洲市 2000～2006 年热岛强度由 5.4℃下降至 4.6℃，而 2006～2011 年热岛强度由 4.6℃增加至 5.1℃。湘潭市 2000～2011 年热岛强度呈先下降后上升的趋势，2011 年相比 2000 年整体上升了 0.8℃。湘潭市 2000～2006 年热岛强度由 5.5℃下降至 5.1℃，而 2006～2011 年热岛强度由 5.1℃增加至 6.3℃。

2. 热岛等级演变特征

根据相对温度的大小采用等间距划分法进行阈值分割，划分热岛等级，使用的分割阈值及各等级意义见表 6-9。

表6-9　热岛等级划分所使用的阈值及代表意义

相对温度 $\Delta T/℃$	热岛等级	代表热岛强度	代表颜色				
			颜色	图例	红色	绿色	蓝色
<0	1	低温区，无热岛现象	绿色		0	128	0
0~4	2	弱	石灰绿		0	255	0
4~8	3	中等	黄色		255	255	0
8~12	4	强	橙色		255	165	0
12~16	5	很强	红色		255	0	0
>16	6	极强	栗色		128	0	0

（1）长株潭主城区热岛等级总体特征

2000年、2006年、2011年长株潭主城区热岛等级见图6-5。从图6-5可知，2000~2011年，长株潭主城区城市热岛的空间分布、延展与建成区的轮廓基本一致，并呈现出随城市发展而向外扩张的趋势。城市热岛均以第1等级（$\Delta T<0℃$）和第2等级（$0℃<\Delta T<4℃$）为主，第3等级（$4℃<\Delta T<8℃$）、第4等级（$8℃<\Delta T<12℃$）、第5等级（$12℃<\Delta T<16℃$）、第6等级（$\Delta T>16℃$）面积相对较小。其间，第1等级面积逐渐降低，第2~4等级热岛面积呈上升趋势，第5、第6等级热岛相继出现且面积快速增加。

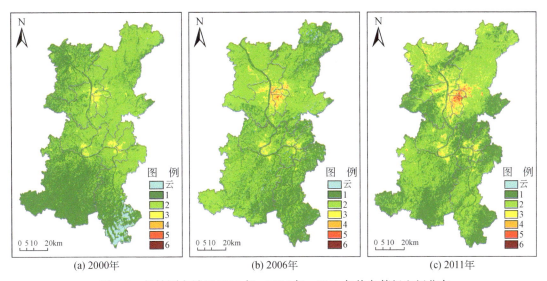

(a) 2000年　　　　　　　(b) 2006年　　　　　　　(c) 2011年

图6-5　长株潭主城区2000年、2006年、2011年热岛等级空间分布

具体而言（表6-10），第1等级面积总体呈现先下降后上升的变化特征，从2000年的4406.59km²（占比52.32%）下降至2011年的3934.37km²（占比45.62%）。其间，2006年为3823.98km²（占比44.75%）；第2等级面积总体呈现先上升后下降的变化特征，从2000年的3802.54km²下降至2011年的3744.86km²，面积占比从45.15%下降至43.43%。其间，2006年为4281.97km²，占等级总面积比例为50.11%；第3等级面积呈现持续上升特征，从2000年的201.08km²上升至2006年的312.96km²，再至2011年的710.78km²。占等级总面积比例分别为2.39%、3.66%、8.24%；第4等级面积总体上呈现持续上升特征，从2000年的11.86km²（占比0.14%）上升至2006年的117.61km²（占比1.38%），再至2011年的190.31km²（占比2.21%）；第5等级面积总体上呈现上升特征，从2000年的0.29km²（占比不足0.01%）上升至2011年的39.29km²（占比0.46%）；第6等级面积总体上呈现上升特征，从2006年的1.15km²（占比0.01%），上升至2011年的3.78km²。

表6-10 长株潭主城区热岛等级面积统计

热岛等级	相对温度 ΔT/℃	指标	2000年	2006年	2011年
1	<0	面积/km²	4406.59	3823.98	3934.37
		比例/%	52.32	44.75	45.62
2	0~4	面积/km²	3802.54	4281.97	3744.86
		比例/%	45.15	50.11	43.43
3	4~8	面积/km²	201.08	312.96	710.78
		比例/%	2.39	3.66	8.24
4	8~12	面积/km²	11.86	117.61	190.31
		比例/%	0.14	1.38	2.21
5	12~16	面积/km²	0.29	8.09	39.29
		比例/%	0.00	0.09	0.46
6	>16	面积/km²	——	1.15	3.78
		比例/%	——	0.01	0.04

（2）长、株、潭三市城区热岛等级差异分析

2000年、2006年、2011年长株潭主城区城市边界热岛等级分布见图6-6。由图6-6可知，长株潭主城区三市低等级热岛区域范围在2000~2011年逐渐减少，且主要分布在城区边界的外侧。随着城市边界的不断扩展，相对较高热岛等级的空间分布范围与城区边界范围基本一致，高等级热岛区域不断出现，并随着城市扩张而向外延伸。各市不同热岛等级的结构变化见表6-11。

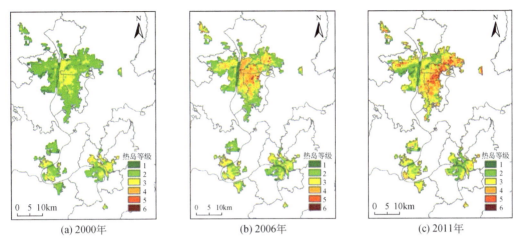

(a) 2000年　　　　　　　(b) 2006年　　　　　　　(c) 2011年

图 6-6　长株潭主城区城市边界 2000 年、2006 年、2011 年热岛等级空间分布

表 6-11　长株潭三市城区范围热岛等级面积统计

区域	热岛等级	相对温度 $\Delta T/℃$	指标	2000 年	2006 年	2011 年
长沙城区	1	<0	面积/km²	45.34	19.01	23.46
			比例/%	12.54	5.26	6.49
	2	0~4	面积/km²	224.41	124.12	56.92
			比例/%	62.09	34.34	15.75
	3	4~8	面积/km²	89.70	119.36	144.10
			比例/%	24.82	33.02	39.86
	4	8~12	面积/km²	1.97	90.89	108.72
			比例/%	0.54	25.15	30.08
	5	12~16	面积/km²	0.02	7.04	25.84
			比例/%	0.01	1.95	7.15
	6	>16	面积/km²	—	1.01	2.44
			比例/%	—	0.28	0.67
株洲城区	1	<0	面积/km²	3.41	10.21	9.39
			比例/%	4.72	14.36	13.01
	2	0~4	面积/km²	32.03	27.50	24.14
			比例/%	44.33	38.65	33.44
	3	4~8	面积/km²	30.41	29.23	30.94
			比例/%	42.08	41.08	42.86
	4	8~12	面积/km²	6.33	3.96	7.23
			比例/%	8.76	5.57	10.01

续表

区域	热岛等级	相对温度 ΔT/℃	指标	2000 年	2006 年	2011 年
株洲城区	5	12~16	面积/km²	0.08	0.16	0.49
			比例/%	0.11	0.23	0.68
	6	>16	面积/km²	—	0.08	—
			比例/%	—	0.11	—
湘潭城区	1	<0	面积/km²	6.98	5.96	4.09
			比例/%	10.30	8.86	6.04
	2	0~4	面积/km²	37.55	25.27	13.85
			比例/%	55.44	37.55	20.44
	3	4~8	面积/km²	21.06	28.74	40.46
			比例/%	31.10	42.71	59.72
	4	8~12	面积/km²	2.00	6.89	8.94
			比例/%	2.96	10.24	13.20
	5	12~16	面积/km²	0.14	0.38	0.40
			比例/%	0.20	0.57	0.59
	6	>16	面积/km²	—	0.05	0.01
			比例/%	—	0.07	0.01

长沙市 2000~2011 年，城区热岛第 1、2 等级分别呈现波动下降和持续下降的特征，第 3、4 等级均呈现持续上升特征，第 5 等级持续上升，第 6 等级在 2006 年出现并持续上升。第 1、2 等级面积分别从 2000 年的 45.34km² 和 224.41km² 下降至 2011 年的 23.46km² 和 56.92km²，面积比分别为 12.54%、62.09% 和 6.49%、15.75%；第 3、4 等级面积分别从 2000 年的 89.70km² 和 1.97km² 上升至 2011 年的 144.10km² 和 108.72km²。面积比从 24.82% 和 0.54% 提升至 39.86% 和 30.08%；第 5 等级面积从 2000 年的 0.02km²（0.01%）上升降至 2011 年的 25.84km²（7.15%）；第 6 等级面积从 2006 年的 1.01km²（0.28%）上升至 2011 年的 2.44km²（0.67%）。

株洲市 2000~2011 年，城区热岛第 1、2 等级分别呈波动上升和持续下降特征，第 3 等级基本稳定，第 4 等级先降后升，第 5 等级持续上升，而第 6 等级仅在 2006 年出现。第 1 等级面积从 2000 年的 3.41km²（4.72%）增至 2006 年的 10.21km²（14.36%），2011 年降低为 9.39km²（13.01%）；第 2 等级面积从 2000 年的 32.03km²（44.33%）持续下降至 2011 年的 24.14km²（占比 33.44%）；第 3 等级面积 2000 年、2006 年、2011 年为 30.41km²、29.23km²、30.94km²，占比分别为 42.08%、41.08%、42.86%；第 4 等级面积从 2000 年的 6.33km²（占比 8.76%）减少至 2006 年的 3.96km²（5.57%），2011 年增至 7.23km²（10.01%）；第 5 等级面积由 2000 年的 0.08km²（0.11%）增长至 2006 年的 0.16km²（0.23%），2011 年增长至 0.49km²（0.68%）；第 6 等级 2006 年面积为 0.08km²（0.11%）。

湘潭市 2000～2011 年，城区热岛第 1、2 等级呈现持续下降特征，第 3、4、5 等级呈持续上升特征，第 6 等级在 2006 年出现但在 2011 年略有下降。第 1、2 等级面积分别从 2000 年的 6.98km² （10.30%） 和 37.55km² （55.44%） 下降至 2011 年的 4.09km² （6.04%） 和 13.85km² （20.44%）；第 3、4 等级面积分别从 2000 年的 21.06km² （31.10%） 和 2.00km² （2.96%） 上升至 2011 年的 40.46km² （59.72%） 和 8.94km² （13.20%）；第 5 等级面积从 2000 的 0.14km² （0.2%） 上升至 2011 年的 0.40km² （0.59%）；第 6 等级面积在 2006 年为 0.05km² （0.07%），2011 年下降至 0.01km² （0.01%）。

6.4.3 热岛与土地利用关联分析

考虑到不同时间的地表温度本身的差异性，不同时间温度不具有可比性，而热岛等级所代表的物理意义在不同时相中是相同的，因此采用热岛等级面积比例与土地利用类型面积比例进行关联度计算。同时，因为热岛强等级、很强等级和极强等级的面积比例很小，本案例截取最终时相的城区矢量边界范围内的热岛分布进行研究。

1. 土地利用类型的地表温度差异

土地利用类型平均地表温度见表 6-12。从表 6-12 可以看出，在 2000～2011 年，长株潭主城区均呈现建设用地温度最高 （平均地表温度 34.2℃），耕地、林地、草地、未利用地地表温度相对较低 （平均地表温度分别为 29.5℃、29.3℃、28.8℃、29.1℃），水域温度最低 （平均地表温度 27.2℃） 的城市地表温度差异特征。其间，建设用地最高温度与水域最低温度的差异呈现出一定的变化，2000 年、2006 年、2011 年分别为 4.5℃、9.0℃、7.6℃。相对而言，耕地、林地和草地地表温度间的差异相对较小，且并未随时间变化呈现出明显的改变。

表 6-12　各土地利用类型平均地表温度　　　　　（单位：℃）

年份	耕地	林地	草地	水域	建设用地	未利用地
2000 年	24.7	24.6	24.4	23.9	28.4	25.2
2006 年	30.6	30.4	30.1	26.3	35.3	26.4
2011 年	33.3	32.8	31.9	31.4	39.0	35.7
平均值	29.5	29.3	28.8	27.2	34.2	29.1

不同热岛等级土地利用类型及比例如表 6-13 所示。2000～2011 年，第 4～6 等级热岛区域内建设用地面积比例高于 86%；第 3 等级热岛区域建设用地面积比例介于 68.65%～86.12%；第 1、2 等级热岛区域内以耕地、林地和水域类型为主。

表 6-13　不同热岛等级土地利用类型及比例　　　　　　（单位:%）

年份	热岛等级	耕地	林地	草地	水域	建设用地	未利用地
2000 年	1	46.88	20.41	0.03	30.78	1.90	—
	2	40.40	35.73	0.18	4.32	19.37	—
	3	9.88	3.44	—	0.56	86.12	—
	4	1.55	0.09	—	—	98.36	—
	5	—	—	—	—	100.00	—
	6	—	—	—	—	—	—
2006 年	1	29.55	20.29	0.35	44.93	4.85	0.03
	2	40.02	35.65	0.19	4.20	19.92	0.02
	3	18.52	11.09	—	1.74	68.65	—
	4	9.69	3.30	—	0.70	86.31	—
	5	17.76	1.23	—	0.18	80.83	—
	6	20.92	5.60	—	—	73.48	—
2011 年	1	21.55	25.84	0.16	41.96	10.49	—
	2	19.05	26.70	0.18	4.57	49.50	—
	3	7.01	7.28	0.01	0.92	84.76	0.02
	4	4.17	3.46	—	0.28	92.09	—
	5	1.49	0.96	—	0.30	97.25	—
	6	0.22	—	—	—	99.78	—

2. 热岛与土地利用的灰色关联度分析

城区范围内各热岛等级与土地利用类型灰色关联矩阵见表 6-14。

表 6-14　城区范围热岛等级与土地利用类型的关联矩阵

热岛等级	耕地	林地	草地	水域	建设用地	未利用地
1	0.8284	0.8867	0.7434	0.8391	-0.5659	0.7423
2	0.8323	0.7878	0.5910	0.6449	-0.6618	0.5904
3	-0.6528	-0.6857	-0.5122	-0.5886	0.6152	-0.5111
4	-0.5781	-0.6376	-0.7526	-0.7199	0.4139	-0.7504
5	0.6787	-0.7033	-0.9508	-0.9069	0.4397	-0.9514
6	-0.6559	-0.6835	-0.9917	-0.8788	0.4473	-0.9926

第 1 等级区域，林地、水域和耕地与其关联度最大，且呈正相关关系，关联度分别为
0.8867、0.8391、0.8284;未利用地其次（关联度为 0.7423），呈正相关关系;建设用地
与第 1 等级呈负相关关系，关联度为 -0.5659。

第2等级区域，耕地、林地、水域、草地、未利用地与其呈正相关关系，关联度分别为0.8323、0.7878、0.6449、0.5910、0.5904；水域与其呈负相关关系，关联度为-0.6618。

第3等级区域，各地类与其关联度差异较小，其中耕地、林地、草地、水域、未利用地均与其呈负相关关系，关联度分别为-0.6528、-0.6857、-0.5122、-0.5886、-0.5111；建设用地与其呈正相关关系，关联度为0.6152。

第4等级区域，草地、未利用地和水域与其关联度最大（分别为-0.7526、-0.7504和-0.7199），但呈负相关关系；其次是林地和耕地（分别为-0.6376和-0.5781），与第4等级也均呈现负相关关系；而建设用地与第4等级关联度最小（0.4139），呈正相关关系。

第5等级区域，未利用地、草地和水域与其关联度最大（分别为-0.9514、-0.9508和-0.9069），但呈负相关关系；其次是林地和耕地（分别为-0.7033和0.6787），林地与第5等级也呈负相关关系；建设用地与第5等级关联度最小（0.4397），呈正相关关系。

第6等级区域，未利用地、草地和水域与其关联度最大（分别为-0.9926、-0.9917和-0.8788），但呈负相关关系；其次是林地和耕地（分别为-0.6835和-0.6559），与第6等级也呈负相关关系；建设用地与第6等级关联度最小，为0.4473，呈正相关关系。

参 考 文 献

宫阿都，徐捷，赵静，等.2008.城市热岛研究方法概述 [J]. 自然灾害学报, 17 (6): 96-99.

黄妙芬，邢旭峰，王培娟，等.2006.利用LANDSAT/TM热红外通道反演地表温度的三种方法比较 [J]. 干旱区地理, 29 (1): 132-133.

马晋，周纪，刘绍民，等.2017.卫星遥感地表温度的真实性检验研究进展 [J]. 地球科学进展, 32 (6): 615-629.

毛克彪，覃志豪，施建成，等.2005.针对MODIS影像的劈窗算法研究 [J]. 武汉大学学报 (信息科学版), 30 (8): 703-707.

孟鹏，胡勇，巩彩兰，等.2012.热红外遥感地表温度反演研究现状与发展趋势 [J]. 遥感信息, 27 (6): 118-123, 132.

覃志豪，Minghua Z，Karnieli A，等.2001.用陆地卫星TM6数据演算地表温度的单窗算法 [J]. 地理学报, 56 (4): 456-465.

覃志豪，Wenjuan L I，Minghua Z，等.2003.单窗算法的大气参数估计方法 [J]. 国土资源遥感, 2: 37-43.

覃志豪，李文娟，徐斌，等.2004.陆地卫星TM6波段范围内地表比辐射率的估计 [J]. 国土资源遥感, 61 (3): 28-30.

杨英宝，苏伟忠，江南，等.2007.南京市热岛效应变化时空特征及其与土地利用变化的关系 [J]. 地理研究, 26 (5): 877-886.

Becker F, Li Z L. 1990. Towards a local split window method over land surfaces [J]. International Journal of Remote Sensing, 11 (3): 369-393.

Fisher W D. 1958. On grouping for maximum homogeneity [J]. Journal of the American Statistical Association, 53: 789-798.

Gillespie A, Matsunaga T, Conthern J S, et al. 1998. A temperature and emissivity separation algorithm for advanced space-born thermal emission and reflection radiometer (ASTER) image [J]. IEEE Transactions on Geoscience and Remote Sensing, 36 (4): 1113-1126.

Jenks G F. 1958. Optimal data classification for choropleth maps [M]. Occasional paper No. 2. Lawrence, Kansas: University of Kansas, Department of Geography.

Jimĕnez-Muñoz J C, Sobrino J A. 2003. A generalized single-channel method for retrieving land surface temperature from remote sensing data [J]. Journal of Geophysical Research, 108 (D22): 4688.

Kerr Y H, Lagouarde J P, Imbernon J. 1992. Accurate land surface temperature retrieval from AVHRR data with use of an improved split window algorithm [J]. Remote Sensing Environment, 41 (2-3): 197-209.

Li H, Sun D, Yu Y, et al. 2014. Evaluation of the VIIRS and MODIS LST products in an arid area of Northwest China [J]. Remote Sensing of Environment, 142: 111-121.

McMillin L M. 1975. Estimation of sea surface temperatures from two infrared window measurements with different absorption [J]. Journal of Geophysical Research, 80 (36): 5113-5117.

Peng J, Xie P, Liu Y, et al. 2016. Urban thermal environment dynamics and associated landscape pattern factors: A case study in the Beijing metropolitan region [J]. Remote Sensing of Environment, 173: 145-155.

Qin Z, Kaenieli A, Berliner P. 2001. A mono-window algorithm for retrieving land surface temperature from Landsat TM data and its application to the Israel- Egypt border region [J]. Remote Sensing, 22 (18): 3719-3746.

Snyder W C, Wan Z, Zhang Y, et al. 1998. Classification-based emissivity for land surface temperature measurement from space [J]. International Journal of Remote Sensing, 19 (14): 2753-2774.

Sobrino J A, Jimenez-Muoz J C, Soria G, et al. 2008. Land surface emissivity retrieval from different VNIR and TIR sensors [J]. IEEE Transactions on Geoscience and Remote Sensing, 46 (2): 316-327.

Sobrino J A, Raissouni N, Li Z L. 2001. A comparative study of land surface emissivity retrieval from NOAA data [J]. Remote Sensing of Environment, 75 (2): 256-266.

Valor E, Caselles V. 1996. Mapping land surface emissivity from NDVI: Application to European, African, and South American areas [J]. Remote Sensing of Environment, 57 (3): 167-184.

Van de G AA, Owe M. 1993. On the relationship between thermal emissivity and the normalized difference vegetation index for natural surfaces [J]. International Journal of Remote Sensing, 14 (6): 1119-1131.

Wan Z, Dozier J. 1996. A generalized split-window algorithm for retrieving land-surface temperature from space [J]. IEEE Transactions on Geoscience and Remote Sensing, 34 (4): 0-905.

Wan Z, Li Z L. 1997. A physics-based algorithm for retrieving land-surface emissivity and temperature from EOS/MODIS data [J]. IEEE Transactions on Geoscience and Remote Sensing, 35 (4): 0-996.

Xu S. 2009. An approach to analyzing the intensity of the daytime surface urban heat island effect at a local scale [J]. Environmental Monitoring and Assessment, 151 (1-4): 289-300.

|第 7 章| 城市土地利用空气污染效应分析

城市扩张过程中人类活动的加剧引发能源消耗、污染排放增加，城市布局的改变引起微观气象条件变化进而影响污染的物理化学过程。空气污染作为城市化引发的严重危害之一，不仅会对人体造成负面健康危害，而且会影响城市能见度和居民出行活动，已经逐渐成为社会公众和政府关注的焦点。开展城市土地利用的空气污染效应分析，持续监测空气污染扬尘地表空间分布，揭示空气污染的时空演化规律及其与土地利用的关联特征，对于改善城市大气环境、指导城市土地利用的合理规划、推动城市可持续发展具有重要作用。本章主要从城市空气污染扬尘地表提取、城市空气污染时空分布模拟、空气污染与土地利用关联分析、案例分析四个方面介绍城市土地利用空气污染效应分析。

7.1 城市扬尘地表提取

扬尘地表是城市空气污染主要成分 PM_{10} 和 $PM_{2.5}$ 的主要来源之一，基于高分遥感影像与实地调研相结合的方法开展城市扬尘地表的提取是城市空气污染效应监测与分析的重要基础性工作。

7.1.1 扬尘地表分类

扬尘地表是指在风力、人为带动及其他带动作用下，能产生地面尘土并进入大气的地表。在第一次全国地理国情普查内容分类中，扬尘地表主要包括露天采掘场、堆放物、建筑工地、自然裸露地表、碾压踩踏地表等类型（许珊，2016）。

1. 露天采掘场

露天采掘场指露天开采对原始地表破坏后长期出露形成的地表，如露天采掘煤矿、铁矿、铜矿、稀土、石料、沙石以及取土等人工活动形成的裸露地表。最小图斑对应的地面实地面积为 $1600m^2$。①露天矿山：连同各种矿物、尾矿、弃渣堆放物一并纳入采集区域；②河道中的采沙场：有采掘设备、采掘痕迹和车辙的河道，水面不可采集；③取土的土坑：砖窑附近、农田中或道路两侧取土、挖掘形成的土坑。

2. 堆放物

堆放物指人工长期堆积的各种矿物、尾矿、弃渣、垃圾、沙土、岩屑等（人工堆积物）覆盖的地表。最小图斑对应的地面实地面积为 $1600m^2$。①煤堆：煤炭加工、中转、储存、销售场地，工厂、电厂露天存放的煤堆；②沙土、灰粉、水泥：露天堆放的沙土、灰粉、水泥，连同有堆放痕迹的未堆放场地一同纳入采集区域；③尾矿、弃渣：矿山周围的尾矿库或弃渣，有水部分不采集，无水部分需采集；④砖窑：砖窑连同外围堆放的砖垛一并纳入采集区域；⑤楼板厂：楼板堆放物和生产作业区一并纳入采集区域；⑥建筑垃圾、生活垃圾：河道两侧、村庄内和村庄周边、野外的荒地土坑中堆放的建筑垃圾、生活垃圾。

3. 建筑工地

建筑工地指自然地表被破坏，正在进行土木建筑工程施工的场地区域。最小图斑对应的地面实地面积为 1600m²。①建筑工地：尚在地基阶段的建筑物，连同整片施工场地都纳入采集区域。建筑物面积大于 1600m² 的需抠出；②旧城改造、拆迁中农村：旧城改造、城中村改造、农村拆迁产生的建筑废墟、裸露荒地。场地夷为平地尚无施工迹象的纳入碾压踩踏地表；③在建道路：施工建设阶段的道路、收费站、高速服务区，连同道路两侧的工地、土石堆放物一并纳入采集区域。山区修建中的隧道两端施工区域也纳入采集区域。

4. 自然裸露地表

自然裸露地表指植被覆盖度低于 10% 的各类自然裸露的地表。不包含人工堆掘、夯筑、碾（踩）压形成的裸露地表或硬化地表。荒漠地区最小图斑对应的地面实地面积为 10 000m²，其他地区为 1600m²。①泥土、沙质地表：表层裸露物以泥质、土质、沙质为主的地表。不包括翻耕、未出苗的裸耕地和公园内的土地；②盐碱地表：表层裸露物以盐碱为主的地表；③裸露山地：植被覆盖率低于 10% 的土质山地，非岩石山地。山里的农耕地、山上的梯田地不纳入该类；④河床、湖底：没有人工采掘痕迹的干涸沙质、土质的河床、湖底。山间河流露出砾石的地表不纳入该类。

5. 碾压踩踏地表

碾压踩踏地表指使用夯土等材料连片露天铺设的地表，或由于人类社会经济活动经常性碾压、踩踏形成的裸露地表。最小图斑对应的地面实地面积为 1600m²；本项目中特指符合下述情况的裸露沙质、土质、非硬化地表。①运动场地：无塑胶跑道和草坪或非硬化地表的露天体育场、操场、球场、活动中心；②停车场：有车辆停放的地表非硬化的停车场；③打谷场：村庄内或村庄外围用来打谷、晾晒粮食的非硬化地表；④道路两侧空地：道路两侧与居民地、作坊、个体经营场所相接的成片空地；⑤厂区、庭院内部空地：厂区、庭院内部的地表非硬化空地，公园、广场中的空地不纳入该类；⑥其他平整的闲置土地：村庄周边、农田内部表面平整的非农耕用途的闲置土地。

7.1.2 扬尘地表提取

对于存在相应地理国情普查成果的时相和区域，扬尘地表的提取可以基于普查成果，通过构建扬尘地表监测内容与地理国情普查内容的一一对应关系，对普查成果进行细类合并得到，其对应关系如表 7-1 所示。对于其他感兴趣时相或区域，主要基于高分正射影像，按照扬尘地表污染源各项采集内容的定义与技术、精度要求（即采集精度应控制在 5 个像素以内），依据扬尘地表的采集原则，建立解译样标志，先定性再定量，先宏观再微观、先提取后统整，手工勾绘逐步确定扬尘地表的边界范围，并通过实地调查加以核查和修正，具体的流程见图 7-1。事实上，两种方法实质相同，地理国情普查成果正是通过内业与外业相结合的方法获得的。

表 7-1　重点大气颗粒物污染源地表扬尘采集与地理国情普查内容

扬尘地表类型	类型代码	地理国情普查内容	代码	定义
露天采掘场	1	露天采掘场（露天煤矿采掘场、露天铁矿采掘场、露天铜矿采掘场、露天采石场、露天稀土矿采掘场、其他采掘场）	0810（0811、0812、0813、0814、0815、0819）	露天开采对原始地表破坏后长期出露形成的地表，如露天采掘煤矿、铁矿、铜矿、稀土、石料、沙石以及取土等活动人工形成的裸露地表。最小图斑对应的地面实地面积为 1600m²
堆放物	2	堆放物（尾矿堆放物、垃圾堆放物、其他堆放物）	0820（0821、0822、0829）	人工长期堆积的各种矿物、尾矿、弃渣、垃圾、沙土、岩屑等（人工堆积物）覆盖的地表。最小图斑对应的地面实地面积为 1600m²
建筑工地	3	建筑工地（拆迁待建工地、房屋建筑工地、道路建筑工地、其他建筑工地）	0830（0831、0832、0833、0839）	自然地表被破坏，正在进行土木建筑工程施工的场地区域。最小图斑对应的地面实地面积为 1600m²
自然裸露地表	4	荒漠与裸露地表（盐碱地表、泥土地表、沙质地表、砾石地表、岩石地表）	0900（0910、0920、0930、0940、0950）	植被覆盖度低于 10% 的各类自然裸露的地表。不包含人工堆掘、夯筑、碾（踩）压形成的裸露地表或硬化地表。荒漠地区最小图斑对应的地面实地面积为 10 000m²，其他地区为 1600m²
碾压踩踏地表	5	场院、碾压踩踏地表、其他人工堆掘地	0716、0718、0890	使用夯土等材料连片露天铺设的地表，或由于人类社会经济活动经常性碾压、踩踏形成的裸露地表，最小图斑对应的地面实地面积为 1600m²

　　对于扬尘地表这种随时间发展而变化的地理国情信息，建议根据其发展演变的趋势按照一定的时间采样间隔进行监测，从而为城市空气污染效应监测与分析提供及时、有效、准确的数据基础，真正、实时、充分地挖掘地理国情普查成果对解决空气环境质量空间分布等公众关心热点问题的价值，服务于资源节约型和环境友好型社会的建设。

1. 解译标志的建立

　　在大范围提取扬尘地表图斑前，应针对扬尘地表提取的五大类，基于扬尘地表的采集

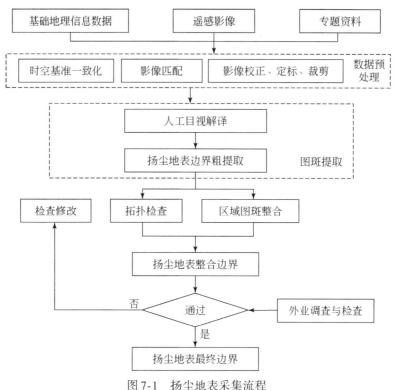

图 7-1 扬尘地表采集流程

原则，建立解译样本标志以便于作业员在生产中提高对图斑的认识及分类的正确性。

2. 扬尘地表采集

（1）扬尘地表采集总体原则

1）非修建中的各级道路、铁路、桥梁不采集；

2）修建中的铁路、公路的高架、立交桥，在采集符合要求的图斑时，遇到路桥无须断开，连同路桥一并纳入采集范围；

3）在采集露天采沙场、露天矿山图斑时，道路可包含在图斑内；

4）建筑工地中单座建筑物面积小于 $1600m^2$ 的可包含在图斑内；

5）乡村道路两侧的小作坊连成一片，院内同为堆放物或同为碾压踩踏地表，可整体采集为一个图斑，面积小于 $200m^2$ 的房屋无须扣出；

6）村庄内成片的打谷场可整体采集为一个图斑；

7）贯穿整个图幅的干涸河道，在狭窄处可断开，分为多个图斑采集。

（2）扬尘地表采集过程

扬尘地表空间分布图采用面状数据格式，包含空间位置属性。在发现需求图斑时，即通过手工勾绘将图斑的边界即范围提取出来。

图斑采集时，直接依据影像解译结果勾绘图斑范围并赋予分类代码，采集精度要求为

2.5～5.0m（对应影像 5～10 个像素）。类别主要基于图斑的色调/颜色、大小、形状、纹理、所处的地理位置等要素确定。

3. 图斑的拓扑检查及数据输出

（1）拓扑检查

为避免同一地块出现图斑重复采集或图斑重叠、压盖的情况，使用相关工具对整个图幅进行检查。

（2）区域图斑整合与数据导出

收集整理采集的图斑文件后，对要素进行整合、检查、接边，并按照行政界线对整合后的图斑进行裁切，形成扬尘地表图斑采集的初步成果并导出。

4. 外业核查

（1）数量抽样比例

如果数据源为空间分辨率优于 1m 的遥感数据，抽样的比例不小于斑块数量的 3%；如果数据源为空间分辨率优于 5m 的遥感数据，则抽样的比例不小于斑块数量的 5%（部分地区可以用分辨率优于 1m 的影像数据进行交叉验证）。

（2）典型图斑筛选

根据内业采集扬尘地表图斑成果，按照覆盖各个扬尘地表类型、空间区域均匀布点的原则选取典型图斑并制定外业核查路线。

（3）核查与修正

外业核查的目的是判断扬尘地表类别是否准确，是否有遗漏，属性以外业核查为准，没有外业核查的以内业解译为准。根据外业核查的情况，对内业采集的图斑类别属性进行逐个更正。图斑范围核实面临诸多实际困难，如厂区内堆放物范围、建筑工地施工范围、矿山采掘范围等多难以接近或估算，故仍以影像范围为准。对于图上与实地差异较大的图斑，则尽量以核查现状为准。

5. 图斑数据检查和修改

扬尘地表图斑经外业核查与修正后，需经过进一步检查，检查要求如下：
1）符合要求的地块不能遗漏，遗漏的需补充；
2）不符合要求的地块要删除（如自然裸露面积低于 10 000m²，其他低于 1600m²）；
3）图斑之间不能出现重叠、交叉；
4）图斑边界要覆盖地块边界；
5）相邻图幅之间未接边的图斑要拼合到一起并尽量做到美观；
6）地块归类正确。

7.2　城市空气污染时空分布模拟

传统城市空气污染监测主要依赖于地面固定观测站，但由于人力、物力有限，耗费巨大的地面监测点分布往往稀疏不均，而空气污染作为一种地理过程，具有时空变异特性，此种方式显然难以满足公众全面掌握空气污染时空分布信息、有效规避潜在风险的实际需求。为此，需要通过对城市空气污染时空分布的模拟来获取连续变化的空气污染面状图，以更好地捕捉城市空气污染浓度的时空高低热点值，提供更精确的空气污染时空变化分析结果，以用于空气污染的防控与治理。迄今为止，国内外围绕空气污染时空分布模拟方法主要可归纳为空间插值、大气模式模拟、遥感反演和经验统计建模四类。

7.2.1　空间插值

空间插值是一种以离散空气质量监测浓度数据为基础，基于空间距离要素（即基于"相距越小浓度越相近"的假设）生成空气污染浓度空间连续曲面的方法（Briggs，2005）。不同的空间插值方法原理有所差异，插值结果也不尽相同，各有优缺点。在空气污染制图的应用过程中，应该依据实际的需要与现实状况加以选择。目前较为常用的空间插值方法主要有克里金插值、反距离加权（Inverse Distance Weighted Interpolation，IDW）插值和样条函数插值（邬伦等，2001）。

1. 克里金插值

克里金插值以变异函数为基础，是一种对区域化变量进行线性无偏最优估计的空间局部插值方法。克里金插值假设数据变化呈正态分布，未知点的估值由其邻近观测值加权平均得到，权重值的确定来自空间数据分析。目前，典型的克里金插值方法包括普通克里金、协同克里金、泛克里金等，方法选取一般需要依照数据的分布条件与实际需求。以普通克里金为例，待插值点的估算值可简单表达如下（Stein，1999）：

$$\begin{cases} Z = \sum_{i}^{n} \lambda_i Z_i \\ \sum_{i}^{n} \omega_i = 1 \end{cases} \tag{7-1}$$

式中，Z 为待插值点的估算值；$Z_i(i=1,2,\cdots,n)$ 为第 i 个位置的属性实测值；ω_i 为对应权重；n 为样本点个数。

权重 ω_i 的选择必须保证以下两点：

无偏性：

$$E(\hat{Z}-Z) = 0 \tag{7-2}$$

最优性（估计方差最小）：

$$\mathrm{Var}(\hat{Z}-Z) = \min \tag{7-3}$$

克里金插值的优点是考虑了各样本点间的空间相关性，内插值或最佳局部均值与数据点上的值一致，同时可以得到待值插点的估算值和估算精度方差，不足之处是计算量较大。

2. IDW

IDW 样条函数的基本思想是样本点对未知点的影响与二者之间的距离成反比，即未知点的估值是样本点以距离为权重的加权平均值，其计算公式如下：

$$Z = \frac{\sum_{i=1}^{n} \frac{Z_i}{d_i^m}}{\sum_{i=1}^{n} \frac{1}{d_i^m}} \tag{7-4}$$

式中，Z 为待插值点的估算值；Z_i 为第 i 个位置的属性实测值；d_i 为第 i 个位置样本点与待插值点之间的距离；n 为样本点个数；m 为幂指数，m 越大，较近的样本点赋予的权重越大。

IDW 样条函数的优点是计算简单，易于理解，当样本点分布均匀且相对密集时插值效果较好。此方法的缺点是仅考虑了样本点的距离关系，没有考虑到样本点之间的空间关系，其计算值易受数据点集群的影响。如果参与插值的样本点不均匀，插值效果会受影响，计算结果容易出现一种孤立数据明显高于周围数据点的"牛眼"分布模式。

3. 样条函数插值

样条函数插值是以已知的样本点数据为基础，通过多项式拟合产生平滑的插值曲线。其计算公式为

$$Z = \sum_{i=1}^{n} \lambda_i R(d_i) + a + bX + cY \tag{7-5}$$

式中，Z 为待插值点估算值；d_i 为第 i 个位置样本点与待插值点之间的距离；n 为样本点个数；$a + bX + cY$ 为局部趋势函数；λ_i 为通过线性方程求解的系数；$R(d_i)$ 为基础函数，其计算公式如下：

$$R(d_i) = \frac{1}{2\pi}\left\{\frac{d_i^2}{4}\left[\ln\left(\frac{d_i}{2\tau}\right) + c - 1\right] + \tau^2\left[K_o\left(\frac{d_i}{\tau}\right) + c + ln\left(\frac{d_i}{2\pi}\right)\right]\right\} \tag{7-6}$$

式中，τ^2 为权重参数；K_o 为修正贝塞尔系数；c 为常数。

样条函数插值是分段函数，每次只用少量数据点，算法简单，插值速度快，保留了局部区域细节特征，拟合曲面连续光滑。当样本数据较少时，可通过张力样条对权重变换进行插值，使插值效果更接近样本点。有很好的保凸性、逼真性和平滑性。不足之处是难以估计误差，数据点较少时精度较差，同时在实践中要解决样条块的定义及其在三维空间中的拼接问题。

IDW 插值和样条函数插值是确定性插值方法，是直接基于已知点和数学函数（相似性或平滑度）创建连续预测表面的插值方法。克里金插值是地统计学插值方法之一，与确定性插值不同，地统计学方法不仅考虑相似性，还考虑数据的空间自相关特征，这样一种局部窗口平滑的非精确性插值不仅能够实现连续面预测，而且能够有效度量预测结果精度。总体而言，空间插值方法的原理简单，便于理解，在实际操作过程仅需要离散的常规监测

点数据即可获得连续的光滑曲面。但该方法在空气质量监测站点稀疏或缺失的情况下，生成的产品往往精度较低，故无法进行推广应用。

7.2.2 大气模式模拟

大气模式模拟结合气象条件与地形地势通过数值方法仿真污染物在大气中的输送、扩散、化学转换和迁移等物理化学过程，实现污染浓度变化的模拟预测。最初，大气模式模拟研究的理论核心是高斯扩散模式，基于污染源强与气象数据预测下风向接收位置的污染物浓度。常见的扩散模型有工业源复合模型（Industrial Source Complex Model，ISC）、先进扩散模型（Advanced Dispersion Modeling System，ADMS）、AERMOD 模型、加利福尼亚膨胀模型等。这类模型理论假设过于理想，适用尺度较小，侧重于污染物物理过程的描述，常用于 NO、SO_2 等气体污染物的模拟，对于复合型污染物 $PM_{2.5}$ 的模拟则相对较少。

随着研究的逐渐深入和计算机的发展，大气模式模拟不断引入复杂的气象模式、污染物本身及其与大气中其他污染物之间的物理化学反应过程，形成了许多多模块集成、多尺度网格嵌套的三维空气质量模型。这类模型利用固定坐标系描述污染物的输送与扩散，并在此过程中加入源变化、化学变化和其他迁移清除过程，能够更好地刻画大气过程，对于较大尺度区域空气污染浓度的模拟与预测也较为适用。模型的典型代表如下。

1. CMAQ

通用多尺度空气质量模型（Community Multiscale Air Quality Model，CMAQ）由美国环境保护局基于"一个大气"理念设计开发。CMAQ 正式发布于1988 年，已经更新至5.3.1版，目前是美国环境保护局进行环境评估、规划、管理与决策的主要模型，也是我国应用最为广泛的空气质量模型之一（王占山等，2013）。

2. CAMx

综合空气质量模型及其扩展与探测工具（Comprehensive Air Quality Model with Extensions，CAMx）由美国 Ramboll 公司开发。CAMx 将空气质量模型所需的技术合成为单一系统，具有双向嵌套与弹性嵌套特征，能够适应任何提供输入场的气象模型，可以在街区、城市与区域等多个尺度上对有害空气污染物进行综合模拟，目前已更新至6.50 版（Ramboll US Corporation，2018）。

3. WRF-Chem

大气化学完全耦合模式（Weather Research and Forecasting Model Coupled with Chemistry，WRF-Chem）由美国国家海洋和大气管理局地球系统研究实验室（National Oceanic and Atmospheric Administration/Earth System Research Laboratory，NOAA/ESRL）开

发。在 NCAR 开发的中尺度数值预报气象模式 WRF 中加入大气化学模块集合而成 WRF-Chem，真正实现了气象和化学传输模式在时间与空间分辨率上的完全耦合与在线反馈（Grell et al.，2005）。

4. GEOS-Chem

全球尺度三维大气化学传输模型（Goddard Earth Observing System-Chemistry，GEOS-Chem）利用 NASA 全球模拟与同化办公室（Global Modeling and Assimilation Office，GMAO）的气象观测同化资料进行驱动，模拟全球大气中各种痕量气体成分的浓度以及传输路径（Bey et al.，2001）。

5. NAQPMS

中国科学院大气物理研究所自主开发研制嵌套网格空气质量预报系统（Nested Air Quality Prediction Modeling System，NAQPMS）。NAQPMS 在考虑中国地理环境与污染源排放特征的基础上充分吸收了国际先进天气预报、空气污染数值预报模式的优点（王自发等，2006）。

此外，常用的模式还有 NOAA 地球物理流体动力学实验室（Geophysical Fluid Dynamics Laboratory，GFDL）开发的全球大气模型（Atmospheric Model，AM）、化学-气候耦合模型（Coupled Model，CM）、法国皮埃尔-西蒙·拉普拉斯研究所（Institut Pierre Simon Laplac，IPSL）等机构研究人员联合开发的区域大气成分分析预报多尺度化学输运模型 CHIMERE 等。

总体而言，大气模式模拟还原了污染物的扩散过程，但模式的计算复杂，模拟结果依赖于包括排放源清单与气象场在内的输入数据的可获取性与时空分辨率，在实际的城市高空间分辨率空气污染浓度模拟中仍然受到较多限制，在污染排放清单数据不健全或不公开的情况下难以实施。

7.2.3 遥感反演

遥感反演是指借助遥感大气 AOD 与特定气象、地形条件下空气污染浓度间的相关关系间接估算空气污染浓度的一种方法。与稀疏的地面监测相比，卫星监测不受地面监测站点选址的限制，覆盖范围广、全天候、不间断，具有地面监测站点无可比拟的时间和空间覆盖度，因此，遥感反演方法已经越来越广泛地被应用到大气环境监测当中。

1. AOD 计算方法

气溶胶是大气中粒径为 0.001～100mm 的悬浮固态和液态微粒，AOD 用以反映气溶胶微粒对太阳光的衰减作用，是整个大气层气内气溶胶消光系数在垂直方向上的积分，其定义如下：

$$AOD = \int_0^\infty \sigma_{ext,z} dz \qquad (7\text{-}7)$$

式中，$\sigma_{ext,z}$ 为高程 z 处的气溶胶消光系数，其计算公式为

$$\sigma_{ext,z} = \pi \int_0^\infty Q_{ext}(m,r,\lambda) n(r) r^2 dr \qquad (7\text{-}8)$$

式中，Q_{ext} 为折射率 m、粒子半径 r、波长 λ 的函数；$n(r)$ 为气溶胶粒径分布。

2. AOD 反演产品

目前应用较多的 AOD 反演产品主要有 MODIS、MISR 和 MAIAC AOD 产品等（马宗伟，2015）。

（1）MODIS AOD 产品

MODIS 传感器搭载于 EOS 系列卫星中的 Terra 与 Aqua 卫星上，一天内两次过境，数据频度较高，因此 MODIS AOD 产品是目前全球应用最为广泛的 AOD 产品。按照反演算法的差别，MODIS AOD 产品可分为 DT AOD、DB AOD 与 DT DB 融合 AOD。

DT AOD 由暗目标算法（Dark Target，DT）反演得到。DT 算法针对浓密植被、深色土壤以及水域等地表反射率低的地球表面，这些目标地面对可见光及近红外辐射反射率低，较易与大气贡献区分。目前 DT AOD 产品已经发布到 C6，与 C5 等之前版本相比，其不仅包含空间分辨率 10km 的 DT 产品，还包含了分辨率 3km 的 DT 产品。

DB AOD 由深蓝算法（Dark Blue，DB）反演得到。DB 算法针对沙漠地区、干旱半干旱地区、植被稀疏的城市区域等在可见光–近红外波段反射率高的地表，这些目标地面对近紫外波段（即深蓝波段）反射率低，采用该波段可以区分地表与大气的贡献。DB AOD 从 C5 开始加入 MODIS AOD 产品中，其空间分辨率为 10km。

DT DB 融合 AOD 将两种算法得到的产品进行了融合，具体来说：对于海洋区域，只有 DT AOD 产品覆盖，取 DT AOD 的值；对于陆地，依据 NDVI 数据对地表进行划分，对于 NDVI>0.3 的暗浓密植被区域，取用 DT AOD；对于 0.2≤NDVI≤0.3 的过渡区域，根据 AOD 数据质量控制标志，取质量较好的 DT AOD 或 DB AOD，当两种产品均满足质量要求时，取平均值；对于 NDVI<0.3 的高亮区域，取 DB AOD。DT DB 融合 AOD 的空间分辨率为 3km。

（2）MISR AOD 产品

MISR 传感器搭载于 EOS 系列卫星中的 Terra 卫星上。MISR AOD 产品采用非均匀地表方法反演 AOD，没有直接使用观测的辐射率，而是基于反演区域内地表类型的空间差异计算经验正交函数，以描述反射随观测角度的变化，从而达到区分大气散射和地表散射的目的。MISR AOD 产品目前已经发布到第 22 版，其空间分辨率为 17.6km。MISR AOD 产品精度较高，在沙漠、干旱半干旱地区也能实现覆盖，但由于重返周期较长（2~9 天），数据频度较低。

（3）MAIAC AOD 产品

MAIAC AOD 产品是通过采用多角度大气校正算法（Multi-Angle Implemen tation of Atmospheric Correction，MAIAC）对 Terra 和 Auqa 卫星 MODIS 的地表反射率观测值与理

论值迭代最小化实现地表反射率之间的光谱回归系数及气溶胶信息的联合反演。MAIAC AOD 产品的空间分辨率为 1km，数据频度与 MODIS AOD 产品一致，最初只发布覆盖北美洲与南美洲亚马孙河流域的试用产品，2018 年开始向公众发布覆盖全球的正式产品。

3. 大气污染遥感反演方法

大气污染遥感反演方法主要包括比例因子法、半经验公式法与统计模型法。

（1）比例因子法

比例因子法通过建立大气化学传输模型（Chemical Transport Model，CTM）模拟 AOD 与 $PM_{2.5}$ 浓度的区域比例系数，然后将这个比例系数乘上遥感反演 AOD，从而实现大范围地面 $PM_{2.5}$ 浓度的估算，其计算公式如下（Liu et al.，2004）：

$$PM_{2.5,RS估算} = \frac{PM_{2.5,CTM模拟}}{AOD_{CTM模拟}} \times AOD_{RS反演} \tag{7-9}$$

该方法不需要地面污染物监测数据就可以进行模拟计算，并且能够解释影响二者关系的多种因素（如温度、湿度、风向风速等），已经逐渐应用到健康、公共卫生等多个领域，为污染暴露风险评估、污染与疾病及过早死亡关系分析等研究提供数据基础。该方法的缺点是模型准确性稍差，对输入数据要求高，需要大量准确的地面污染物排放清单数据，不利于推广应用。

（2）半经验公式法

半经验公式法基于 $PM_{2.5}$ 浓度–AOD 关联与湿度、AOD 垂直廓线特征等参数之间的物理机理构建半经验公式估算 $PM_{2.5}$ 浓度。由于不同研究区的参数特点不尽相同，构建的半经验公式也有所差异，下面仅介绍一个针对我国华北平原的 $PM_{2.5}$ 浓度遥感反演的半经验公式（Zhang and Li，2015）。

$$PM_{2.5} = AOD \times \frac{FMF \times VE_f \times \rho_{f,dry}}{PBLH \times f_0(RH)} \tag{7-10}$$

式中，FMF 为细模态粒子比例；VE_f 为细模态颗粒物体积与细模态 AOD 的比值；$\rho_{f,dry}$ 为干颗粒物的密度；PBLH 为边界层厚度；$f_0(RH)$ 为气溶胶吸湿增长因子。

（3）统计模型法

统计模型法采用回归方法建立 AOD 与地面监测点空气污染浓度之间的关系，进而实现无观测点区域空气污染浓度的估算。早期主要采用简单线性回归实现二者关联，后结合 AOD 与空气污染浓度关系的物理机理，首先对 AOD 进行垂直与湿度订正，然后再构建统计模型。在此过程中，统计模型也逐渐从线性回归模型向广义相加模型、地理加权回归模型等非线性或空间异质的高级统计模型发展，考虑的因子也不再仅限于 AOD、建设用地面积、植被覆盖率等土地利用要素，气温、风速等气象要素被逐渐引入。

在实际应用中，由于 RS 成像技术的限制，在云雾等天气条件恶劣、夜间光线差等情况下，AOD 数据往往难以获取，且 AOD 产品的空间分辨率普遍不高，因此，在进行时空分辨率要求较高的空气污染浓度空间分布模拟时，统计模型往往舍弃 AOD 而直接基于与

空气污染源分布扩散过程相关的地理要素建立经验统计模型。常用的经验统计模型将在
7.2.4 节详细介绍，本部分不做展开。

7.2.4 经验统计建模

经验统计建模基于空气污染物浓度的时空变化与一定空间范围内地理要素状态的改变
相关这一科学假设，借助 GIS 空间分析与数理统计手段，通过构建站点已知空气污染浓度
与周围多元地理特征要素的经验统计模型，实现较高空间分辨率的空气污染浓度时空变化
模拟。该方法所需数据相较于大气模式模拟要求较低，获取更为容易，并且能够实现较高
分辨率的污染制图。经验统计建模的主要步骤包括特征变量提取与筛选、模型构建、模型
检验（Hoek et al.，2008）。

1. 特征变量提取与筛选

（1）特征变量类型

根据空气污染物来源与扩散的物理化学机制，目前已用于经验统计模型构建的特征要
素主要包括土地利用、道路交通、气象、地形地势、社会经济与人口等（罗艳青，2014）。

土地利用类要素主要包括土地利用/覆盖、污染源特征、城市形态与建筑轮廓等因子。
根据研究的精度需求以及数据的可获取性等特征，土地利用/覆盖既涵盖林地、建设用地、
裸地等土地利用覆盖类型面积比，也包含低住宅密度区域、工业、港口、城市绿地等较为
精细的城市功能分区。城市形态与建筑轮廓则包含城市形状指数、道路连接度、土地利用
混合度、可达性、动态扩展度、建筑物高度、地表粗糙度等指标。污染源特征指标则包括
扬尘地表面积比、工矿企业数量等。

道路交通类要素主要表征移动排放源的分布，常用到的特征变量包括：机动车数量、
车辆密度、车辆里程数、车辆类型、行车速度、交通流量、交通密度、交通强度、道路长
度、距道路距离等。

气象类要素与空气污染物物理化学过程紧密相关，如决定污染物的稀释扩散速率和迁
移转化途径的风速与气团、影响污染物光化学反应过程的太阳辐射量，以及对粒子的沉降
与洗出具有重要影响作用的气压、湿度和降水量等。

地形地势要素类特征变量包括：经纬度、海拔、距海距离等。社会经济与人口类要素
特征变量包括：人口/住房数量、人口/住房密度、GDP/人均 GDP 等。

（2）变量提取与筛选

地理特征变量的提取主要有两种方式，对于气象、地形、人口等要素，直接提取待估
算点对应要素值；对于土地利用面积比、道路密度等要素，通常利用多个尺度缓冲区提
取。所选缓冲区的形状和大小与地理特征变量空间分辨率及其作用机制以及空气污染制图
分辨率密切相关。现有研究多采用圆形缓冲区，半径大小通常介于 20～5000m。

污染物的影响因素很多，各个变量难以共同参与到最终模型当中，而变量与变量之间
存在一定的相关性，因此，特征变量的筛选，即从众多的影响因子中挑选出相关性较强的

特征变量类型以及最敏感的影响尺度用于模型构建，对于最终统计模型的拟合优度以及污染物的模拟精度至关重要。现有研究中最常采用的方法是相关性分析与回归分析，基本原理详见 3.3.2 节。也有研究采用广义相加模型（Generalized Additive Models，GAM）和随机森林模型（Random Forest，RF）分析，这两种方法实质上主要用于模型构建，但 GAM 构建时对单个变量逐个建模可以识别因子对空气污染浓度的线性与非线性作用机制，RF 可对各个特征因素的重要性进行计算，因此，在最终模型建立前也常用来识别特征影响因子，以下为其基本原理的详细介绍。

2. 模型构建

模型构建就是基于观测数据与相关特征因子建立预测对象空气污染浓度（因变量）与自变量地理特征要素（自变量）之间经验统计关系的过程。在空气污染的空间分布模拟中，常用的模型有线性的土地利用回归（Land Use Regression，LUR）模型、地理加权回归（Geographic Weight Regression，GWR）模型、非线性的广义相加模型（Generalized Additive Model，GAM）、人工神经网络（Artificial Neural Network，ANN）模型、随机森林（Random Forests，RF）等，其中，LUR 模型的实质是多元线性回归，其基本原理详见 3.3.2 节，人工神经网络在 4.1.3 节已做介绍，在此不再赘述。

（1）GWR 模型

LUR 模型原理简单，操作简便，但在实际应用中常出现一个输入变量在 A 区域具有很强的解释能力，而在 B 区域却不显著的情况，这样采用统一的变量输入将人为地扩大计算出的标准误差，因此 GWR 模型开始走入人们视野。

1）GWR 模型定义。

GWR 模型是对于 LUR 模型的扩展，考虑了地理位置变化引起的变量间关系或结构的变化，即空间非平稳性影响。GWR 模型将数据的地理位置嵌入回归参数中，其方程可表达如下（Brunsdon et al.，1996；Zou et al.，2016a）：

$$Y_i = \beta_0(u_i, v_i) + \beta_1(u_i, v_i)X_{i1} + \beta_2(u_i, v_i)X_{i2} + \cdots + \beta_n(u_i, v_i)X_{in} + \varepsilon_i \tag{7-11}$$

式中，(u_i, v_i) 为第 i 个观测点处的坐标（如经纬度）；Y_i 为第 i 个观测点处的预测对象，即空气污染物的浓度；$X_{ik}(k=1, 2, \cdots, n)$ 为影响因素，是最终进入模型的地理要素特征变量；$\beta_k(u_i, v_i)$ 为第 i 个观测点上的第 k 个回归系数，是地理位置 (u_i, v_i) 的函数；ε_i 为随机误差项，$\varepsilon_i \sim N(0, \sigma^2)$，$\mathrm{cov}(\varepsilon_i, \varepsilon_j) = 0 (i \neq j)$；$n$ 为局部回归所用样本点个数。

2）空间权函数。

GWR 模型的核心是空间权重矩阵，要确定待估值点在某一位置的回归系数，要先确定邻近样本点相对于待估值点的权重矩阵。空间权重矩阵通过选取不同的空间权函数来表达空间单位之间的相互依赖性与关联程度，对地理加权回归模型参数的正确估计非常重要，常用的空间权函数包括距离阈值法、距离反比法、高斯核函数法等。在空气污染浓度的 GWR 模拟中，最常用的是高斯核函数。高斯核函数权重随着距离增加单调递减且连续，其定义如下：

$$w_{ij} = \exp\left[-\frac{1}{2}\left(\frac{d_{ij}}{b}\right)^2\right] \tag{7-12}$$

式中，b 为核函数的带宽（Bandwidth）参数；d_{ij} 为样本点与待估值点之间的距离。

3）权函数带宽参数估计。

带宽参数的确定对于 GWR 模型预测结果的影响非常大，因此有必要确定一种选择带宽的标准。目前，常用的带宽参数确定方法主要有直接分配最近邻居数带宽法、交叉验证法（Cross Validation，CV）和修正的赤池信息量准则法（Corrected Akaike Information Criterion，AIC_C）三类。

直接分配最近邻居数带宽法就是给带宽参数一个预先设定的固定值。

交叉验证法是当前 GWR 模型最常用的带宽参数估计方法。该方法克服了"最小二乘平方和"遇到的极限问题，表达公式如下：

$$\text{CV} = \frac{1}{n} \sum_{i=1}^{n} \left[y_i - y_{\neq i}(b) \right]^2 \tag{7-13}$$

式中，$y_{\neq i}(b)$ 为只根据回归点周围数据点（不包括回归点本身）进行的回归计算。对比不同带宽 b 与其对应 CV 值，即可选择最小 CV 值对应带宽为最优带宽。

AIC 准则的基本原理是极大似然估计，在样本较小的情况下，常使用修正的 AIC，即 AIC_C，其定义如下：

$$\text{AIC}_\text{C} = -2l(\hat{\theta}) + 2k + \frac{2k(k+1)}{n-k-1} \tag{7-14}$$

式中，n 为样本点的个数；k 为参与建模的变量个数；$l(\hat{\theta})$ 为极大对数似然函数；$\hat{\theta} = \text{RSS}/n - \text{tr}(S)$，RSS 为剩余平方和，$\text{tr}(S)$ 为帽子矩阵 S 的迹，为带宽 b 的函数。对比不同 b 与其对应 AIC_C 值，即可选择最小 AIC_C 值对应带宽为最优带宽。

（2）GAM 模型

LUR 模型和 GWR 模型都是线性方法，如果任一自变量与因变量之间存在非线性关系，则会导致获得的模型质量不佳。因此，城市空气污染制图的相关研究开始关注 GAM 模型。GAM 模型是广义线性模型（Generalized Linear Model，GLM）的半参数扩展，能够自动选择合适的拟合函数，其假设备函数项是可加且光滑的。其数学形式为（Hastie and Tibshirani，1986；Zou et al.，2016b）

$$g(\mu) = s_0 + s_1(x_1) + s_2(x_2) + \cdots + s_p(x_p) \tag{7-15}$$

$$\eta = s_0 + \sum_{i=1}^{p} s_i(X_i) \tag{7-16}$$

式中，$\mu = E(Y \mid X_1, X_2, \cdots, X_p)$ 为因变量 Y 的数学期望值；η 为线性预测值；$s_i()$ 为自变量 x_i 的非参数光滑函数，满足 $Es_i(X_i) = 0$，光滑函数可以是任意形式，如线性函数、样条函数、局部模型、核函数等。GAM 模型包括一个随机成分 Y，一个可加成分 η 和一个联结以上两个成分的连接函数 $g()$。随机成分 Y 服从指数分布族，其表达如下：

$$f_Y(y; \theta; \varphi) = \exp\left\{ \frac{y\theta - b(\theta)}{\alpha(\varphi)} + c(y, \varphi) \right\} \tag{7-17}$$

式中，θ 为自然参数；φ 为尺度参数。

（3）RF 模型

RF 模型是基于 Bagging 框架集成学习的分类回归树模型。RF 模型通过随机生成很多回归分类树（CART），再对 CART 的结果汇总平均实现（Breiman，2001）。由于这一随机、集成的过程，RF 模型准确性高且不易陷入过拟合，泛化能力较强。此外，RF 模型能够处理高维数据且无须特征选择，既能处理离散型数据也能处理连续数据，训练过程可以探测特征的重要性以及特征之间的相互作用。因此，RF 模型十分适用于机制复杂的空气污染浓度时空模拟研究（Liu et al.，2017）。

针对一个预测问题，CART 通过树的分支节点将其划分为两个不同的子问题，即两个较为简单的子集，将此过程不断递归直至不能再进行分割。CART 由根节点、分支节点与叶节点三部分组成。根节点是树的起点，定义所有节点的分类或回归目标，若树的目标变量是离散的则为分类树，若为连续的则为回归树；分支节点决定输入数据进入哪一个分支，每个分支节点对应一个分支函数，将不同预测变量值域映射到有限分支上；叶节点存储树的输出，对于分类树即出现最大概率的类，对于回归树即本节点目标变量平均值或中位数（基本原理见 4.1.3 节）。

基于训练样本建立分类回归树就是通过最小化某种准则的损失函数或者经验风险，寻找最佳分支，也即确定每个分支函数的参数和叶节点的输出。当 CART 为回归树时，采用划分所得数据集合的方差加权，加权值最小的为最优分支。方差加权 $V(D,A)$ 的计算公式如下：

$$V(D,A) = \frac{1}{N_D} \times \left[\sum_{i=1}^{N_{D_1}} (y_{D_1 i} - \bar{y}_{D_1})^2 + \sum_{j=1}^{N_{D_2}} (y_{D_2 j} - \bar{y}_{D_2})^2 \right] \tag{7-18}$$

式中，$y_{D_1 i}$、$y_{D_2 j}$ 分别为数据集 D_1、D_2 中目标变量的值；$\bar{y}_{D_1}$，$\bar{y}_{D_2}$ 分别为数据集 D_1、D_2 中所有目标变量的均值。

Bagging 就是在给定的训练集中通过均匀、放回抽样选取子集，然后基于子集分别构建模型，最后通过取平均值、取多数票等方法得到最终结果。在 RF 模型中，基于 Bagging 的集成学习包括有放回的随机抽样、随机特征选取、多个 CART 构建和模型平均四个主要步骤。基于预测值与实测值的差异即可计算 RF 模型的精度，其泛化误差上限取决于两个因素：单棵树的精度与树之间的相关性。单棵树精度越高，整个森林的错误率越低；树之间的相关性越高，错误率越高。

RF 模型中某个特征因素的重要性可以采用两种方式计算：一是基于剔除特征前后模型精度平均减少值；二是基于剔除特征前后节点不纯度平均减少值。值越大，特征因素的重要性越强。

3. 模型检验

完成构建的模型需要通过准确性与稳定性的检验后才可以用于预测未布设监测点位置处的模拟值。常用的检验方法包括交叉验证和预留站点检验。

（1）模型检验方法

交叉验证主就是在给定建模样本中，轮流取出大部分样本构建模型，利用剩余样本对模型进行检验，比较模拟值与实测值的接近程度，重复过程至所有样本均且仅被模拟一次，综合所有检验结果判断模型模拟精度。K 折交叉验证是较为常用的交叉验证方法，验证过程中将样本随机分为 K 份，取其中 $K-1$ 份样本构建模型，剩余 1 份样本检验，重复该过程 K 次，计算 K 次精度评价指标均值，评价模型精度。当样本数据较少时，常采用留一交叉验证，其又称 $N-1$ 交叉验证，是特殊的 K 折交叉验证，即每一份仅有一个样本的 K 折交叉验证。

预留站点检验就是在模型构建之前随机抽取一部分（可以为十分之一、五分之一等）样本作为检验样本，利用剩余样本构建模型，应用模型估算检验样本值并与其实测值对比，从而实现模型精度评价。

（2）模型检验指标

最终模型的拟合效果，即自变量对因变量的解释程度一般采用拟合优度（R^2）及调整后的拟合优度（R_{adj}^2）表示。交叉验证常用的评价指标主要为检验样本模拟值与实测值的相对误差（δ）、平均相对误差（Mean Relative Error，MRE）、均方根误差（Root Mean Squared Error，RMSE）、一致性指数（Index of Agreement，IOA）等。各指标计算公式如下：

$$R^2 = \frac{\sum (y - \bar{y})^2 - \sum (\hat{y} - \bar{y})^2}{\sum (y - \bar{y})^2} \tag{7-19}$$

$$R_{adj}^2 = 1 - \frac{n-1}{n-m-1}(1-R^2) \tag{7-20}$$

$$|\delta| = \left|\frac{\hat{y}-y}{y}\right| \times 100\% \tag{7-21}$$

$$RMSE = \sqrt{\frac{\sum_{i=1}^{n} (\hat{y} - \bar{y})^2}{n}} \tag{7-22}$$

$$IOA = 1 - \frac{1}{n}\sum (\hat{y} - y)^2 / (|\hat{y} - \bar{y}| + |y - \bar{y}|) \tag{7-23}$$

式中，i 为监测点编号；n 为监测站点个数；m 为自变量个数；$\hat{y}$ 为应用模型计算得到的预测值；y 为采样点对应的实际值；$\bar{y}$ 为所用采样点的均值。上述指标中，MRE 和 RMSE 值越小，R^2、R_{adj}^2 与 IOA 值越接近于 1，模型估算精度越高。

经验统计建模具有考虑因素齐全、使用范围广、估算精度和空间分辨率高等优点，目前在国内外多个地区的案例研究中已经初见成效。但是，由于不同时空范围监测样本数量、地理要素作用机制等的差异，该方法仍存在模型的精度差异较大、时空迁移能力往往不高等缺陷。另外，要获取较高精度的土地利用回归模拟结果，往往需要以大量高密度空气质量监测数据为前提，因此其在空气质量监测站点缺失或稀疏地区的应用同样受到了一定限制。

7.3 空气污染与土地利用关联分析

城市土地利用类型及其景观格局的空间分异特征在一定程度上决定了污染物排放源的空间分布，同时会影响区域尺度大气环流与气象环境，在污染源排放清单与城市高空间分辨率气象数据获取受限的条件下，越来越多的研究者开始把城市土地利用变化分析与空气污染研究联系起来。截至目前，国内外空气污染与土地利用关联分析的相关研究主要可归为两类：一是基于大气模式模拟的土地利用情景敏感性分析；二是基于土地利用要素–空气污染的统计分析。

7.3.1 敏感性分析

基于大气模式模拟的土地利用情景敏感性分析就是在土地利用–排放–（气候）–大气的模拟框架下保持其他要素不变，只改变其中土地利用的值，通过比较数值模拟的结果，分析其影响作用。敏感性分析涉及的模拟过程包括土地利用情景模拟、排放情景模拟，以及大气模式模拟，见图 7-2。

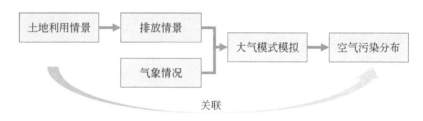

图 7-2　空气污染与土地利用关联敏感性分析过程

Civerolo 等（2007）运用 SLEUTH-SMOKE-MM5 耦合模型[①]分析了城市扩张土地利用情景对 O_3 浓度的影响，结果表明在保持污染排放不变的情况下，O_3 浓度仍然会随着城市的扩张而升高；Ridder 等（2008）基于 Potential-AUTO-ARPS 模型[②]对德国鲁尔地区开展的研究表明：无序扩张土地利用情景下，O_3 和 PM_{10} 的浓度比现状提高了 4%；Schindler 和 Caruso（2014）运用交通生成与道路分配–污染排放–污染扩散与暴露耦合模型分析了城市土地利用结构与空气污染的相互作用，结果表明紧凑城市土地利用政策对大气污染暴露影响作用明显；Fu 等（2016）结合同化的气象数据与土地利用数据，基于 GEOS-Chem 模型模拟了 1981～1985 年与 2007～2011 年两个时段东亚地区气象与土地对 $PM_{2.5}$ 浓度分布的影响，结果表明土地利用的作用导致中国北部地区 $PM_{2.5}$ 浓度变化了 $-2.1～1.3\mu g/m^3$。

其中，土地利用情景模拟的基本原理将在第 8 章进行介绍，大气模式模拟见 7.2.2 节。空气污染与土地利用关联敏感性分析中的排放情景模拟主要是指基于不同土地利用情

---

① SLEUTH：Slope，Land-Use，Exclusion，Urban Extent，Transportation，Hillshad，即坡度、土地利用、排除层、城市范围、交通、阴影，基于元胞自动机的城市增长模型；SMOKE：Sparse Matrix Operator Kernel Emissions，稀疏矩阵算子内核排放，源排放处理模式；MM5：the Non-hydrostatic Fifth-generation mesoscale model，非静力第五代中尺度气象模式。

② Potential：土地利用类型配置的概率模型；AUTO：交通流模型；ARPS：advanced regional prediction system，非静力中尺度气象区域预测系统。

景下污染源的潜在分布、排放强度、排放时间等特征，选取排放因子并建立排放源清单的过程。目前，排放源清单建立常用的方法有物料衡算法和排放因子法。

1. 物料衡算法

物料衡算法是根据质量守恒定律核算污染物排放量的方法，包括确定衡算对象、确定生产工艺流程、确定计算基准物、进行物料平衡计算四个基本步骤。以火电行业排放 SO_2 为例，物料衡算法的基本公式如下[①]：

$$E_{SO_2} = 2B_g \times \left(1 - \frac{q_4}{100}\right) \times \frac{S_{t,ar}}{100} \times K \tag{7-24}$$

式中，E_{SO_2} 为 SO_2 排放量；B_g 为锅炉燃料耗费量；q_4 为锅炉机械不完全燃烧热损失；$S_{t,ar}$ 为燃料收到基全硫分；K 为燃料中的硫燃烧后氧化成 SO_2 的份额。

物料衡算法需要了解涉及排放物的详细信息，所需工作量较大，常适用于点污染源的排放核算。

2. 排放因子法

排放因子法也称产污系数法，即根据不同产品的原料、生产工艺、生产规模确定污染物指标的排放因子，进而结合相应活动水平计算排放量的方法。排放因子法的计算公式如下：

$$E = A \times \beta_F \times (1 - E_R) \tag{7-25}$$

式中，E 为核算时段污染物排放量；A 为排放源的活动水平；β_F 为污染物排放因子；E_R 为污染物控制效率。排放因子通常采用实验室模拟、经验公式计算，或参考已有研究确定。2017 年，《纳入排污许可管理的火电等 17 个行业污染物排放量计算方法（含排污系数、物料衡算方法)(试行)》确定了各行业现有常见污染物的产污系数，为基于排放因子法的排放情景模拟提供了科学基础。

排放因子法计算简单，适用于点、线、面各类污染源的排放核算，但需要了解行业的活动水平信息，准确性相对较差。

总体而言，敏感性分析能够在一定程度上还原城市土地利用变化对空气污染物的影响机制，但这些模型计算复杂，需要大量的数据输入，且模型相互嵌套对于误差的传播可能产生不明确影响（许珊，2016）。

7.3.2 统计分析

在空气污染与土地利用/覆盖关联的统计分析研究中，常用的方法有相关性分析、线性回归分析和地理探测器等。其中，相关性分析、线性回归分析等统计手段已在 3.3.2 节

[①] 环境保护部. 纳入排污许可管理的火电等 17 个行业污染物实际排放量计算方法（含排污系数、物料衡算方法)(试行). http://www.mee.gov.cn/gkml/hbb/bgg/201712/W020180108392887933177.pdf.

进行描述，本节主要介绍地理探测器的原理。

地理探测器由王劲峰教授团队提出，其理论基础是空间变异分析，利用 GIS 空间叠加和集合论，比较因变量/响应变量与自变量/地理特征变量分布的空间一致性从而有效识别地理特征变量对响应变量贡献强度，该方法主要用于健康风险评估及其地理环境影响作用的探究（Wang et al., 2010）。空气污染浓度的空间分布也是一种健康风险，而土地利用显然是重要的地理环境，因此，可以借助地理探测器探索土地利用对空气污染浓度分布的因子贡献强度。

地理探测器中，评价影响因子对健康风险贡献强度的度量指标称为因子贡献力（Power of Determinant），其计算公式如下：

$$P_{D,H} = 1 - \frac{1}{n\sigma_H^2} \sum_{i=1}^{m} n_{D,i} \sigma_{H_{D,i}}^2 \tag{7-26}$$

式中，$P_{D,H}$ 为影响因素对健康风险的因子贡献力；H 与 D 分别为健康风险与影响因子，其中，健康风险为连续变量，影响因子为类型变量；σ_H^2 与 n 为健康风险 H 空间分布的栅格值方差与栅格总数；$\sigma_{H_{D,i}}^2$ 和 $n_{D,i}$ 分别为影响因子 D 的第 i 类范围内 H 的栅格值方差和栅格数；m 为 D 的类型总数。因子贡献力的取值范围为 0 ~ 1，其值越大，影响因子对风险的控制作用越强。

地理探测器不仅可以实现单个因子贡献力探测，还可以实现两两因子的交互探测。依据两个因子共同作用的复合贡献力与单个因子贡献力及其之和之间的关系，因子两两作用关系可以分为非线性加强、双加强、加强、独立、拮抗、单拮抗和非线性拮抗七种类型，其定义如下：

$$\begin{aligned}
&\text{非线性加强} && P_{D,H}(D_1 \cap D_2) > P_{D,H}(D_1) + P_{D,H}(D_2) \\
&\text{双加强} && P_{D,H}(D_1 \cap D_2) > P_{D,H}(D_1) \text{ 和 } P_{D,H}(D_2) \\
&\text{加强} && P_{D,H}(D_1 \cap D_2) > P_{D,H}(D_1) \text{ 或 } P_{D,H}(D_2) \\
&\text{独立} && P_{D,H}(D_1 \cap D_2) = P_{D,H}(D_1) + P_{D,H}(D_2) \\
&\text{拮抗} && P_{D,H}(D_1 \cap D_2) < P_{D,H}(D_1) + P_{D,H}(D_2) \\
&\text{单拮抗} && P_{D,H}(D_1 \cap D_2) < P_{D,H}(D_1) \text{ 或 } P_{D,H}(D_2) \\
&\text{非线性拮抗} && P_{D,H}(D_1 \cap D_2) < P_{D,H}(D_1) \text{ 和 } P_{D,H}(D_2)
\end{aligned} \tag{7-27}$$

式中，D_1、D_2 为两两作用的影响因子；$P_{D,H}(D_1)$、$P_{D,H}(D_2)$ 和 $P_{D,H}(D_1 \cap D_2)$ 分别为影响因子 D_1、D_2 单独作用和共同作用下对风险的因子贡献力。

地理探测器要求影响因子为类型变量，因此需要先将各类影响因子离散化。影响因子离散化一般基于先验经验等级化，没有先验经验的情况下，可以对比等距间断、自然间断、首尾间断等数据离散方法，通过反复实验选择要素离散化的最优方法与最佳类型数目。

总体而言，统计分析原理简单、便捷实用，但缺乏土地利用对城市内空气质量影响机制的揭示，城市土地利用要素–空气污染浓度的关联多以城市或监测站点为基本单位，结果依赖于样本数量，年均尺度下的关系研究通常也容易被气象等季节性因素所掩盖。此外，虽然地理探测器考虑了城市空气污染以及土地利用变化的空间分异特征，但只能定量分析两个因子的贡献作用及其相互之间的关系，三个及以上因子对空气污染物浓度空间变化的驱动机制有待深入研究。

7.4 长株潭城市土地利用空气污染效应分析

针对长株潭城市群日益严峻的空气污染问题，基于 2015 年地理国情普查成果和 2013 年高分遥感影像提取长株潭核心区重点大气颗粒物污染源扬尘地表，并综合 MODIS 气溶胶产品、土地利用特征要素、气象要素等，以及长株潭主城区已有的稀疏空气质量监测站空气污染观测浓度，利用土地利用回归思想构建耦合多特征要素的城市空气污染浓度模拟模型，模拟长株潭城市群主城区 2006 年、2013 年、2015 年 PM_{10} 浓度以及 2013 年、2015 年 $PM_{2.5}$ 浓度的空间分布，开展长株潭主城区"两型社会"建设前后空气污染浓度随土地利用结构演化的时空变化规律分析。具体研究过程如图 7-3 所示。

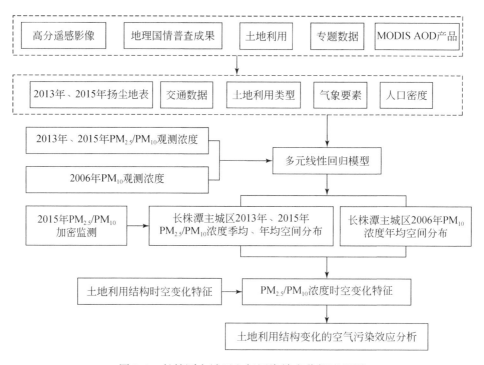

图 7-3 长株潭主城区空气污染效应分析流程图

7.4.1 扬尘地表采集

1. 扬尘地表解译标志

扬尘地表采集分为 2013 年及 2015 年两期遥感影像。2013 年扬尘地表提取基于高分正射遥感影像，按照扬尘地表中各项采集内容的定义，建立解译标志（表7-2），手工勾绘确定扬尘地表最终边界范围，2015年扬尘地表数据来源于湖南省第一次地理国情普查地表覆盖分类数据成果，通过对其提取相应地类、制图综合实现。

表7-2 扬尘地表提取解译标志

扬尘类别	解译标志	说明
露天采掘场		红色区域地表凹陷，附近为砖窑，砖块码放整齐，清晰可见，为取土、挖掘形成的土坑，划分为露天采掘场
		红色区域存在明显凹陷区域，邻近房屋屋顶灰尘厚重，认为是矿物残渣形成的粉尘，划分为露天采掘场
堆放物		红色区域隐约可见黑色煤堆，属于煤炭加工、中转、存储、销售场地，划分为堆放物。工厂、电厂露天存放的煤堆也纳入此类
		红色区域砖窑连同外围堆放的砖垛一并纳入采集区域，划分为堆放物
建筑工地		红色区域狭长整齐，且与已有道路平行或相接，属于在建道路，划分为建筑工地
		红色区域施工痕迹明显，形状规整方正，划分为建筑工地；其北部黄土区域面积较大，但尚无施工器械与车辙，故不划入其中；黄色区域毗邻建筑物面积为 $8465m^2$（$>1600m^2$），需抠出

扬尘类别	解译标志	说明
自然裸露地表		红色区域沿河岸或沟渠分布，表层裸露物质以泥质、沙质为主，划分为自然裸露地表
		红色区域植被覆盖率低，且形状不规整，与邻近的水田差异明显，认为是泥质地表，划分为自然裸露地表。翻耕、未出苗的裸耕地不纳入此类
碾压踩踏地表		红色区域位于城区中心，周围环绕高底层建筑，地表平坦，但毫无施工痕迹（不见集装箱、塔吊、运输车等），划分为碾压踩踏地表
		红色区域为露天体育场中的无草坪非硬化地表，划分为碾压踩踏地表

2. 扬尘地表采集结果

2013 年、2015 年扬尘地表采集结果空间分布及其变化如图 7-4 所示。

统计分析可知，2013 年和 2015 年长株潭主城区扬尘地表污染源总面积分别约为 250.22km² 和 269.43km²，各占主城区土地总面积的 2.90% 和 3.16%。2013 年，长沙市、株洲市、湘潭市扬尘地表面积为 156.64km²、37.31km²、56.27km²，分别占研究区各市面积的 4.05%、1.98%、2.02%；2015 年三市主城区扬尘地表面积分别为 167.25km²、45.01km²、57.16km²，分别占研究区各市面积的 4.32%、2.38%、2.06%。由此可见，长沙市扬尘污染最为严重（占该市面积的 4.05%、4.32%）。2013 ~ 2015 年扬尘地表面污染源的总面积增加量约占总土地面积的 0.22%。其中，长沙市扬尘地表面积增加了 10.61km²，株洲市增加量为 7.7km²，湘潭市增加了 0.89km²，分别占扬尘的地表面积增加量的 55.23%、40.08%、4.63%。

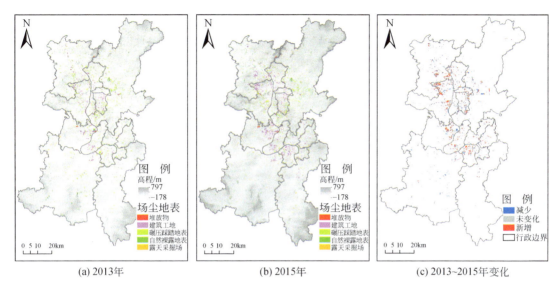

图 7-4　长株潭主城区 2013 年、2015 年扬尘地表空间分布及其变化

长株潭主城区 2013 年、2015 年扬尘地表类型面积及其变化统计见图 7-5。建筑工地和碾压踩踏地表是长株潭主城区扬尘地表污染源的主要类型，其中，2013 年、2015 年建筑工地面积分别为 87.98km²、125.12km²，分别占扬尘地表总面积的 35.16%、46.44%；碾

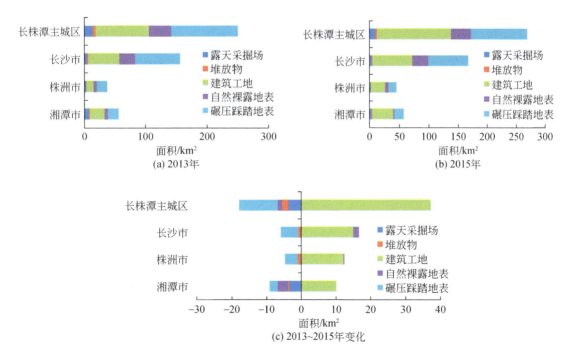

图 7-5　长株潭主城区 2013 年、2015 年扬尘地表类型面积及其变化统计图

压踩踏地表面积分别为 108km² 和 96.89km²，分别占扬尘地表总面积的 43.16% 和 35.96%。建筑工地和碾压踩踏地表多集中分布在城市主城区的边缘地带；露天采掘场和堆放物分布在山区或者临近山区的平原地带；自然裸露地表多分布于湘江河岸两侧与山区水域附近。2013~2015 年建筑工地类型面积增加明显，新增面积达 37.14km²，长沙市、株洲市、湘潭市各增加 14.94km²、12.16km²、10.06km²，其他各类型扬尘地表面积都有所减少，其中减少最大的是碾压踩踏地表，减少面积达 11.11km²。研究区露天采掘场、堆放物、自然裸露地表和碾压踩踏地表占比分别下降 1.7 个百分点、0.9 个百分点、1.5 个百分点和 7.2 个百分点，建筑工地占比上涨 11.28 个百分点。

7.4.2 空气污染浓度制图

1. 特征变量

长株潭主城区空气污染浓度多元线性模型选取的特征变量主要包括土地利用/覆盖（包括土地利用类型与扬尘地表覆盖）、道路交通、人口经济、气象以及相关其他要素。各特征变量提取及其缓冲区描述如表 7-3 所示。

表 7-3　长株潭主城区空气污染浓度多元线性模型特征变量描述

地理要素	特征变量	单位	缓冲区尺度/m
土地利用类型	耕地	%	100、200、300、400、500、600、700、800、900、1000、2000、3000、4000、5000
	林地	%	
	草地	%	
	水域	%	
	建设用地	%	
	未利用地	%	
扬尘地表覆盖	露天采掘场	%	100、200、300、400、500、600、700、800、900、1000、2000、3000、4000、5000
	堆放物	%	
	建筑工地	%	
	自然裸露地表	%	
	碾压踩踏地表	%	
道路交通	公路长度	km	50、100、200、300、400、500、600、700、800、900、1000、2000、3000、4000、5000
	城市道路长度	km	
	主要道路密度	km/km²	
	距公路距离	km	—
	距城市道路距离	km	—
人口经济	人口密度	千人/km²	—
	地均GDP	万元/km²	—

续表

地理要素	特征变量	单位	缓冲区尺度/m
气象要素	相对湿度	%	—
	温度	℃	—
	气压	MPa	—
	降水量	mm	—
	平均风速	m/s	—
其他要素	高程	m	—
	AOD	—	—

2. 空气污染浓度估算模型

2013 年、2015 年长株潭主城区 $PM_{2.5}$/PM_{10} 浓度年均和季均尺度最佳回归模型如表 7-4 ~ 表 7-7 所示。AOD、扬尘地表覆盖和道路交通是重要的影响因素，但不同颗粒物与不同时间尺度下回归模型的预测变量及其作用尺度（缓冲区尺度）存在较大差异。

表 7-4　2013 年 $PM_{2.5}$ 浓度最佳回归模型

2013 年	模型预测变量	R^2_{adj}
年均	AOD，Built_5K，GL_RoadLen_300，JZGD_5K	0.58
春	Forest_100，ZRLLDB_2K，WINDS	0.64
夏	GL_RoadLen_1K，DIS_CSDL，ZRLLDB_3K	0.74
秋	AOD，Built_300，GL_RoadLen_200，LTCJ_4K	0.51
冬	AOD，Built_2K，GL_RoadLen_1K，LTCJ_4K	0.64

表 7-5　2013 年 PM_{10} 浓度最佳回归模型

2013 年	模型预测变量	R^2_{adj}
年均	Built_900，Unuitlized_300，RoadDens_300，RH	0.62
春	AOD，GL_RoadLen_500，NYCT_100，LTCJ_3K	0.58
夏	AOD，Farm_300，Water_5K，NYCT_100	0.51
秋	AOD，GL_RoadLen_200，LTCJ_1K，JZGD_3K	0.60
冬	AOD，RoadDens_5K，DIS_GL，PRS	0.58

表 7-6　2015 年 $PM_{2.5}$ 浓度最佳回归模型

2015 年	模型预测变量	R^2_{adj}
年均	AOD，Forest_1K，GL_RoadLen_1K	0.57
春	AOD，Farm_2K，GL_RoadLen_500，DIS_CSDL	0.42
夏	AOD，Forest_1K，Unuitlized_3K	0.64
秋	AOD，Forest_2K，Unuitlized_300，NYCT_3K	0.63
冬	Farm_2K，NYCT_3K，DFW_1K	0.45

表 7-7 2015 年 PM₁₀浓度最佳回归模型

2015 年	模型预测变量	R^2_{adj}
年均	AOD,Forest_1K,Water_300,GL_RoadLen_300	0.51
春	AOD,Forest_2K,Water_300,DFW_3K	0.59
夏	AOD,Forest_4K,JZGD_300,ZRLLDB_3K	0.49
秋	Forest_1K,Water_500,DFW_5K	0.66
冬	Built_300,DIS_GL,DFW_1K	0.50

注：数字代表缓冲区半径，单位为 m，K 代表千；JZGD、ZRLLDB、LTCJ、NYCT、DFW 分别代表监测站缓冲区内建筑工地、自然裸露地表、露天采掘场、碾压踩踏地表和堆放物面积比（扬尘地表）；GL_RoadLen 代表主要公路长度，DIS_GL、DIS_CSDL 分别代表监测站距最近主要公路与城市道路的距离，RoadDens 为主要道路密度；Built、Forest、Unuitlized、Farm、Water 分别为建设用地、林地、未利用地、耕地、水域面积比；WINDS、RH、PRS 分别为监测站风速、相对湿度、气压

3. 模型精度

表 7-8 和表 7-9 分别为长株潭主城区 2013 年和 2015 年 PM_{2.5}/PM₁₀回归模型留一检验结果。由于过去对空气中颗粒污染物的重视不足，2006 年仅长沙市内有 7 个监测站点存在完整的监测数据。考虑长株潭城市群获批为全国资源节约型和环境友好型社会建设综合配套改革试验区前逐渐开始实施的高能耗工业企业严控措施，结合相关专题统计资料，本案例假设研究时段内研究区的能源结构基本维持稳定，相应地，PM_{2.5}/PM₁₀污染来源也基本相同。基于此，本案例利用 2013 年的 PM₁₀回归模型直接估算研究区 2006 年 PM₁₀浓度空间分布，收集的 7 个监测点实测值用于 2013 年模型直接时序迁移的检验，结果表明，标准偏差为 9.87μg/m³，平均相对误差为 7.24%，各点数据如表 7-10 所示。

表 7-8 2013 年 PM_{2.5}/PM₁₀回归模型交叉验证对比

时间	PM_{2.5}		PM₁₀	
	标准偏差/(μg/m³)	平均相对误差/%	标准偏差/(μg/m³)	平均相对误差/%
年均	5.55	5.72	21.23	17.17
春	3.75	4.63	18.82	10.64
夏	2.45	5.88	8.01	10.55
秋	7.39	6.95	21.91	13.26
冬	7.33	4.74	29.22	14.42

表 7-9 2015 年 PM_{2.5}/PM₁₀回归模型交叉验证对比

时间	PM_{2.5}		PM₁₀	
	标准偏差/(μg/m³)	平均相对误差/%	标准偏差/(μg/m³)	平均相对误差/%
年均	3.67	5.22	6.45	6.17
春	6.11	10.94	6.45	5.93

续表

时间	PM$_{2.5}$		PM$_{10}$	
	标准偏差/（μg/m³）	平均相对误差/%	标准偏差/（μg/m³）	平均相对误差/%
夏	2.95	7.03	6.36	9.36
秋	5.36	7.49	6.36	5.95
冬	5.20	4.66	9.61	6.42

表 7-10   2006 年 PM$_{10}$ 监测点验证对比

点号	预测值/（μg/m³）	实测值/（μg/m³）	相对误差/%	点号	预测值/（μg/m³）	实测值/（μg/m³）	相对误差/%
1	106.95	110.08	2.84	5	125.87	116.52	8.02
2	116.26	111.08	4.66	6	112.59	114.71	1.85
3	120.9	100.35	20.48	7	124.2	117	6.15
4	124.44	133.37	6.7				
标准偏差/（μg/m³）	9.87	平均相对误差/%	7.24				

4. PM$_{2.5}$/PM$_{10}$ 浓度制图成果

（1）PM$_{2.5}$ 浓度时空演化特征

2013 年、2015 年长株潭主城区 PM$_{2.5}$ 浓度估算结果及其变化的空间分布状况见图 7-6。主城区 2013 年、2015 年 PM$_{2.5}$ 浓度分别为 71μg/m³、51μg/m³。两个时相 PM$_{2.5}$ 浓度空间分布格局相似，均为中心城区高郊区低，东北与南部的植被丰富的山区 PM$_{2.5}$ 浓度显著低于

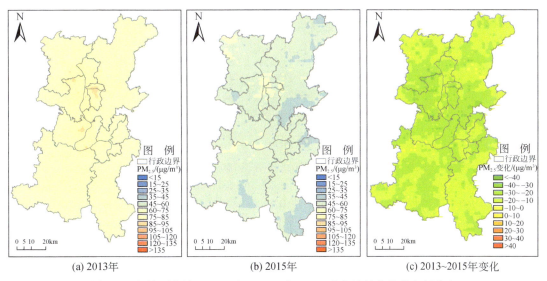

(a) 2013年   (b) 2015年   (c) 2013~2015年变化

图 7-6   长株潭主城区 2013 年、2015 年 PM$_{2.5}$ 浓度及其变化的空间分布

其他区域。2013 年，长沙市 $PM_{2.5}$ 浓度（$72\mu g/m^3$）和湘潭市 $PM_{2.5}$ 浓度（$71\mu g/m^3$）较高，而株洲市 $PM_{2.5}$ 浓度（$67\mu g/m^3$）最小；2015 年长沙市、株洲市、湘潭市的 $PM_{2.5}$ 浓度分别为 $53\mu g/m^3$、$49\mu g/m^3$、$51\mu g/m^3$。

从行政单元看，长沙市芙蓉区和雨花区（2013 年 $PM_{2.5}$ 浓度超过 $80\mu g/m^3$；2015 年 $PM_{2.5}$ 浓度分别为 $60\mu g/m^3$ 和 $58\mu g/m^3$），湘潭市雨湖区和岳塘区（2013 年 $PM_{2.5}$ 浓度均为 $76\mu g/m^3$；2015 年 $PM_{2.5}$ 浓度分别为 $54\mu g/m^3$ 和 $53\mu g/m^3$）是 $PM_{2.5}$ 污染最严重的地区，而株洲县和湘潭县整体污染较轻（2013 年 $PM_{2.5}$ 浓度为 $66\mu g/m^3$ 和 $70\mu g/m^3$；2015 年 $PM_{2.5}$ 浓度为 $48\mu g/m^3$ 和 $51\mu g/m^3$）。2013~2015 年 15 个区（县）$PM_{2.5}$ 浓度均出现了不同程度的下降，望城区与岳麓区接壤地区、长沙县南部 $PM_{2.5}$ 浓度下降相对显著，雨花、芦淞区、天元区 $PM_{2.5}$ 浓度的变化则相对较小。

春、夏、秋、冬四个季节 $PM_{2.5}$ 浓度估算结果及其变化的空间分布分别见图 7-7 ~ 图 7-10。2013 年、2015 年研究区 $PM_{2.5}$ 浓度污染季节差异显著，且分异的趋势一致。冬季污染最重，春秋两季次之，夏季最轻。2013 年长株潭主城区春、夏、秋、冬四季 $PM_{2.5}$ 浓度分别为 $62\mu g/m^3$、$19\mu g/m^3$、$81\mu g/m^3$、$114\mu g/m^3$，四季超标面积比分别达到 100%、0.82%、100%、100%；2015 年四个季节 $PM_{2.5}$ 浓度分别为 $34\mu g/m^3$、$29\mu g/m^3$、$42\mu g/m^3$、$89\mu g/m^3$，四季超标面积比分别为 55.69%、10.37%、100%、99.73%。

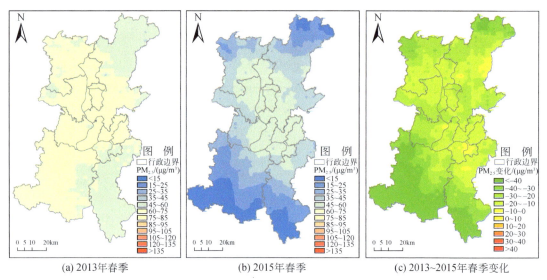

(a) 2013年春季　　　　　　　(b) 2015年春季　　　　　　(c) 2013~2015年春季变化

图 7-7　长株潭主城区 2013 年、2015 年春季 $PM_{2.5}$ 浓度及其变化的空间分布

2013~2015 年长株潭主城区 $PM_{2.5}$ 浓度年均及季节变化统计结果见图 7-11。由图 7-11 可知，2013~2015 年长株潭主城区 $PM_{2.5}$ 浓度降低了约 $20\mu g/m^3$，下降约 28.16%。长沙市、株洲市和湘潭市 $PM_{2.5}$ 浓度分别下降了 $19\mu g/m^3$、$18\mu g/m^3$ 和 $20\mu g/m^3$，下降比例分别为 26.39%、26.86% 和 28.17%。主城区春季 $PM_{2.5}$ 浓度下降了 $28\mu g/m^3$，下降比例为 45.16%。其中，长沙市、湘潭市和株洲市 $PM_{2.5}$ 浓度分别下降了 $24\mu g/m^3$、$29\mu g/m^3$ 和

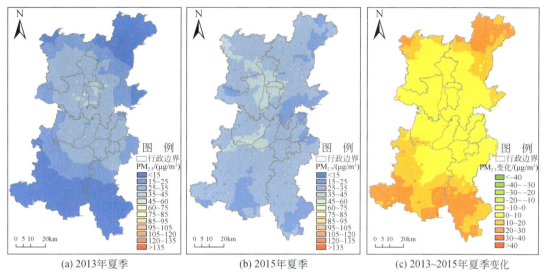

(a) 2013年夏季   (b) 2015年夏季   (c) 2013~2015年夏季变化

图 7-8 长株潭主城区 2013 年、2015 年夏季 PM$_{2.5}$ 浓度及其变化的空间分布

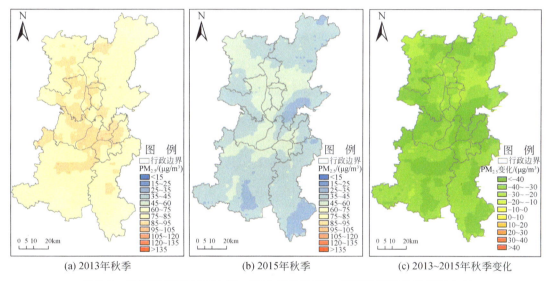

(a) 2013年秋季   (b) 2015年秋季   (c) 2013~2015年秋季变化

图 7-9 长株潭主城区 2013 年、2015 年秋季 PM$_{2.5}$ 浓度及其变化的空间分布

39μg/m^3，下降比例分别为 36.36%、50% 和 60%；主城区夏季 PM$_{2.5}$ 浓度升高了 10μg/m^3，上升比例为 52.63%。其中，长沙市、湘潭市和株洲市 PM$_{2.5}$ 浓度分别上升了 8μg/m^3、8μg/m^3 和 13μg/m^3；主城区秋季 PM$_{2.5}$ 浓度下降了 39μg/m^3，下降比例为 48.14%，长沙市、湘潭市和株洲市 PM$_{2.5}$ 浓度分别下降了 35μg/m^3、43μg/m^3 和 39μg/m^3。主城区冬季 PM$_{2.5}$ 平均浓度下降了 20μg/m^3。其中，长沙市、湘潭市和株洲市 PM$_{2.5}$ 浓度分别上升了 19μg/m^3、22μg/m^3 和 20μg/m^3。

（2）PM$_{10}$ 浓度时空演化特征

2006 年、2013 年、2015 年研究区 PM$_{10}$ 浓度估算结果及其变化的空间分布如图 7-12 所

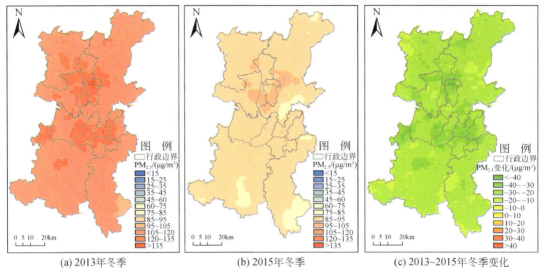

(a) 2013年冬季　　　　　　　　(b) 2015年冬季　　　　　　(c) 2013~2015年冬季变化

图 7-10　长株潭主城区 2013 年、2015 年冬季 PM$_{2.5}$浓度及其变化的空间分布

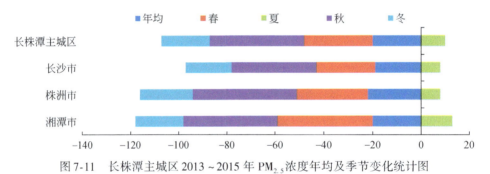

图 7-11　长株潭主城区 2013 ~ 2015 年 PM$_{2.5}$浓度年均及季节变化统计图

示。主城区 2006 年、2013 年、2015 年 PM$_{10}$浓度分别为 112μg/m^3、108μg/m^3、82μg/m^3。三个时相空间分布模式存在一定差异，与城市中心 PM$_{2.5}$浓度显著高于远郊的趋势不同，PM$_{10}$污染在城乡之间的差异有所降低，但东北与南部的山区仍然是 PM$_{10}$浓度的低值区域。长沙市与湘潭市 PM$_{10}$污染较重，而株洲市最轻。2006 年，长沙、株洲市、湘潭市 PM$_{10}$浓度分别为 112μg/m^3、108μg/m^3、114μg/m^3；2013 年，三市 PM$_{10}$浓度分别为 112μg/m^3、105μg/m^3、104μg/m^3；2015 年，长沙市、株洲市、湘潭市 PM$_{10}$浓度分别为 83μg/m^3、80μg/m^3、82μg/m^3。

　　从行政单元看，长沙市芙蓉区、雨花区、天心区（2006 年 PM$_{10}$浓度分别为 121μg/m^3、124μg/m^3、120μg/m^3；2013 年分别为 113μg/m^3、118μg/m^3、114μg/m^3；2015 年分别为 91μg/m^3、88μg/m^3、88μg/m^3），湘潭市雨湖区、岳塘区（2006 年 PM$_{10}$浓度分别为 123μg/m^3、115μg/m^3；2013 年分别为 117μg/m^3、119μg/m^3；2015 年分别 84μg/m^3、84μg/m^3）是 PM$_{10}$污染最严重的几个地区，而株洲县（2006 年、2013 年、2015 年 PM$_{10}$浓度分别为 108μg/m^3、101μg/m^3、78μg/m^3）整体污染较轻。此外，岳麓区 PM$_{10}$浓度空间分布差异较大，但岳麓山风景区形成了一个天然过滤器，该区域 PM$_{10}$浓度通常低于全区平均水平。

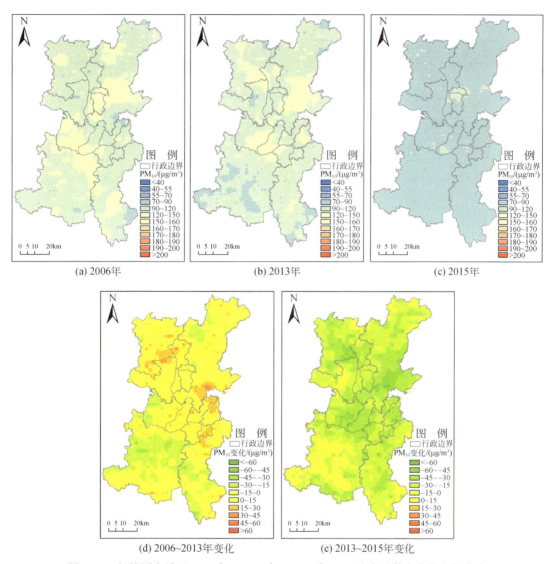

图 7-12　长株潭主城区 2006 年、2013 年、2015 年 PM_{10} 浓度及其变化的空间分布

　　春、夏、秋、冬四个季节 PM_{10} 浓度及其变化的空间分布见图 7-13 ~ 图 7-16。

　　2013 年、2015 年研究区 PM_{10} 污染在不同季节差异较大，且分异的趋势一致。冬季污染最重，秋季次之，春季和夏季最轻。2013 年长株潭主城区春、夏、秋、冬四季 PM_{10} 浓度分别为 118μg/m³、63μg/m³、125μg/m³、153μg/m³，四季超标面积比分别为 99.99%、6.87%、100%、100%。2015 年长株潭主城区春夏空气质量状况较好，秋冬 PM_{10} 浓度相对较高，四个季节 PM_{10} 浓度分别为 72μg/m³、51μg/m³、74μg/m³、114μg/m³，四季超标面积比分别为 59.98%、0%、70.83%、98.63%。

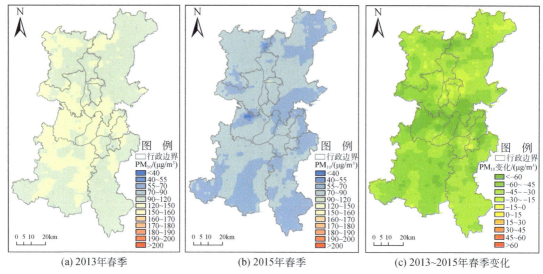

(a) 2013年春季   (b) 2015年春季   (c) 2013~2015年春季变化

图 7-13 长株潭主城区 2013 年、2015 年春季 PM$_{10}$ 浓度及其变化的空间分布

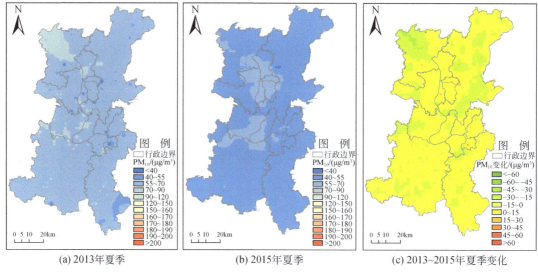

(a) 2013年夏季   (b) 2015年夏季   (c) 2013~2015年夏季变化

图 7-14 长株潭主城区 2013 年、2015 年夏季 PM$_{10}$ 浓度及其变化的空间分布

2013~2015 年长株潭主城区 PM$_{2.5}$ 浓度年均及季节变化统计结果分别见图 7-17、图 7-18。由图 7-12~图 7-18 可知，2006~2015 年长株潭主城区 PM$_{10}$ 浓度整体呈下降趋势，2013~2015 年尤为显著。2006 年 PM$_{10}$ 污染整体高于 2013 年，且污染范围更广，但 2013 年 PM$_{10}$ 污染趋于集中，这导致区域内空间差异较大。具体来说，2006~2015 年长株潭主城区 PM$_{10}$ 浓度降低了约 30μg/m^3，下降约 26.79%。其中，长沙市、株洲市、湘潭市 PM$_{10}$ 浓度分别下降了 29μg/m^3、28μg/m^3、32μg/m^3，下降比例分别为 25.89%、25.93%、

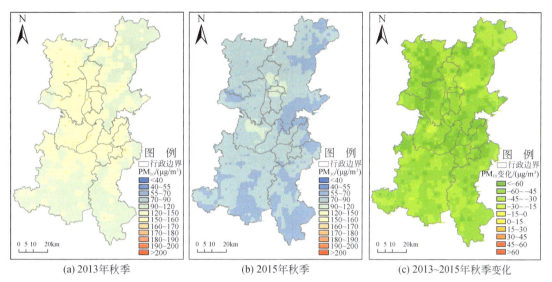

(a) 2013年秋季　　　　　　　(b) 2015年秋季　　　　　　　(c) 2013~2015年秋季变化

图 7-15　长株潭主城区 2013 年、2015 年秋季 PM$_{10}$ 浓度及其变化的空间分布

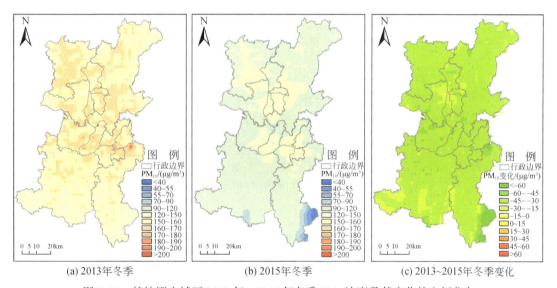

(a) 2013年冬季　　　　　　　(b) 2015年冬季　　　　　　　(c) 2013~2015年冬季变化

图 7-16　长株潭主城区 2013 年、2015 年冬季 PM$_{10}$ 浓度及其变化的空间分布

28.07%。2006 ~ 2013 年长株潭主城区 PM$_{10}$ 浓度下降了 4μg/m^3，下降 3.57%。其中，长沙市 PM$_{10}$ 浓度没有发生变化，湘潭市与株洲市分别下降了 3μg/m^3 与 10μg/m^3，分别下降 2.63% 与 9.26%；2013 ~ 2015 年长株潭主城区 PM$_{10}$ 浓度下降了 26μg/m^3，下降了 24.07%。其中，长沙市、株洲市、湘潭市 PM$_{10}$ 年均浓度分别下降了 29μg/m^3、25μg/m^3、22μg/m^3，分别下降 25.89%、23.81%、21.15%。

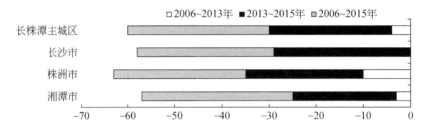

图 7-17 长株潭主城区 2006～2015 年 PM_{10} 浓度年均变化统计图

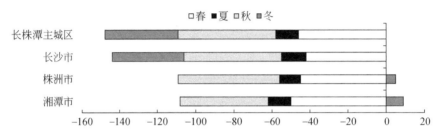

图 7-18 长株潭主城区 2013～2015 年 PM_{10} 浓度季节变化统计图

2013～2015 年长株潭主城区春、夏、秋、冬四个季节 PM_{10} 浓度分别降低了 46μg/m³、12μg/m³、51μg/m³、39μg/m³，下降比例分别为 38.98%、19.05%、40.80%、25.49%。春季，长沙市、株洲市、湘潭市 PM_{10} 浓度分别下降了 42μg/m³、45μg/m³、50μg/m³；夏季，长沙市、株洲市、湘潭市 PM_{10} 浓度分别下降了 13μg/m³、11μg/m³、12μg/m³；秋季，长沙市、株洲市、湘潭市 PM_{10} 浓度分别下降了 51μg/m³、53μg/m³、46μg/m³；冬季，长沙市 PM_{10} 浓度下降了 38μg/m³，株洲市和湘潭市分别上升了 5μg/m³ 和 9μg/m³。

5. 外业核查

为进一步验证 $PM_{2.5}/PM_{10}$ 回归模型的可靠程度与精度，2015 年 12 月 25 日项目组织志愿者对长沙市内共 121 个监测站点 $PM_{2.5}/PM_{10}$ 浓度进行了反复观测。外业核查站点分布及核查实施状况见图 7-19。

通过预处理及统计采集所得的数据得到各站点日均值，结合研究区 23 个国家监测站点浓度数据构成样本数据集。从数据集中随机抽取 40 个监测点作为检验样本，剩余样本数据构建模型的拟合优度以及模型模拟值，其与检验样本对比分析的结果如表 7-11 所示。结果表明融合地土地覆盖类型数据、AOD 和场地相关专题数据的城市 $PM_{2.5}/PM_{10}$ 污染浓度回归估算模型结果基本可靠。

(a) 外业核查站点空间分布

(b) 绕城高速站点核查

(c) 长沙高铁站点核查

图 7-19　空气污染浓度模拟值外业核查站点分布与实施

表 7-11　2015 年外业核查点 PM$_{2.5}$/PM$_{10}$最佳回归模型与精度验证对比表

污染物	R_{adj}^2	标准偏差/（μg/m³）	平均相对误差/%
PM$_{2.5}$	0.53	3.85	8.66
PM$_{10}$	0.50	52.01	11.39

7.4.3　空气污染与土地利用关联

1. 空气污染与土地利用相关特征

长株潭主城区 PM$_{2.5}$/PM$_{10}$浓度变化和不同土地利用类型面积比变化的相关关系分析结果分别见表 7-12 和表 7-13。

表 7-12　长株潭主城区 2013～2015 年 PM$_{2.5}$浓度变化与不同土地利用类型面积比变化相关性

时间	相关性	耕地	林地	草地	水域	建设用地	未利用地
春季	R	−0.151**	0.012	0.074**	−0.007	0.182**	0.023*
	P	<0.001	0.273	<0.001	0.523	<0.001	0.033

时间	相关性	耕地	林地	草地	水域	建设用地	未利用地
夏季	R	0.225**	-0.075**	-0.078**	0.016	-0.204**	0.002
	P	<0.001	<0.001	<0.001	0.137	<0.001	0.842
秋季	R	0.030**	-0.143**	0.158**	-0.037**	0.123**	0.019
	P	0.006	<0.001	<0.001	0.001	<0.001	0.084
冬季	R	0.071**	0.010	0.002	-0.009	-0.123**	-0.003
	P	<0.001	0.345	0.886	0.43	<0.001	0.756
年均	R	0.169**	-0.122**	0.035**	-0.025*	-0.076**	0.023*
	P	<0.001	<0.001	0.001	0.021	<0.001	0.03

注：R 为相关系数，P 表示显著性；** 在 0.01 水平上显著相关，* 在 0.05 水平上显著相关，下同

表 7-13　2006～2015 年 PM$_{10}$ 浓度变化与不同土地利用类型面积比变化相关性

时间	相关性	耕地	林地	草地	水域	建设用地	未利用地
2006～2013 年年均	R	-0.1**	-0.129**	-0.020	-0.007	0.166**	0.014
	P	<0.001	<0.001	0.67	0.509	<0.001	0.2
2013～2015 年年均	R	0.228**	-0.114**	-0.099**	-0.010	-0.124**	0.005
	P	<0.001	<0.001	<0.001	0.367	<0.001	0.624
2013～2015 年春季	R	0.016	-0.107**	0.107**	-0.021	0.104**	0.018
	P	0.139	<0.001	<0.001	0.054	<0.001	0.088
2013～2015 年夏季	R	0.023*	-0.143**	-0.080**	0.089**	0.188**	-0.033**
	P	0.034	<0.001	<0.001	<0.001	<0.001	0.002
2013～2015 年秋季	R	0.135**	-0.080**	0.037**	-0.029*	-0.092**	0.041**
	P	<0.001	<0.001	0.001	0.007	<0.001	<0.001
2013～2015 年冬季	R	0.020	-0.077**	0.036**	-0.013	0.080**	0.017
	P	0.067	<0.001	0.001	0.239	<0.001	0.121
2006～2015 年年均	R	-0.025*	0.041**	-0.039**	-0.017	0.002	0
	P	0.023	<0.001	<0.001	0.106	0.843	0.968

2013～2015 年区域 PM$_{2.5}$ 浓度变化与不同土地利用类型面积比变化的相关关系密切，且随季节差异而显著不同。年均尺度：PM$_{2.5}$ 浓度变化与耕地面积比变化在 0.001 水平上显著正相关，与林地面积变化在 0.001 水平上显著负相关，耕地相关强度（$R=0.169$）大于林地（$R=-0.122$）。季节尺度：除春季外（$R=-0.151$，$P<0.001$），PM$_{2.5}$ 浓度变化与耕地面积比变化均呈显著正相关（$P<0.001$），夏季（$R=0.225$）相关性高于秋季（$R=0.03$）和冬季（$R=0.071$）；林地对 PM$_{2.5}$ 浓度变化的"负效应"在秋季较为显著（$R=-0.143$，$P<0.001$），夏季次之（$R=-0.075$，$P<0.001$），春季和冬季二者关系不显著；不同季节 PM$_{2.5}$ 浓度变化与建设用地面积比变化显著相关（$|R|>0.12$，$P<0.001$），但相关性在春秋季节为正，夏冬季节为负。

2006 ~ 2015 年均尺度：区域 PM_{10} 浓度变化与不同土地利用类型面积比变化的相关关系统计结果相对不稳定。但林地面积比变化对于 PM_{10} 浓度变化的"负效应"非常显著（$P<0.001$），二者在 2006 ~ 2013 年与 2013 ~ 2015 年阶段相关系数分别 –0.129、–0.114。2013 ~ 2015 年季节尺度：林地面积比变化对 PM_{10} 浓度变化的"负效应"强度由高到低依次排列为夏季（$R=-0.143$）>春季（$R=-0.107$）>秋季（$R=-0.080$）>冬季（$R=-0.077$）；与林地作用趋势一致，不同季节建设用地面积比变化对 PM_{10} 浓度变化的"正效应"强度依次为夏季（$R=0.188$）>春季（$R=0.104$）>冬季（$R=0.08$），秋季二者关系转为负；耕地面积比变化与 PM_{10} 浓度变化的正相关关系在秋季（$R=0.135$，$P<0.001$）最为显著，其原因可能是由于长株潭冬季污染受外来源影响较大，对土地结构的响应相对较小。

2. 土地利用对空气污染变化的贡献力

基于地理探测器的 $PM_{2.5}$/PM_{10} 浓度变化空间分异特征的土地利用/覆盖单因子力贡献分析结果（表 7-14 和表 7-15）。总体来看，土地利用类型面积比变化对于 $PM_{2.5}$ 浓度变化单因子贡献作用（0 ~ 0.094）略高于 PM_{10} 浓度变化（0.001 ~ 0.08）。建设用地面积比变化对 $PM_{2.5}$ 浓度空间变化的贡献力（0.011 ~ 0.094）高于其他类型（$P<0.052$）。各土地利用类型面积比变化对 $PM_{2.5}$ 浓度变化的贡献力最大值基本分别发生在夏季（耕地 0.052、建设用地 0.094）和秋季（林地 0.04、草地 0.034、水域 0.051）。建设用地面积比变化对 PM_{10} 浓度变化的贡献力相对较大，其在 2006 ~ 2013 年与 2013 ~ 2015 年的贡献力分别 0.051 与 0.08，林地次之（$P>0.024$）。2013 ~ 2015 年季均尺度上，春季各土地利用类型面积比变化对 PM_{10} 浓度空间变化的贡献力相对较大除未利用地外，各类型贡献力介于 0.035 ~ 0.150。

表 7-14 长株潭主城区 2013 ~ 2015 年 $PM_{2.5}$ 浓度变化的土地利用/覆盖单因子力贡献

时间	耕地	林地	草地	水域	建设用地	未利用地
年均	0.032	0.033	0.002	0.033	0.011	0.002
春	0.026	0.005	0.016	0.008	0.091	0.005
夏	0.052	0.021	0.014	0.005	0.094	0.002
秋	0.007	0.040	0.034	0.051	0.042	0.002
冬	0.014	0.009	0	0.004	0.045	0.001

表 7-15 长株潭主城区 2006 ~ 2015 年 PM_{10} 浓度变化的土地利用/覆盖单因子力贡献

时间	耕地	林地	草地	水域	建设用地	未利用地
2006 ~ 2013 年年均	0.018	0.024	0.001	0.003	0.051	0.001
2013 ~ 2015 年年均	0.055	0.027	0.020	0.020	0.080	0.002
2013 ~ 2015 年春	0.015	0.035	0.016	0.028	0.024	0.005
2013 ~ 2015 年夏	0.015	0.023	0.009	0.023	0.045	0.004

时间	耕地	林地	草地	水域	建设用地	未利用地
2013～2015 年秋	0.021	0.012	0.004	0.003	0.018	0.003
2013～2015 年冬	0.002	0.007	0.004	0.005	0.009	0.001
2006～2015 年年均	0.012	0.009	0.004	0.004	0.006	0.001

土地利用/覆盖变化因子对 $PM_{2.5}$/PM_{10} 浓度变化空间分异的复合贡献见图 7-20 和图 7-21。结合表 7-14 和表 7-15 可知，研究区土地利用/覆盖面积比变化因子对 $PM_{2.5}$/PM_{10} 浓度变化空间分异的复合贡献力（0.003～0.134）高于其单因子作用，且复合作用随季节差异而有所不同。

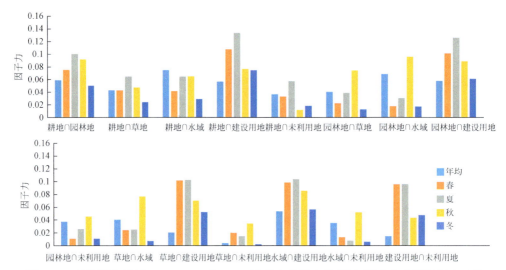

图 7-20　长株潭主城区 2013～2015 年 $PM_{2.5}$ 浓度变化的土地利用/覆盖变化因子复合贡献

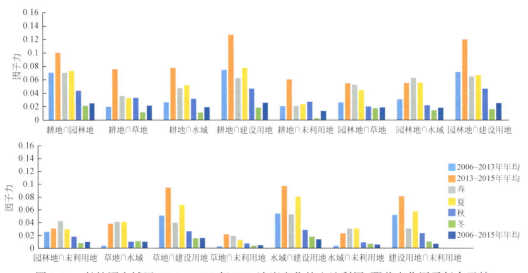

图 7-21　长株潭主城区 2006～2015 年 PM_{10} 浓度变化的土地利用/覆盖变化因子复合贡献

在年均尺度上，土地利用/覆盖变化因子对 PM_{10} 浓度变化的复合贡献强度（0.003~0.127）略高于季节尺度（0.003~0.082），对 $PM_{2.5}$ 则相反（年均 0.004~0.075 和季均 0.003~0.134）。对不同大气颗粒物，土地利用/覆盖变化因子的复合贡献来源相似。其中，对 $PM_{2.5}$ 浓度变化复合贡献作用较大的因子对依次为耕地∩建设用地（0.134）>林地∩建设用地（0.126）>水域∩建设用地（0.104）>耕地∩林地（0.101）；对 PM_{10} 浓度变化复合贡献作用较大的因子对依次为耕地∩建设用地（0.127）>林地∩建设用地（0.121）>耕地∩林地（0.101）。2013~2015 年季均尺度上，对 $PM_{2.5}$/PM_{10} 浓度变化的复合作用均满足夏季最强（0.008~0.134），春季次之（0.011~0.108），冬季最小（0.003~0.075）的规律。

综上分析，土地利用/覆盖变化因子对 $PM_{2.5}$/PM_{10} 浓度变化空间分异特征的贡献力相对较小。主要原因首先可归咎于土地利用/覆盖类型仅能直接反映人为的不同类别的土地开发活动，但无法直接反映污染排放特征的空间分异规律；其次，城市化进程中城乡界线差异也导致污染源在不同土地利用/覆盖类型间的差异正逐渐减小。

图 7-22 和图 7-23 表明土地利用/覆盖变化因子间存在明显的非线性加强（因子对复合作用贡献强度大于二者单独作用强度之和）或双加强（因子对复合作用贡献强度大于二者单独作用强度的最大值）关系，但加强关系因尺度与季节的不同存在差异。

年均	耕地	园林地	草地	水域	建设用地
园林地	++				
草地	+++	+++			
水域	+++	+++	+++		
建设用地	+++	+++	+++	+++	
未利用地	+++	+++	+++	+++	+++

图例	
非线性拮抗： ———	非线性加强： +++
单拮抗： ——	双加强： ++
拮抗： —	加强： +
独立： 0	

(a) 年均

春	耕地	园林地	草地	水域	建设用地
园林地	+++				
草地	+++	+++			
水域	+++	+++	+++		
建设用地	++	+++	++	+++	
未利用地	+++	+++	++	+++	+++

(b) 春季

夏	耕地	园林地	草地	水域	建设用地
园林地	+++				
草地	++	+++			
水域	+++	+++	+++		
建设用地	++	+++	++	+++	
未利用地	+++	+++	+++	+++	+++

(c) 夏季

秋	耕地	园林地	草地	水域	建设用地
园林地	+++				
草地	+++	+++			
水域	+++	+++	++		
建设用地	+++	+++	++	++	
未利用地	+++	+++	++	++	+++

(d) 秋季

冬	耕地	园林地	草地	水域	建设用地
园林地	+++				
草地	+++	+++			
水域	+++	+++	+++		
建设用地	+++	+++	+++	++	
未利用地	+++	+++	+++	+++	+++

(e) 冬季

图 7-22　长株潭主城区 2013~2015 年 $PM_{2.5}$ 浓度变化的土地利用/覆盖变化因子交互作用

PM10 浓度变化的土地利用/覆盖因子间的加强作用整体大于 PM2.5（因子对加强关系中非线性加强与双加强比例分别为 79 ： 11 VS 63 ： 12），在 2013~2015 年季节尺度上

年均	耕地	园林地	草地	水域	建设用地
园林地	+++				
草地	+++	+++			
水域	+++	+++	+++		
建设用地	+++	++	+++	+++	
未利用地	+++	+++	+++	++	+++

非线性拮抗: ▬ ▬ ▬　　非线性加强: +++
单拮抗: ▬ ▬　　双加强: ++
拮抗: ▬　　加强: +
独立: 0

(a) 2006~2013年

年均	耕地	园林地	草地	水域	建设用地
园林地	+++				
草地	+++	+++			
水域	+++	+++	++		
建设用地	++	++	++	+++	
未利用地	+++	+++	+++	+++	+++

(b) 2013~2015年

年均	耕地	园林地	草地	水域	建设用地
园林地	+++				
草地	+++	+++			
水域	+++	+++	+++		
建设用地	+++	+++	+++	+++	
未利用地	+++	+++	++	+++	+++

(c) 2006~2015年

春	耕地	园林地	草地	水域	建设用地
园林地	+++				
草地	+++	+++			
水域	+++	+++	++		
建设用地	+++	+++	+++	+++	
未利用地	+++	+++	++	++	+++

(d) 2013~2015年春

夏	耕地	园林地	草地	水域	建设用地
园林地	+++				
草地	+++	+++			
水域	+++	+++	+++		
建设用地	++	+++	+++	+++	
未利用地	+++	+++	+++	+++	+++

(e) 2013~2015年夏

秋	耕地	园林地	草地	水域	建设用地
园林地	+++				
草地	+++	+++			
水域	+++	+++	+++		
建设用地	+++	+++	+++	+++	
未利用地	+++	+++	+++	+++	+++

(f) 2013~2015年秋

冬	耕地	园林地	草地	水域	建设用地
园林地	+++				
草地	+++	+++			
水域	+++	+++	+++		
建设用地	+++	+++	+++	+++	
未利用地	+++	+++	++	+++	+++

(g) 2013~2015年冬

图 7-23　长株潭主城区 2006~2015 年 PM$_{10}$浓度变化的土地利用/覆盖变化因子交互作用

尤为显著（55∶5 和 49∶11）。具体而言，年均尺度下，对 PM$_{2.5}$浓度变化空间分异为双加强关系的因子对是耕地∩林地；对 PM$_{10}$浓度变化空间分异为双加强关系的因子对包含耕地∩建设用地、林地∩建设用地、草地∩水域、草地∩建设用地、水域∩未利用地、草地∩未利用地。季节尺度下，对 PM$_{2.5}$浓度变化空间分异为双加强关系的因子对包括耕地∩草地、耕地∩建设用地、草地∩水域、草地∩建设用地、草地∩未利用地、水域∩建设用地、水域∩未利用地，其中，除冬季外其他三个季节的草地与建设用地均为双加强关系。

参 考 文 献

罗艳青 . 2014. PM$_{2.5}$浓度土地利用回归建模关键问题研究 ［D］. 长沙：中南大学 .

马宗伟 . 2015. 基于卫星遥感的我国 PM$_{2.5}$时空分布研究 ［D］. 南京：南京大学 .

王占山，李晓倩，王宗爽，等 . 2013. 空气质量模型 CMAQ 的国内外研究现状 ［J］. 环境科学与技术，36（6L）：386-391.

王自发，谢付莹，王喜，等 . 2006. 全嵌套网格空气质量预报模式系统的发展与应用 ［J］. 大气科学，30（5）：52-64.

邬伦，刘瑜，张晶，等．2001．地理信息系统——原理、方法与应用［M］．北京：科学出版社．

许珊．2016．城市土地利用变化的大气污染效应分析［D］．长沙：中南大学．

Bey I, Jacob D J, Yantosca R M, et al. 2001. Global modeling of tropospheric chemistry with assimilated meteorology: Model description and evaluation［J］. Journal of Geophysical Research, 106（D19）: 23073-23095.

Breiman L. 2001. Random forests［J］. Machine Learning, 45（1）: 5-32.

Briggs D. 2005. The role of GIS: coping with space（and time）in air pollution exposure assessment［J］. Journal of Toxicology and Environmental Health, Part A, 68（13-14）: 1243-1261.

Brunsdon C, Fotheringham A S, Charlton M E. 1996. Geographically weighted regression: a method for exploring spatial nonstationarity［J］. Geographical Analysis, 28（4）: 281-298.

Civerolo K, Hogrefe C, Lynn B, et al. 2007. Estimating the effects of increased urbanization on surface meteorology and ozone concentrations in the New York City metropolitan region［J］. Atmospheric Environment, 41: 1803-1818.

DeRidder K, Lefebre F, Adriaensen S, et al. 2008. Simulating the impact of urban sprawl on air quality and population exposure in the German Ruhr area. Part Ⅰ: Reproducing the base state［J］. Atmospheric Environment, 42: 7059-7069.

DeRidder K, Lefebre F, Adriaensen S, et al. 2008. Simulating the impact of urban sprawl on air quality and population exposure in the German Ruhr area. Part Ⅱ: Development and evaluation of an urban growth scenario［J］. Atmospheric Environment, 42: 7070-7077.

Fu Y, Tai A P K, Liao H. 2016. Impacts of historical climate and land cover changes on fine particulate matter（$PM_{2.5}$）air quality in East Asia between 1980 and 2010［J］. Atmospheric Chemistry and Physics, 16: 10369-10383.

Grell G A, Peckham S E, Schmitz R, et al. 2005. Fully coupled "online" chemistry within the WRF model［J］. Atmospheric Environment, 39（37）: 6957-6975.

Hastie T J, Tibshirani R J. 1986. Generalized additive models［J］. Statistical Science, 1（3）: 297-310.

Hoek G, Beelen R, Hoogh K D, et al. 2008. A review of land-use regression models to assess spatial variation of outdoor air pollution［J］. Atmospheric Environment, 42（33）: 7561-7578.

Liu Y, Cao G F, Zhao N Z, et al. 2017. Improve ground-level $PM_{2.5}$ concentration mapping using a random forests-based geostatistical approach［J］. Environmental Pollution, 235: 272-282.

Liu Y, Park R J, Jacob D J, et al. 2004. Mapping annual mean ground-level $PM_{2.5}$ concentrations using Multiangle Imaging Spectroradiometer aerosol optical thickness over the contiguous United States［J］. Journal of Geophysical Research: Atmospheres, 109（D22）.

Ramboll US Corporation. 2018. User's guide comprehensive air quality model with extensions version 6.50［EB/OL］. file: ///D: /Scenario%20simulation/reference/camxusersguide_ v6-50. pdf［2020-01-05］.

Schindler M, Caruso G. 2014. Urban compactness and the trade-off between air pollution emission and exposure: Lessons from a spatially explicit theoretical model［J］. Computers, Environment and Urban Systems, 45: 13-23.

Stein M L. 1999. Interpolation of Spatial Data: Some Theory for Kriging［M］// New York: Springer-Verlag New York, Inc., 23-27.

Wang J F, Li X H, Christakos G, et al. 2010. Geographical detectors-based health risk assessment and its application in the neural tube defects study of the Heshun region, China［J］. International Journal of

Geographical Information Science，24（1）：107-127.

Zhang Y，Li Z. 2015. Remote sensing of atmospheric fine particulate matter（PM2.5） mass concentration near the ground from satellite observation ［J］. Remote Sensing of Environment，160：252-262.

Zou B，Chen J，Zhai L，et al. 2016b. Satellite Based Mapping of Ground $PM_{2.5}$ Concentration Using Generalized Additive Modeling ［J］. Remote Sensing，9（1）：1.

Zou B，Pu Q，Bilal M，et al. 2016a. High-resolution satellite mapping of fine particulates based on geographically weighted regression ［J］. IEEE Geoscience and Remote Sensing Letters，13（4）：495-499.

第8章 城市未来情景土地利用模拟

土地利用/覆盖是最基本的城市地理国情信息,城市未来情景土地利用模拟与分析是城市地理国情监测的重要组成部分。面对日益推进的城市化进程以及由此导致的土地资源紧缺、人地关系失衡、生态环境恶化等一系列矛盾和问题,开展城市土地利用变化的未来发展趋势模拟,不仅能够从空间上揭示城市土地利用变化的规律,还能够为区域土地利用格局优化、农业结构调整以及生态环境建设等相关规划、决策以及管理措施的制定提供有益参考。本章主要从城市土地利用模拟情景设置、土地利用空间模拟方法和案例分析三个方面介绍城市未来情景土地利用模拟与分析。

8.1 土地利用模拟情景设置

情景分析是对事物所有可能的未来发展态势的定量及定性描述。土地利用模拟的情景分析则是在深刻认识土地利用/覆盖变化驱动机制的基础上,依据不同的发展战略需求,建立多情景土地利用数量结构方案,对于相关政策和重大决策的制定以及城市土地科学合理、可持续的利用具有重要战略意义。土地利用模拟情景设置的依据主要可以分为2类:气候变化、城市化发展与规划。

8.1.1 基于气候变化

基于气候变化进行土地利用模拟情景的设置主要是根据不同的气候变化与相应的社会、环境发展路径构建土地利用变化的整体情景。目前,常用的适用于土地利用模拟情景设置的气候变化情景主要有联合国政府间气候变化专门委员会(Intergovernmental Panel on Climate Change,IPCC)于 2000 年发布的《排放情景特别报告》(*Special Report on Emissions Scenarios*,SRES)中提出的 SRES 情景和 2010 年提出的共享社会经济路径(Shared Socioeconomic Path Ways,SSPs)情景(Riahi et al.,2016)。

1. SRES 情景

SRES 情景基于人口、经济、技术、能源和环境等驱动因素假定了完全不同的未来发展方向,主要可以归结为四种:A1、A2、B1 和 B2。SRES 情景设置的基本框架如图 8-1 所示。

SRES 中 A 系情景倾向于经济发展;B 系情景倾向于社会和环境发展;1 系情景更加全球化,各国之间的经济、文化、科技交往频繁;2 系情景则更加区域化。具体来说:

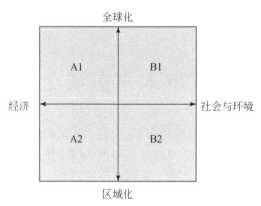

图 8-1　SRES 情景框架

A1 情景下人口增长缓慢，城市扩张散布，经济高速增长，科技创新迅速，对化石燃料的需求较高。经济发展的主要驱动力是高劳动资本、高技术水平和自由贸易等，全球化与区域融合趋势明显，文化与社会相互影响的能力日益增长。

A2 情景下人口高速增长，城市扩张散布，经济中速发展，科技创新缓慢，对化石燃料的需求处于中等水平。经济发展主要依赖于国内或区域资源，区域保护特征显著，强调当地传统。

B1 情景下人口增长缓慢，城市扩张紧凑，经济高速增长，科技创新处于中等水平，对能源包括化石燃料的需求较低。经济发展向服务业与信息经济转变，更多清洁生产与有效资源利用技术被引入。世界各国对环境保护形成共识，趋向于全球协同合作，共同解决社会与环境在可持续发展中遇到的问题。

B2 情景下人口增长处于中等水平，城市扩张紧凑，经济中速发展，科技创新与对能源的需求也处于中等水平，但对化石燃料的需求较低。区域保护趋势明显，对于社会与环境在可持续发展中遇到的问题，趋向于区域内部解决。

2. SSPs 情景

SSPs 情景结合排放情景与社会发展情景阐述全尺度社会经济发展路径。SSPs 情景主要考虑人口增长、经济发展、环境条件、公平原则、技术进步、政府管理与全球化特征。目前，SSPs 中常用的不同类型的社会经济要素和社会情境化的组合主要有 SSP1、SSP2、SSP3、SSP4 和 SSP5。

SSP1 情境强调可持续发展，人口分布均衡，经济全球一体化程度高，环境可持续发展能力强，科技进步水平高，资源效率提升，能源强度较低，环境友好技术发展。经济发展以技术发展为主要驱动力，强调对人类福祉的广泛关注。主要特征是国家和地区间紧密联系，注重区域合作与协调发展。

SSP2 情境按照历史模式发展，人口增长温和并趋于稳定，社会经济发展的各方面均有一定程度进展，但高中低收入国家发展不一致，全球化趋势有一定程度的进展但不明显，对化石燃料等传统能源的投入量与重视程度慢慢减弱，科技进步水平有所提高但存在一定区域差异。

SSP3 情境区域竞争显著，工业化国家人口增长率低，发展中国家人口增长率高，社会经济发展受到限制且不协调，不注重解决环境问题，科技进步水平低，对化石能源的需求极高。国家间排斥全球一体化，区域竞争严重，各地区间进行资源掠夺，面临的气候变化挑战较高。

SSP4 情境不均衡发展特征显著，国家之间和国家内部不平等和阶层分化日益扩大，社会经济发展极不均衡，高收入人群规模不大但空间分布高度集中，环境政策只关注中、高收入地区地方问题，低碳专业得到发展，减排挑战较小，但相当大比例的低收入人口素质难以提升，适应气候变化的挑战较高。

SSP5 情境强调化石燃料的发展，人口增长达到高峰后开始下降，工业化和新兴经济体推动经济发展，全球市场一体化，经济增速迅猛，其主要驱动力为增加传统化石能源投入量，基础设施完善且工业化程度较高，对适应潜在气候变化的挑战较低。

8.1.2 基于城市发展与规划

城市扩张的速度、规模以及扩张过程空间形态演变的模式均直接影响土地利用/覆盖的空间格局。随着"智慧扩张"（Growing Smart）、"城市扩张边界"（Urban Growth Boundaries）、"形态基础编码"（Form-based Codes）等土地利用规划新概念的提出（Cervero，2001），基于城市发展与规划的土地利用情景模拟的研究逐渐兴起。截至目前，国内外围绕该领域的城市未来土地利用情景设置主要集中在：①基于 GDP/人口增长率、建设用地扩张速率等直接表征城市化发展过程的统计指标的情景设置；②基于城市规划、耕地保护等城市发展宏观政策的情景设置。

1. 基于城市化发展过程的统计指标

Ligtenberg 等（2001）在土地利用模拟应用中将两种情景下的城市用地扩张速率设为一致，但各空间决策实体的权重有所差异；Deal 和 Schunk（2004）在研究中设置了"低密度"（Low Density）和"高密度"（High Density）两种情景，其中，低密度在 30m ×30m 分辨率网格内平均有 0.68 户，且住宅区的密度没有限制，后续土地利用变化趋于高度分散，而高密度假设城市密度主要在新开发的区域增长［1.36 户/（30m×30m）］上；何春阳等（2004）在对中国北方未来土地利用变化的模拟中，分别考虑了 GDP、人口增长率等指标，设置了经济高速、稳步和保守发展，人口快速、稳定和低速发展等多种仿真情景；王丽萍等（2012）在佛山市土地利用情景模拟分析中设置了建设用地扩张的适度（建设用地扩张速度为历史水平的90%）、中度（建设用地扩张速度为历史水平的70%）和强力（建设用地扩张速度为历史水平的50%）约束三种情景。基于城市化发展过程的统计指标设置土地利用模拟情景的方法原理简单、易于理解，但缺乏对城市扩张形态的体现。

2. 基于城市发展宏观政策

基于城市发展宏观政策的土地利用模拟情景设置直接为决策者提供不同战略和政策情景下区域土地利用系统未来可能出现的格局及其区域响应，能够为政府根据环境经济资源学分配理论和可持续发展观念对土地资源进行规划提供参考（刘小平等，2006）；同时也为区域社会经济发展和资源环境保护决策提供技术支持。

宏观政策涉及经济、社会、城市规划、土地规划、耕地保护、生态环境保护等方方面面，国内外已经有不少学者从各个角度尝试开展城市未来土地利用的相关模拟。刘小平等（2006）设置了四种规划情景与自然状态下的真实情景进行对比。其中，规划情景一设置城市发展以空间效益指数为依据，对于优质耕地和果园要尽量避免；情景二设置城市严格按照政府的规划进行发展；情景三设置保障城市粮食稳定生产和生态系统平衡；情景四设置城市发展处于无政府状态。陆汝成等（2009）设置了现有土地转移速率发展的土地利用变化和严格保护耕地的土地利用变化两种情景。Le 等（2010）就森林保护区、农业推广和农业补贴三大政策分别设置了现状保护（执行率 50%）、无保护（执行率 0）、严格保护（执行率 80%），微推广（推广程度 5%）、低推广（推广程度 35%）、高推广（推广程度 67%），低补贴（补贴范围占人口数 23%）、中等补贴（补贴范围占人口数 50%）、高补贴（补贴范围占人口数 75%）各三种状态，共九种土地利用模拟情景。冯梦喆等（2013）构建了基于耕地总量动态平衡制度、基本农田保护制度和土地用途管制等保护政策的耕地保护事实情景和假设不受任何耕地保护政策限制的反事实情景来辅助评价土地利用政策实施效果。许月卿等（2013）、张荣天和焦华富（2015）均设置了耕地保护、经济发展和生态保护三种不同情景方案，但在两个研究中针对三个情景的具体定义稍有差异。

8.2 城市土地利用模拟方法

城市土地利用模拟主要涉及总量变化模拟和空间格局模拟两部分。总量变化模拟即依据时间变化趋势或情景要求计算不同土地利用类型总量，其不包含空间，在实际应用常用于展现土地利用总体变化趋势或作为限制条件参与到土地利用的空间格局模拟中；空间格局模拟是模拟土地利用类型的空间分布状况，展示的土地利用的动态发展趋势。

8.2.1 总量变化模拟

总量变化模拟是指在历史数据或情景需求的支持下，通过构建模型预测未来不同土地利用类型的面积总量。总量变化模拟的经典方法主要有线性回归模型、指数平滑模型等。考虑到总量变化模拟是一个动态、非线性与多反馈回路的复合系统，马尔可夫链、灰色模型 [GM(1,1)]、灰色马尔可夫链模型、系统动力学模型等也逐渐引入总量的变化模拟中（张新长等，2002；刘耀林等，2004；何春阳等，2005；Moghadam and Helbich，2013）。其中，线性回归模型原理见 3.3.2 节，其他模型基本原理如下所述。

1. 指数平滑模型

指数平滑模型实质上是一种加权移动平均方法,对于历史数据,随着时间间隔的增加赋予其逐渐趋近于零的权重。指数平滑预测的基本原理是任一时期的指数平滑值都是该时期实际观测值与前一时期指数平滑值的加权平均和。根据时间序列变化的整体趋势,指数平滑模型可分为一次指数平滑、二次指数平滑等。

(1)一次指数平滑

设当前时期 t 的时间序列观测值为 $y_1, y_2, \cdots, y_t$,对于 $t+1$ 期的预测值,其计算公式为

$$y'_{t+1} = \alpha y_t + (1-\alpha) y'_t \tag{8-1}$$

式中,y'_{t+1} 为 $t+1$ 期的预测值,即当前时期 t 的一次指数平滑值 $S_t^{(1)}$;y_t 为时期 t 的实际值;y'_t 为时期 t 的预测值,即上期 $(t-1)$ 的一次指数平滑值 $S_{t-1}^{(1)}$;α 为平滑常数,取值范围为 $0 \sim 1$,α 值越大,当前时期的实际值权重越大,前一时期的指数平滑值权重越小。一般来说,当数据时序变化趋势较为平稳时,实际值受趋势变动影响较小而受偶然因素影响较大,可取较小的 α 值,反之则取较大的 α 值。

(2)二次指数平滑

二次指数平滑是对一次指数平滑值再进行一次指数平滑,得到二次指数平滑值,其计算公式为

$$S_t^{(2)} = \alpha S_t^{(1)} + (1-\alpha) S_{t-1}^{(2)} \tag{8-2}$$

式中,$S_t^{(2)}$ 为当前时期 t 的二次指数平滑值;$S_t^{(1)}$ 为当前时期 t 的一次指数平滑值;$S_{t-1}^{(2)}$ 为上一期 $(t-1)$ 的二次指数平滑值。

$t+T$ 期的预测值计算公式为

$$\hat{Y}_{t+T} = a_t + b_t T \tag{8-3}$$

结合式(8-2)得到:

$$\begin{cases} a_t = 2S_t^{(1)} - S_t^{(2)} \\ b_t = \dfrac{\alpha}{1-\alpha}(S_t^{(1)} - S_t^{(2)}) \end{cases} \tag{8-4}$$

2. 马尔可夫链

马尔可夫链是一种按条件概率相互依赖的随机过程,基于历史数据构建状态转移概率矩阵,即可实现对未来土地利用结构的预测。马尔可夫链特点是无后效性,也称马尔可夫性,即在已知现在状态的条件下,过去与将来相互独立。

(1)马尔可夫链的定义

马尔可夫性的直观含义为:令 $A = \{S_0 = i_0, \cdots, S_{k-1} = i_{k-1}\}$ 表示过去;$B = \{S_{n_k} = i\}$ 表示现在;$C = \{S_{k+1} = j\}$ 表示将来,则

$$P\{S_{k+1} = j \mid S_0 = i_0, \cdots, S_{k-1} = i_{k-1}, S_k = i\} = P\{S_{k+1} = j \mid S_k = i\} \tag{8-5}$$

即

$$P(C \mid AB) = P(C \mid B) \tag{8-6}$$

$$P(AC \mid B) = P(A \mid B)P(C \mid B) \tag{8-7}$$

马尔可夫链的定义如下：

如果 $\{X_n; n=0,1,2,\cdots\}$ 是状态离散的随机过程，并且具有马尔可夫性，即对任何 $m \geqslant 0 (m < n)$ 及状态 $i_0,\cdots,i_{n-1},i,j$，有

$$P\{X_n=j \mid X_0=i_0, X_1=i_1, \cdots, X_{n-1}=i_{n-1}, X_m=i\} = P\{X_n=j \mid X_m=i\} \tag{8-8}$$

则称随机过程 $\{X_n; n=0,1,2,\cdots\}$ 为马尔可夫链。

（2）转移矩阵

$P\{X_n=j \mid X_m=i\}$ 记为 $p_{ij}(m,n)$，即在 m 时处于状态 i 的条件下，到 n 时转移到状态 j 的转移概率，且其满足 $p_{ij}(m,n) \geqslant 0$，$\sum_{j \in S} p_{ij}(m,n) = 1 (i,j \in S, S=\{0,1,2,\cdots\})$，记 $P(m,m+n) = [p_{ij}(m,m+n)]_{l \times l}$ 为对应的 n 步转移矩阵，矩阵内各元素非负，且每行之和为 1。

（3）Chapman-Kolmogorov（C-K）方程

定理 设 $p_{ij}^{(s)}$ 为马尔可夫链 $\{X_n, n \in N\}$ 的 s 步转移概率，则 $\forall i, j \in I$，且 $s, t \geqslant 0$ 有

$$p_{ij}^{(s+t)}(n) = \sum_{k \in I} p_{ik}^{(s)}(n) p_{kj}^{(t)}(n+s) \tag{8-9}$$

证明
$$
\begin{aligned}
p_{ij}^{(s+t)}(n) &= P\{X_{n+s+t}=j \mid X_n=i\} \\
&= \sum_{k \in I} P\{X_{n+s+t}=j, X_{n+s}=k, \mid X_n=i\} \\
&= \sum_{k \in I} \frac{P\{X_{n+s+t}=j, X_{n+s}=k, X_n=i\}}{P\{X_n=i\}} \\
&= \sum_{k \in I} \frac{P\{X_{n+s+t}=j, X_{n+s}=k, X_n=i\}}{P\{X_{n+s}=k, X_n=i\}} \frac{P\{X_{n+s}=k, X_n=i\}}{P\{X_n=i\}} \\
&= \sum_{k \in I} P\{X_{n+s+t}=j \mid X_{n+s}=k, X_n=i\} P\{X_{n+s}=k \mid X_n=i\} \\
&= \sum_{k \in I} P\{X_{n+s+t}=j \mid X_{n+s}=k\} P\{X_{n+s}=k \mid X_n=i\} \\
&= \sum_{k \in I} p_{ik}^{(s)}(n) p_{kj}^{(t)}(n+s) \quad (i,j,k \in I)
\end{aligned}
$$

式（8-9）即 C-K 方程。

当随机过程为齐次马尔可夫链时，转移概率就具备平稳性，也就是 p_{ij} 仅与时间间距、状态 i 和状态 j 有关，即有 $p_{ij}^{(s)}(m) = p_{ij}^{(s)}(n)$，此时 C-K 方程可简写为

$$p_{ij}^{(s+t)} = \sum_{k \in I} p_{ik}^{(s)} p_{kj}^{(t)} \tag{8-10}$$

此时可得，k 步转移概率矩阵 $P^{(k)}$ 为一步转移概率矩阵 P 的 k 次方，即 $P^{(k)} = P^k$。

综合上述分析，结合条件概率可以得出，随机过程在 $n+s$ 时刻的状态向量 $W(n+s)$ 可以由其在时刻 n 的状态向量 $W(n)$ 和转移概率 $p_{ij}^{(s)}$ 来确定：$W(n+s) = W(n)p_{ij}^{(s)}(n)$。

3. 灰色模型

灰色模型 [GM(1,1)] 是我国学者邓聚龙教授提出的一种预测方法，通过对没有规律的数据进行累加或累减变换，拟合出有规律的数据列，其相应的曲线可以用典型曲线逼

近，然后用逼近的曲线作为模型，最后将模型预测值作一次累减或累加的还原，用以对系统进行预测（邓聚龙，1993）。该方法在贫数据情况下的预测方面有一定的优势。

（1）GM(1,1)模型定义

设原始序列 $X^{(0)} = \{x^{(0)}(1), x^{(0)}(2), \cdots, x^{(0)}(n)\}$，其中，$x^{(0)}(k) \geqslant 0, k = 1, 2, \cdots, n$；

首先，作 $X^{(0)}$ 的一次累加生成序列：$X^{(1)} = \{x^{(1)}(1), x^{(1)}(2), \cdots, x^{(1)}(n)\}$，其中

$x^{(1)}(k) = \sum_{i=1}^{k} x^{(0)}(i), k = 1, 2, \cdots, n$；

然后，再作 $X^{(1)}$ 的紧邻均值生成序列：$Z^{(1)} = \{z^{(1)}(2), z^{(1)}(3), \cdots, z^{(1)}(n)\}$，其中 $z^{(1)}(k) = 0.5x^{(1)}(k) + 0.5x^{(1)}(k-1), k = 2, \cdots, n$；得到 GM(1,1) 模型：

$$x^{(0)}(k) + a z^{(1)}(k) = b \tag{8-11}$$

式中，a，b 为待定参数，并称 $-a$ 为发展系数；b 为灰色作用量。

再令 $Y = [x^{(0)}(2), x^{(0)}(3), \cdots, x^{(0)}(n)]^{\mathrm{T}}$，则

$$B = \begin{bmatrix} -z^{(1)}(2) & -z^{(1)}(3) & \cdots & -z^{(1)}(n) \\ 1 & 1 & \cdots & 1 \end{bmatrix}^{\mathrm{T}}, \hat{\alpha} = (a, b)^{\mathrm{T}} \tag{8-12}$$

对 $\hat{\alpha}$ 进行最小二乘估计，得 $\hat{\alpha} = (B^{\mathrm{T}}B)^{-1}B^{\mathrm{T}}Y$，从而得到式（8-11）的白化方程：

$$\frac{\mathrm{d}x^{(1)}}{\mathrm{d}t} + a x^{(1)} = b \tag{8-13}$$

求解此方程，得式（8-11）的时间响应序列为

$$\hat{x}^{(1)}(k+1) = \left[x^{(1)}(0) - \frac{b}{a} \right] \mathrm{e}^{-ak} + \frac{b}{a} \quad k = 0, 1, \cdots, n \tag{8-14}$$

还原值为

$$\hat{x}^{(0)}(k+1) = \hat{x}^{(1)}(k+1) - \hat{x}^{(1)}(k) = \left[x^{(1)}(0) - \frac{b}{a} \right] [1 - \mathrm{e}^a] \mathrm{e}^{-ak} \tag{8-15}$$

并令 $\hat{y}(k) = \hat{x}^{(0)}(k+1)$，$k = 1, 2, \cdots, n$；其中，当 $1 \leqslant k \leqslant n$ 时，$\hat{y}(k)$ 反映原始数据序列的变化趋势，当 $k > n$ 时，$\hat{y}(k)$ 为预测值。

GM(1,1) 模型中的发展系数 $-a$ 反映 $\hat{x}^{(0)}$ 和 $\hat{x}^{(1)}$ 的发展态势，GM(1,1) 模型的适用范围与之相关，二者关系如表 8-1 所示。

表 8-1　发展系数 $-a$ 与 GM(1,1) 模型的适用范围

级别	$-a$	GM（1，1）模型适用范围
1	$-a < 0.3$	中长期
2	$0.3 < -a < 0.5$	短期
3	$0.5 < -a < 0.8$	短期，但应用要谨慎
4	$0.8 < -a \leqslant 1$	残差修正
5	$-a > 1$	不宜使用 GM（1，1）模型

（2）GM(1,1)模型精度检验

GM(1,1)模型精度的验证方法主要包括残差检验和后验差检验。

1）残差检验。

残差检验的指标包括绝对误差和相对误差。绝对误差，也称为残差：$q^{(0)}(k)=x^{(0)}(k)-\hat{x}^{(0)}(k)$，$k=1,2,\cdots,n$。相对误差：$\Delta_k=\left|q^{(0)}(k)/x^{(0)}(k)\right|$，$k=1,2,\cdots,n$。平均相对误差：$\bar{\Delta}=\sum_{k=1}^{n}\Delta_k$。如果给定精度要求 ε（一般可取 0.01、0.03、0.05、0.1、0.2），当 $\bar{\Delta}<\varepsilon$ 且 $\Delta_k<\varepsilon$ 时，则称此模型为残差合格模型。

2）后验差检验。

后验差检验的两个主要指标是后验差比值和小误差频率。设 $\bar{x}=\frac{1}{n}\sum_{k=1}^{n}x^{(0)}(k)$，$S_1^2=\frac{1}{n}\sum_{k=1}^{n}\left[x^{(0)}(k)-\bar{x}\right]^2$ 分别为 $x^{(0)}(k)$ 的均值和方差；$\bar{q}=\frac{1}{n}\sum_{k=1}^{n}q^{(0)}(k)$，$S_2^2=\frac{1}{n}\sum_{k=1}^{n}\left[q^{(0)}(k)-\bar{q}\right]^2$ 分别为残差序列 $q^{(0)}(k)$ 的均值和方差；$C=\frac{S_2}{S_1}$ 称为后验差比值；$P=\left\{\left|q^{(0)}(k)-\bar{q}\right|<0.6745S_1\right\}$ 称为小误差频率。按照 P 和 C 的大小，可将预测精度分为四个等级，各等级标准见表8-2。

表8-2　预测精度等级

等级	小误差频率 P	后验差比值 C
好	$P>0.95$	$C<0.35$
合格	$0.80<P\leq0.95$	$0.35\leq C<0.50$
勉强	$0.70<P\leq0.80$	$0.50\leq C<0.65$
不合格	$P\leq0.70$	$C\geq0.65$

4. 灰色马尔可夫链模型

灰色马尔可夫链模型以灰色模型预测值 $\hat{y}(k)$ 曲线为基准，将符合马尔可夫链特点的非平稳原始序列 $X^{(0)}$ 划分为与 $\hat{y}(k)$ 曲线平行的 S 个条形区域 Q_1，Q_2，$\cdots$，Q_S，S 依据研究对象和原始数据而定，相邻条形区域构成一个状态。

（1）状态划分

常用的状态划分方法一般有两种：一是采用平移常数划分；二是按照相对误差大小划分。

1）平移常数划分法。

若划分为 S 个状态，则任一状态区间 Q_i 表达为：$Q_i=\left[Q_{i_1},Q_{i_2}\right]$，$Q_{i_1}=\hat{y}(k)+A_i$，$Q_{i_2}=\hat{y}(k)+B_i$。其中，$A_i$、$B_i$ 是平移常数，可根据需要和研究对象的实际意义自行确定，一般会是与原数据和时间性相关的变量，也可以是时间的函数。同时，Q_{i_1} 和 Q_{i_2} 的时序变化性

使得状态 Q_i 具有动态性。

2）相对误差划分法。

数据系列的残差为：$q^{(0)}(k) = x^{(0)}(k) - \hat{x}^{(0)}(k)$，$k = 1, 2, \cdots, n$，相对误差：$\Delta_k = |q^{(0)}(k)/x^{(0)}(k)|$，$k = 1, 2, \cdots, n$。根据需要和数据量，将 Δ_k 值从小到大排列并划分为若干组，每一组为一个状态，每一个状态必须包含至少一个真实值，所有真实值都必须参与划分，一步状态转移矩阵元素值不可全部相同。

（2）状态转移概率矩阵计算

设 $M_{ij}(k)$ 为从状态 Q_i 经过 k 步转移至状态 Q_j 的原始样本数，M_i 为处于状态 Q_i 的样本数，$p_{ij}^{(k)} = \dfrac{M_{ij}(k)}{M_i}$，$i = 1, 2, \cdots, S$ 为由状态 Q_i 到状态 Q_j 的 k 步状态转移概率。则 k 步状态转移概率矩阵为（吴桂平等，2007）

$$P^{(k)} = \begin{bmatrix} p_{11}^{(k)} & p_{12}^{(k)} & \cdots & p_{1N}^{(k)} \\ p_{21}^{(k)} & p_{22}^{(k)} & \cdots & p_{2N}^{(k)} \\ \vdots & \vdots & & \vdots \\ p_{N1}^{(k)} & p_{N2}^{(k)} & \cdots & p_{NN}^{(k)} \end{bmatrix} \tag{8-16}$$

通过考察 $P^{(k)}$ 可以预测系统未来状态的转向。一般只考虑一步状态转移概率矩阵 $P^{(1)}$，设预测对象处于状态 Q_i（$1 \leqslant i \leqslant S$），则预测下一步状态有如下两种方法。

1）伪随机模拟法。

考察 $P^{(1)}$ 中的第 h 行，产生（0，1）均匀分布的伪随机数 r，选取 d，判断其是否满足不等式：$\sum\limits_{j=1}^{d-1} p_{hj} \leqslant r \leqslant \sum\limits_{j=1}^{d} p_{hj}$，如果满足，则下一时刻由 Q_h 状态转向 Q_d 状态的可能性较大。

2）比较法。

考察 $P^{(1)}$ 中的第 h 行，若 $\max\limits_{j} p_{hj} = p_{hd}$，则下一时刻转移到 Q_d 状态。如果矩阵 $P^{(1)}$ 中第 h 行有两个或两个以上概率相同或相近，则状态的未来转向难以确定，此时，需要考察 $P^{(2)}$ 或多步 $P^{(k)}$ 转移概率矩阵。

（3）预测值确定

当确定了未来的转移状态 Q_d，预测值的变动区间 $[Q_{d_1}, Q_{d_2}]$ 也就确定了，取区间的中点可得 $\hat{X}(k) = (Q_{d_1} + Q_{d_2})/2$，即为原始数据 $X(k)$ 的灰色马尔可夫链模型预测方法的模拟值。

5. 系统动力学模型

系统动力学模型用以研究信息反馈系统，通过计算机模拟，对复杂系统的结构、功能和动态行为进行动态仿真实验。系统动力学模型的理论基础包括控制论、系统论和信息论等。在土地利用模拟中，系统动力学模型常用于预测中期及长期时间尺度下不同社会经济条件、规划管理情景下的土地利用需求及变化。

系统动力学建模是通过对系统各因素进行因果关系分析获得流程图，并根据流程图写出相应方程式，应用计算机仿真技术对系统模型进行仿真实验，其建模基本步骤如下（王其藩，1993）。

步骤1，明确仿真目的，确定系统边界。

建模的目标由结果而不是行为进行描述，需要是可以度量和量化的。正确地划分系统边界需要将系统中的反馈回路看作闭合的回路，在定性分析的基础上辅以定量分析，把与建模目的关系密切和相对重要的因素都纳入系统的边界。在建模过程中，需要不断检验系统边界的充分性。当系统的边界确定后，还应考虑当边界扩大（或缩小）后，原定的策略是否仍有效。

步骤2，因果关系分析。

系统动力学模型由相互作用与关联的元素组成，元素之间的联系就是因果关系。因果关系分析是系统动力学建模的基础，具有指明系统变量间因果关系、作用方向和说明系统反馈回路的作用。在确定仿真目的、分析因果关系的基础上，可以建立系统的因果反馈环。在建模过程中，需要不断检验因果反馈环是否成立，并不断加以修正。

1）因果链。

因果链表征系统内变量间递推性因果关系。变量作用有正负，因此因果关系也分为正因果关系和负因果关系两类。系统中有原因要素 A 和结果要素 $B(A \to B)$，$\Delta A > 0$ 和 $\Delta B > 0$ 分别表示 A 和 B 的改变量。若 A 和 B 满足下列条件之一：①A 加到 B；②A 是 B 的乘积因子；③A 变到 $A \pm \Delta A$，B 变到 $B \pm \Delta B$，即 A 和 B 的变化方向相同，称 A 到 B 之间具有正因果关系［图8-2（a）］。若满足下列条件之一：①A 从 B 中减去；②$1/A$ 是 B 的乘积因子；③A 变到 $A \pm \Delta A$，A 变到 $B \pm \Delta B$，即 A 和 B 的变化方向相反，则称 A 到 B 之间具有负因果关系［图8-2（b）］。

(a) 正因果关系   (b) 负因果关系

图8-2　因果关系

当因果链中含有偶数个负因果关系时，称之为负正因果链；含有奇数个负因果关系时，则为负因果链。

2）反馈环。

反馈环是由两个以上因果关系首尾相连形成的一个闭合回路。反馈环实质上是闭合的因果链，因此反馈环可以分为正反馈环和负反馈环。正反馈环［图8-3（a）］就是某一变量经过一个闭合回路最后引起变量本身的增加，其反馈环中含有偶数个负因果关系；反之则称为负反馈环［图8-3（b）］。同一个系统中存在两个或两个以上的反馈回路称为多重反馈回路［图8-3（c）］。

步骤3，系统动力学模型建立。

建立系统动力学模型的第一步是绘制系统流程图，即在有效识别因果反馈环中要素属

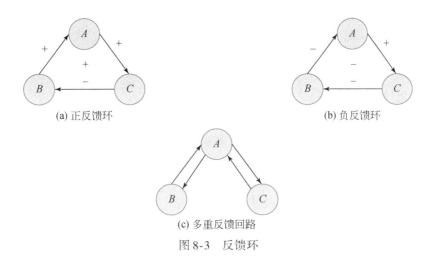

(a) 正反馈环   (b) 负反馈环

(c) 多重反馈回路

图 8-3 反馈环

性及特征的基础上，确定相关变量，绘制系统流程图。变量类型包括流位变量、流率变量等。流位变量也称为状态变量，是描述系统积累效应的变量。流率变量也称为决策变量、速率，分为入流率和出流率，分别表示单位时间内流位流入或流出的流量，是描述系统积累效应变化快慢的变量。

建立系统动力学模型的第二步是确定流率结构，构建系统动力学方程。系统动力学方程通常由状态变量方程（L）、流率方程（R）、辅助方程（A）、常量方程（C）、赋值方程（N）五部分组成。

其中，方程 L、R、A 分别如式（8-17）、（8-18）、（8-19）所示。

$$\text{LEVEL. K} = \text{LEVEL. J} + \text{DT} \cdot (\text{INFLOW. JK} - \text{OUTFLOW. JK}) \tag{8-17}$$

$$\text{RATE. KL} = f(\text{LEVEL. K}, \text{AUX. K}, \text{CON. K}, \cdots) \tag{8-18}$$

$$\text{AUX. K} = g(\text{AUX. K}, \text{LEVEL. K}, \text{RATE. JK}, \text{CON. K}, \cdots) \tag{8-19}$$

其中，状态变量方程 L 也称水平方程（Level Equation），为 K 时刻的累积流量（LEVEL. K），由 J 时刻的累积流量（LEVEL. J）与 J 到 K 时刻速率的净差值相加而得；DT 为时间间隔；INFLOW. JK 和 OUTFLOW. JK 分别为 J 到 K 时刻的入流率和出流率。

流率方程 R 也称速率方程（Rate Equation），表示系统下一时间间隔的变动量，下一时间间隔的行动或决定取决于现在时刻的可用信息。R 是 LEVEL 的函数，其根据 K 时刻的累积流量（LEVEL. K）计算出下一时间间隔 $K \sim L$ 的流动速率。流率方程是通过描述流率对系统状态的依赖关系和控制策略，对流位动态变化的内在规律进行描述，流率结构的确定是系统建模的核心。

A 是速率方程的一部分，是对流率方程的辅助说明和细化。

CON 表示常量方程，方程中不能出现时间下标且常量可以依赖于其他常量。

LEVEL 表示赋值方程，方程中也不能出现时间下标且模型中每一个状态变量方程都必须赋予初始值，即每个 L 方程后都必须跟随一个 N 方程。

步骤4，程序设计，上机仿真实验。

根据系统流程图和相应的系统动力学方程，建立相应语言并上机调试。

步骤5，仿真结果分析，模型调整。

8.2.2 空间格局模拟

区域土地利用变化受自然、社会、经济等众多因素在不同时间、空间尺度上的相互影响，其动态模拟是一个相当复杂的过程，相关研究目前已经成为全球环境变化和可持续发展的重要内容。而土地利用空间格局变化模型是深入了解土地利用变化过程、机理和环境影响的重要手段。近年来，伴随3S技术的兴起，涉及空间模拟的土地利用变化研究逐渐兴起。目前，常用的土地利用空间格局模拟方法有元胞自动机（CA）模型与CLUE-S（The Conversion of Land Use and its Effects at Small Region Extent）模型。

1. 元胞自动机模型

元胞自动机模型是一个由离散且状态有限的元胞组成，随着离散时间变化而按照局部规则演化的格网动力系统（Wu and Webster, 1998）。不同于一般动力学模型具有既定的物理方程或函数表达式，元胞自动机模型是由一系列规则构成的自下而上的模型。这些规则的形式语言可表达为

$$CA = (L_d, S, N, f) \tag{8-20}$$

式中，L 为由离散元胞组成的规则格网空间，其中，每个格网就是一个元胞；d 为格网空间维数，也即系统维数，理论上 d 值可取任意正整数，在实际应用中常用于模拟一维或二维动态系统；S 为元胞在动态系统中所有离散状态的集合；N 为元胞邻近像元的集合；f 为演化规则。

元胞自动机模型由元胞、元胞空间、邻域、演化规则以及时间五部分组成，各部分组成及关系如图8-4所示。

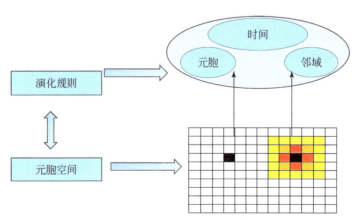

图8-4 元胞自动机模型结构

（1）元胞

元胞是元胞自动机模型的最基本组成部分，是离散空间上的一个单元。理论上，元胞可以为任意形状。但在实际应用中，常采用三角形、正方形、菱形等规则格网。考虑到元胞的概念与栅格数据像元的相似性，为扩大其应用范围，实现与海量遥感影像等栅格数据的结合，现有研究多采用规则正方形表征元胞。

元胞的某种属性称为状态，通常元胞自动机模型的元胞只取一个属性作为状态。状态可以是 $\{0，1\}$ 的二进制形式，或是 $\{S_0,S_1,S_2,\cdots,S_i,\cdots,S_k\}$ 整数形式的有限离散集合。在不同应用中，元胞具有不同的含义，在土地利用演变分析中，它代表一定面积的土地，其状态则是指该地块的土地利用类型。

（2）元胞空间

元胞空间是由大量元胞构成的空间，可以由任意维数的欧几里得空间规则划分。目前，研究多集中于一维和二维，对于一维元胞自动机模型，元胞空间的划分只有一种；对于地理研究中最常见的二维元胞自动机模型，多采用三角形、正方形和六边形规则划分。正方形元胞空间特别适合在现代计算机环境下进行表达显示，其缺点是不能较好地模拟各向同性的现象。三角形元胞空间拥有较少的邻域数目，六边形元胞空间在模拟各向同性问题上具有优势，但二者在计算机表达上均较为困难和复杂。

（3）邻域

邻域是指与待分析元胞相邻的元胞。一维元胞自动机模型通常以半径来确定邻域，距离一个元胞 r 内的所有元胞均被认为是该元胞的邻域元胞；二维元胞自动机模型邻域的定义则相对复杂，常用的主要有冯诺依曼型（Von. Neumann），摩尔型（Moore）和扩展摩尔型。

冯诺依曼型，指与待分析元胞呈上、下、左、右相邻的四个元胞（图 8-4 红色网格）；摩尔型，指与待分析元胞呈上、下、左、右、左上、左下、右上、右下八个方位相邻的元胞（图 8-4 红色和橙色网格）；扩展摩尔型，当搜索半径为摩尔型搜索半径的整数倍时，即为扩展摩尔型（图 8-4 红色、橙色和黄色网格）。

（4）演化规则

演化规则是指根据元胞当前状态及其邻域元胞状态，确定下一时刻该元胞状态的函数，即元胞状态的转移函数。其数学表达式如下：

$$S_{i,j}^{t+1} =f(S_{i,j}^{t},S_N^{t}) \tag{8-21}$$

式中，$S_{i,j}^{t+1}$ 和 $S_{i,j}^{t}$ 分别为位置（i，j）处元胞在 $t+1$ 和 t 时刻的状态；f 为制定的元胞状态演化规则；S_N^{t} 为位置（i，j）处元胞周围邻域元胞在 t 时刻的状态。

（5）时间

元胞自动机模型是一个处于不断变化状态的动态系统，元胞状态根据演变规则随时间变化而改变。因此，时间是触发元胞状态改变的重要指标。在实际建模中，时间间隔常设置为等距且连续的离散函数集合。由演变规则的数学表达式可知，元胞在下一时刻（$t+1$时刻）的状态直接与现在时刻（t时刻）的元胞及其邻域的状态相关，而与前一时刻（$t-1$时刻）的状态无关。

在实际应用中，土地利用格局的空间动态演化模拟通常采用基于标准元胞自动机模型扩展的地理元胞自动机模型。其扩展主要体现在：元胞空间由规则网格向不规则网格扩展；元胞状态由仅表现一种属性向同时包含环境信息扩展；转换规则从仅取决于自身以及周边元胞状态的影响向考虑其他驱动力因素扩展；邻域的定义从常用类型向以距离衰减函数来赋予每个邻近元胞以特定权重等形式扩展；时间与空间向真实化扩展。

2. CLUE-S 模型

CLUE-S 模型是一种能够在较小尺度上模拟土地利用空间变化及其环境效应的模型。该模型通过分析土地利用与驱动因子之间的经验定量关系，结合土地利用系统时空动态之间的竞争与交互作用，实现土地利用变化的模拟（Verburg et al., 2002）。模型具有成熟的运行软件和详细的操作指南，适合多种情景下中小尺度流程化的城市土地利用变化空间模拟。

CLUE-S 模型分为非空间分析和空间分析两个模块，如图 8-5 所示。

（1）非空间分析

非空间分析模块计算区域土地利用类型需求总量的变化，通过独立于 CLUE-S 模型的数学、经济模型或规划、政策需求完成。自然发展状态下的土地利用类型需求量通常结合8.2.1 节第一部分总量变化模拟的方法来求取。

（2）空间分析

空间分析模块就是土地利用类型空间详尽化分配模块，基于土地利用及其社会、经济、自然环境等驱动因子的栅格化空间数据计算土地利用类型适宜性概率，并结合土地类型的竞争力、转换规则，对非空间分析部分计算的土地利用需求总量进行空间上的分配。

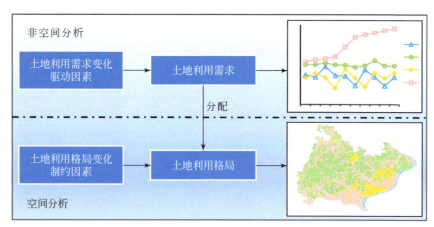

图 8-5　CLUE-S 模型结构（Verburg et al., 2002）

1）土地利用类型概率。

CLUE-S 模型采用经典的二元 Logistic 回归分析模型分析各土地利用类型与所选驱动因子的关系。模型的目标变量（土地利用格局）由二分类变量数据表示，即一个栅格可能出现某一土地利用类型的条件概率，1 表示某种土地利用类型出现，0 表示不出现。模型的解释变量即驱动因素（X）。计算事件发生与不发生的概率比采用以下公式：

$$\frac{P_i}{1-P_i} = \exp(\beta_0 + \beta_1 X_{1,i} + \beta_2 X_{2,i} + \cdots + \beta_n X_{n,i}) \tag{8-22}$$

式中，$P_i = P(y_i = 1 \mid x_i)$，为事件发生的概率；$\beta_i$ 为回归方程计算出的土地利用类型与驱动因子之间的关系系数；β_0 为回归方程常量。

土地利用类型的适宜性概率与真实情况的一致性采用 ROC（Relative Operating Characteristic）曲线下面积的大小进行评价。ROC 值取值范围在 0.5～1，越接近 1 表示基于驱动因子估算的概率分布与实际情况越一致，所选驱动因子的解释能力越强。通常，当 ROC 值大于 0.7 时，可认为概率分布符合实际，驱动因子解释能力良好。

2）转化规则。

转化规则决定不同土地利用类型的稳定程度，常采用转化弹性系数 ELAS 定义。ELAS 取值范围为 0～1，当 ELAS 为 1 时，该土地利用类型不会转化为其他类型，ELAS 越小，土地利用类型发生转化的可能性越大。ELAS 值通常参考不同土地利用类型变化历史情况、未来土地规划实际情况、专家经验获得。

3）动态模拟。

结合初始年土地利用空间分布图、土地利用类型空间分布概率适宜图和转化规则，通过反复迭代对土地利用结构进行空间分配，其分配模型如下：

$$\text{TPROP}_i = P_i + \text{ELSA}_i + \text{ITER}_i \tag{8-23}$$

式中，TPROP_i 为栅格土地利用类型为 i 的总概率；P_i 为根据 Logistic 回归计算的栅格为土地利用类型 i 的概率；ELSA_i 为土地利用类型 i 的转化弹性系数；ITER_i 为土地利用类型 i 的迭代变量。

迭代的具体步骤如下：初始分配时，设定各土地利用类型迭代变量 ITER_i 相同，按照式（8-23）计算总概率 TPROP_i，将 TPROP_i 值最大的土地利用类型分配给栅格；所有栅格初始分配完成后，比较各土地利用类型的分配面积与土地利用类型需求总量，若此次分配面积大于土地利用类型需求值，则减小迭代变量 ITER_i；反之，增加 ITER_i 值。重复分配过程，直至各土地利用类型的分配面积与地利用类型需求值相同，则得到该年份最终空间模拟结果，以此类推，直至完成所有年份的土地利用变化分配。

8.3 长株潭城市未来情景土地利用模拟

利用 2006～2015 年长株潭城市群主城区土地利用类型、数量、空间演化的自然和人文等驱动因素空间数据，结合土地利用规划数据、经济政策、环境保护方案等资料，基于 CLUE-S 模型开展长株潭城市群主城区 2020 年、2030 年城市土地利用情景模拟。技术路线如图 8-6 所示。

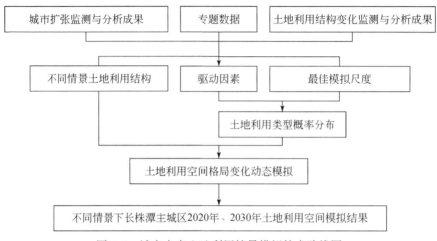

图 8-6　城市未来土地利用情景模拟技术路线图

8.3.1　情景设置与总量模拟

1. 土地利用情景设置

综合长株潭城市群发展现状、政策导向和未来发展趋势设置自然、经济高速发展、低碳约束和生态保护四种情景，各情景的定义如表 8-3 所示。

表 8-3　监测成果支撑下的城市未来土地利用模拟情景定义

模拟情景	定义	土地利用总量计算方法
自然情景	自然情景区域土地利用结构演化符合历史发展规律	自然情景根据历史土地利用数据，采用灰色马尔可夫模型预测 2020 年、2030 年的土地利用结构，并基于保证区域土地总面积恒定的原则，利用平差的方法对模拟结果进行微调，最终得到自然情境下各土地利用类型的预测总量
经济高速发展情景	经济高速发展情景土地利用结构演化没有任何限制，以 GDP 增长最大为目标	假设未来 5 ~ 15 年经济一直按历史时期中经济最高发展速度持续发展，以历史时期 GDP 增长率最高年份各类土地利用/覆盖类型变化率为基础计算目标年的土地利用结构
低碳约束情景	低碳约束情景以能源消耗率最低为目标	假设未来 5 ~ 15 年长株潭主城区各区（县）一直按历史时期中综合能源消费量增速最低与增加值能耗降低率最大持续发展，以该年份各类土地利用覆盖类型变化率为基础计算目标年的土地利用结构
生态保护情景	生态保护情景控制长株潭生态保护区社会经济建设，保证生态环境建设设定林地和水域面积尽量大	假设未来 5 ~ 15 年长株潭主城区林地和水域的面积不低于基期年份（2005 年）面积的 95% 和 85%。假设目标年 2030 年林地和水域面积分别为 2005 年面积的 95% 和 85%，2020 年林地和水域面积按照 2005 ~ 2030 年五年平均增长率计算，其他类型按照 2005 ~ 2010 年五年平均增长率计算

2. 灰色马尔可夫模型模拟与精度检验

基于灰色马尔可夫模型原理，预测模拟 2005～2014 年长株潭主城区各类型土地利用总量并与实际值相比较。耕地、林地、草地、水域、建设用地和未利用地十年的模拟误差以及模型精度检验结果见表 8-4。2005～2014 年耕地、林地、草地、水域、建设用地、未利用地总量平均相对误差分别为：0.19%、0.08%、0.22%、0.08%、1.95%、3.73%。小误差频率均达到 0.8，后验差比值分别为 0.10、0.07、0.09、0.11、0.13、0.19（显著低于 0.45）。

表 8-4　灰色马尔可夫模型模拟土地利用总量精度

土地利用类型	相对误差/%			小误差频率 P	后验差比值 C
	最大值	最小值	平均值		
耕地	0.74	0.04	0.19	0.8	0.10
林地	0.22	0.01	0.08	0.8	0.07
草地	0.71	0.01	0.22	0.8	0.09
水域	0.20	0.01	0.08	0.8	0.11
建设用地	5.20	0.20	1.95	0.8	0.13
未利用地	9.49	0.07	3.73	0.8	0.19

3. 不同情景下各土地利用类型面积总量估算

(1) 自然情景

在灰色马尔可夫模型模拟检验合格的基础上预测 2020 年、2030 年的土地利用结构，并基于保证区域土地总面积恒定的原则，利用平差的方法对模拟结果进行微调，最终得到自然情境下各土地利用类型的预测总量，如表 8-5 所示。

表 8-5　长株潭主城区自然情景下各土地利用预测总量　　　　　(单位：km²)

年份	耕地 (X_0)	林地 (X_1)	草地 (X_2)	水域 (X_3)	建设用地 (X_4)	未利用地 (X_5)	合计
2020	2838.11	4105.71	26.81	281.21	1362.67	8.89	8623.39
2030	2359.95	3507.21	21.52	243.95	2474.72	16.03	8623.39

(2) 经济高速发展情景

2005～2013 年中，GDP 增长率最高出现在 2008 年，以 2008 年各类土地利用/覆盖类型总量变化率为基础，按照公式计算：目标年土地利用需求量＝GDP 增长率最高年土地利用需求量×（1+对应年份土地利用覆盖类型总量变化率）[周期数]。在此基础上，依据总量与实际情况进行调整，得到经济高速发展情景下 2020 年、2030 年土地利用总量，如表 8-6 所示。

表 8-6　长株潭主城区经济高速发展情景下各土地利用预测总量

年份或变化率	耕地（X_0）	林地（X_1）	草地（X_2）	水域（X_3）	建设用地（X_4）	未利用地（X_5）	合计
2008 年总量 变化率/%	−0.41	−0.17	−0.13	0.14	4.40	−0.66	—
2020 年	3040.28	4341.02	30.61	295.49	913.30	2.69	8623.39
2030 年	2917.39	4268.07	30.23	294.96	1110.23	2.51	8623.39

（3）低碳约束情景

基于可获取的数据，2008～2013 年中，2013 年综合能源消费量增速最低，2009 年增加值能耗降低率最大，综合分析选取 2012 年各类土地利用/覆盖类型总量变化率为基础，按照公式计算：目标年土地利用需求量=低碳消耗年土地利用需求量×（1+对应年份土地利用覆盖类型总量变化率）^{周期数}。依据总量与实际情况进行调整，得到 2020 年、2025 年、2030 年土地利用总量，如表 8-7 所示。

表 8-7　长株潭主城区低碳约束情景下各土地利用预测总量

年份或变化率	耕地（X_0）	林地（X_1）	草地（X_2）	水域（X_3）	建设用地（X_4）	未利用地（X_5）	合计
2012 年总量 变化率/%	−0.48	−0.24	−0.64	−0.23	3.25	−1.52	—
2020 年/km²	2993.90	4266.22	27.84	288.56	1042.22	4.66	8623.39
2030 年/km²	2807.06	4097.49	25.68	277.42	1411.80	3.93	8623.39

（4）生态保护情景

假设目标年 2030 年林地和水域面积分别为 2005 年面积的 95% 和 85%，2020 年林地和水域面积按照 2005～2030 年每五年平均增长率计算，其他类型按照 2005～2010 年五年平均增长率计算，最后基于总量不变原则，依据条件平差原理得到最终模拟总量。求得的生态保护情景下未来各土地利用/覆盖类型面积预测总量如表 8-8 所示。

表 8-8　生态保护情景下未来各土地利用/覆盖类型面积预测总量　（单位：km²）

年份	耕地（X_0）	林地（X_1）	草地（X_2）	水域（X_3）	建设用地（X_4）	未利用地（X_5）	合计
2020	2931.99	4363.40	29.75	272.86	1014.70	10.70	8623.39
2030	2751.53	4273.43	28.90	254.87	1293.79	20.87	8623.39

8.3.2　未来土地利用空间模拟

1. 驱动因素选择

结合已有研究结果与长株潭核心区的土地利用时空演化与分布特征，选取了自然人文共十个驱动因素（Sclgr）对未来土地利用空间分布进行模拟。各驱动因素计算/处理方法主要如下：

Sclgr0 城市化水平（城市化水平＝城市人口/总人口）。以区县为区域单位进行空间化处理，2015 年城市化水平依据 2010～2013 年城市化水平增长趋势求取。

Sclgr1 人口密度（人口密度＝人口总数/区域面积，人/km²）。2005 年、2010 年人口密度数据以人口数量格网数据（国科学院资源环境科学数据中心 http：//www. resdc. cn）代替。2015 年人口密度依据 2010～2013 年人口总量增长趋势求取。

Sclgr2 GDP。2005 年、2010 年 GDP 以 GDP 空间分布格网数据[①]代替，2015 年 GDP 依据 2010～2013 年 GDP 总量增长趋势求取。

Sclgr3 距城镇距离。城镇中心依据划定的城市边界（2005 年、2010 年、2015 年）求取质心得到，2020 年、2025 年、2030 年以 2015 年城市质心为准。

Sclgr4 距公路距离。2005 年、2010 年道路信息已经获取。2015 年距公路距离基于普查数据中的一至四级公路与高速路分布获取。2020 年、2025 年、2030 年距公路距离以 2015 年成果为准。

Sclgr5 距城市道路距离。2015 年距城市道路距离基于普查数据中的主干路、快速路、次干路分布获取。2020 年、2025 年、2030 年距城市道路距离以 2015 年成果为准。

Sclgr6 距水域距离。2010 年水域分布基于土地利用分类成果提取。2015 年普查数据水域（H），包括 HYDA（面）、HYDL（线）。按照模拟尺度分别生成主城区对应渔网点，利用 ArcGIS 10. 0 邻域分析（Proximity）下的邻近（Near）工具分别计算渔网点到道路、水域及城镇的距离。2020 年、2025 年、2030 年距水域距离以 2015 年普查数据为准。

Sclgr7 高程 DEM。

Sclgr8 坡度。使用 ArcGIS 10. 0 3D 分析工具（3D Analyst Tools）栅格表面（Surface）下坡度（Slop）计算地表坡度。

Sclgr9 坡向。利用栅格表面（Raster Surface）下坡向（Aspect）计算坡向。

以上驱动因子中，Sclgr1～Sclgr6 为动态驱动因子，Sclgr7～Sclgr9 为固定驱动因子。驱动因素示例如图 8-7 所示。

2. 土地利用类型概率计算与最佳模拟尺度选择

基于长株潭城市群主城区 2010 年耕地、林地以及建设用地土地利用类型及其驱动因子的空间分布图，将栅格图分别重采样至 100m、200m、400m、600m、800m、1000m 共六个模拟尺度。以土地利用类型为因变量，驱动因子为自变量，得到二元 Logistic 回归方程以及土地利用类型概率图（图 8-8）。

同时生成 ROC 曲线检验回归模型拟合优度，曲线下面积即 ROC 值。要求 ROC 值均大于 0.75。比较不同土地利用类型在不同模拟尺度模型上的拟合优度，选取 ROC 值达到峰值最多时的模拟尺度作为构建主城区土地利用格局模拟模型的最佳尺度。依据表 8-9 所示，最终选定 200m 为模拟精度。

---

① 中国科学院地理科学与资源研究所资源环境科学与数据中心，http：//www. resdc. cn。

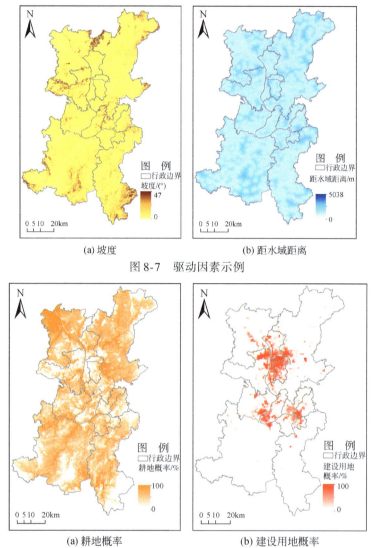

(a) 坡度   (b) 距水域距离

图 8-7　驱动因素示例

(a) 耕地概率   (b) 建设用地概率

图 8-8　基于 Logistic 回归的土地利用分布概率模拟图示例

表 8-9　不同模拟尺度上模型的拟合优度（ROC 值）

土地利用类型	100m	200m	400m	600m	800m	1000m
耕地	0.777	0.781	0.766	0.759	0.766	0.762 *
林地	0.819	0.827	0.820	0.823	0.819	0.776 *
建设用地	0.905	0.905	0.897	0.908	0.904	0.500

＊检验结果变量：预测概率在正的和负的实际状态组之间至少有一个结。统计量可能会出现偏差

3. 土地利用动态模拟与精度验证

　　基于 2005 年长株潭主城区土地利用空间格局、相关驱动因素以及二者回归方程，利

用 CLUE_S 模型模拟 2010 年主城区土地利用空间分布,并将其与真实格局对比。长株潭主城区 2010 年土地利用模拟与真实对比如图 8-9 所示。

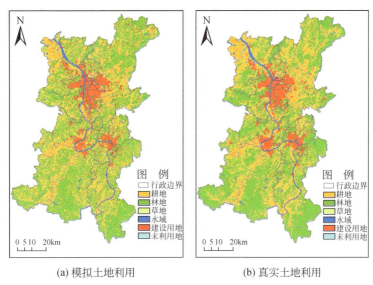

(a) 模拟土地利用   (b) 真实土地利用

图 8-9　长株潭主城区 2010 年土地利用模拟与真实对比图

将 2010 年土地利用模拟结果按类型分别提取出来(属于该类型值为 1,不属于该类型值为 0),采用肉眼观察对比为模型的精度提供一个粗略的验证。同时,采用生成随机点(五组:13 374 个、23 682 个、44 565 个、78 388 个、176 367 个样本点)对比的方式检验,统计样本中重点土地利用类型(耕地、林地、水域、建设用地)模拟值与真实值相同的概率,即按照公式:模拟正确率=模拟值与真实值相同的样本点个数/总样本点个数,获取基于 CLUE-S 模型模拟的 2010 年长株潭主城区土地利用正确率,如表 8-10 所示。

表 8-10　基于 CLUE-S 模型模拟 2010 年长株潭主城区土地利用正确率　(单位:%)

样本数	耕地	林地	水域	建设用地
13 374 个	72.58	81.12	77.83	64.29
23 682 个	75.76	86.62	80.48	70.74
44 565 个	77.92	86.43	83.57	73.05
78 388 个	79.69	88.11	87.08	76.46
176 367 个	79.98	87.95	86.30	76.42

经检验,基于 CLUE-S 模型模拟得到 2010 年土地利用空间分布与真实格局基本一致。随着样本数的增加,检验的模拟精度也逐渐提高,林地的模拟精度最高,模拟值与真实值相同的概率均达到 80% 以上,水域次之,模拟精度在 80% 左右,耕地再次之,模拟精度介于 72.58% ~ 79.98%,建设用地模拟精度在 70% 左右。

8.3.3 未来土地利用空间分布分析

以 2010 年为基期年，基于同样的方法即可得到四种情景下 2020～2030 年土地利用及其变化的空间分布格局，如图 8-10～图 8-13 所示。

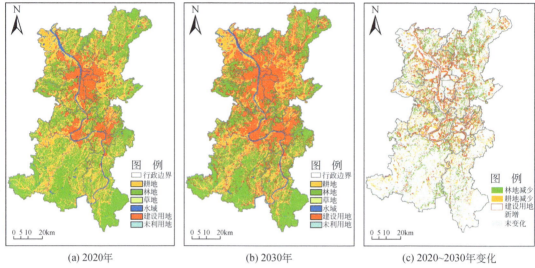

| (a) 2020年 | (b) 2030年 | (c) 2020~2030年变化 |

图 8-10　长株潭主城区 2020 年、2030 年自然情景土地利用及其变化的空间分布

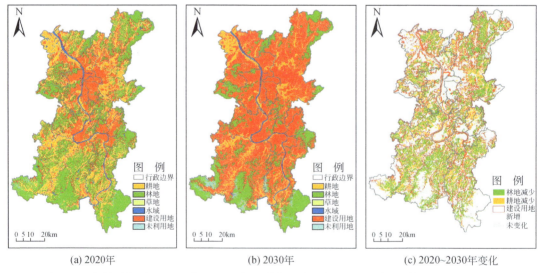

| (a) 2020年 | (b) 2030年 | (c) 2020~2030年变化 |

图 8-11　长株潭主城区 2020 年、2030 年经济高速发展情景土地利用及其变化的空间分布

相较于 2020 年，2030 年长株潭主城区自然情景、经济高速发展情景、低碳约束情景和生态保护情景建设用地面积分别将增加 1090.57km²、2903.91km²、364.06km² 和 279.03km²，约占主城区总土地面积的 12.68%、33.77%、4.23% 和 3.24%，建设用地的

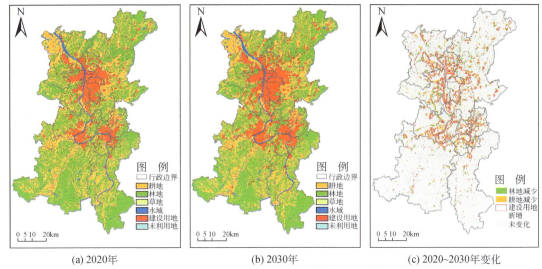

(a) 2020年   (b) 2030年   (c) 2020~2030年变化

图 8-12　长株潭主城区 2020 年、2030 年低碳约束情景土地利用及其变化的空间分布

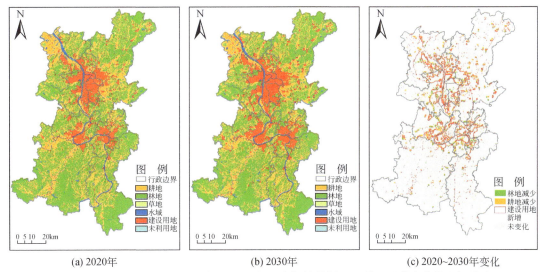

(a) 2020年   (b) 2030年   (c) 2020~2030年变化

图 8-13　长株潭主城区 2020 年、2030 年生态保护情景土地利用及其变化的空间分布

增加主要将集中在长沙县、湘潭县、望城区、株洲县、雨湖区、岳麓区。

在四种情景中，低碳约束情景土地利用空间分布格局符合历史发展趋势，且兼顾生态保护要求，耕地、林地面积集约、有序地被建设用地替代。生态保护情景则符合生态保护要求，严格控制林地与水域开发，建设用地发展主要以侵占耕地为主。前者耕地面积最大，后者林地面积最大。其中，2020 年低碳约束情景下耕地、林地、草地、水域、建设用地、未利用地面积依次为 2987.22km²、4280.87km²、26.34km²、275.39km²、1025.39km²、4.23km²，生态保护情景下则分别为 2923.06km²、4379.18km²、28.31km²、260.89km²、998.64km²、9.42km²。2030 年低碳约束情景下耕地、林地、草地、水域、建设用地、未利用地面积分别为 2801.16km²、4116.77km²、24.1km²、264.47km²、

1389.44km²、3.52km²，生态保护情景下则分别为 2741.47km²、4290.03km²、27.60km²、244.5km²、1277.67km²、18.21km²。

在经济高速发展情景下建设用地激增，耕林地面积锐减。建设用地面积在 2020 年、2030 年分别达到 2244.36km²、5148.27km²，分别超过低碳约束与生态保护情景下的一倍和三倍有余，2030 年超过自然情景下建设用地面积的一倍多。该情境下耕地与林地面积相应最小，2020 年和 2030 年分别为 2440.65km²、3620.59km² 和 1194.57km²、1930.24km²。未利用地面积是四种情景中最大的，占地面积为 30.72km²，2030 年达到 173.4km²，其他情景下的未利用地面积仅占其约 1/10。

在自然情景下各土地利用类型面积比介于低碳约束、生态保护与经济高速发展情景之间，其土地利用空间分布格局符合历史发展趋势，耕地、林地面积逐步被建设用地侵占。2020 年和 2030 年耕地、林地、草地、水域、建设用地、未利用地面积依次为 2843.83km²、4126.56km²、25.62km²、268.53km²、1327.30km²、7.58km² 和 2378.21km²、3533.61km²、19.88km²、235.73km²、2417.87km²、13.97km²。

总体而言，2020～2030 年长株潭主城区经济高速发展情景下的城市未来将对耕地、林地以及水域进行毫无节制的侵占，到 2030 年建设用地面积比将非常惊人，这种情景对于生态环境的危害极大，会带来包括水土流失、空气污染、洪涝灾害、破坏生态系统在内的多种环境问题，将对人类健康以及生存环境造成巨大的威胁。相较而言，生态保护情景着力于植被与水体环境的保护，能够极大程度地维护生态安全，但过于严苛的用地条件会对新型城镇化的发展造成一定阻碍。因而，若长株潭主城区未来土地利用发展选择低碳发展的道路，兼顾生态保护与城镇化建设，提高土地集约节约利用效率，将会极大地促进长株潭城市群的可持续发展。

参 考 文 献

邓聚龙.1993.灰色控制系统［M］.武汉：华中理工大学出版社.

冯梦喆，何建华，汤青慧.2013.土地利用变化反事实情景模拟与评价——以湖北省嘉鱼县为例［J］.武汉大学学报（信息科学版），38（9）：1122-1125.

何春阳，史培军，陈晋，等.2005.基于系统动力学模型和元胞自动机模型的土地利用情景模型研究［J］.中国科学：D 辑，35（5）：464-473.

何春阳，史培军，李景刚，等.2004.中国北方未来土地利用变化情景模拟［J］.地理学报，59（4）.

刘小平，黎夏，叶嘉安.2006.基于多智能体系统的空间决策行为及土地利用格局演变的模拟［J］.中国科学：D 辑，36（11）：1027-1036.

刘耀林，刘艳芳，张玉梅.2004.基于灰色-马尔柯夫链预测模型的耕地需求量预测研究［J］.武汉大学学报（信息科学版），29（7）：575-579.

陆汝成，黄贤金，左天惠，等.2009.基于 CLUE-S 和 Markov 复合模型的土地利用情景模拟研究［J］.地理科学，29（4）：577-581.

王丽萍，金晓斌，杜心栋，等.2012.基于灰色模型-元胞自动机模型的佛山市土地利用情景模拟分析［J］.农业工程学报，28（3）：237-242.

王其藩.1993.系统动力学［M］.北京：清华大学出版社.

吴桂平，曾永年，杨松，等.2007.县（市）级土地利用总体规划中耕地需求量预测方法及其应用［J］.

经济地理，27（6）：995-998.

许月卿，罗鼎，郭洪峰，等.2013. 基于 CLUE-S 模型的土地利用空间布局多情景模拟研究——以甘肃省
　　榆中县为例［J］. 北京大学学报（自然科学版），49（3）：523-529.

张荣天，焦华富.2015. 镇江市土地利用格局演变与情景模拟［J］. 经济地理，（10）：156-162.

张新长，杨大勇，潘琼，等.2002. 城市边缘区耕地变化的发展预测分析研究［J］. 中山大学学报（自然
　　科学版），41（3）：104-108.

Cervero R. 2001. Transport and land use：key issues in metropolitan planning and smart growth［J］. Australian
　　Planner，38（1）：29-37.

Deal B，Schunk D. 2004. Spatial dynamic modeling and urban land use transformation：a simulation approach to
　　assessing the costs of urban sprawl［J］. Ecological Economics，51（1）：79-95.

Le Q B，Park S J，Vlek P L G. 2010. Land Use Dynamic Simulator（LUDAS）：a multi-agent system model for
　　simulating spatio-temporal dynamics of coupled human-landscape system：2. Scenario-based application for
　　impact assessment of land-use policies［J］. Ecological informatics，5（3）：203-221.

Ligtenberg A，Bregt A K，Van Lammeren R. 2001. Multi-actor-based land use modelling：spatial planning using
　　agents［J］. Landscape and urban planning，56（1）：21-33.

Moghadam H S，Helbich M. 2013. Spatiotemporal urbanization processes in the megacity of Mumbai，India：A
　　Markov chains-cellular automata urban growth model［J］. Applied Geography，40：140-149.

PeterVerburg P. 2010. Full version of CLUE［EB/OL］. http：//www. ivm. vu. nl/en/Organisation/-departments/
　　spatial-analysis-decision-support/Clue/［2015-09-28］.

Riahi K，van Vuuren D P，Kriegler E，et al. 2016. The Shared Socioeconomic Pathways and their energy，land
　　use，and greenhouse gas emissions implications：An overview［J］. Global Environmental
　　Change，S0959378016300681.

Verburg P H，Soepboer W，Limpiada R，et al. 2002. Modelling the spatial dynamics of regional land use：The
　　CLUE-S model［J］. Environmental Management，30：391-405.

Wu F，Webster C J. 1998. Simulation of land development through the integration of cellular automata and
　　multicriteria evaluation［J］. Environment and Planning B：Planning and Design，25（1）：103-126.

第9章 地理国情监测发展趋势展望

自地理国情监测正式立项以来，各级测绘地理信息部门围绕数据资源、技术创新、成果应用等方面开展了大量工作，已经取得了显著进展：解决了监测内容指标体系缺失、成果应用不广等难题，攻克了从多源观测数据、基础和专题地理信息到地理国情知识转换过程中的数据处理与智能解译、信息提取与变化检测、综合统计与分析等关键技术，形成一系列技术规程、自主软件系统、监测报告、监测数据库等成果。2018年3月，自然资源部组建，开创了生态文明建设和自然资源管理的新局面。面对部门职责从分散到统一，资源与空间开发从增量到存量，管理手段从相对粗放到相对精细等转化需求，地理国情监测亟须创新发展模式，以提供精细的地理国情信息、多角度的综合分析与评估以及多元的地理国情应用服务（程鹏飞等，2018）。

9.1 精细地理国情信息获取

面对新时代、新思想下自然资源与空间用途统一管理的需求，地理国情监测的职责从为土地与矿产资源的管理提供宏观的变化量调查逐步细化到为所有自然资源的开发利用和保护以及国土空间的管制提供精细的存量空间调查，实现这一转变的基础是获取更加精准统一的动态地理国情信息。为此，亟须突破时间、空间和属性一体化的地理国情信息精细调查技术，实现人工智能时代背景下大数据支撑的地理国情动态监测，建设协调一致的共建、共享数据平台。

9.1.1 一体化精细调查技术

地理国情普查以"所见即所得"为原则，更注重反映自然资源当下的存在状态，对时间维上的信息，包括历史状态、变化过程和未来的趋势等的关注相对较少。部分专题地理国情监测对较小区域范围内部分要素的时空特征开展了分析，但成果常采用离散文件的方式组织，不利于自然资源时空一体化分析应用，对于统一的自然资源有效管理与规划应用指导作用有限。因此，需要开展一体化的地理国情信息精细调查，耦合地理国情信息的时间、空间与属性特征，提升调查的时空分辨率与精度，为厘清自然资源的存量空间与时空变化趋势提供支持。

1. 时间、空间和属性一体化

时间、空间和属性是地理实体与地理现象的三个基本特征，是反映地理实体的存在状态和发展变化过程及规律的重要组成部分。目前，地理国情监测主要针对空间与属性两个特征，时间维上的信息常以序列快照的模式展现，难以表征不同时刻的信息变化。要实现时间、空间和属性的一体化需要设计一种新的数据结构来组织这种多维、异构的数据，建立合适的时空数据模型，更有效地组织、管理和完善数据的时间、空间和属性语义。

一个较好的选择是面向对象的时空数据模型。该模型是在传统的空间时间立方体、序列快照、基态修正等模型的基础上提出来的，其核心是以面向对象的基本思想组织地理实体。将地理实体抽象为具有唯一标识的独立封装对象，对象不仅封装了时间、空间和属性等基本特征，还封装了其与其他对象的关系以及相关的行为操作等。面向对象的时空数据模型虽提出较早，但在建模概念、理论基础与实现技术上尚未达成共识，若想要应用到地理国情监测中仍需突破。

2. 精细的调查技术

精细的调查技术体现在两个方面：一是调查的时间与空间分辨率；二是调查过程及结果的准确性。目前，地理国情监测以遥感影像为主要数据源，空间分辨率较高（优于1m），且常态化的地理国情监测框架与相对健全的地理国情监测业务体系已经形成。但是，遥感影像往往存在时空缺失，行业调查数据通常间隔较长。从国情信息与自然资源变化的角度出发，历史数据的时空分辨率通常较低，且由于分辨率较粗、资料遗漏、行业基础不一等原因，基于这些数据提取地理国情信息的过程可能存在较大的不确定性。

高精度的多源数据时空融合是实现一体化地理国情信息精细调查技术的关键步骤。随着机器学习技术的深入发展，基于深度学习的时空融合方法成为新的发展方向。深度学习通过学习样本数据的内在规律与表示层次，发现数据的分布式特征表示进而实现信息的提取与应用。基于深度学习的时空融合通过优化选择样本以及完备字典设计，在学习数据多元特征的同时，最大限度地捕捉其细节信息，实现数据的融合，提升数据的时空分辨率及精度。

9.1.2 大数据支撑动态监测

地理国情监测能够翔实地反映自然资源的分布与结构，但也存在一定的局限性：无法揭示微观环境下人类对自然资源的开发利用，难以体现自然资源的动态变化过程。面对生态文明建设和自然资源管理领域从资源化到资产化的转变需求，以及对资源存量空间的动态监测需要，对人类活动轨迹与行为的体现显得尤为重要。随着信息技术的发展和互联网、物联网、云计算等技术的逐渐兴起，全球海量跨领域数据呈几何指数爆炸式增长，大数据应运而生。大数据的核心之一就是人，可以展示微观层面上社会空间中以个体为尺度的活动、移动和交流，具有样本量大、动态性强、时效性高等特点。通过对大数据的收集、清洗和挖掘分析，可进一步识别和监测基于自然资源的人口、经济、交通等的空间分布特征和活动规律，有效克服传统静态数据的局限性，有助于地理国情监测从静态自然资源走向自然资源的开发利用活动，从静态专业工作走向动态大众生活。

目前，大数据在地理国情监测中的应用还不多，未来要实现大数据支撑下自然资源开发利用的动态监测，还需要从大数据集成、存储与信息提取等方面突破以下关键技术。

1. 基于地理本体的大数据集成和融合

地理国情监测大数据具有多源异构的特征，传统的集成方法不利于信息共享和互操作，进而严重制约了后续的计算与分析。因此，需要构建一个共享本体，该共享本体能兼容和转换不同领域的信息。采用地理本体的语义模型映射方法，建立点、线、面、复合要素与语义化地理国情要素的映射关系，通过形式化描述构建面向统计分析的地理本体，进而将不同数据进行转换和集成，实现原始存储格式到类别、位置、时间等属性的关联。

2. 分布式空间索引与异步并行调度

地理国情监测大数据体量巨大且包含丰富的空间信息。为实现数据的高效访问，应将单纯的空间索引从算法层提升到策略层，按照空间单元的层级关系构建索引，设计多层级的树状索引策略。为实现数据的高效处理，利用规则网格将数据从空间范围划分为数以百计乃至更多的区块，且采取一定的数据冗余策略，确保各区块有效计算范围内输入的完整性和独立性，在此基础上，设计包含读取、写入与计算多类模块的异步并行调度机制。

3. 智能化信息提取

智能信息提取是应用计算智能、知识发现、机器学习等方法从大量复杂原始数据中提炼出有效的、新颖的、潜在有用的知识并进行分析。基于智能化信息提取的自然资源开发利用的动态监测，应加强基于机理模型的学习算法，并探索新的地理信息特征提取模型。

9.1.3 共建共享数据平台建设

动态精细的地理国情信息不仅包括传统的地表覆盖信息，还包括与水资源、森林资源等相关的普查与专项调查信息，其结果不仅要为自然资源管理部门服务，还要为水利、农业等其他专业部门服务。为此，有必要构建统一的监测标准体系，形成共建共享的数据平台，为提升地理国情监测的服务水平和能力，为国家和各地区自然资源的开发利用和保护、空间规划体系的建立与实施提供基础数据支持。

1. 统一监测标准体系

目前，地理国情监测已经拥有了成熟的技术、指标和标准体系，具备了常态化监测重要地理国情信息的能力。但是，在自然资源部建立之前，我国各种自然资源按照产业精细分工，由不同的主管部门分别管理，各类调查数据与地理国情监测数据在分类体系、采集精度、现势性等方面存在一定差异；各类空间规划的编制管理机构分散、层级结构和编制标准也存在不统一的情况。为了整合地理国情信息与土地、水、草原、森林、湿地等相关信息资源，强化城乡规划、土地利用规划、环境保护、林地与耕地保护等各类规划的衔接，需要构建统一的各类资源调查与监测标准体系，实现监测对象、内容指标和分析评价方法等的协调一致。构建过程应该充分考虑农业农村部、住建部、水利部、林业和草原局等主管部门的管理职责与信息需求。

2. 共建共享数据管理平台

近年来，基于各级测绘地理信息部门地理国情普查与多个监测项目，多要素、高精度的地理国情本底数据库已经建成，形成了一系列监测数据库成果。但总体而言，这些数据信息主要服务于国土资源领域内部，与农业、林业、住建等部门的衔接并不紧密。要实现生态建设与自然资源保护，需要相关机构的协同合作，资源信息的共建、共享是基本前提。建立共建、共享的数据管理平台分为地理国情信息资源的建设与共享两个层次。信息资源建设包括数据库统一建库、异构数据整合；信息资源共享包括资源导航、智能检索、专家诊断与参考咨询、分析预测与决策支持、数据导出与分发等。

9.2　多角度综合分析与评估

掌握自然资源变化情况和规律、评估自然资源的空间生态效应、加强自然资源资产管制，是自然资源的管理告别"无偿占用"时代，落实"绿水青山就是金山银山"理念的重要举措。因此，在获取一体化精细动态地理国情信息的基础上，有必要突破自然生态空间质量的多尺度综合分析与评估、自然资源承载能力的持续监测与预警、自然资源生态价值统一核算等多角度地理国情信息综合分析与评估技术，推动地理国情监测服务于自然资源的资产管理。

9.2.1　多尺度生态质量评价

生态空间质量是指生态环境的优良程度，由整体或部分生态系统要素组成的综合体对人类生存和社会经济可持续发展的适宜水平。当前，生态空间质量的评价已经由单一空间评估向与生态功能效益相结合的功能性评价转变。然而，生态空间质量评价与生态空间格局优化及其服务功能提升手段之间缺乏有机的衔接；局地生态空间格局质量分析与评估和生态空间网络格局构建、区域协同发展尚未同步；生态空间管治缺乏有效、系统的技术路径，对于空间规划及建设管理的指导性不强，在实际规划中的应用较少。

面对上述问题，多尺度的自然生态空间质量综合分析与评估应该：基于构建多视角、多尺度的生态空间质量评价指标体系，开展生态空间融合于整个城市体系的融合性研究；分析空间结构与功能的内在关联因素，促进生态空间评价在生态空间规划及决策过程中的应用；形成以生态空间质量为引导的"空间评价—格局构建—空间管治"执行框架，分析叠加在综合因素之上的空间管治策略对城市发展的影响，突破政策"落地难"的局面。

9.2.2　资源承载力监测预警

自然资源承载能力是指在不会导致资源严重退化和不可逆损害的情况下，自然资源能够支撑人口和社会经济活动的能力。由于生产力水平的约束，我国在相当长时期内的经济发展模式是以大量消耗资源为特征的粗放型发展模式，这导致了可耗竭自然资源呈绝对减少趋势，同时可再生自然资源呈现衰弱态势。此外，不合理的开发利用造成的生态破坏与污染等问题对环境的承载能力也提出了极大的挑战。持续监测自然资源的承载能力，为生态文明的建设拉起生态保护"红线"、环境质量底线和资源利用上线，保障和维护国家生态安全的底线与"生命线"，是时代对地理国情监测提出的要求。

目前，针对自然资源承载能力的研究与方法已经颇多，然而多集中于对单要素的测算。这里的单要素：一是指自然资源的单要素，如森林资源、水资源、国土资源等，忽略了承载力的系统性和综合性；二是指一城、一市的单体研究，未考虑区域和系统的影响；三是指以一定时期、一定科技水平下的横向静态评价为主，没有考虑自然资源以及人类发展的动态变化过程等对承载力可能产生的影响。因此，自然资源承载能力的研究尚未形成被广泛接受的理论框架、指标体系和评价模型，承载能力评价结果尚不具备很高的权威性和科学性，对经济社会发展的指导作用有限。

要实现自然资源承载能力监测与预警，首先，应该明确承载能力、承载规模、承载阈值和承载极限等自然资源承载能力的概念和内涵；其次，构建顾及不同类型自然要素和不同区域特色的、多尺度的、标准化的综合指标体系及评价模型；然后，构建人口、资源、环境、经济、交通和公共服务子系统承载力预警模型和综合承载力预警系统，对综合承载力的标准区间、超载区间和严重超载区间做出规定；最后，识别自然资源环境承载能力的分布格局、超载地区和原因，研究并提出区域差别化政策以及资源合理配置的方向与政策建议，加强自然资源的管理和提升区域承载能力水平，形成相互配合的政策引导机制，并且将资源环境承载能力监测预警评价结论作为编制实施国民经济与社会发展规划、国土空间开发规划等规划的重要依据。

9.2.3　生态价值统一核算

生态价值核算是指对生态系统提供的生态服务进行货币化核算。科学认识和评估生态系统服务价值，明确环境资源的价值，评估生态环境损害的修复代价对于促进经济的可持续发展、推动生态文明的建设具有重要意义。

生态价值的核算按照核算对象的不同可以分为自然资源核算和环境核算两类。以往，我国各种自然资源按照产业精细分工，由不同的主管部门分别管理，各个行业的核算基础可能时相不同、口径不一，且核算方法并没有得到公认，资源定价、价值确定方法、价值模型也并不规范，不同专业的核算往往难以协调统一（周宏春，2016）。此外，作为自然资源的载体和生态系统的重要组成部分，环境与资源密不可分，但在实际的生态价值核算过程，环境核算与资源核算往往难以做到有机统一。

未来自然资源生态价值的统一核算不仅要关注水、土、气、植被等生态系统要素，更要关注这些要素的结构及其相互依存的关系；在确定统一核算对象的基础上，有效利用地理国情普查基础与各行业普查与调查时空同化数据成果，形成一套全国范围、多尺度、动态变化的自然资源生态价值核算基础；统一自然资源和环境修复的定价方法与赋值标准，确定自然资源核算的项目分类、统计口径与计算期限，建立一套国家层面的自然资源生态价值核算标准；推动自然资源生态价值核算、自然资源负债以及市场交易的有机衔接，为我国资源环境保护、生态系统恢复、空间规划等政策的制定和领导干部的业绩考核提供可靠依据。

9.3 多元地理国情应用服务

自然资源部组建前，国土资源部门的主要职责是土地管理及矿产资源，管理空间相对单一；自然资源部组建后，不仅要实现土地、自然资源及资产的调查与管理，还要从规划角度管制国土空间、基础设施、生态功能区的布局等，管理职能多元立体。基于此，自然资源管理背景下的地理国情监测应该持续保持技术先进性，在实现动态精细地理国情信息获取与多角度综合分析评估的基础上，持续扩大地理国情监测的应用服务领域，一方面，为相关职能部门保障决策目标任务的有效落实，促进自然资源开发利用的保护和监管，监督空间规划体系的建立与实施等提供数据与技术保障。另一方面，推动履行全民所有各类自然资源资产所有者职责，鼓励公众自发地参与到自然资源的监管与保护活动中来，高效推进国家的生态文明建设。

9.3.1 地理国情决策服务

地理国情监测已经通过对城市空间扩展及其对社会发展的影响，自然生态环境状况及其变化、城市功能分区与产业结构分布与变化等信息的监测与分析，在生态环保领域内的水环境承载力分析评价、大气环境治理，住建与城市规划领域内的规划实施评估、违法用地违法建设工作部署等方面提供了重要的数据支持与技术服务保障。面对我国自然资源开发利用和保护、国土空间规划与管控工作的新需求，地理国情监测还应该为建立健全自然资源资产产权与用途管控制度、细化与实施国土空间规划、建立国土空间开发保护制度等行业应用提供基础数据、技术服务和决策支持。

1. 建立健全自然资源资产产权与用途管控制度

建立健全自然资源资产产权与用途管控制度就是要完善自然资源资产产权体系，明确自然资源资产产权主体，以调查监测和确权登记为基础，开展自然资源统一调查监测评价，加快确权登记，促进自然资源集约开发利用和生态保护修复。在此过程中，地理国情监测能够提供自然资源的数量、类别、性质、空间分布等动态监测信息，自然资源生态价值的统一核算技术，开发利用强度的评估技术，以及生态空间质量与生态保护功能综合评价技术等，为自然资源资产产权制度与用途管控制度的建立健全提供事实依据。

2. 细化与实施国土空间规划

国土空间规划将主体功能区规划、土地利用规划、城乡规划等空间规划融合为统一的国土空间规划，实现"多规合一"。具体来说，就是分级、分类建立国土空间规划，明确各级国土空间总体规划的编制重点，强化对专项规划的指导、约束作用，初步形成全国国土空间开发保护"一张图"。在此过程中，地理国情监测能够为规划的编制提供无缝高精的地表土地覆盖空间分布及变化动态监测信息、国土空间开发自然资源承载力评估技术、国土空间开发强度及其生境状况综合评价分级技术，为细化国土空间规划编制、审批开发项目、监管"多规合一"规划、发现违反规划现象、支持移动执法提供可靠的数据支持与技术保障。

9.3.2 地理国情公众服务

多元的地理国情监测成果不仅能够在政府决策与社会经济发展中发挥作用，也能够为公众提供服务，激发公众自主地参与地理国情监测以及自然资源的监管与保护活动，这既为地理国情监测提供了微观层面动态性强、时态性高的众源数据，也提升了公众在政府事务中的参与度。地理国情的监测成果目前已经以蓝皮书、新闻发布会、电视节目等形式向公众发布，在互联网与移动通信技术飞速发展的当下，网络发布与服务平台，微博、微信等社交平台、地理国情应用手机 APP 等新媒体成为地理国情监测成果公众化的新趋势。

1. 网络发布与服务平台

在这个互联技术飞速发展的信息时代，人们的生活已经与网络密不可分了，依托互联网信息技术实现互联网与传统产业联合的"互联网+"已经成为发展的必然趋势。在地理国情监测中，就是要共建、共享地理国情成果服务平台，实时为公众提供地理国情应用服务。地理国情监测 Web 服务平台应该以融合多源、异构的地理国情监测大数据平台构建为基础，借助云计算与人工智能等技术，基于面向服务的软件架构，设计地理国情监测云平台总体框架和基础地理国情监测、专题地理国情监测、应急地理国情监测等子系统，设计查询检索、基本统计与分析挖掘、三维显示、数据共享与发布等功能。并且，基于"互联网+"思想，面向社会公众、政府部门、行业用户，通过统一认证和不同的网络，提供统一的基础架构级、平台级和应用级多层次地理国情信息服务（张继贤等，2016）。

2. 社交平台

随着智能手机的广泛普及，人们获取信息的方式越来越多样，形式多样的社交平台作为一种新兴的信息传播方式，为地理国情监测成果的公众化提供了移动端的平台基础，为公众随时随地了解地理国情监测状况，利用地理国情监测成果提供了可能。

用户覆盖范围较广的社交平台主要有微博和微信。微博是一种通过关注机制分享简短、实时信息的广播式社交媒体、网络平台，是中国最早的社交新媒体之一，微博可以实现文字、图片、视频等多媒体形式的地理国情信息即时分享与传播互动。微信公众平台具有服务号、订阅号和小程序三种账号类型。服务号可以实现地理国情信息的发布以及与公众的交互，实现基础的分区、分类信息查询；订阅号侧重向公众传达咨询、蓝皮书形式的地理国情监测成果描述可以分类、分时段凝练成短文向公众传递，让公众可以随时了解地理国情监测的概况；相较于服务号，小程序具有更高的公众交互能力，让信息的查询更为便捷和丰富。

3. 地理国情应用 APP

充分利用移动端方便携带、实时更新的特点，建立服务公众的地理国情应用（Application，APP），向公众展示地理国情普查的成果，提供查询、导航、评价、分享等功能。地理国情应用 APP 可以向公众提供与其生活息息相关的信息，如公共资源与服务设施的可达性、生态绿色指数、城市热岛与空气污染的空间分布等，让用户可以查询到达周围各类公共服务设施的各路线的距离、所需时间、绿色指数、地表温度与空气污染浓度等，并基于自主选择给出规划路径，方便公众便捷、健康的出行。地理国情应用 APP 还可以通过与建筑信息模型（Building Information Modeling，BIM）三维数字化技术、数据虚拟现实（Virtual Reality，VR）技术等结合，提升公众感知能力与用户体验，拓宽地理国情监测成果的公众化途径。

参 考 文 献

程鹏飞，刘纪平，翟亮. 2018. 聚焦自然资源管理 实现地理国情监测新跨越 [J]. 中国测绘，3：4-9.
张继贤，顾海燕，鲁学军，等. 2016. 地理国情大数据研究框架 [J]. 遥感学报，20 (5)：1017-1026.
中华人民共和国国务院. 2019. 中共中央办公厅国务院办公厅印发《关于统筹推进自然资源资产产权制度改革的指导意见》[EB/OL]. http://www.gov.cn/zhengce/2019-04/14/content_5382818.htm [2020-07-08].
中华人民共和国国务院. 2019. 中共中央国务院关于建立国土空间规划体系并监督实施的若干意见 [EB/OL]. http://www.gov.cn/zhengce/2019-05/23/content_5394187.htm [2020-07-08].
周宏春. 2016. 生态价值核算回顾与评价 [J]. 中国生态文明，6：54-61.